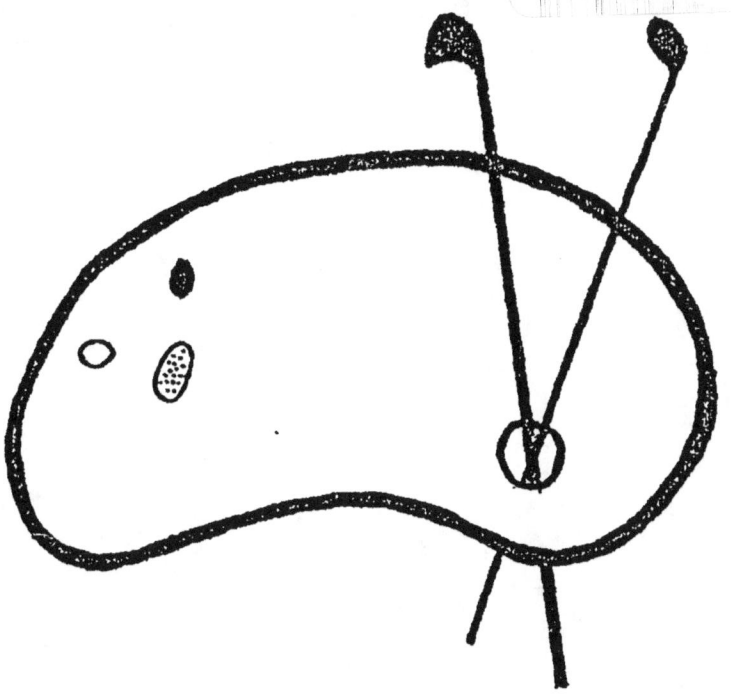

**COUVERTURE SUPERIEURE ET INFERIEURE
EN COULEUR**

DÉPÔT LÉGAL
Seine & Oise
Nº
1882

ÉLÉMENTS
DE
PHILOSOPHIE

CONCORDANT

AVEC LE PROGRAMME OFFICIEL

Par M. Alph. AULARD

INSPECTEUR D'ACADÉMIE, ANCIEN PROFESSEUR DE PHILOSOPHIE

Ouvrage recommandé par M. le Ministre de l'instruction publique
pour l'usage des lycées et collèges

HUITIÈME ÉDITION
REVUE ET CORRIGÉE

PARIS

LIBRAIRIE CLASSIQUE EUGÈNE BELIN

Vᵛᵉ EUGÈNE BELIN ET FILS

RUE DE VAUGIRARD, N° 52

1882

Tout exemplaire de cet ouvrage non revêtu de ma griffe sera réputé contrefait.

PRÉFACE

La nouvelle édition que nous présentons au public a été revue avec le plus grand soin. Nous y avons introduit les modifications exigées par les programmes ou conseillées par une bienveillante critique. Mais, nous avons hâte de le dire, si le titre de l'ouvrage et l'ordre des chapitres sont changés, si quelques développements ont été complétés ou modifiés, le fond est resté le même.

Nos croyances ne sauraient varier avec une table des matières. Nous demeurons convaincu que l'accord de la raison et de la foi est possible, et que la révélation et la science doivent se concilier dans une synthèse supérieure, qui sera le plus beau résultat des efforts de l'entendement humain. C'est à ce travail que nous convions tous les esprits modestes et sincères, auxquels le culte du *moi* ne suffit pas.

On dira, peut-être, qu'une profession de foi est ici hors de propos, qu'elle n'est point demandée à l'auteur et au début d'un traité élémentaire, et qu'il faut laisser les déclarations de principes à ceux qui imaginent des systèmes et font de gros livres. — Nous répondrons franchement que cette opinon n'est pas la nôtre. Il ne nous suffit point qu'un Précis de philosophie soit clairement écrit et réponde aux questions du programme. Nous souhaitons quelque chose de plus; nous voulons que nos jeunes lecteurs trouvent dans ces *Éléments* une démonstration solide des vérités auxquelles il faut croire pour être honnête homme, et une exposition exacte des rapports de la Religion et de la Philosophie, des points où elles se touchent et des points où l'une fait place à l'autre.

Il y a trois écueils à éviter dans ce beau complément d'éducation et d'instruction, qu'on appelle l'enseignement de la philosophie :

1° Garder le silence sur la grande question que nous venons d'indiquer, sous prétexte de prudence ou d'impartialité, et lancer, au milieu des opinions du monde, des jeunes gens, n'ayant aucune idée précise du problème ni des moyens de la résoudre, sans défense contre les exagérations des partis extrêmes, le scepticisme raffiné de quelques-uns, et la raillerie niaise ou l'indifférence contagieuse du plus grand nombre ;

2° Faire une guerre aveugle à la Raison, ne lui reconnaître aucun pouvoir, aucun exercice légitime, sous prétexte de fortifier l'Autorité, et ne pas s'apercevoir que la négation de la certitude rationnelle implique la négation de toute autre certitude ;

3° Faire une guerre également aveugle à l'Autorité, combattre la religion positive comme une ennemie de la raison, sous prétexte que l'existence d'une religion positive suppose des mystères et des miracles, c'est-à-dire des vérités ou des faits contraires aux principes fondamentaux de l'entendement, et en feignant d'oublier que, même dans la religion naturelle, les actes créateurs sont de vrais miracles, et les rapports de Dieu et du monde de vrais mystères.

Ne nous sommes-nous heurté contre aucun de ces écueils ? Avons-nous fait une part équitable à la puissance divine et à la puissance humaine ? Avons-nous respecté les droits de la raison et les droits de l'autorité ? D'autre part, n'avons-nous pas encouru le reproche de sécheresse ou d'insuffisance doctrinale, qu'on adresse généralement aux ouvrages élémentaires ?

Nos lecteurs prononceront. Tout ce que nous pouvons affirmer, c'est notre bon vouloir, ce sont les efforts que nous avons faits pour présenter, avec des développements assez étendus et des conclusions nettes et précises, les questions posées et surtout les questions essentielles : *objet et limites de la Philosophie, théorie des idées, imagination, certitude et scepticisme, témoignage, spiritualité et survivance de l'âme, loi morale, existence et providence de Dieu,* etc.

Les notions d'Économie politique et le résumé d'Histoire de la Philosophie sont rédigés dans le même esprit. Ils sont suivis de l'analyse des auteurs ou fragments d'auteurs exigés pour la classe de philosophie.

INTRODUCTION

La science. — Classification des sciences. — Diverses définitions de la philosophie. — Son objet propre. — Ses limites. — Ses rapports avec les autres sciences : Philosophie des sciences. — Ses divisions.

I. — LA SCIENCE. — CLASSIFICATION DES SCIENCES

La science a pour objet *la connaissance des causes et des lois*.

Par *cause* on entend ce qui fait qu'une chose est, et par *loi*, sa manière d'être constante et universelle.

« La science est une et infinie dans son essence ; mais elle n'est qu'imparfaitement réalisable dans l'esprit humain, qui ne peut embrasser toutes les choses finies, et encore moins l'infini. La science humaine est nécessairement partielle, et par conséquent divisible ; sa divisibilité est la condition de son progrès.

« Le champ de la science universelle doit donc se diviser, non pas en parcelles imperceptibles, mais en grandes régions, qui se subdivisent elles-mêmes en régions de plus en plus restreintes. Ces déterminations, d'abord vagues et indécises, doivent se fixer de plus en plus d'une manière conforme à la nature des choses, à mesure que la science fait des progrès. C'est ainsi que *les sciences* distinctes, mais non isolées, coexistent dans la science sans en détruire l'unité (1). »

Les sciences se peuvent partager en deux grands groupes :

1° Les sciences déductives, ainsi nommées parce qu'elles emploient *exclusivement* le raisonnement par déduction, comprenant la métaphysique, l'arithmétique et la géométrie, etc.;

2° Les sciences inductives, ainsi nommées parce qu'elles emploient *principalement* le raisonnement par induction, comprenant la physique, la chimie, l'histoire naturelle, la psychologie, l'économie politique, etc.

II. — DIVERSES DÉFINITIONS DE LA PHILOSOPHIE. SON OBJET PROPRE.

Si nous en croyons les premiers sages (2), la philosophie est *la science des choses divines et humaines*, ou la science universelle.

Cette définition est trop ambitieuse; l'expérience nous apprend que notre intelligence est bornée, qu'elle saisit peu d'objets à la fois, qu'elle perd presque toujours en profondeur ce qu'elle gagne en superficie, et que, même pour les esprits les plus vastes, les choses connues ne sont rien en comparaison des choses ignorées. Les anciens, il est vrai, n'avaient pas d'expérience; et c'est là l'excuse ou l'explication de leur confiance naïve et de leur aspiration à tout connaître.

Ils se laissaient aller à leur imagination, supposant la réalité au lieu de l'observer, ou s'arrêtant à des observations partielles. Ils se trompaient et sur l'objet de la philosophie et sur la méthode qui lui convient : double erreur, inévitable au début de toutes les études; car on

---

(1) H. Martin, *Dictionnaire des sciences philosophiques*, article *Science*.
(2) Ils prirent plus tard (avec Pythagore) le nom plus modeste de philosophes, amis de la sagesse.

ne sait bien ce que l'on cherche, que lorsqu'on sait bien comment il le faut chercher.

Socrate réforma la définition, la méthode et le point de départ de la philosophie.

A la science des choses divines et humaines, il substitua *l'étude de l'homme considéré comme être moral*, excluant ainsi, avec trop de rigueur peut-être, tout ce qui a rapport à la nature matérielle et à la spéculation pure. A la méthode hypothétique, que rien n'arrête et qui s'impatiente des sages lenteurs de l'observation, il substitua la méthode expérimentale, qui étudie tout et n'imagine rien. Enfin, les philosophes qui l'avaient précédé prenaient pour point de départ de leurs systèmes ou de leurs recherches conjecturales, un objet extérieur à l'homme. Dans la contemplation du monde, ils oubliaient le spectateur qui en est la pièce la plus curieuse et le plus à la portée. Socrate veut que le premier sujet de notre étude soit l'homme, non pas l'homme tout entier, mais cet homme intérieur qui a conscience de lui et qu'on appelle âme ou moi.

Cette réforme exerça une profonde influence sur la marche et les progrès de la philosophie. Deux hommes d'un puissant génie, Platon et Aristote, le premier surtout, entrèrent dans la voie tracée par le maître et laissèrent d'admirables études psychologiques (1).

Cependant, il arriva ce qui devait fatalement arriver, c'est que, peu à peu, les philosophes se lassèrent d'une méthode qui exigeait tant de patience et d'attention, et revinrent aux hypothèses, aux solutions improvisées, aux conceptions purement imaginaires. La fin de l'histoire de la philosophie ancienne n'est que le récit de cette longue décadence et de ces nombreuses déviations

---

(1) Le γνῶθι σεαυτὸν est tout à la fois une méthode et une définition. Mais si la méthode fut trouvée excellente, la définition semble trop humble et trop étroite.

Pour les successeurs de Socrate, comme pour ses devanciers, la philosophie est la science universelle, elle embrasse, sous le nom de *science des causes ou des principes*, tout ce qui peut être connu ou étudié, l'homme, le monde et Dieu.

où la fantaisie est mise de nouveau à la place de la réalité, et le raisonnement à la place de la raison.

Durant le moyen âge, la philosophie proprement dite est absorbée par la théologie : le fond des idées, plutôt professées que débattues, est presque entièrement tiré du Christianisme qui, selon l'heureuse expression d'un Père de l'Église, fut le précepteur de l'esprit humain redevenu enfant. La forme est empruntée à Aristote.

Les sciences physiques et naturelles demeurent stationnaires : quelques-uns les regardent comme des dépendances de la théologie; le plus grand nombre, confondant les faits vrais et les faits supposés, l'observation et la superstition, l'astronomie et l'astrologie, marche à l'aventure et n'a point d'idée exacte ni de l'objet ni de la méthode de ces sciences.

Au commencement du XVII° siècle, Bacon (1) et Descartes (2) opèrent dans la science la révolution tentée deux mille ans auparavant par le maître de Platon.

Bacon, s'appliquant surtout à réformer les études qui ont pour objet le monde matériel, attaque ouvertement les anciens : il proscrit l'hypothèse, il rejette le syllogisme comme n'étant d'aucune utilité pour la découverte; il propose de *guider* l'expérience et de s'élever, par une sage induction, des faits aux lois qui régissent les faits.

Descartes, plus préoccupé de la science de l'homme, attaque également le principe de l'autorité du maître, proclame le principe de l'évidence, et après avoir traversé le doute provisoire, assied l'édifice de la connaissance humaine sur le fondement inébranlable de la conscience : *cogito, ergo sum.*

La philosophie entre maintenant dans une phase nouvelle : elle se pose, non comme une ennemie (Descartes le déclare expressément), mais comme une science indépendante de la théologie; elle prétend avoir son do-

(1) Né en 1561.
(2) Né en 1596,

maine propre, son instrument et sa langue (1). *Elle traite des objets qui ne tombent pas sous les sens;* elle se définit ou du moins elle peut se définir : *l'étude de l'homme, considéré comme être pensant, et de ses rapports avec la nature et Dieu.*

Ainsi comprise, la philosophie se dégage des sciences exactes et, en partie, des sciences physiques et naturelles, qu'elle semblait embrasser : elle n'est plus qu'une section des sciences morales. Cette nouvelle détermination, mieux appropriée aux besoins et à la capacité de l'esprit humain, n'enlève à la philosophie ni son autorité ni son importance. Elle est toujours la science par excellence, la science des causes, la science qui règle la méthode des autres sciences, et qui vérifie et reconnaît la légitimité de leurs principes.

II. — LIMITES DE LA PHILOSOPHIE.

Mais quelle est, dans ces limites, la puissance de la philosophie? Est-elle, comme l'insinuent quelques enthousiastes, est-elle capable d'instruire l'homme de tout ce qu'il désire savoir sur lui-même, sur ses relations avec Dieu et les êtres qui l'entourent? ou n'est-elle, comme le prétendent ses adversaires, qu'une étude vaine et stérile, bonne tout au plus à prouver l'infirmité de la raison humaine? ou bien, faut-il croire avec des hommes sages et éclairés qu'elle est une excellente préparation à la foi, et répéter avec Bacon : « Un peu de philosophie nous éloigne de la religion, beaucoup de philosophie nous y ramène? »

En un mot, de ceux qui soutiennent la suffisance absolue de la raison, de ceux qui proclament la radicale impuissance de la raison, et de ceux qui font *rationnellement* une part à la raison et une part plus large à la foi, lesquels devons-nous prendre pour guides?

Nous n'hésitons point à le déclarer ici, les rationalistes exclusifs ne nous semblent pas être dans le vrai, non plus que les adversaires également exclusifs de la

---

(1) A partir de Descartes, les principaux ouvrages de philosophie sont écrits en français.

raison. Nous professons hautement que l'intelligence est capable de saisir la vérité, mais qu'elle ne nous révèle pas tout ce qu'il nous importe de savoir; et que, si elle est sagement dirigée, elle arrive à reconnaître elle-même la nécessité d'une lumière supérieure qui complète la lumière naturelle et la rend plus vive.

Quelles sont, en effet, les questions que tout homme se pose et qu'il doit résoudre pour vivre en paix?

Il se demande : Qui suis-je? d'où viens-je? où vais-je? en d'autres termes, quelle est ma nature? quelle est mon origine? quelle est ma fin, et que faut-il que je fasse pour y atteindre?

Ces trois questions, il les agite et ne peut pas ne pas les agiter; sa curiosité est naturelle, fatale, invincible. Que ces trois questions soient solubles ou non, elles se présentent à l'esprit, et une fois qu'elles se sont présentées à l'esprit, il s'en préoccupe; il n'a pas de paix qu'il n'ait découvert une solution ou qu'il n'ait découvert que la solution est introuvable, ce qui serait encore une solution, s'il était possible de s'y arrêter.

Or, Dieu ayant mis en nous le désir de connaître, il est contradictoire d'admettre que ce désir, au moins lorsqu'il est légitime, et il l'est ici, ne reçoive aucune satisfaction, sinon Dieu n'est ni juste ni bon, Dieu n'est pas Dieu.

Je comprends qu'on fasse des efforts infructueux pour saisir la vérité politique, exprimée en termes absolus et dans une formule définitive; mais qu'un être libre et intelligent soit condamné à poursuivre sans fin l'énigme de sa destinée, à marcher en aveugle vers un but inconnu, c'est ce que je ne comprends pas.

Faisons donc subir à la raison un rapide interrogatoire, écoutons ce qu'elle dit touchant ces questions essentielles. C'est elle-même qui déterminera ce qu'elle peut et ce qu'elle ne peut pas.

1° D'où viens-je?

D'où viens-je? pourquoi suis-je, et pourquoi suis-je tel? Comment expliquer ce mélange de faiblesse et de grandeur qui est en moi? L'homme n'a-t-il pas toujours été ce qu'il est aujourd'hui? est-il déchu de l'état primitif, comme les traditions nous l'enseignent? porte-t-il la peine d'une faute commise par le premier homme, et ne doit-il attribuer les mauvaises tendances de sa nature et les douleurs de la vie actuelle qu'à un jugement terrible, qui, faisant peser sur la race entière une mystérieuse et redoutable solidarité, l'a condamné à souffrir?

La chute du père, l'expiation des enfants, notre condition présente serait-elle expliquée par ces deux termes?

Ou bien, repoussant ces idées de chute et d'expiation, admettrons-nous qu'au sortir des mains de son Auteur, l'homme était ce qu'il est maintenant, c'est-à-dire une créature faible, ignorante, passionnée, imparfaite en un mot, et même plus imparfaite, car la perfectibilité est, dit-on, la loi de l'humanité.

En face de cette grande question, je suis saisi de trouble et d'inquiétude. Qui me dira où fut le berceau des peuples, comment la société s'est formée, quelles furent les premières institutions humaines? J'interroge ma raison, et ma raison garde le silence. J'interroge la raison des hommes éclairés, des sages, je parcours les livres des philosophes et des critiques : je ne rencontre partout que des aveux d'ignorance ou des hypothèses. Or, qu'est-ce qu'une hypothèse? C'est une assertion qui n'est ni évidente ni démontrée, car si elle était évidente ou démontrée, elle ne serait plus une hypothèse, elle serait un principe ou une vérité déduite d'un principe. Sur ce premier point, la raison n'est donc pas suffisante.

2° Qui suis-je?

La philosophie est ici sur son véritable terrain. Pourquoi? Parce que la philosophie n'invente rien, parce qu'elle n'est que la connaissance réfléchie de ce qui était déjà dans l'âme. Ce que je suis, je l'entrevoyais confusément, la philosophie me le fait voir avec clarté ou bien elle me donne la méthode pour le découvrir. Elle construit la science de l'esprit avec l'esprit; elle analyse, elle coordonne les faits, mais elle ne les engendre point; elle apprécie les croyances, mais elle ne les crée pas.

L'homme est un animal intelligent, sensible et volontaire, et cette définition convient à tous les hommes. Ce qui met Reid au-dessus du laboureur de l'Écosse, ce n'est pas qu'il soit fait autrement, c'est qu'il sait qu'il est ainsi fait. Je suis libre, j'en ai conscience, mais dans le trouble des passions, je me rangerais volontiers parmi ceux qui soutiennent le contraire et qui objectent des sophismes. La philosophie démontre que je suis libre, ce qui signifie, selon le sens étymologique du mot *démontrer*, qu'elle rend la notion et l'existence de la liberté si claires que je ne puis plus me faire illusion.

Je suis raisonnable; la philosophie démontre que ces facultés, intelligence et volonté, sont inséparables, et que le pouvoir de discerner le bien et le mal implique le pouvoir de se déterminer pour l'un ou pour l'autre.

J'ai des passions qui me sollicitent en sens divers; la philosophie démontre que ces passions doivent être soumises à la raison et à la conscience. Elle démontre qu'il y a une loi obligatoire pour moi, loi absolue, indépendante de mon intérêt, de mon plaisir et de ma sympathie; que cette loi a été instituée par un Législateur suprême qui fonde et sanctionne la morale et qui, ayant créé toutes choses, veut que chaque être concoure à la fin universelle ou à l'ordre. Elle démontre par conséquent que mon devoir, dans la vie actuelle, est de me perfectionner et de chercher à me rapprocher de Dieu, c'est-à-dire de faire le bien. Elle démontre enfin que les passions sont bonnes, car elles servent à l'épreuve, car il n'y a moralité, responsabilité, mérite et démérite que là où il y a passion, intelligence et libre arbitre.

Maintenant je me connais mieux; je sais, à n'en plus douter, que ma nature est double; je ne confonds plus mon âme, cette substance une, identique et spirituelle, avec le corps qui la contient et la sert. Maintenant, rempli du sentiment du devoir qui m'est imposé, peut-être comprendrai-je le sens de la vie d'ici-bas!

M'expliquer ce que je suis, me mettre en lumière, voilà

la mission de la philosophie ou de la raison; voilà ce qui fait sa grandeur et son utilité incontestables.

3° Où vais-je?

Ce problème est complexe : ma destinée ne me sera connue qu'autant que je saurai d'une part s'il y a ou s'il n'y a pas une vie future, des peines et des récompenses, et d'autre part, quelle est la durée de ces récompenses et de ces peines.

La philosophie constate trois faits : 1° que je suis un agent libre et responsable; 2° que la vie d'ici-bas est incomplète et que la justice humaine est souvent injuste; 3° qu'il y a un Dieu dont je porte en moi la pensée et dont je suis l'image.

De ces trois faits, elle s'élève à la conception de la survivance de l'âme, d'une vie à venir, où le Juge suprême, réformant les arrêts des hommes, donnera à chacun la récompense ou la peine qu'il mérite.

Mais la philosophie ne résout pas la seconde partie du problème : quelle sera la durée des peines et des récompenses?

Elle prouve admirablement la *survivance* de l'âme et la nécessité d'une justice future. Mais, à rigoureusement parler, elle ne prouve pas l'*immortalité* de l'âme et ne répond pas à la légitime curiosité que nous avons de connaître le sort qui nous attend par delà le tombeau (1).

Ainsi, la raison qui explique la nature, mais qui ignore l'origine et entrevoit seulement la destinée de l'homme, la raison ne suffit donc pas ni comme instrument de connaissance ni comme règle de conduite.

Maintenant, revenons sur nos pas, rappelons un principe établi antérieurement, et déduisons sommairement les conséquences qu'il contient.

Dieu ayant mis en nous le désir de connaître, il est contradictoire d'admettre que ce désir, au moins lorsqu'il est légitime, et il l'est, ne reçoive aucune satisfaction; sinon Dieu n'est ni juste ni bon, Dieu n'est pas Dieu.

---

(1) Le doute sur ce point capital est insupportable. Pressé de dire son sentiment, un médecin matérialiste ne pouvait dissimuler l'inquiétude dont il était secrètement tourmenté : « Heureux, s'écriait-il, ceux qui croient,... même au néant! »

Or, il est de première nécessité pour l'homme d'être instruit de son origine, de sa nature et de sa fin. Donc il faut qu'il le soit par un moyen quelconque.

La raison ne donne qu'une satisfaction partielle et insuffisante à la curiosité humaine : il suit qu'on doit chercher ailleurs le complément de la vérité (1).

Cette conclusion, c'est la raison elle-même qui la formule, c'est la raison qui, d'un côté, s'avoue finie, limitée, et, de l'autre, conçoit la justice et la bonté de Dieu.

Dieu forcé, pour ainsi dire, en vertu de la conception rationnelle, de venir en aide à ma faiblesse, d'achever ce que j'ai commencé ; voilà la révélation reconnue légitime ; voilà l'intelligence proclamant la nécessité de l'autorité, et la philosophie servant de préparation à la foi.

Ainsi, les droits de la raison ne sont ni contestés ni affaiblis : c'est à elle qu'appartient le discernement de la vraie religion ; c'est elle qui, en définitive, perçoit l'évidence dans les vérités de tout ordre, même dans celles qui dépassent la portée de notre intelligence, puisque c'est elle qui a démontré l'existence et la nécessité de ces vérités.

Ainsi, nous reconnaissons que « la révélation est la raison naturelle, enrichie de connaissances nouvelles communiquées par Dieu immédiatement, et dont la raison atteste la vérité par les preuves qu'elle donne qu'elles viennent de Dieu. De sorte que celui qui exclut la raison pour mettre à sa place la révélation, éteint la lumière de l'une et de l'autre, et fait la même chose que s'il voulait persuader à un homme de fermer les yeux pour mieux percevoir, par un télescope, la lumière éloignée d'une étoile invisible (2). »

Ainsi appuyée sur la raison, la foi est inébranlable ; ainsi nous comprenons la parole de l'Apôtre : *Sit rationabile obsequium vestrum. Obsequium rationabile !* Le divin précepte n'est pas exclusif comme un système : il fait la part à chacun.

Ce qui plaît à Dieu, c'est une adhésion volontaire,

---

(1) Tant que l'intelligence n'aura pas résolu le problème de la destinée humaine, les religions positives auront leur raison d'être.
(2) Locke, *Essai sur l'Entendement humain*, liv. IV, ch. xix.

éclairée; c'est une âme conquise à la vérité par la vérité elle-même.

Être raisonnable et libre, je suis averti par mes propres contradictions du danger qu'il y a à franchir certaines limites, à tenter de tout expliquer; je reconnais qu'il doit y avoir une autorité dépositaire de la parole divine. Je cherche cette autorité, et, après l'avoir trouvée (ce qui arrive toujours quand on n'a pas de préjugés), je m'incline devant elle : je sais qu'en m'inclinant je fais encore acte de raison et de liberté.

II. — RAPPORTS DE LA PHILOSOPHIE AVEC LES AUTRES SCIENCES. — PHILOSOPHIE DES SCIENCES.

Mais si la philosophie a une puissance restreinte, si elle n'est pas, comme le croyaient les anciens et comme semblent le croire encore quelques modernes, la *science des choses divines et humaines*, elle exerce néanmoins sur les autres sciences une profonde et légitime influence.

Il y a, en effet, entre elle et les autres sciences deux rapports généraux (outre une foule de rapports particuliers), qui constituent la *philosophie des sciences* et qu'il importe de bien saisir.

Premièrement, *un rapport de principes :* elle détermine les caractères auxquels on reconnaît les vérités premières, nécessaires ou contingentes, qui servent de fondements à chaque catégorie de sciences. Et, comme toute science est une construction élevée sur ces fondements, construction dont la solidité dépend du plus ou moins de fermeté de la base, il s'ensuit que la philosophie est, que les savants le sachent ou l'ignorent, la science suprême de laquelle toutes les autres tirent et leur autorité et leur raison d'être.

Il y a plus : la philosophie donne son nom à chaque science pour en désigner la partie la plus élevée, c'est-à-dire ce qui a trait aux lois et aux causes : philosophie des mathématiques, philosophie des sciences naturelles, philosophie de l'histoire, etc. Prenons cette dernière pour exemple. L'histoire est le récit des événements; la philosophie de l'histoire en est l'explication, elle détermine les causes qui ont produit et qui, les conditions étant les mêmes, doivent produire certains faits. L'histoire se borne à faire connaître le passé ; la philosophie donne la raison de ce qui a été, et en tire de grands enseignements et des inductions fécondes.

Secondement, *un rapport de méthode :* dans toutes les branches de la connaissance humaine, il y a une certaine voie qu'il faut suivre, sous peine de s'égarer, soit pour trouver, soit pour prouver la vérité. Tant qu'une science ignore sa méthode, elle s'ignore elle-même, elle n'a pas d'idée précise de son objet; en un mot, elle n'est pas constituée. C'est la philosophie qui trouve, dans l'analyse de l'entendement, les procédés de chaque méthode particulière, et qui en détermine la portée et la légitimité.

IV. — DIVISION DU COURS.

Un cours élémentaire de philosophie comprend cinq parties :

1° L'étude de l'esprit humain, ou la *Psychologie.*

2° L'étude de la vérité, de ses caractères et des procédés qu'il faut employer pour la découvrir ou la démontrer, ou la *Logique.*

3° L'application des règles de la logique à la détermination des devoirs et, par suite, de la fin de l'homme ou la *Morale* (1).

4° La connaissance de Dieu, principe et sanction de la morale, ou la *Théodicée* (2).

5° Les notions d'histoire de la philosophie.

Le lien de ces parties est évident, ainsi que l'ordre dans lequel elles doivent être étudiées. On ne peut diriger nos facultés, si elles ne sont préalablement connues. La science logique, comme on l'a très-bien remarqué, est une science d'induction qui présuppose la psychologie, et dont tous les

---

(1) A la morale se rattachent les notions d'économie politique introduites dans le nouveau programme.

(2) Nous entendons ici la connaissance que nous pouvons obtenir au moyen de la seule raison.

problèmes viennent se résoudre, sans exception, dans une partie des faits de la nature humaine. On ne peut non plus appliquer les règles de la méthode à la découverte du vrai bien, si l'on n'a pas étudié l'art de découvrir le vrai en général (1). Suivre un autre ordre, aborder la méthode ou la morale avant la psychologie, c'est s'exposer volontairement à de graves erreurs ou à des redites inévitables.

Comment, d'autre part, apprécier les divers systèmes de philosophie et leurs vicissitudes, si l'on n'a des idées exactes sur les facultés de l'homme, sur la vérité, sur les rapports qui unissent l'homme, la nature et Dieu?

QUESTIONS ACCESSOIRES

1° Comparer la philosophie avec les sciences physiques et naturelles, sous le double point de vue de l'importance et de l'utilité.

2° Indiquer les liens qui unissent la philosophie à l'histoire et à la législation : prouver que l'historien et le législateur doivent être philosophes.

3° Montrer l'utilité pratique de la philosophie : son influence sur la conduite et sur les habitudes de l'esprit (2).

(1) Les deux dernières parties des cours ne forment en réalité qu'une seule et même partie (ainsi que le démontre la définition) et sont désignées par la plupart des auteurs sous le nom général de *morale*; nous les avons réunies. S'il fallait absolument les scinder, nous placerions la théodicée avant la science du devoir, car, nous l'avons déjà dit, Dieu est le bien lui-même et, tout à la fois, le principe du devoir et la sanction de la morale.

(2) Voici la disposition que nous avons adoptée : le sommaire de chaque chapitre contient, outre la question principale, les subdivisions du sujet; on trouve à la fin du chapitre l'indication des questions accessoires qui peuvent être traitées par les élèves sous forme de dissertations latines ou françaises, et le nom des ouvrages ou des philosophes à consulter.

PREMIÈRE PARTIE

PSYCHOLOGIE

I

Objet de la psychologie : Caractère propre des faits qu'elle étudie. — Les degrés et les limites de la conscience. — Distinction des faits psychologiques et des faits physiologiques. — Classification des faits psychologiques.

La psychologie est *l'étude du moi, de ses opérations et de ses facultés.*

Avant d'entreprendre cette étude, il importe d'expliquer le sens de certains mots. Nous éviterons ainsi l'obscurité, regardée à tort comme inséparable des recherches philosophiques, et la confusion qui résulte d'un langage peu précis. Nous croyons que la plupart des philosophes ne sont en désaccord entre eux et avec le vulgaire que parce qu'ils ne s'entendent pas sur la signification des termes.

Le *moi* est ce quelque chose d'indéfinissable *qui sent, qui connaît, qui veut et a conscience de ce qui se passe en lui.*

La conscience est la ligne de démarcation qui sépare ce qui est *moi* de ce qui est *non-moi*. J'appelle *non-moi* tout ce dont je n'ai pas conscience. Mon corps n'est pas *moi*, parce que je n'ai pas conscience de ce qui s'accomplit en lui : digestion, sécrétion de la bile, circulation du sang, etc.

Les faits *internes* sont les faits qui se produisent en *moi*, tels que la douleur, la joie, la volition, etc.; les faits *externes* apparaissent hors de *moi*, dans le monde qui m'entoure et dont je me distingue parfaitement : tels sont les mouvements du corps, les phénomènes de la lumière, de l'odeur, etc.

Les faits *internes* sont *subjectifs*, c'est-à-dire qu'ils se passent dans un sujet qui est mon âme ou moi; les faits *externes* sont *objectifs*, c'est-à-dire qu'ils se passent dans un objet qui est autre que moi.

Je connais sans doute une partie des faits externes, mais je sais que la cause qui les produit ne se confond pas avec *moi*.

Les faits internes, au contraire, ont leur théâtre en moi; c'est moi qui en suis l'auteur ou le sujet; c'est encore moi qui en suis le spectateur unique. Ces faits ne sont pour moi qu'autant que je les aperçois ou que j'en ai conscience.

Si, par exemple, je souffrais et que je n'eusse pas connaissance de ma douleur, ce serait comme si je ne souffrais pas. Il n'est pas nécessaire que je perçoive la cause ni même la nature précise de ma souffrance, mais il est nécessaire que je sois informé que je souffre.

Il y a donc un ordre entier de faits, invisibles aux yeux du corps, mais visibles aux yeux de l'âme; et ces faits sont tout aussi réels que les faits perçus par les sens, et leur existence est aussi peu contestable que l'existence des objets ou des phénomènes matériels. La souffrance dont je parlais n'a ni couleur, ni odeur, ni étendue; elle échappe au tact, à la vue, à l'odorat, mais elle existe et nul ne la conteste.

Cette distinction des faits ou phénomènes en deux catégories, en faits matériels et en faits intimes, est fondée sur la réalité et sur le consentement du genre humain : nous la constatons et en tirons une conséquence importante, c'est qu'on peut également diviser l'étude des faits en deux études distinctes : l'étude des faits matériels et l'étude des faits immatériels. A première vue, la connaissance de l'homme comprend donc deux sciences : 1° LA PSYCHOLOGIE, *science des faits intimes ;* 2° LA PHYSIOLOGIE, *science des faits externes.*

Plus tard nous chercherons si ces faits sont produits par une seule et même cause, s'ils ne diffèrent que par les caractères apparents, et si, provenant d'une commune origine, ils ne doivent être que les objets différents d'une science unique. Provisoirement, nous nous arrêtons à la division que nous avons tracée, nous bornant à affirmer que les phénomènes psychologiques sont ceux dont nous avons conscience, que nous soyons une âme et un corps, ou seulement un corps, et qui échappent aux sens.

Ces faits, comme nous l'avons dit, sont réels ; on ne saurait contester sérieusement leur existence. L'explication de la cause qui les engendre peut avoir été et être encore l'objet d'une controverse, mais personne n'élève de doute touchant leur réalité.

Maintenant, quelle méthode suivrons-nous dans l'étude de ces faits ?

Nous suivrons la méthode en usage dans toutes les sciences de faits, la méthode d'observation.

Les faits psychologiques sont réels, donc on peut les observer, donc on peut les distinguer et les classer. Leur existence admise implique la possibilité de les connaître ; car si on ne les connaissait pas, comment dirait-on qu'ils existent ?

Les physiologistes, en général, dénaturent les faits psychologiques en leur attribuant une fausse origine ; mais ils constatent leur réalité et partant la possibilité de les observer ; en cela ils sont d'accord avec le sens commun.

Quelques-uns cependant ont contesté cette possibilité : ils ont objecté que les phénomènes intérieurs sont multiples, simultanés, rapides ; qu'on ne peut les arrêter au passage pour les analyser, et qu'au moment où l'on s'approche ils ne sont déjà plus. Ils disent, en outre, que l'homme ne saurait s'attacher à ce qui se passe en lui et s'isoler, en quelque sorte, dans la contemplation de ce monde intérieur révélé par la conscience ; qu'il est, dès son enfance, habitué à vivre au dehors, à voir avec ses yeux, à toucher avec ses mains (1); qu'il ne peut changer ses dispositions instinctives, et qu'il répugne à poursuivre l'invisible. Ils soutiennent enfin qu'il est impossible de se rendre compte des faits immatériels, que le langage est matériel et ne convient nullement à la détermination et à l'exposition de faits qui ne le sont pas.

Que prouvent ces objections? la difficulté, mais non l'impossibilité de la psychologie.

Je ne conteste pas la variété et la rapidité des phénomènes; mais je ne pense point que ce soit un obstacle invincible. Si l'on s'arrêtait au premier coup d'œil, si l'âme n'était pas douée de la mémoire et d'une certaine force d'attention, si elle était incapable de réflexion, il faut en convenir, elle n'aurait qu'une idée vague et confuse de ce drame immense dont elle est le théâtre. Mais il n'en est pas ainsi. L'âme évoque les phénomènes passés au moyen du souvenir, elle les reproduit même volontairement, elle concentre son attention sur eux, elle réfléchit, et elle distingue ce qui, au premier coup d'œil, était incohérent et indivisible. Si la conscience ne faisait que voir, elle verrait mal; mais *elle regarde*, et elle voit bien. Que d'analyses délicates des phénomènes intimes, que de tableaux achevés de certains états de l'âme, ne trouvons-nous pas dans les livres des philosophes? Chaque homme se reconnaît dans cette peinture de l'âme d'un autre homme; donc elle est fidèle et exacte, donc elle est possible.

L'homme est accoutumé à vivre au dehors, cela est encore vrai, mais cela ne prouve point qu'il ne puisse rentrer en lui-même. L'effort volontaire substitue à une habitude une autre habitude.

« Une chose bien remarquable, c'est que chez les hommes dont la volonté paresseuse néglige la direction de certaines facultés, ces facultés semblent s'accoutumer à cette indé-

---

(1) « Nous sommes hors de nous-mêmes dès le moment de notre naissance, et l'âme, de plus, ne s'occupant dans le temps de l'enfance que des choses extérieures et des sentiments de son corps, se rend par là ces objets et ces sentiments si familiers, et s'y attache si fortement, qu'elle ne saurait rentrer en elle-même qu'en se faisant une extrême violence. »
NICOLE, *de la Connaissance de soi-même.*

pendance, et ne se laissent reprendre et gouverner de nouveau qu'avec une incroyable résistance. Ainsi, quand nous avons pris l'habitude de laisser flotter à son gré notre faculté de penser, ce n'est qu'à grand'peine et par des efforts soutenus que nous pouvons l'appliquer et la fixer sur un objet ; à chaque instant elle nous échappe et nous sommes obligés de courir après, de la ramener et de peser sur elle de tout le poids de notre autorité pour la retenir (1). »

C'est de cette façon que nous retenons notre âme prête à sortir d'elle-même, pour ainsi dire, et que nous la forçons, non sans peine, à réfléchir et à contempler ce qui se passe en elle.

Quant à l'objection tirée du langage, elle n'est pas même spécieuse. Il suffit d'être de bonne foi pour s'entendre. Et lorsque nous disons une pensée profonde, il n'est personne qui ne comprenne la métaphore et qui s'avise de demander : de combien de pieds !

En résumé, nous connaissons par l'information intime une foule de faits inaccessibles aux sens ; nous en parlons tous les jours, nous les décrivons et nous jugeons que les analyses qu'on en donne sont vraies ou fausses : il faut en conclure que l'étude de ces faits est possible, et qu'on est en droit d'appliquer aux phénomènes intérieurs la méthode appliquée avec succès aux phénomènes extérieurs.

Or, cette méthode, nous l'avons déjà dit, c'est la méthode d'observation, qui comprend trois procédés principaux : 1° On jette sur l'ensemble des faits un premier coup d'œil qui constate leur existence et leurs principales subdivisions : *Synthèse primitive;* 2° On examine successivement, en les décomposant et en les comparant, les ordres divers de phénomènes : *Analyse;* 3° On reconstitue en un tout harmonieux ces éléments épars qui ont été distraits par l'analyse, et on se rend compte du rapport des parties entre elles et de l'économie générale : *Synthèse ultérieure* (2).

C'est ainsi que nous étudions le mécanisme d'une

(1) Jouffroy, *Mélanges.*
(2) L'observation n'est complète qu'après cette triple observation, qui

montre; nous l'ouvrons et nous voyons l'ensemble des pièces qui la composent; puis nous la démontons, nous considérons successivement et en les isolant, les divers rouages; enfin nous remettons chaque partie à sa place, et nous avons une idée générale et claire de la montre.

SYNTHÈSE PRIMITIVE.

Si j'entre en moi-même, j'aperçois une multitude de phénomènes qui s'y produisent soit ensemble, soit l'un après l'autre. J'ai conscience et de leur existence et de la modification qu'ils opèrent en moi.

Il suffit d'un regard pour reconnaître que ces phénomènes, quoique multiples et variés, se rangent en trois groupes principaux; de même qu'une observation très-superficielle suffit pour reconnaître que tous les individus de la création se divisent en trois règnes.

Ces groupes, comme ces règnes, se subdivisent ensuite en genres, espèces ou familles. Mais la nouvelle subdivision est le dédoublement et non la destruction de la première.

Il y a des phénomènes qui modifient l'âme d'une manière agréable ou pénible, et nous les appelons *phénomènes sensibles* ou *sensations*.

Il y a des phénomènes dont le caractère fondamental est de mettre l'âme en rapport avec des objets nouveaux ou déjà connus, et nous les appelons *phénomènes intellectuels* ou *idées*.

Il y a des phénomènes dans la production desquels j'interviens comme force intelligente et libre, et qu'on appelle *phénomènes volontaires* (1) ou *volitions*.

---

demande beaucoup d'attention et de soin. Il y a des esprits impatients et légers qui s'en tiennent au premier coup d'œil, et n'ont qu'une connaissance superficielle des objets. Ils ne lisent d'un livre que la table des matières. Il y en a d'autres plus attentifs, plus capables de se fixer sur un point; ils insistent sur les détails, descendent même jusqu'aux minuties, mais ils ne peuvent s'élever aux vues d'ensemble, aux idées générales, à la synthèse ultérieure. Leurs observations sont incomplètes parce qu'elles sont incohérentes.

(1) Nous ne disons pas *Phénomènes actifs*. L'activité n'est point une

Je sens, je connais, je veux, voilà les faits généraux dont la conscience atteste l'existence.

Mais tout phénomène a une cause, et les phénomènes différents supposent des causes différentes : double principe qui est le fondement de toutes les sciences d'observation, et que nous appliquerons légitimement à la psychologie, puisque la psychologie est une science d'observation.

Or, les phénomènes observés sont, au témoignage de la conscience, produits dans le moi et par le moi. Mais, comme ils sont distincts et de natures diverses, il s'ensuit que le sujet unique qui en est le théâtre et l'origine, est doué d'un certain nombre de pouvoirs différents.

Il y a trois groupes de phénomènes : les *sensations*, les *idées*, et les *volitions* ; il y a donc trois pouvoirs spéciaux dans l'âme, qui sont 1° la sensibilité ou le pouvoir d'éprouver du plaisir et de la peine ; 2° l'entendement ou le pouvoir de connaître ; 3° la volonté ou le pouvoir de se déterminer. Ces pouvoirs se nomment *facultés*.

Mais avant d'aller plus loin, entendons bien deux termes qui paraissent presque synonymes dans la langue vulgaire : *propriété* et *faculté*.

La propriété est un attribut inhérent à la nature d'un être. Or, l'homme est doué de deux espèces de propriétés, de propriétés qui sont en lui et sur lesquelles il ne peut rien, et de propriétés qui sont en lui, mais sur lesquelles il exerce une action (1).

L'*identité* est une propriété de l'âme ; l'*intelligence* est aussi une propriété de l'âme. Mais ce qui distingue la deuxième de la première, c'est que je puis la modifier, la diriger, la distraire ou la concentrer, tandis que l'identité échappe à mon action. La propriété que je puis modifier, c'est ce que j'appelle une faculté.

faculté à part, distincte de la sensibilité et de l'intelligence. Elle constitue, avec l'unité et l'identité, le fond même de la nature de l'âme. Elle se manifeste dans toutes les opérations de l'entendement et dans une partie notable du fait sensible.

(1) Parmi les propriétés, il en est qui supposent une activité organique et qu'on nomme *fonctions*. Quelques-unes des fonctions peuvent être modifiées par la volonté.

A rigoureusement parler, il n'y a qu'une faculté en nous, une faculté qui communique sa dignité aux propriétés qu'elle modifie, c'est la VOLONTÉ.

J'ai des facultés, parce que je me possède moi-même : l'animal, la plante, le minéral n'ont pas de facultés et sont doués seulement de propriétés, parce qu'ils ne sont pas libres. Ils subissent leur nature sans réagir sur elle, et ils marchent à leur fin sans la connaître; ils sont incapables de la contrarier ou de la seconder.

Les animaux, même les plus élevés dans l'échelle des êtres, ne font qu'obéir à des instincts immuables, qui ne les trompent presque jamais, et leurs actes ont une sorte de perfection relative qui nous inspire une vive admiration, non pour eux, mais pour celui qui les a créés.

Assurément, l'homme est, lui aussi, soumis à certaines lois qui le régissent fatalement. Il reçoit des impulsions étrangères, et dans chacune de ses facultés, il y a, au moment où elles entrent en jeu, et même plus tard, quelque chose qui ne vient pas de lui; mais, je le répète, l'homme se possède lui-même et est capable de perfectionnement ; c'est ce qui fait sa grandeur et sa responsabilité.

QUESTION ACCESSOIRE.

Les animaux ont-ils une âme ? Comparer avec quelques détails leurs propriétés aux propriétés et aux facultés de l'homme. Insister sur les caractères qui séparent l'instinct de l'intelligence.

Consulter BOSSUET, *Traité de la connaissance de Dieu et de soi-même*, chap. 1ᵉʳ ; JOLY, *de l'Instinct, ses Rapports avec la vie et l'intelligence, Essai de psychologie comparée.*

II

ANALYSE DES FACULTÉS DE L'AME.

De la Sensibilité, des Sensations, des Sentiments (1).

Définitions. — Modes. — Diverses espèces de sensibilité. — Division des objets au point de vue sensible. — Passions diverses. — Leur principe.

États de l'âme dans le fait sensible. — Caractères de la sensibilité. — Division des affections. — Utilité de la sensibilité. — Opinions sur les passions : *Epicuriens, Stoïciens, Chrétiens.*

L'émotion agréable ou pénible produite sur le moi par un phénomène extérieur ou intérieur s'appelle *sensation*.

Les sensations, abstraction faite de leurs nuances, forment un des trois grands groupes de faits que nous avons remarqués dans l'âme, et se rapportent à la sensibilité.

La *sensibilité est la faculté* (2) *d'éprouver du plaisir ou de la peine*. Je ne sens qu'autant que je suis ému et que cette

---

(1) Nous étudions la sensibilité avant les autres facultés, parce qu'elle se manifeste et se développe la première.
(2) Ne perdons pas de vue la distinction déjà faite. Au premier moment de la vie, avant l'éveil et l'intervention de la volonté (qui présuppose l'exercice de la raison), il n'y a pas encore de facultés dans l'âme ; la sensibilité et l'intelligence, purement instinctives, ne sont que des propriétés ou des capacités. Mais lorsque l'enfant sent qu'il se possède, qu'il est libre et capable de se déterminer et de gouverner, dans une certaine mesure, son entendement et ses appétits, alors l'intelligence et la sensibilité sont des puissances ou des facultés. Mais la propriété fait place à la faculté sans disparaître complètement. Car, même dans l'âme la plus libre et qui veut le plus énergiquement, il y a coexistence de deux séries d'actes parfaitement distincts : les actes intellectuels ou sensibles, dans la production desquels la volonté intervient, et les actes intellectuels ou sensibles, dans la production desquels la volonté n'intervient pas.
On pourrait mesurer le degré de personnalité d'un homme par le degré de cette intervention, et affirmer que moins un homme veut, moins il use de la raison, plus il se rapproche de l'animal, plus la lumière de son intelligence se rapproche, sans l'égaler, de cette lumière partielle, mais constante, qu'on appelle l'instinct.

émotion a remplacé l'indifférence. Je ne trouve point en moi ces prétendues sensations indifférentes que plusieurs psychologues ont cru observer; je ne conçois pas une émotion dans laquelle l'âme n'éprouve ni plaisir ni peine.

Les phénomènes sensibles ou sensations se peuvent diviser en plusieurs espèces et, quoiqu'ils soient tous le produit de la sensibilité, qui est une, se rapporter à diverses causes. On trouve dans la langue ces trois mots : sensations *physiques*, sensations *morales*, sensations *intellectuelles;* et dans ces trois expressions il y a un élément commun qu'on pourrait regarder comme le genre, c'est-à-dire la *sensation*, et un élément particulier qu'on pourrait regarder comme la différence, c'est-à-dire ce qui fait que la sensation est *physique*, *morale* ou *intellectuelle*.

La sensibilité se partage donc en trois capacités distinctes :

1° Sensibilité physique qui est provoquée par l'action des corps sur les sens et leurs organes (1). (Ex. : Le doux parfum et les charmantes couleurs de la rose, la rencontre d'un serpent, un cri aigu, etc.) ;

2° Sensibilité morale, qui est provoquée par la vue du bien ou du mal, et des affections de nos semblables. (Ex. : La mort héroïque du chevalier d'Assas, le meurtre de Clitus, la joie d'Ulysse à l'aspect de l'île d'Ithaque, la douleur d'une mère qui a perdu son enfant, etc.) ;

2° Sensibilité intellectuelle, qui est provoquée par la connaissance du beau et du vrai ou de leur contraire. (Ex. : La lecture du Cid, la solution d'un problème de mathématiques, etc.).

Il arrive que les trois sensations se produisent simultanément, sans qu'on songe à les distinguer. Voici la *Charlotte Corday* de Scheffer : je suis touché de l'attitude calme de l'héroïne et du danger qui la menace (sensation morale); je suis touché de l'art du peintre, de l'exquise délicatesse des lignes, de l'admirable disposition des personnages (sensation intellectuelle); enfin, je suis touché de ce qui

---

(1) Voir, pour l'analyse des sens, le chapitre suivant.

parle aux yeux, du coloris, de la forme, abstraction faite de l'idée (sensation physique).

Les sensations morales et intellectuelles ont reçu le nom de *sentiments* (1).

Les choses dans leurs rapports avec le moi qui sent apparaissent comme bonnes ou mauvaises, parce que, de quelque façon, elles modifient notre nature passionnée, et, en la modifiant, elles la secondent ou la contrarient. L'être purement sensible appellera bon ce qui concourt, et mauvais ce qui s'oppose à la satisfaction de ses désirs ou de son activité instinctive. « Les premiers sentiments des en-
» fants sont ceux du plaisir et de la douleur, et chez eux la
» vertu et le vice ne sont d'abord que cela (2). »

Inutile d'ajouter que cette division des choses est purement relative, et que, si le plaisir est la possession d'un bien, ce n'est pas toujours la possession du vrai bien. La raison corrigera plus tard les enseignements de la sensibilité, qui est naturellement aveugle.

La sensibilité se développe sous l'influence des tendances primitives, penchants, inclinations, appétits et désirs instinctifs (tous ces termes sont à peu près synonymes), qui nous poussent à rechercher les choses agréables ou utiles à notre conservation, et à fuir les choses désagréables ou nuisibles à cette même conservation (3).

Ces tendances, elles-mêmes, varient avec le climat et la constitution des individus ; elles sont modifiées, accrues ou diminuées par des causes diverses, par le souvenir de la peine et du plaisir éprouvés, par l'imagination, par la réflexion ou la volonté, par l'éducation et l'habitude.

Lorsqu'une tendance ou un penchant primitif domine

---

(1) Le mot *sentiment* a un autre sens ; il exprime souvent la conscience que nous avons de notre état sensible ; de là ces expressions : *il a perdu le sentiment.*

(2) Platon, *Lois*, II.

(3) « Le plaisir, dit Spencer, excite aux actes qui conservent la vie et la douleur, détourne des actes qui la détruisent. — Non seulement nous voyons que, chez les animaux inférieurs, ce guide est efficace, mais qu'il l'est aussi chez nous, en ce qui concerne les fonctions d'où la vie dépend immédiatement. » (*Principes de psychologie*, t. Ier, p. 291.)

dans l'âme, à tel point qu'il semble maîtriser ou exclure les autres penchants, et qui tient parfois en échec la raison et la liberté, on l'appelle *passion* (1).

La passion est *un vif mouvement de l'âme qui, profondément touchée du plaisir ou de la douleur ressentie ou imaginée dans un objet, le poursuit ou s'en éloigne* (2).

Il y a, ou du moins il peut y avoir autant de passions qu'il y a d'inclinations ou de tendances primitives. Il y a, en outre, des inclinations et des passions *factices*, qui prennent naissance dans l'oisiveté, dans les conceptions d'une imagination mal réglée, ou dans la contagion de l'exemple.

Mais la première de toutes les tendances et en même temps la première de toutes les passions, celle qui engendre toutes les autres, c'est l'amour (3).

---

(1) Le mot *passion*, pris au sens étymologique, désigne tout autre chose que ce que nous entendons. L'âme est modifiée par certaines causes, elle est *inclinée;* voilà, à rigoureusement parler, le fait passif ou la passion qu'il faut se garder de confondre avec la passion véritable que nous avons définie : « un vif mouvement de l'âme, etc. »

(2) C'est la définition même de Bossuet. Nous n'avons fait que marquer plus nettement la différence qui sépare l'*inclination* de la *passion*.

(3) « On compte ordinairement onze passions, dit Bossuet, que nous allons rapporter et définir par ordre.

» L'*amour* est une passion de s'unir à quelque chose : on aime une nourriture agréable, on aime l'exercice de la chasse. Cette passion fait qu'on aime de s'unir à ces choses et de les avoir en sa puissance.

» La *haine*, au contraire, est une passion d'éloigner quelque chose. Je hais la douleur, je hais le travail, je hais une médecine pour son mauvais goût, je hais un tel homme qui me fait du mal, et mon esprit s'en éloigne naturellement.

» Le *désir* est une passion qui nous pousse à rechercher ce que nous aimons quand il est absent.

» L'*aversion*, autrement nommée la fuite ou l'éloignement, est une passion d'empêcher que ce que nous haïssons nous approche.

» La *joie* est une passion par laquelle l'âme jouit du bien présent et s'y repose.

» La *tristesse* est une passion par laquelle l'âme tourmentée du mal présent s'en éloigne autant qu'elle peut et s'en afflige.

» L'*audace*, ou la *hardiesse* ou le *courage*, est une passion par laquelle l'âme s'efforce de s'unir à l'objet aimé, dont l'acquisition est difficile.

» La *crainte* est une passion par laquelle l'âme s'éloigne d'un mal difficile à éviter.

» L'*espérance* est une passion qui naît en l'âme, quand l'acquisition de l'objet aimé est possible, quoique difficile; car lorsqu'elle est aisée ou assurée, on en jouit par avance et on est en joie.

« Nous pouvons dire, si nous consultons ce qui se passe en nous-mêmes, que nos autres passions se rapportent au seul amour et qu'il les enferme ou les excite toutes. La haine qu'on a pour quelque objet ne vient que de l'amour qu'on a pour un autre. Je ne hais la maladie que parce que j'aime la santé. Je n'ai d'aversion pour quelqu'un que parce qu'il m'est un obstacle à posséder ce que j'aime. Le désir n'est qu'un amour qui s'étend au bien qu'il n'a pas, comme la joie est un amour qui s'attache au bien qu'il a. La fuite et la tristesse sont un amour qui s'éloigne du mal par lequel il est privé de son bien et qui s'en afflige. L'audace est un amour qui entreprend, pour posséder l'objet aimé, ce qu'il y a de plus difficile ; et la crainte, un amour qui, se voyant menacé de perdre ce qu'il recherche, est troublé de ce péril. L'espérance est un amour qui se flatte qu'il possédera l'objet aimé ; le désespoir est un amour désolé de ce qu'il s'en voit privé à jamais, ce qui cause un abattement dont on ne peut se relever. La colère est un amour irrité de ce qu'on veut lui ôter son bien, et s'efforce de le défendre.

» Enfin, ôtez l'amour, il n'y a plus de passions ; et posez l'amour, vous les faites naître toutes (1). »

Dans le fait sensible, l'âme passe par deux états divers : Elle *pâtit* et elle *agit*. Elle souffre l'action d'une cause et réagit sur cette cause, pour l'attirer ou la repousser selon qu'elle lui agrée ou lui déplaît.

» Le *désespoir*, au contraire, est une passion qui naît en l'âme, quand l'acquisition de l'objet aimé paraît impossible.
» La *colère* est une passion par laquelle nous nous efforçons de repousser avec violence celui qui nous fait du mal, ou de nous en venger.
« Outre ces onze principales passions, il y a encore la *honte*, l'*envie*, l'*émulation*, l'*admiration*, l'*étonnement* et quelques autres semblables ; mais elles se rapportent à celles-ci. »
BOSSUET, *de la Connaissance de Dieu et de soi-même*.
Cette classification des passions a été empruntée à la *Somme* de saint Thomas. Elle se trouve en grande partie dans Aristote.
Bossuet, comme le fait remarquer M. Charles, confond les passions tantôt avec les inclinations, tantôt avec les émotions produites par les passions elles-mêmes. Les définitions des diverses passions seraient excellentes, si elles ne s'appliquaient pas aussi bien aux inclinations qui n'ont rien de passionné. (Voir les *Lectures philosophiques*, t. Ier, ch. VII, éd. Belin.)
(1) Voir, pour l'origine de cette théorie, la *Cité de Dieu*, liv. XIV, ch. VII et IX.

Suis-je en présence d'un objet aimable, j'ai du plaisir, je cherche à me rapprocher de cet objet; suis-je en présence d'un objet désagréable, j'ai de la peine et je tâche d'éloigner cet objet. J'ai d'abord été modifié, *fait passif et fatal;* puis je réagis sur la cause de cette modification, *fait actif et souvent libre.* Cependant, comme on l'a très bien observé, même dans l'état de passivité, la volonté exerce la suprématie, sinon par l'impulsion et la direction, au moins par son acquiescement, par son consentement. Nous ne pouvons nous empêcher de recevoir telle influence, de sentir telle impression, mais nous pouvons accepter ou n'accepter pas ce que nous éprouvons, et de là une immense différence dans la manière de sentir et dans ses résultats (1).

Les caractères de la sensation sont faciles à déterminer, elle est *fatale;* le moi la subit, qu'il le veuille ou qu'il ne le veuille pas. Elle est *contingente,* car elle est, mais elle pourrait ne pas être; en cela elle ressemble à tous les phénomènes. Enfin, elle est *personnelle,* c'est-à-dire *variable,* dans l'individu et selon les individus. Elle change suivant l'âge, l'état de la santé et les circonstances diverses où l'on se trouve.

Il y a néanmoins quelque chose de constant dans notre nature sensible; ce sont les affections primitives ou les formes principales de l'amour.

Ces affections sont de quatre sortes :

1° *Les affections relatives à l'individu.* Ici, il importe de ne pas confondre l'amour de soi, qui est instinctif et naturel, et l'égoïsme, qui est le culte exclusif et réfléchi du moi. Nous avons deux tendances, l'une qui nous pousse à nous aimer nous-mêmes, l'autre à aimer les autres. Étouffer celle-ci, développer outre mesure la première, se faire le centre de tout et ne songer qu'à soi dans toutes ses actions, c'est être égoïste. L'instinct est transformé en un calcul odieux, et la nature humaine est mutilée.

2° *L'affection pour nos semblables* (amour, amitié, sympathie);

(1) BAUTAIN, *Psychologie morale.*

3° *Les affections pour les animaux et les choses;*

4° *L'affection pour Dieu*, le seul amour tout à fait pur et désintéressé, et qui ne se rencontre que dans les créatures libres et raisonnables.

Maintenant que nous connaissons la sensibilité, ses divers aspects, les passions et les affections auxquelles elle donne naissance, il nous est facile de comprendre le rôle qu'elle joue dans la vie morale. C'est elle qui nous excite à agir, c'est elle qui donne l'éveil aux autres facultés et qui nous met en relation avec les autres êtres. Supprimez l'amour et les mouvements dont il est le principe, supposez qu'il n'y ait plus de désirs, plus de besoins, plus de craintes ni d'espérances, imaginez *l'apathie* absolue, et voyez ce que deviendra l'homme!

Les passions (1), nous le savons, ont été diversement appréciées. Epicure enseigne qu'elles sont toutes bonnes et que leur satisfaction est toujours légitime; il se borne à recommander la prudence et la modération comme des conditions du bien-être ou de la volupté durable.

Zénon, au contraire, soutient qu'elles sont toutes mauvaises, parce qu'elles détruisent la liberté. Il les faut extirper. Le vrai sage est insensible: rien ne doit l'émouvoir, ni la perte de ses biens, ni l'altération de sa santé, ni la mort de sa femme et de ses enfants. *Impavidum ferient ruinæ.*

De Zénon et d'Epicure lequel devons-nous croire?

Ni l'un ni l'autre.

Dire que la satisfaction de toutes nos passions est permise, n'est-ce pas nier l'existence d'une loi quelconque et proclamer l'anarchie morale? les conseils de la prudence n'auront aucune autorité. Epicure fut prudent et modéré; on le dit, je le crois. Mais ses disciples tirèrent audacieusement, et ils en avaient le droit, les conséquences de l'Édonisme. L'un d'eux, Métrodore de Chio, alla jusques à dire

---

(1) Nous avons séparé les passions des penchants instinctifs et des affections primitives; mais dans la langue vulgaire et aussi dans les écrits de presque tous les philosophes qui ont précédé ou suivi Bossuet, la passion est confondue avec le penchant ou l'instinct.

que la volupté suprême réside dans le ventre : *Porcus e grege Epicuri*.

D'autre part, est-il possible de suivre le conseil du Portique et d'extirper les passions? est-il possible de ne pas sentir la douleur ou le plaisir, de ne plus aimer et de ne pas être touché des accidents qui arrivent à ceux que nous aimions naguère? Y parvînt-on, qu'aurait-on gagné? Il n'y aurait plus d'excès, plus de folies, j'en conviens; mais aussi il n'y aurait plus de nobles pensées et d'actions sublimes. La charité disparaîtrait et avec elle tous les instincts généreux. Le sage stoïcien n'est qu'un superbe égoïste qui m'inspire une répugnance invincible, parce qu'étant dépouillé de toute passion il ne peut être mon ami (1).

Toutes les passions sont bonnes en elles-mêmes : la puissance qui les a mises en notre âme, étant trop sage et trop juste pour les avoir fait mauvaises; et pourvu que leur objet soit légitime, qu'on ne les dérègle pas, et qu'elles demeurent dans les bornes raisonnables qui leur sont prescrites, comme elles ne sont jamais condamnables, on ne les doit jamais condamner.

Seul, le christianisme a bien compris la nature humaine et la règle qui lui convient. Il tient compte et de notre faiblesse et de notre force; il ne dit point : « Étouffez vos passions; il dit seulement : « Gouvernez-les, développez surtout la tendance qui vous porte à chérir votre prochain. Quant à l'amour de soi, c'est une plante qui sera toujours assez vivace et qui n'a pas besoin de culture; ne veillez sur elle que pour empêcher ses développements excessifs. »

Et il donne une foule d'excellents préceptes sur le régime qui sied à la sensibilité; il utilise tous nos instincts et n'en supprime aucun, pas même le fatal instinct qui, d'après la Genèse, amena la chute de l'homme et engendra cette mystérieuse et détestable inclination à la révolte, première punition de notre désobéissance.

---

(1) « Cette guerre intérieure de la raison contre les passions a fait que ceux qui ont voulu avoir la paix se sont partagés en deux sectes. Les uns ont voulu renoncer aux passions, et devenir Dieux; les autres ont voulu renoncer à la raison, et devenir bêtes brutes. » (PASCAL, *Pensées*.)

1° Marquer la place de la sensibilité dans le développement de nos facultés.

2° Montrer l'influence de la sensibilité sur la volonté et sur l'entendement.

3° Montrer l'influence de la mémoire, de l'imagination, de l'âge, de la santé, etc., sur la sensibilité.

4° Décrire le combat des passions et de la raison.

5° Des passions ou des appétits factices ; déterminer leur origine et la loi de leur développement.

Consulter MALEBRANCHE, *Recherche de la vévité*, liv. V; BOSSUET, *Traité de la Connaissance de Dieu et de soi-même.*

III

Facultés intellectuelles. — Acquisition de la connaissance.

Subdivisions de l'entendement ou de l'intelligence : perception intime (conscience); perception matérielle (sens et organes); perception extérieure immatérielle ou raison. — Nature de la raison.

L'entendement ou l'intelligence est la *faculté de connaître*. Nous connaissons trois sortes d'objets : 1° ce qui se passe dans l'âme, ou les phénomènes intimes ; 2° notre corps et les corps qui nous entourent, ou les phénomènes physiques ; 3° ce qui échappe à l'expérience de la conscience et des sens, le général et l'absolu ou le nécessaire.

L'entendement se subdivise donc en trois facultés principales : la faculté de percevoir les phénomènes intérieurs à l'aide de la conscience, ou *perception intime;* la faculté de percevoir des objets matériels, à l'aide des sens et de leurs organes, ou *perception matérielle;* et la faculté de percevoir ce qui est au-dessus des sens et de la conscience, ou *raison*.

I. — PERCEPTION INTIME DE LA CONSCIENCE; SES LIMITES, SES DEGRÉS.

La conscience est ce témoin intérieur qui rapporte à l'âme les faits qui se produisent en elle : sensations, volitions, idées; ou mieux, *c'est l'âme se connaissant elle-même, comme cause de certains actes et comme sujet de certaines modifications.*

La conscience est tout à la fois la faculté de percevoir ce qui se passe en nous, et la condition de nos autres perceptions. Je ne saurais avoir de notions relatives à mon corps et aux corps qui m'entourent sans avoir conscience de ces notions, c'est-à-dire de moi connaissant mon corps ou les autres corps. Je ne saurais avoir l'idée de Dieu sans avoir conscience de cette idée.

Il y a plus; les phénomènes volontaires ou sensibles n'existent pour moi qu'autant que j'ai conscience de moi voulant ou sentant. Comment éprouver du plaisir ou de la peine, si on ne connaît pas qu'on éprouve du plaisir ou de la peine? Comment délibérer ou se déterminer, si on ignore qu'on délibère ou qu'on se détermine.

La déposition de la conscience est fidèle, inattaquable, incontestée. Tous les hommes, qu'ils soient dogmatiques ou sceptiques, partent de leur conscience, les uns pour affirmer leur croyance, les autres pour affirmer leur doute.

« De toutes les convictions possibles, il n'en est point de plus forte, de plus complète que celle qui s'attache à cette information intérieure. Ce qu'il y aurait de plus adsurde au monde, ce serait de contester à un homme qu'il souffre, quand il sent qu'il souffre; qu'il désire telle chose, quand il sent qu'il la désire; qu'il est occupé de telle pensée, qu'il se souvient de telle personne, qu'il prend telle résolution, quand il a conscience en lui de tous ces faits; tout ce que nous témoigne cette vue intérieure nous paraît d'une incontestable certitude (1). »

La conscience, je l'ai déjà dit, donne non seulement la connaissance des faits internes, mais encore de leur cause, lorsque c'est le *moi* qui en est la cause. Elle donne, en outre, la connaissance du *moi*, en tant qu'uni à un corps (2), et d'un certain nombre de modifications opérées en *moi* par le corps que j'appelle *mon* corps, sans m'informer

(1) JOUFFROY, *Préface aux Esquisses de D. Stewart.*
(2) JANET, *Traité élémentaire de philosophie*, ch. II.

de ce qu'il est, non plus de ce qui se passe en lui.

La conscience est *spontanée* ou *réfléchie :* elle est spontanée, lorsque je ne fais que *voir* les phénomènes. Alors l'âme a une idée plus ou moins claire, mais presque toujours fugitive des faits internes, attendu que la durée du souvenir est en rapport avec la netteté de la perception. Elle est réfléchie, lorsque, la volonté intervenant, je *regarde* ces phénomènes. Dans la spontanéité, l'âme s'aperçoit et ne peut pas ne pas s'apercevoir, mais elle ne se cherche pas. Dans la réflexion, elle se replie sur elle-même, elle se cherche, elle s'étudie. La plupart des hommes, absorbés par le spectacle du monde extérieur, oublient le spectateur. Le philosophe fermant l'oreille aux bruits du dehors arrive, non sans peine, par la méditation, par l'effort volontaire, à se créer une conscience réfléchie qui lui permet d'étudier les faits de l'âme, comme le naturaliste étudie les faits de la nature physique.

L'information de la conscience est permanente, parce que l'activité de l'âme n'est jamais interrompue. Nous pensons toujours, pendant la veille, pendant la rêverie, pendant le sommeil. Si nous ne nous rappelons pas nos pensées, c'est que nous n'y avons pas fait attention, c'est que des pensées nouvelles et qui nous touchent davantage ont effacé la trace des premières.

II. — PERCEPTION MATÉRIELLE

La faculté de connaître les corps et leurs propriétés s'exerce au moyen des organes.

Il faut marquer nettement la signification de ces trois mots : *faculté, sens, organes*.

La FACULTÉ est la capacité générale de connaître la matière et ses modifications.

Les SENS sont des subdivisions de la faculté. Dire que nous avons cinq sens, c'est dire que nous avons cinq manières de communiquer avec la nature extérieure. Chaque sens est donc comme une faculté particulière distraite de la faculté générale.

Les ORGANES sont des appareils nerveux, des instruments extérieurs à l'aide desquels la perception matérielle s'exerce. A chaque sens se rattachent un ou plusieurs organes.

La faculté et les sens sont immatériels comme tous les pouvoirs de l'esprit ; les organes, au contraire, sont matériels comme les objets qu'ils sont chargés de nous faire connaître.

Ainsi, les organes ne perçoivent pas et ne font que servir la perception. C'est l'âme qui perçoit, c'est l'âme qui voit, qui entend, qui flaire, qui touche, qui savoure, par l'intermédiaire des organes.

Que l'âme soit distraite, les organes auront beau faire leur office, la perception n'aura pas lieu. Préoccupé d'une pensée importante, je passe dans la rue, et je ne vois pas une personne qui marche devant moi. Qu'est-ce à dire? L'image de cette personne se reproduit sur la rétine de l'œil, le phénomène physiologique s'accomplit, et cependant il n'y a pas de perception : celui qui a qualité pour percevoir est absent ou occupé ailleurs.

Une autre distinction non moins importante à établir, c'est celle de la perception matérielle et de la sensibilité physique. Autre chose est connaître un corps, autre chose est éprouver du plaisir ou de la peine à la vue de ce corps.

Pour bien saisir cette différence, cherchons quels sont les phénomènes divers qui se rencontrent dans le fait complexe de la perception matérielle et de la sensibilité physique.

Nous en trouvons trois : 1° une action organique ou impression sur les nerfs, laquelle est transmise au cerveau par ces mêmes nerfs qui viennent y aboutir; 2° une sensation intérieure, agréable ou pénible, à la suite de l'impression; 3° le fait même de la perception (1).

(1) Cette perception est elle-même très-complexe. Dans certains cas, il y a : 1° la perception *partielle* de l'impression produite sur les organes par l'objet, qui est froid ou chaud, poli ou raboteux, plus ou moins résistant (et c'est la confusion de cette connaissance *partielle* de l'impression organique avec la connaissance de la sensation produite assez fréquemment à la suite de l'impression, qui a donné naissance à l'étrange théorie des *sensations indifférentes*) ; 2° la perception de l'objet lui-même.

Dans d'autres cas, presque aussi nombreux, il y a, outre les perceptions déjà mentionnées, la perception d'une sensation agréable ou pénible.

Voici une rose : elle opère une modification sur le nerf olfactif et sur le nerf optique ; ensuite, j'éprouve une sensation de plaisir, et, en même temps, je connais la rose.

L'analyse constate donc trois faits : une impression, fait physique ; une sensation et une perception, faits psychologiques.

Comment, à la suite de l'impression, apparaissent ou peuvent apparaître simultanément la sensation et l'idée, c'est ce que j'ignore ; mais je maintiens la réalité et la distinction de ces trois phénomènes.

Or, la sensibilité physique et la perception matérielle ont un point commun : l'impression organique. Pour être affecté par les corps comme pour les connaître, il faut que l'appareil nerveux soit ébranlé. Mais là finit la ressemblance. La perception et la sensation sont deux fleuves qui sortent de la même source, mais qui ont des cours différents (1).

Ce qui le prouve, c'est que, par suite de l'habitude, l'une devient plus faible et l'autre plus forte. Contemplez quelque temps cette rose qui vous a charmé par son odeur suave et ses brillantes couleurs, la sensation agréable s'émoussera bientôt, le plaisir fera place à l'indifférence, mais la perception de la fleur sera plus nette et plus exacte. « La continuité ou la répétion de la passion l'affaiblit : la continuité ou la répétition de l'action l'exalte et la fortifie. La sensation prolongée ou répétée diminue par degré et finit par s'éteindre. Le mouvement prolongé ou répété devient graduellement plus facile, plus rapide et plus assuré. La perception, qui est liée au mouvement, devient généralement plus claire, plus certaine, plus prompte (2). »

DES SENS.

Il y a cinq sens : le tact, la vue, l'ouïe, l'odorat et le

---

(1) Insistons sur ce point important : toute sensation implique quelque perception, mais toute perception ne suppose pas une sensation antérieure ou contemporaine (ainsi je vois un caillou ou un brin d'herbe, et cette perception n'est accompagnée d'aucune sensation agréable ou pénible).

En d'autres termes, tantôt l'impression organique donne lieu immédiatement à la perception seule de l'objet qui a produit cette impression ; tantôt, et presque aussi souvent, l'impression donne lieu tout à la fois à la sensation et à la perception.

(2) RAVAISSON, de l'habitude.

goût. Le tact et la vue sont plus particulièrement instructifs, les trois autres sens sont plus particulièrement affectifs.

1° *Le tact.* C'est le sens essentiel : on peut concevoir à la rigueur un homme privé des autres sens, mais on ne saurait imaginer un homme totalement privé du tact.

Le tact a pour organe le corps tout entier, mais plus spécialement les mains. Ses données sont : l'étendue tangible, la solidité, la forme, la distinction de la pluralité des corps, les rapports de plus ou de moins (les premières mesures sont empruntées au tact : le pied, l'aune, la coudée, la brassée, etc.) ; le froid et le chaud, le poids. La plupart de ces perceptions supposent l'exercice de la mémoire.

2° *La vue.* Elle a pour organes les yeux. A rigoureusement parler, elle ne nous fait connaître que la lumière, les sept couleurs primitives et leurs nuances, et, par suite, l'étendue et la forme visibles, ou l'étendue et la forme de la lumière.

3° *L'ouïe.* Elle a pour organes les oreilles, et les sons pour données.

4° *L'odorat.* Il a pour organes les narines, et pour données les odeurs.

5° *Le goût.* Il a pour organes la langue et le palais, et pour données les saveurs.

Si l'on classe les sens au point de vue de l'importance de leurs données, le tact occupe le premier rang : c'est le sens nécessaire, si je puis parler ainsi ; puis viennent la vue, l'ouïe, le goût et l'odorat.

Les sens se suppléent les uns les autres. S'il n'en était pas ainsi, nous serions condamnés à faire de fâcheuses expériences et notre vie serait souvent en danger. On estime par la vue la température d'un fer rouge ; on ne s'avise pas de s'en assurer par le tact, qui est naturellement chargé d'apprécier la chaleur ou le froid.

Mais cette suppléance est la source d'une foule d'erreurs et de contradictions apparentes. C'est à elle qu'il faut attribuer la plupart des objections élevées contre la perception matérielle. La vue et le tact, pour ne parler que de ces deux sens, ont chacun leur domaine particulier ; lorsqu'ils empiètent l'un sur l'autre, lorsqu'on regarde ce qu'on aurait dû toucher, on confond, dans certains cas, une apparence mensongère avec la réalité.

Pour que la perception matérielle soit certaine, il faut observer trois conditions :

1° Que les organes soient dans leur état normal, c'est-à-dire en bonne santé. Un malade qui a la jaunisse ne saurait être bon juge des couleurs.

2° Que les sens et les organes soient exercés dans la sphère qui leur est propre et dans leur portée légitime. La tour qui paraît, successivement, ronde à quelques lieues et carrée à quelques pas, ne doit sa première apparence qu'à l'éloignement qui efface les angles et défigure les objets.

3° Que l'on fasse attention. Ayez les meilleurs yeux du monde, si vous êtes léger et distrait, vous verrez mal et vous prononcerez un jugement erroné. « A proprement parler, il n'y a pas d'erreur dans le sens qui fait toujours ce qu'il doit, puisqu'il est fait pour opérer selon les dispositions non-seulement des objets, mais des organes. C'est à l'entendement, qui doit juger les organes mêmes, à tirer des conséquences nécessaires ; et s'il se laisse surprendre, c'est lui qui se trompe. Ainsi il demeure pour constant que le vrai effet de l'intelligence, c'est de connaître le vrai et le faux, et de les discerner l'un et l'autre (1). »

Comment la perception s'opère-t-elle ? Comment la connaissance vient-elle à la suite de l'impression ? Voilà une question intéressante, souvent agitée, et que plusieurs philosophes ont prétendu résoudre.

Nous nous bornerons à exposer et à apprécier rapidement les deux principales théories que l'on a imaginées.

1° Théorie des images. Selon les sensualistes, lorsque nous sommes en présence d'un objet, cet objet nous envoie son image qui est une *espèce d'intermédiaire* entre l'esprit et lui. Nous ne voyons donc pas l'objet lui-même, nous n'en voyons que l'image : de là l'idée, Εἶδος.

Cette opinion, attribuée à Démocrite, s'est propagée dans la philosophie et a laissé dans le langage une trace ineffaçable. Nous ne la croyons pas fondée.

(1) BOSSUET, *Traité de la connaissance de Dieu et de soi-même.*

D'abord, si nous interrogeons le sens commun, tous les hommes, en dépit de la langue dont ils se servent, déclareront qu'ils croient voir les objets et non les images des objets, la rose et non la représentation de la rose, le soleil et non la représentation du soleil.

En second lieu, on adresse à la théorie une objection invincible : si nous ne voyons que des images, comment pouvons-nous affirmer qu'elles soient fidèles, qu'elles représentent exactement les objets? Un portrait n'est regardé comme l'image d'une personne qu'autant qu'on a comparé tour à tour la personne au portrait et le portrait à la personne, ou que des témoins dignes de foi nous attestent avoir vu l'original et nous garantissent la ressemblance du portrait. Ce qui est vrai des personnes est vrai des choses. Pour conclure de l'image à la chose représentée par elle, il faut avoir vu la chose elle-même. Direz-vous que nous voyons, tout à la fois, et l'image et l'objet, et que nous nous assurons ainsi de l'exactitude de la représentation? On vous répondra : A quoi sert l'image, si nous avons l'objet sous les yeux? Qui s'aviserait de regarder le portrait d'un ami pour voir cet ami présent?

Enfin, l'hypothèse étant admise, nous avons une nouvelle difficulté : L'image est matérielle ou immatérielle. Si elle est matérielle, comment la voyons-nous? Une image matérielle est un corps, et la question à résoudre est celle-ci : comment percevons-nous les corps? — Si l'image est immatérielle, nous arrivons à une conception absurde : la représentation réelle et pourtant immatérielle d'un objet matériel; un portrait fait sans couleurs et sans étendue ressemblant à un original étendu et coloré (1) !

En dernier lieu, si nous passons sur toutes ces contradictions, nous ne pouvons admettre la théorie que pour les données de la vue : quelles images tombent sous le tact, sous l'odorat, sous l'ouïe et sous le goût?

2° Théorie de la vision en Dieu de Malebranche. Selon ce disciple de Descartes, nous ne voyons pas les corps,

---

(1) Voici une autre difficulté : comment une image immatérielle est-elle perçue par les sens?

attendu que nous n'avons aucun rapport direct avec eux. Notre âme puise en Dieu toutes les connaissances; c'est en lui qu'elle voit les idées des corps.

« Dieu contient nécessairement en lui les idées de tous les êtres créés; car, avant de créer le monde et les êtres dont il se compose, il a nécessairement conçu dans sa pensée le plan de ce monde et les idées de tous les êtres qu'il a créés.

» L'esprit humain voit donc toutes ces idées en Dieu, puisqu'elles sont toutes renfermées dans son espace. Car Dieu pouvant faire voir aux esprits toutes choses, en voulant tout simplement qu'ils voient ce qu'il y a en lui-même, il n'y a pas d'apparence qu'au lieu de choisir cette voie si simple, il s'en aille produire autant d'infinités de nombres infinis d'idées qu'il y a d'esprits créés (1). »

Cette théorie est une pure hypothèse qui répugne au sens commun autant et plus peut-être que la théorie des images. « Ce qui a séduit Malebranche, c'est l'entière dépendance, à l'égard de Dieu, dans laquelle cette théorie place les esprits créés (2). »

Quant à nous, nous croyons que la question proposée est insoluble; que, si nous pouvons décrire les différentes circonstances de la perception, nous sommes fort empêchés quand il s'agit d'expliquer le *comment* de cette même perception; et que ce qu'il y a de plus sage, c'est d'avouer notre ignorance.

III. — DE LA PERCEPTION EXTÉRIEURE IMMATÉRIELLE.

La raison *est la faculté de percevoir ou de concevoir ce qui échappe à l'expérience* (3).

---

(1) F. Bouillier, *Hist. de la philosophie cartésienne.*
(2) *Id., id.*
(3) « Descartes divise tout ce qui tombe sous la connaissance de l'entendement pur en deux classes : la première contenant les choses don l'existence est indépendante de la pensée qui s'y applique; la seconde, celles qui ne sont rien en dehors de notre esprit. Nous donnons à la connaissance des premières le nom de *perception* et à la connaissance des secondes celui de *conception.* »
　　　　AD. GARNIER, *Traité des facultés de l'âme,* liv. VI, ch. II.
C'est trop restreindre la signification du mot *conception.* La conception

Tandis que les sens et la conscience ne saisissent que le relatif, le contingent, ce qui apparaît et disparaît, le phénomène, φαινόμενον; la raison atteint l'absolu, le nécessaire, l'universel, l'immuable ou le permanent. Sans elle point de jugements, point de perceptions de rapports, point d'idées générales (genres, espèces, etc.). Sans elle, point de conceptions idéales, c'est-à-dire point de conceptions mathématiques ou géométriques (l'unité, le point, la ligne, le cercle et le triangle parfaits, etc.); point de conceptions artistiques ou morales, ni de conceptions métaphysiques.

Et non-seulement la raison est une faculté distincte de l'expérience, mais elle est indispensable à l'expérience. c'est elle qui ajoute aux éléments fournis par la conscience les sens, l'élément essentiel sans lequel il n'est pas de vraie connaissance (1).

C'est elle enfin qui contrôle ou redresse au besoin les autres facultés intellectuelles et qui éclaire la volonté.

La raison est A PRIORI OU A POSTERIORI.

Lorsqu'elle s'exerce *a priori*, elle perçoit deux choses : 1° les *vérités premières*; 2° les *applications immédiates* de ces vérités premières.

Ainsi, je comprends sur-le-champ, sans effort, sans démonstration, que le plus court chemin d'un point à un autre est la ligne droite (vérité première), et que dans tout triangle un côté quelconque est plus petit que la somme des deux autres côtés (application immédiate de la vérité première). Pour saisir le principe et son application immédiate, il suffit d'entendre les termes de la proposition fondamentale et de concevoir la figure du triangle.

Lorsque la raison s'exerce *a posteriori*, il y a un travail

---

embrasse non-seulement les choses *qui ne sont rien en dehors de notre esprit*, comme le cercle ou le carré parfait, mais encore les choses dont l'existence s'impose à nous comme nécessaire, sans que nous sachions ce qu'elles sont. Voici un arbre : les sens perçoivent les apparences, les qualités ou les propriétés de l'arbre, et la raison *conçoit* la substance ou le sujet auquel se rapportent ces manières d'être, sans percevoir la nature intime, l'essence de cette substance ou de ce sujet.

(1) Pour le complément de cette rapide analyse, voir les chapitres qui traitent de nos diverses idées, de leur nature et de leur origine, et des principes directeurs de la connaissance. Nous y insistons sur le rôle de la connaissance.

ou un effort de l'esprit. Elle n'est autre chose que le raisonnement, opération par laquelle l'entendement tire des conséquences d'un principe ou s'élève du phénomène à la loi qui le régit.

La confusion de la raison intuitive et de la raison *a posteriori* ou du raisonnement entraîne avec elle de graves erreurs que nous signalerons plus tard. Remarquons seulement que, si le raisonnement est toute la raison, il n'y a plus de vérités premières ni de déductions ni d'inductions possibles.

La raison, intuitive ou déductive, est évidemment personnelle, comme toutes les facultés de l'âme. Les philosophes modernes, qui enseignent le contraire, confondent deux choses : *la vérité*, qui est hors de l'homme, supérieure à l'homme, immuable, impersonnelle ; et *le pouvoir de connaître la vérité*, qui est dans l'homme, et par conséquent relatif et personnel. — Si leur doctrine était vraie, si l'on pouvait conclure de la nature de l'objet perçu à la nature du sujet percevant, il faudrait admettre que la perception matérielle est également impersonnelle, puisque les corps sont également hors de nous et impersonnels.

QUESTIONS ACCESSOIRES.

1° Quels rapports y a-t-il entre nos pensées pendant la veille et nos pensées pendant le sommeil? Jusqu'à quel point sommes-nous responsables de nos rêves ?

2° Peut-on constater l'existence des phénomènes intimes dont on n'a aucune conscience? Une science de l'*inconscient* est-elle possible?

3° Influence de l'habitude sur la perception extérieure.

Consulter le *Traité de la connaissance de Dieu*, etc. de Bossuet, ch. Ier ; le *Traité des facultés de l'âme*, de Garnier ; les *Nouveaux mélanges philosophiques* de Jouffroy (*du sommeil*).

IV

Élaboration, conservation et combinaison de la connaissance.

Attention (distinction de l'attention et de la réflexion). — Comparaison. — Abstraction. — Généralisation. — Jugement. — Raisonnement.

Mémoire. — Association des idées.

L'intelligence comprend, outre les trois grandes facultés dont nous avons parlé, plusieurs opérations importantes : l'attention, la comparaison, le jugement, le raisonnement, etc. Mais ne perdons pas de vue « que toutes les facultés ne sont que le même esprit qui reçoit divers noms à cause de ses diverses opérations. L'entendement est la lumière que Dieu nous a donnée pour nous conduire. En tant qu'il invente et qu'il pénètre, il s'appelle esprit ; en tant qu'il juge et qu'il dirige au bien, il s'appelle raison et jugement. Le vrai caractère de l'homme, qui le distingue si fort des animaux, c'est d'être capable de raison. Il est porté naturellement à rendre raison de ce qu'il fait. Ainsi le vrai homme sera celui qui peut rendre bonne raison de sa conduite (1). »

I. — DE L'ATTENTION.

L'attention *est le pouvoir de concentrer toutes nos facultés sur un objet, afin de le mieux connaître*. Elle suppose l'exercice de la volonté, ou mieux elle est l'intervention de la volonté dans l'intelligence (2). L'attention se distingue

---

(1) BOSSUET, *De la connaissance de Dieu et de soi-même.*
(2) Mais la perception spontanée précède toujours la perception volontaire : Je *vois* avant de *regarder*, j'*entends* avant d'*écouter*, je *sens* avant de *palper*, de *flairer* ou de *savourer*. « Les distinctions fournies par la langue, dit M. Garnier, prouvent que l'action involontaire précède toujours l'action volontaire, car on ne regarde ou n'écoute qu'après avoir vu et entendu volontairement. Écouter, c'est vouloir entendre : comment voudrait-on entendre si on ne savait ce que c'est qu'entendre ? et comment le saurait-on, si on n'avait entendu involontairement ? »
Traité des facultés de l'âme, liv. V, ch. II.

de la réflexion, comme le tout se distingue de la partie : la réflexion n'est qu'une attention intérieure.

Cette puissance de concentration, quel que soit l'objet sur lequel nous nous arrêtons, qu'il soit intérieur ou extérieur, marque notre faiblesse et notre force. Nous ne pouvons bien voir plusieurs objets à la fois, mais nous pouvons librement fixer sur un seul le regard de l'entendement.
— L'attention, selon la belle définition de Malebranche, est une prière naturelle que l'esprit fait à Dieu pour obtenir la lumière et l'intelligence de la vérité ; cette prière est toujours exaucée, autant qu'elle le peut être, pourvu qu'elle soit constante et sérieuse.

Toutefois, il faut se garder de croire que l'attention constitue la perception et qu'il suffise de regarder pour voir, ou d'écouter pour entendre. Pour Dieu, vouloir et pouvoir, c'est tout un ; pour l'homme, le fait de vouloir est, quoi qu'en dise le proverbe, très-différent du fait de pouvoir.

L'attention prépare à bien comprendre ; elle nous met dans les circonstances les plus favorables pour percevoir ; mais, je le répète, elle ne constitue pas la perception. Elle rend les idées plus précises, mais elle ne les fait pas naître ; en un mot, elle ne crée rien, mais elle fait mieux entendre ce qui est.

Quelquefois même elle consiste dans une contemplation des idées acquises. Il y a, dit Bossuet, une sorte d'attention après que la vérité est connue ; et c'est plutôt une attention d'amour et de complaisance que d'examen et de recherche.

II. — DE LA COMPARAISON.

La comparaison *est une attention successive.* Nous examinons plusieurs objets, l'un après l'autre, pour en saisir les rapports.

Pierre est plus grand que Paul : pour arriver à déterminer ce rapport, j'ai mesuré la hauteur de Pierre, puis la hauteur de Paul, et finalement j'ai reconnu que Pierre était plus grand que Paul.

Il n'y a pas de procédé qui soit plus familier à l'intelligence et qui jette plus de lumière sur les idées.

III. — DE L'ABSTRACTION.

A la comparaison se rattache l'abstraction (*abstrahere*), opération par laquelle *l'entendement sépare des choses qui ne sont point en elles-mêmes séparées, afin de simplifier l'objet de son étude.*

« Une qualité sensible est dite abstraite de l'objet immédiat de la perception, quand l'attention, fixée sur cette qualité particulière, la détache en quelque sorte du tout à qui elle appartient, et lui attribue ainsi momentanément une sorte d'existence à part, que le signe complète et rend permanente. Cette opération d'abstraire peut s'appliquer à un seul objet sensible, comme se répéter sur plusieurs; le même nom convient à tous les objets qui se représentent sous des qualités ou des apparences semblables (1). »

Ainsi, abstraire, c'est être attentif, c'est isoler la manière d'être ou l'une des manières d'être d'un objet, c'est prendre à part une portion d'un tout. Mais les qualités abstraites n'ont d'existence qu'à la condition de se rapporter à une substance. La couleur, l'odeur, la saveur n'existent pas réellement, lorsqu'elles sont distraites des objets; la sensibilité, l'intelligence et la volonté n'existent pas indépendamment de l'âme; nous ne les avons séparées de leur principe que pour les mieux étudier.

IV. — DE LA GÉNÉRALISATION.

La généralisation est *l'opération intellectuelle par laquelle nous concevons les genres et les espèces.*

Elle est le point de départ de la classification et du raisonnement par analogie.

---

(1) MAINE DE BIRAN, *Œuvres posthumes.*

Elle suppose la comparaison et l'abstraction. Pour former les idées générales, comme pour classer, il faut comparer et abstraire.

Nous considérons successivement un certain nombre de phénomènes, d'objets ou d'individus ; nous constatons qu'ils ont entre eux des similitudes ; et, faisant abstraction des différences ou des caractères propres à chaque individu ou phénomène, nous les réunissons dans une même catégorie. C'est ainsi que, dans les sciences naturelles, les êtres ont été distribués en trois règnes : *animaux, végétaux, minéraux*. C'est ainsi encore que, dans la science psychologique, les phénomènes intimes sont divisés en trois groupes : *sensations, perceptions, volitions*.

V. — DU JUGEMENT.

Toute connaissance contient ou suppose deux faits distincts : 1° la perception de l'objet ; 2° la croyance en la fidélité de cette perception.

Je vois un arbre, et je crois en même temps que je ne me trompe point, que cet arbre existe, et qu'il est tel que je le vois : perception et croyance qui sont exprimées dans ce jugement, cet arbre existe, cet arbre est grand, cet arbre est couvert de feuilles.

Ainsi juger, c'est, tout à la fois, percevoir l'existence d'un objet avec ou sans qualités, et affirmer cette existence. En d'autres termes, tout jugement n'est pas seulement une perception, il est encore un acte de foi en la véracité de nos facultés ; et séparer la croyance de la perception, supposer que l'on perçoit sans croire en ce que l'on perçoit, c'est faire une hypothèse absurde : ces deux faits sont inséparables ; l'un ne va pas sans l'autre, et c'est à peine si l'analyse parvient à les distinguer.

Le Jugement est donc *la faculté d'affirmer ce qui est ou ce que nous croyons être la vérité.*

Il y a deux espèces de jugement : l'un *a priori*, spontané, immédiat : *Je pense* ; l'autre *a posteriori*, réfléchi, qui suppose la perception d'un rapport de convenance ou de disconvenance entre deux idées : *La science est utile.*

Le premier précède toujours le second ; nous affirmons spontanément avant d'affirmer avec réflexion.

Kant, considérant le jugement sous un autre point de vue, distingue aussi deux espèces de jugement :

Tantôt le rapport lie l'attribut au sujet comme inhérent au sujet même : *Tous les corps sont étendus.* Dans ce jugement, vous n'exprimez pas deux connaissances différentes, mais vous présentez deux points de vue ou deux formes de la même connaissance, car il est impossible de concevoir la notion de corps sans celle d'étendue, ni celle d'étendue sans celle de corps. Ce jugement, dans lequel vous tirez la partie du tout, vous affirmez le même du même, est appelé par Kant, *jugement analytique* ou *explicatif.*

Tantôt le rapport lie au sujet un attribut qui n'y était point nécessairement et logiquement enfermé, en sorte que le jugement exprime une nouvelle connaissance : *Tous les corps sont pesants.* Ce jugement est appelé synthétique, parce qu'il joint deux termes logiquement indépendants, et *extensif,* parce qu'il étend nos connaissances.

Les jugements *synthétiques,* dont la vérité repose sur l'expérience, sont dits jugements *synthétiques a posteriori ;* ceux dont la vérité ne repose que sur la raison seule, sont dits jugements *synthétiques a priori.*

Enfin les jugements *analytiques* sont eux-mêmes des jugements *a priori ;* car la réalité de connexion qu'ils expriment n'est pas donnée par l'expérience; elle repose sur le principe de contradiction qui affirme que le même est le même (1).

L'expression du jugement se nomme proposition. Tantôt elle ne contient que deux termes, comme dans cet exemple : *Je suis.*

Tantôt, et plus souvent, elle contient trois termes : *Dieu est bon.*

(1) KANT.

La plupart des logiciens et des grammairiens enseignent que la proposition, énonciation du jugement, renferme toujours trois termes exprimés ou sous-entendus : le sujet, le verbe et l'attribut.

Cette doctrine nous paraît erronée; elle se rattache à la théorie qui définit le jugement : la perception d'un rapport de convenance ou de disconvenance entre deux idées.

Nous reconnaissons volontiers que presque tous nos jugements ne sont que des perceptions de rapports, et que presque toutes les propositions doivent avoir trois termes; mais il y a des jugements où l'intelligence affirme purement et simplement l'existence, comme *je suis, Dieu est;* la proposition est alors complète sans qu'il soit besoin d'ajouter ou de sous-entendre un troisième terme, et de dire comme je ne sais quel grammairien : *Dieu est étant.*

VI. — DU RAISONNEMENT.

Le raisonnement est la *faculté par laquelle l'intelligence, percevant certains rapports entre plusieurs jugements, s'élève à un jugement ultérieur qu'on appelle conclusion.* Le raisonnement opère donc sur les jugements, comme le jugement *a posteriori* opère sur les idées. Dans les deux cas, il y a effort; mais, dans le raisonnement, le travail de l'esprit est plus complexe et plus long.

Il y a deux espèces de raisonnements : 1° Nous nous élevons du particulier au général, du phénomène à la cause, c'est ce qu'on appelle *induire;* 2° nous descendons du général au particulier, nous allons du principe à la conséquence, c'est ce que nous appelons *déduire*, raisonnement dont la forme essentielle est le syllogisme.

L'induction repose sur ce principe que *l'univers est régi par des lois.* En observant les faits on constate leur manière d'être constante ou leur loi.

La déduction repose sur ce principe que *tout ce qui est vrai d'une proposition générale est vrai des propositions particulières qu'elle contient.*

« Ainsi la force du raisonnement déductif consiste à

trouver une proposition qui contienne en soi celle dont on veut faire la preuve ; c'est ce qu'on appelle dans l'École : *Dici de omni, dici de nullo ;* c'est-à-dire que tout ce qui convient à une chose, convient à tout ce à quoi cette chose convient, et, au contraire. Par exemple, ce qui convient à un homme sage en général, convient à chaque homme sage ; et, au contraire, ce qui est nié de tout homme sage en général, est nié de tout homme sage en particulier. Autre exemple : ce qui convient en général à tout triangle, convient en particulier à l'isocèle et aux autres ; et, au contraire, ce qui est nié de tout triangle en général, est nié de l'isocèle et de tous les autres en particulier (1). »

VII. — DE LA MÉMOIRE.

La durée embrasse trois moments, le présent, l'avenir et le passé : par les sens et la conscience, nous saisissons le présent ; par l'induction, aidée de l'analogie, nous soulevons un coin du voile qui recouvre l'avenir ; par la mémoire, nous conservons la connaissance du passé. Or, l'avenir n'est pas encore et peut ne pas être pour nous ; le présent est tellement fugitif qu'à peine pouvons-nous le saisir au passage, *hoc quod loquor inde est.* C'est donc dans le souvenir de notre vie écoulée, plus encore que dans la contemplation de la vie actuelle, que notre pensée se plaît et s'arrête.

La mémoire est la *faculté de reproduire, en l'absence des objets, les connaissances primitivement acquises.* Le fait de la mémoire se nomme *souvenir.*

La mémoire est spontanée ou réfléchie.

1° *Spontanée,* lorsque nous nous rappelons involontairement, fatalement et sans effort. Souvent même, nous voudrions chasser un souvenir importun : une perte douloureuse, une mauvaise action, — et ce souvenir revient sans cesse, amenant après lui l'affliction ou le remords.

2° *Réfléchie,* lorsque nous fouillons, pour ainsi dire, en

---

(1) BOSSUET, *Logique,* livre III

nous-mêmes pour y retrouver la trace un peu effacée d'un fait, d'une personne ou d'un nom. Cet effort est souvent suivi d'une découverte qui est, en même temps, un soulagement pour l'esprit. C'est à ce libre pouvoir d'évoquer, dans une certaine mesure, un souvenir rebelle, que le juge fait allusion, lorsqu'il dit au témoin : *Rappelez vos souvenirs*.

La mémoire est encore complète ou incomplète : *complète*, lorsqu'elle reproduit exactement et dans ses détails essentiels la connaissance d'un fait ou d'un objet; *incomplète*, lorsque nous ne nous rappelons que quelques circonstances vagues et confuses : alors le souvenir se nomme *réminiscence*.

Enfin la mémoire est *imaginative*, en ce sens que souvent nous nous représentons l'objet de la connaissance rappelée ; et cette représentation est quelquefois si vive et si saisissante, surtout dans le rêve et dans le délire de la fièvre, ou à la suite d'une longue privation, qu'il nous semble voir encore ce que nous avons vu antérieurement, et que nous confondons la vision et la réalité.

Le souvenir implique trois idées ou croyances : 1° la croyance en l'existence antérieure du fait ou de l'objet, et en la fidélité de la perception.

2° L'idée d'un temps successif ou de la durée, sans laquelle toutes nos connaissances nous paraîtraient contemporaines.

3° L'idée de notre identité personnelle. Il faut que nous sentions que le moi qui se rappelle est le même moi qui a perçu. De quoi nous souvenons-nous, en effet? — Si nous consultons le langage, c'est de l'objet ; si nous consultons la raison, l'âme ne se souvient que d'elle-même et de ses facultés.

« La mémoire, dit un célèbre écrivain, n'a pour objet rien d'extérieur; elle ne se rapporte point aux choses, mais à nous ; nous ne nous souvenons que de nous-mêmes. Quand on dit : Nous nous souvenons d'une personne, nous nous souvenons d'un lieu, cela ne veut pas dire autre chose sinon que nous nous souvenons d'avoir été voyant tel lieu, que nous nous souvenons d'avoir été voyant ou entendant telle personne. Il n'y a mémoire que de nous-mêmes, car il n'y a mémoire qu'à cette condition qu'il y ait conscience (1).

Ainsi, c'est la modification de l'âme que nous retrouvons ; ce n'est pas, ce ne peut pas être l'objet qui l'a modifiée, attendu que l'objet est hors de nous et que nous n'en avons pas conscience.

Les qualités d'une bonne mémoire sont au nombre de trois : 1° aptitude à recevoir ; 2° ténacité à retenir ; 3° promptitude à rappeler.

Mais, dit D. Stewart, une telle réunion de qualités est rare, et l'on ne peut guère en développer une qu'aux dépens des autres. Ceux qui apprennent vite, le plus souvent oublient vite ; ceux, au contraire, qui ne retiennent qu'après un long travail, ceux-là gardent un souvenir durable.

Il y a des moyens pour conserver ou augmenter la mémoire :

1° Il faut l'exercer : *memoria minuitur, nisi eam exerceas*. Si les maîtres font apprendre de nombreuses et longues leçons aux enfants, ce n'est pas seulement pour l'importance des choses apprises, c'est aussi pour assouplir et fortifier la mémoire. Lorsqu'on s'y prend trop tard, il est presque impossible de dompter sa résistance.

2° Il faut ramener ses connaissances à des principes généraux : l'esprit se perd dans l'infinité des détails, mais il retient à merveille les grandes lignes. Ainsi l'histoire n'est intelligible et, pour le commun des hommes, facile à retenir, que si elle est résumée en des points essentiels, autour desquels viennent naturellement se grouper les faits accessoires ou secondaires. C'est la méthode que Bossuet suivait avec son royal élève, et dont il nous a laissé un parfait modèle dans les *Époques* du Discours sur l'histoire universelle.

L'étude des langues se peut faire de deux manières : on les apprend en les parlant et en se pénétrant, par la gram-

---

(1) Cousin, *Cours d'histoire de la philosophie.*

maire, de leurs principes et de leurs règles ; ou bien par le seul usage. La langue apprise de cette dernière manière est mal sue et promptement oubliée. C'est que, dans cette étude comme celle de l'histoire, les particularités, les nomenclatures, les détails sont choses fugitives, s'ils ne sont rattachés à des faits plus importants et plus simples.

3° Il faut enfin confier au papier les connaissances acquises : de là l'usage de prendre des notes, de copier même ce que l'on veut retenir. Cependant il est un écueil à éviter ; il faut prendre garde de se faire, comme dit Montaigne, *une mémoire de papier*. Si le papier s'envole, plus de mémoire, et l'orateur s'arrête tout court.

On a imaginé divers procédés mnémoniques ; nous n'en dirons rien, sinon qu'ils nous paraissent puérils ou dangereux. On dépense souvent plus de temps à apprendre les nouveaux signes qu'on n'en eût employé à apprendre la chose signifiée ; on s'habitue, en outre, à prendre en dégoût un travail sérieux et direct. La mnémotechnie ne doit être qu'une distraction ou un délassement momentané de l'esprit

Nous n'insisterons pas non plus sur l'utilité de la mémoire ; il suffit de remarquer que sans elle il n'y a pas d'expérience, ni de perfectionnement, ni d'histoire, ni de notion d'identité, ni même de langage. Elle est tout à la fois chargée de conserver les produits des autres facultés et de fournir des matériaux à l'imagination : de telle sorte que l'intelligence lui confie des idées qu'elle lui redemandera plus tard, et qu'elle lui restituera ensuite, modifiées et transformées par un travail nouveau.

Mais gardons-nous de cultiver la mémoire à l'exclusion des autres facultés. L'homme apprend beaucoup des autres, mais il importe qu'il puise dans son propre fonds, qu'il ait du sens, de la réflexion, l'habitude de voir par lui-même et de marcher tout seul. Celui qui n'a que l'esprit des autres est bientôt pris au dépourvu ; on l'admire un instant, mais la surprise fait vite place au dédain ; on a regret d'avoir admiré.

VIII. — DE L'ASSOCIATION DES IDÉES.

Souvent une idée en appelle une autre, un souvenir évoque un souvenir qui a quelques rapports avec le premier. Ce souvenir multiple est pour l'esprit ce que l'attraction est pour la matière ; on le nomme association d'idées.

L'association des idées peut être définie *la faculté par laquelle l'intelligence, percevant des rapports entre plusieurs idées, se les rappelle dans un certain ordre.*

Il est impossible d'énumérer tous les rapports en vertu desquels les idées s'associent ; nous nous bornerons à indiquer les principaux.

1° *Rapport de ressemblance :* Deux objets, deux faits ont les mêmes caractères ou se sont accomplis en des circonstances analogues, la vue ou le souvenir de l'un réveille le souvenir de l'autre. Ainsi, je lis l'histoire du procès et de la mort de Charles Ier, et aussitôt je songe au procès et à la mort de Louis XVI. A la vue des Alpes, l'enfant des Pyrénées rêve à ses montagnes ; au récit d'un naufrage, le vieux matelot se souvient des sinistres dont il a été témoin.

2° *Rapport d'opposition :* L'esprit est touché par les contrastes : le nom de Titus me fait songer à Néron ; la vue d'un nain me rappelle un géant ; la morale sensuelle du paganisme me remet en mémoire l'enseignement pur et élevé du Christ.

Quelquefois, j'associe malgré moi le sublime au burlesque ; je n'entends pas l'admirable question adressée par Don Diègue à son fils : Rodrigue, as-tu du cœur ? sans penser à la sotte réponse de la parodie.

3° *Rapport de simultanéité :* Deux objets ou un plus grand nombre, voire même des objets très-différents comme un lieu et une personne, ont été perçus en même temps, la vue ou le souvenir de l'un provoque le souvenir de l'autre et des circonstances dans lesquelles nous les avons connus. Ainsi, j'ai visité Marseille en compagnie d'un arabe ; en songeant à Marseille, je me rappelle mon compagnon de voyage, nos conversations et les remarques que nous avons faites ensemble.

4° *Rapport du signe à la chose signifiée,* sur lequel le langage est fondé : le mot *table* rappelle dans mon esprit la notion de l'objet qu'il désigne; et la vue d'une table rappelle le mot dont on se sert pour nommer cet objet. — La vue du drapeau de la France éveille l'idée de notre chère patrie, de la civilisation, de la gloire, de l'honneur et de la fidélité dont il est le symbole.

5° *Rapport de contiguïté dans le temps et dans l'espace :* Deux faits, deux objets sont contigus lorsqu'ils se touchent ou à peu près. Notre imagination voyage à travers l'espace, allant d'un lieu connu à un autre lieu voisin, et ainsi de suite. De la sorte, elle parcourt des distances immenses sans s'en apercevoir.

Parlez de la République de 1792 à un vieillard; il sera amené naturellement à énumérer les différentes formes de gouvernement qui ont régi la France depuis cette époque. Deux anciens condisciples qui se rencontrent après une longue séparation, parcourent en une causerie charmante les années de leur vie d'étude ; ils sont conduits par l'association des idées.

6° *Rapport de cause et d'effet :* L'idée d'un phénomène est bientôt suivie de l'idée de la cause qui l'a produit. Le physicien entend la foudre, et il songe à l'électricité.

7° *Rapport du moyen à la fin :* La charrue nous rappelle le labourage; la plume, l'écriture; l'échafaud, la mort.

8° *Rapport de principe à conséquence :* Le matérialiste enseigne que l'âme est le résultat de l'organisation du corps ; je vois aussitôt que cette organisation étant fatale, l'âme est également destituée de liberté ; j'arrive, de proche en proche, à nier la vie future.

Tels sont les principaux rapports selon lesquels les idées s'associent. « Peut-être quelques-uns de ces principes rentrent dans les autres, mais c'est une question qui ne mérite pas que nous nous y arrêtions. Ce qui est indubitable, c'est qu'il n'en est pas de plus puissant que l'habitude, point qui donne matière à des recherches d'une plus grande importance (1). »

(1) Dugald Stewart. *Eléments de la philosophie de l'esprit humain.*

Outre les associations d'idées fondées sur des rapports apparents, il y a, pour ainsi dire, des associations latentes. « Il arrive quelquefois, dit Hamilton, que nous voyons une idée s'élever immédiatement après une autre dans la conscience sans pouvoir ramener cette succession à une loi d'association. Or, en général, dans ces cas nous pouvons découvrir par une observation attentive que les deux idées, bien que non associées entre elles, sont chacune associées à certaines autres idées; de sorte que la série aurait été régulière, si ces idées intermédiaires avaient pris dans la conscience leur place entre les deux idées qui ne sont pas immédiatement associées.

« Il me vient à l'esprit un cas dont j'ai été récemment frappé. Je pensais au Ben Lomond, cette pensée fut immédiatement suivie de la pensée du système d'éducation prussien. Or, il n'y avait pas moyen de concevoir une connexion entre ces deux idées en elles-mêmes. Cependant un peu de réflexion m'expliqua l'anomalie. La dernière fois que j'avais fait l'ascension de cette montagne, j'avais rencontré à son sommet un Allemand, et bien que je n'eusse pas conscience des termes intermédiaires entre Ben Lomond et les écoles de Prusse, ces termes étaient indubitablement — *Allemand — Allemagne — Prusse* — et je n'eus qu'à les rétablir pour rendre évidente la connexion des extrêmes (1). »

L'association des idées est vraie ou fausse; elle est vraie, lorsque le rapport est réel : à propos de Virgile, je songe à l'*Énéide* dont il est l'auteur. Elle est fausse, lorsque la relation n'est pas fondée.

L'influence de l'association des idées sur la conduite et les jugements des hommes, et, par suite, sur les mœurs publiques est incontestable. Ainsi, on associe communément l'idée de fortune et l'idée de bonheur. Quiconque est riche est heureux, dit-on, et, sur la foi de ce prétendu axiome, on poursuit infatigablement la richesse. La vie se consume en cette vaine recherche : le vieillard arrivé aux portes du tombeau, devenu riche sans être plus heu-

---

(1) *Philosophie d'Hamilton*, trad. Cazelles.

reux, s'aperçoit, mais trop tard, que le bonheur n'était pas où il le cherchait et qu'il a été trompé par une fausse association d'idées.

On regarde l'incrédulité comme la marque d'un esprit fort, la licence des mœurs comme le signe de l'indépendance de la pensée, et l'on vit conformément à cette opinion. Le mépris de soi-même, le malheur, le dégoût, l'affaiblissement des forces, la décrépitude prématurée apprennent, mais encore trop tard, qu'on ne peut vivre sans prier, et que la pire tyrannie est la tyrannie des passions. On a été trompé par une fausse association d'idées.

On constate cette influence, heureuse ou malheureuse, dans les choses de goût, dans les modes, dans le langage. Ce qu'on appelle l'esprit de conversation consiste, en grande partie, dans la capacité d'associer des idées diverses, de saisir des rapports inattendus et de passer vivement d'un sujet à un autre.

V

De l'imagination.

Sens divers du mot imagination. — Analyse de la faculté créatrice. — Expérience, raison, sentiment. — De l'art : son double but. — Notions d'esthétique.

Le mot *imagination* a deux sens.

1° Il exprime le pouvoir que nous avons de nous représenter les objets antérieurement perçus ou conçus. Cette représentation, ou, comme disaient les anciens, cette fantaisie est quelquefois si vive qu'il nous semble voir les objets eux-mêmes (mémoire imaginative). Il nous arrive même de regarder notre conception comme une réalité antérieurement ou présentement existante (hallucination).

« C'est une chose connue et communément observée que, lorsque l'imagination acquiert beaucoup de vivacité, nous sommes disposés à attribuer aux objets dont elle s'occupe une existence réelle, comme il arrive dans les songes et dans la folie ; ajoutons, et dans le cas de ceux qui, en dépit de leur raison et de leur mépris pour les contes absurdes d'apparitions et de revenants, n'osent rester dans les ténèbres seuls aux prises avec leur imagination (1). »

2° Il désigne la puissance créatrice de l'homme.

Ainsi entendue, l'imagination (et c'est sous ce point de vue que nous l'étudierons) a été définie : *La faculté par laquelle l'entendement, recueillant, au sein de notions, d'objets et de faits divers, certaines circonstances et certaines qualités, les combine de manière à former un tout nouveau qui lui appartienne* (2).

Le produit de cette faculté se nomme *conception*.

Entre les œuvres de Dieu et les œuvres de l'homme, il y a, outre le degré de perfection, une différence fondamentale, à savoir, que Dieu crée tout, ensemble et éléments, *ex nihilo mundum fecit ;* tandis que l'homme emprunte à la réalité déjà existante les parties constitutives de sa création.

L'imagination est une faculté complexe (à rigoureusement parler, elle suppose l'exercice de toutes les facultés); elle comprend trois éléments distincts :

1° L'expérience ou la mémoire qui fournit les matériaux ;

2° La raison ou le goût, qui choisit et dispose les parties ;

3° Le sentiment ou l'enthousiasme, désigné par quelques-uns sous le nom de feu sacré et d'inspiration divine : élément indéfinissable et qui donne la vie à l'œuvre.

L'*Iliade* est une œuvre de l'imagination. Le poëte savait les événements de la guerre de Troie ; il connaissait les mœurs et les passions des hommes ; il avait beaucoup vécu et beaucoup observé : *Voilà la part de l'expérience.*

Parmi les chefs de cette grande lutte, Homère choisit un personnage intéressant, et il en fait le héros de son épopée. Les rois puissants et les vaillants capitaines sont groupés autour de lui : il est l'âme du poëme.

(1) D. Stewart.
(2) Id.

Parmi les péripéties d'un siége qui dura dix ans, Homère prend l'incident le plus grave : la colère d'Achille, qui amène successivement les échecs des alliés, la mort de Patrocle, la mort d'Hector, la visite du roi Priam, etc. *Voilà la part de la raison ou du goût.*

Homère a des matériaux, il a pris ceux-ci et rejeté ceux-là, il les a disposés. Est-ce tout? Non; il reste à animer cette œuvre, à lui donner la vie. Il faut que Pygmalion aille dérober au dieu de la lumière un rayon qui transforme la belle statue morte en une femme vivante. *Voilà la part du sentiment ou de l'enthousiasme.*

Toute conception renferme, à divers degrés, ces trois éléments : l'expérience, le goût, l'enthousiasme.

L'expérience est indispensable, puisque l'homme n'a pas, comme Dieu, la vertu de créer les parties et le tout. Mais le goût ou l'enthousiasme peuvent faire défaut. Si c'est le goût, l'œuvre est grossière, désordonnée, dépourvue de proportions. Le poëte, Eschyle (1) ou Ennius, saura toucher la sensibilité, mais il ne pourra satisfaire la raison.

Si c'est l'enthousiasme qui fait défaut, si l'auteur n'a pas le feu sacré, l'œuvre est froide, languissante, inanimée; on admire le goût, la pureté, le sens droit de l'écrivain, mais on n'est pas ému. La *Henriade* a été composée selon les règles du genre (2); c'est un poëme bien conduit où l'on trouve un héros principal et des personnages accessoires, du merveilleux, des descriptions de combats et de tempête, et des réflexions philosophiques, où l'on trouve tout, en un mot, l'unité et la variété, et cependant c'est une œuvre ennuyeuse que l'on ne lit guère et qu'on ne relit jamais. Pourquoi? parce qu'elle manque de ce quelque chose que Voltaire lui-même appelait le diable au corps. Diable au corps ou enthousiasme, voilà ce qui transporte

---

(1) *Æschylus... sublimis et gravis, et grandiloquus sæpe usque ad vitium, sed rudis in plerisque et incompositus,* etc.... QUINTILIEN, liv. X.

(2) « En général, dit un critique ingénieux, les règles viennent après les chefs-d'œuvre; quand on commence à savoir parfaitement comment il faut s'y prendre pour les produire, il y a lieu de parier qu'on n'en produira plus. » J.-J. AMPÈRE, *Histoire de la Littérature,* t. I.

l'âme hors d'elle, voilà ce qui fait les véritables artistes (1). Sans lui, vous serez peut-être un homme de goût, un versificateur habile, un fidèle copiste, un sage compositeur, mais vous ne serez jamais un Corneille, un Raphaël, un Rossini !

Nous faisons à l'enthousiasme la plus large part, parce que l'enthousiasme seul donne la vie, et que, dans les conceptions de l'homme, la vie est la création presque tout entière.

Il n'est pas rare de rencontrer un critique qui soit capable de saisir les défauts du *Cid*, d'indiquer une meilleure ordonnance, de supprimer les personnages et les scènes inutiles, de changer les situations invraisemblables, de relever les expressions impropres, etc. ; mais où est le critique qui aurait pu faire l'œuvre de Corneille ? On comprend que le sens du goût et la puissance créatrice sont profondément distincts, et qu'on peut avoir reçu du ciel une raison judicieuse, un esprit délicat, une merveilleuse perspicacité, sans être doué de cette force divine qui conçoit et produit.

Le critique doit être indulgent, sinon il est injuste. Il doit, par un retour sur lui-même, sentir que l'observation et le goût ne sont pas tout, qu'il y a une faculté supérieure qui les suppose sans doute, mais qui les surpasse.

On a beau analyser une œuvre d'art, il y a je ne sais quoi qui échappe à l'analyse et qui est vraiment neuf. Que le chimiste décompose une plante en ses éléments, il rencontrera toujours un principe insaisissable qui fait de la plante un être vivant. Le brin d'herbe est formé de telle et de telle substance, et d'autre chose encore qui vient de Dieu : réunissez ces substances, vous aurez le brin d'herbe, moins l'élément vital.

Cet élément vital que l'artiste dépose dans sa conception,

---

(1) Boileau dit excellemment :

C'est en vain qu'au Parnasse un téméraire auteur
Pense de l'art des vers atteindre la hauteur :
S'il ne sent point du ciel l'influence secrète, etc.
(*Art poétique*, ch. I.)

comme Dieu dans ce brin d'herbe, je l'admire bien plus que la disposition des parties et que l'harmonie du tout, parce qu'il me révèle une puissance supérieure, parce que j'estime que le goût et la raison, guides de l'inspiration, sont infiniment au-dessous de l'inspiration elle-même.

On acquiert du goût, je le crois; mais on naît avec le feu sacré. C'est ce que Cicéron fait entendre, lorsqu'il dit que le poëte est inspiré par un souffle divin, *quasi quodam spiritu afflari* (1), et Quintilien, lorsqu'il écrit en parlant de l'orateur : *Ea quæ in oratore maxima sunt, imitabilia non sunt : ingenium, inventio, vis, facilitas, et quidquid arte non traditur* (2).

Quintilien a raison : il y a des qualités qui ne s'acquièrent ni par l'expérience ni par l'imitation, et ce sont les plus considérables. On a beau connaître les règles des rhéteurs, on a beau étudier les grands monuments de l'esprit humain, on a beau imiter Racine ou Shakespeare, Homère ou Dante, si l'on n'est pas transporté par le souffle divin, on ne produira que de pâles copies, que des pastiches sans couleur et sans vie.

L'homme de génie puise, lui aussi, dans le commerce de ces illustres morts et dans la méditation de leurs chefs-d'œuvre, le généreux désir de les égaler, mais de les égaler en faisant autrement qu'ils n'ont fait (3); il sent qu'ils sont inimitables. Son goût s'élève et s'épure par ces nobles études, mais il comprend que si la contemplation d'un beau modèle éveille l'inspiration, elle ne la fait pas naître.

Ce point nous paraît incontestable. Les querelles littéraires auxquelles nous avons assisté, portent moins sur les principes de l'art que sur l'éducation de l'artiste. On a attaqué avec emportement ce qu'on appelle la tyrannie de

(1) Cic., *pro Archia*.
(2) Quintilien, *Inst. orat.*, liv. X.
(3) Au commencement le génie s'ignore; il imite ce qu'il admire. Mais bientôt il s'aperçoit qu'il a fait fausse route, que les défauts seuls peuvent être imités, et que, dans l'expression de la beauté éternelle, il ne faut suivre les traces de personne. *Alexandre* et la *Thébaïde* nous montrent Racine se traînant à la remorque du grand Corneille; il est faible et languissant. Mais qu'il écoute son inspiration personnelle, il produira *Phèdre*, *Andromaque* et une série d'œuvres originales. Rival de l'auteur du *Cid*, il l'égalera sans lui ressembler.

la tradition, on a contesté les procédés conventionnels, on a soutenu que l'inspiration était étouffée par une imitation servile et qu'il fallait abandonner les voies suivies jusque-là.

Sans entrer dans le détail du débat, nous ne ferons qu'une simple question : a-t-on trouvé une voie nouvelle et meilleure?

Il est certain que la tradition peut exercer une influence, heureuse ou malheureuse, sur l'inspiration; mais elle ne la saurait étouffer, non plus qu'elle ne saurait la créer. Est-ce que la faiblesse de Campistron vient de ce qu'il a suivi les traces de Racine? La *Henriade* n'est-elle une œuvre défectueuse que parce qu'elle est une imitation de l'Enéide? Point du tout : ce qui a manqué à Voltaire comme à Campistron, c'est l'enthousiasme. Pensez-vous que l'étude de Shakespeare ou de Dante l'aurait fait naître?

Pour nous, nous croyons que l'étude des maîtres, quels que soient leurs procédés particuliers, exerce une influence bienfaisante sur le talent; nous croyons qu'il est utile de vivre avec les anciens comme avec les modernes, d'apprendre à aimer Homère comme Dante, Shakespeare comme Racine, mais qu'il ne faut pas chercher dans cette étude autre chose qu'un moyen de perfectionnement.

A ceux qui se plaignent d'être emprisonnés dans la tradition et dans la langue de nos pères, nous dirons franchement : Vous vous méprenez sur les causes de votre insuccès : ce qui vous arrête, ce n'est pas l'espèce d'impasse formée par la tradition, ce n'est pas la pauvreté de la langue qui suffisait à Corneille et à Bossuet, ce n'est pas que vous soyez condamnés par le mauvais goût du public à un art conventionnel et faux; c'est que vous êtes impuissants, c'est que vous manquez d'enthousiasme ou de force créatrice.

Écartez-vous des sentiers battus, créez des procédés nouveaux, enfantez des œuvres originales, et tenez pour assuré que ni les applaudissements ni la sympathie ne vous feront défaut. L'indifférence qui vous irrite ne vient pas de ce que vous allez contre les idées reçues, mais de ce que vous n'avez pas d'idées, de ce que vous ne produisez rien qui justifie vos prétentions et votre dédain du passé.

CONSIDÉRATIONS SUR L'IMAGINATION : NOTIONS D'ESTHÉTIQUE.

Il y a deux beautés : 1° La beauté *réelle* (1) qui se rencontre dans les ouvrages de Dieu : *un paysage, une fleur, un visage d'enfant,* beauté imparfaite, bornée, susceptible de plus ou de moins ; elle est saisie par l'observation.

2° La beauté *idéale*, qui est parfaite, infinie, absolue (2) comme l'Être nécessaire dont elle est l'attribut. Cette beauté suprême, ainsi que toutes les notions premières, nous est révélée par la raison ; elle ne se définit point (3) : on la conçoit, voilà tout.

En présence de ces deux beautés, l'imagination de l'artiste aspire à exprimer en des traits visibles et bornés l'idéal qui est invisible et infini. A la beauté idéale, il emprunte l'expression ou la physionomie ; à la beauté réelle, il emprunte la forme, les contours, la couleur.

Un exemple expliquera cette théorie : Imaginez un grand peintre qui veut représenter Dieu sous la forme humaine. Deux modèles posent devant lui : l'un c'est le type idéal qu'il conçoit, un *homme intérieur*, pour ainsi dire, d'une beauté parfaite ; l'autre, c'est un *homme extérieur*, vraiment beau, mais d'une beauté imparfaite. L'artiste consulte tour à tour ces deux modèles : au premier il demande un rayon de la beauté divine ou la physionomie ; au second, les proportions, la couleur et la forme. Il réalise ainsi l'idéal en idéalisant le réel.

Le poète fait comme le peintre, comme le sculpteur ; car les procédés de l'imagination, dans les arts divers, sont indépendants de l'objet de ces mêmes arts.

Mais qu'est-ce que l'art ?

D'après ce qui précède, *l'art est la reproduction aussi harmonieuse que possible du réel et de l'idéal.*

(1) Terme impropre, car ce qu'on appelle la beauté réelle n'est qu'une beauté apparente ; la vraie beauté réelle est l'idéal.
(2) Il n'y a pas de degrés dans le beau, la manière seule d'exciter le sentiment du beau diffère. (Eugène DELACROIX, *Question sur le beau.*)
(3) Si c'était le lieu, nous démontrerions que toutes les tentatives de définition ont échoué et devaient échouer ; que le beau, comme le vrai, comme le bien, comme Dieu lui-même, qui est leur principe, échappe par sa nature à toute détermination.

Son but est double : il se propose de toucher les sens et de satisfaire la raison.

Or, ce qui touche les sens, c'est ce qu'ils atteignent, c'est la beauté visible, réelle et bornée, c'est la forme. Ce qui satisfait la raison, c'est la beauté parfaite et infinie ou l'expression ; c'est aussi l'heureuse harmonie de la forme et de l'expression.

L'art sera donc incomplet, s'il ne fait que toucher les sens ou s'il se préoccupe uniquement de satisfaire la raison.

Les partisans de la théorie exclusive du *beau naturel* cherchent à reproduire la réalité vivante. Pour eux, une œuvre est parfaite si elle est le calque de ce qui existe dans la nature; ils ne conçoivent ou plutôt ils n'admettent rien au delà. La plupart des romans ou des drames modernes sont empreints de ce réalisme exclusif. Le poëte veut des héros vivants, qui parlent fortement, qui agissent beaucoup, qui émeuvent les sens et piquent la curiosité. C'est là, c'est dans ce dédain de l'idéal, dans ce désir de toucher par l'imitation de la réalité, que se trouve l'explication du succès éclatant de certaines tentatives, de l'oubli rapide qui suit ce succès momentané, et des exagérations où les réalistes sont tombés.

Ce qui plaît à la sensibilité produit un trouble dans l'âme ; le lecteur ou le spectateur est vivement saisi ; l'exercice de sa faculté de juger est comme suspendu : haletant sous le coup d'une excitation nerveuse, emporté par l'action qui redouble cette excitation, il attend avec une fébrile impatience la suite et le dénouement. Le livre est fermé, la pièce est jouée ; l'œuvre est proclamée belle, l'auteur a touché jusqu'aux limites de l'art ; voilà la première impression.

Mais, retournez à la représentation du drame, essayez de relire ce roman qui vous a si fortement remué. L'émotion engendrée par l'imprévu, l'impatience causée par la curiosité, la plupart des phénomènes ont disparu. La raison reprend son empire et exerce son contrôle. Et comme elle ne trouve dans l'œuvre étudiée qu'une reproduction plus ou moins habile de la réalité ; comme elle n'y rencontre que peu ou point de ces traits qui nous transportent par delà le monde fini et imparfait où nous sommes ; et pour tout dire en un mot, comme elle n'y trouve pas d'idéal, la raison prononce un jugement sévère. Les sens qui n'ont pas éprouvé, à la seconde audition, ce qu'ils avaient éprouvé à la première, ne sont plus là pour défendre le drame ou le roman jadis tant goûté par eux : le jugement de la raison demeure sans appel, et au bruit des applaudissements succède le silence de l'oubli.

Il y a plus : par la force des choses, les partisans de l'imitation sont condamnés à trahir leurs principes et à s'écarter de la réalité. Les sens sont inconstants et insatiables, et nous voulons leur plaire. Nous nous appliquons d'abord à leur présenter l'image fidèle de la beauté sensible ; mais comme ils se lassent bien vite des mêmes choses, comme le domaine de la réalité est limité, comme ils sont impatients, nous voilà entraînés à leur suite à produire vite, à chercher du nouveau, et, n'en trouvant pas, à suppléer au nouveau par l'extraordinaire. Une fois entrés dans cette voie fatale, nous sommes livrés à tous les caprices de la fantaisie, à tous les dérèglements de l'imagination ; nous abandonnons l'imitation étroite, ou plutôt nous sortons de l'imitation de la nature ; de l'exception nous faisons la règle, du laid nous faisons le beau, du crime nous faisons la vertu, de la *fiction* nous faisons la réalité. L'étude des caractères, l'analyse des sentiments, la reproduction des usages, des mœurs et de la langue d'une époque, tout ce que nous aimions naguère, tout ce qui devait renouveler l'art, nous le délaissons, nous n'avons plus le temps de nous y arrêter. Une intrigue compliquée, des situations impossibles, des catastrophes inouïes, de grands mots, des déclamations contre la Providence et la société, voilà les éléments de nos œuvres nouvelles. Nos créations ne sont plus des images de la réalité, ce sont des monstruosités.

Les partisans de la théorie exclusive du *beau idéal* tombent parfois en un excès contraire. Dans leur ardent amour pour la beauté invisible, ils oublient trop la beauté sensible, ils ne cherchent pas assez à toucher les sens. Leurs héros parlent beaucoup et agissent peu. Ils analysent avec délicatesse les nuances du sentiment ; ils donnent un exact compte-rendu de l'état de leur cœur, et semblent ignorer que la passion raisonneuse est déjà une passion affaiblie.

De là les reproches adressés, non sans raison, à quelques tragédies classiques : on les admire comme poésie, on sent qu'elles pèchent comme drame. *Bérénice* est une charmante élégie où le poète s'est surpassé ; les qualités les plus rares s'y trouvent assemblées ; on y rencontre tout ce qui peut plaire, excepté l'action qui émeut les sens.

N'insistons pas. Dans l'art, l'idéalisme exclusif est une erreur, mais c'est une erreur qui part d'un noble esprit et qui n'entraîne pas de graves conséquences. L'homme n'est ni ange ni bête, dit Pascal ; cependant il vaut mieux incliner du côté de l'ange que du côté de la bête, surtout en poésie.

Après tout, quoi qu'il fasse, quelque amoureux qu'il soit de la beauté divine, l'artiste ne peut se passer entièrement des formes réelles ; il faut qu'il consulte la nature, sous peine de s'égarer dans les nuages. S'il se perd en ces vagues régions, on ne l'y suit pas, son œuvre n'est pas comprise, et, comme dit le proverbe, il est puni par où il a péché. Mais lorsqu'on est engagé dans la voie du réalisme, on est fatalement conduit aux plus graves égarements ; les sages s'arrêtent à propos, tandis que la foule, c'est-à-dire le plus grand nombre, se précipite en aveugle et ne recule devant aucun excès. Les imitateurs, nous l'avons déjà dit, exagèrent toujours les défauts du modèle, parce que ces défauts sont pour eux des beautés faciles à imiter : les vraies beautés sont inimitables et leur échappent.

L'art parfait est donc celui qui reproduit, aussi harmonieusement que possible, le réel et l'idéal, et qui, tout en plaisant aux sens, satisfait la raison.

Le caractère fondamental du *génie créateur*, c'est de concevoir d'une manière vive et rapide la proportion dans laquelle doivent s'unir le réel et l'idéal, et d'exécuter sa conception.

Cette conception, nous la retrouvons dans tous les *beaux-arts*, dans les chefs-d'œuvre de la peinture, de la sculpture, de l'architecture et de la musique.

Nous reconnaissons qu'au début, l'art n'a été que l'imitation de la nature sensible ; on se bornait à calquer, si je puis ainsi parler, le réel, à reproduire aussi fidèlement que possible des formes, des lignes, des sons, vus ou entendus dans le monde extérieur.

Plus tard, à une époque difficile à déterminer, le peintre, le sculpteur, l'architecte, le musicien, ont aspiré à un but supérieur ; ils ont essayé d'*exprimer*, non seulement la réalité matérielle, qui est belle d'une beauté imparfaite et bornée, mais encore la vraie beauté, la beauté idéale, qui est parfaite, infinie, absolue.

Quelques-uns ont confondu, et il en est qui confondent encore la *fiction*, qui n'est qu'une sorte de fantaisie sans règle et sans frein avec l'*idéal* lui-même. De là ces œuvres incohérentes ou monstrueuses, dont nous parlions plus haut, qui s'éloignent autant de la réalité que de l'idéal.

Mais les artistes, vraiment dignes de ce nom, s'en sont tenus et s'en tiendront toujours, à essayer de rendre, aux traits sensibles, ce qu'il y a de plus élevé dans l'âme humaine, l'idée de la beauté suprême.

Le caractère fondamental du *génie critique, c'est la perception de ce rapport ;* ce qui le distingue du génie créateur, c'est qu'il ne peut réaliser ce qu'il a conçu.

En d'autres termes, *créer*, c'est voir les conditions de l'art, et produire une œuvre où elles soient observées ; *apprécier*, c'est seulement percevoir les conditions et la difficulté de l'art.

Mais l'homme est malheureusement condamné, quel que soit son génie (eût-il même cette sublime patience que Buffon identifie avec le génie), à ne pouvoir jamais exécuter comme il a conçu. Il comprend, il voit avec les yeux de l'âme le beau absolu, et il n'en produit qu'une image imparfaite (1). Cette infériorité de l'image est le désespoir de

---

(1) Lorsque le poëte a la bonne fortune d'exprimer complétement la beauté idéale, alors il atteint le *sublime*. « Mais, dit Longin, il faut bien se donner de garde de prendre pour sublime une certaine apparence de grandeur, bâtie ordinairement sur de grands mots assemblés au hasard, et qui n'est, à bien examiner, qu'une vaine enflure de paroles, plus digne en effet de mépris que d'admiration. Car tout ce qui est véritablement sublime a cela de propre, quand on l'écoute, qu'il élève l'âme et lui fait concevoir une plus haute opinion d'elle-même, la remplissant de joie et de je ne sais quel noble orgueil, comme si c'était elle qui eût produit les choses qu'elle vient simplement d'entendre. »
(LONGIN, *Traité du Sublime*, ch. v, trad. de Boileau.)
Le grand Condé, entendant lire cet endroit, s'écria : « Voilà le sublime ! voilà son véritable caractère ! »

tous les grands artites : Virgile ordonnait, en mourant, de brûler l'*Enéide*. Raphaël écrivait au sujet d'un dessin admiré : « Moins indulgent pour moi-même, je m'élève plus haut par la pensée. » On lui prête encore ce mot : « Que diriez-vous, répondait-il à ceux qui louaient une de ses vierges, que diriez-vous, si vous aviez vu la Vierge que j'avais conçue ? »

L'infortuné Léopold Robert écrivait : « Ce qui pour moi est un stimulant pour mieux faire, c'est que je crois avoir quelque chose de plus saillant à faire sortir ; ce qui me le fait penser est le sentiment dont je ne puis me défendre en voyant mes ouvrages terminés qui me causent une impression désagréable. »

Les artistes médiocres sont plus facilement satisfaits ; ils n'ont ni le coup d'œil ni les découragements du génie.

Nous passons sous silence une foule de détails sur l'imagination ; nous n'avons voulu toucher que les points principaux. Il est cependant une remarque qui ne saurait être omise, c'est que l'étude exerce une profonde influence sur la faculté créatrice : elle la féconde et la développe ; sans elle, l'imagination est promptement appauvrie et épuisée ; on le conçoit aisément. L'étude fournit les matériaux de la conception. Si nous puisons toujours dans les fonds des connaissances acquises, sans combler par un travail assidu, par la lecture ou la méditation, l'espèce de vide qui s'y produit, il arrivera un moment où nous n'aurons plus d'idées. Nous serons comme cet homme qui avait un riche trésor : croyant qu'il n'en verrait pas la fin, il prenait toujours sans y rien mettre et sans s'apercevoir de la diminution de ses richesses. Un jour, il plonge la main dans sa cassette... il n'y avait plus rien ! N'est-ce pas l'histoire de maint écrivain célèbre ? N'est-ce pas l'histoire de la plupart des enfants bien doués ? Ils se croient suffisamment riches des dons de la nature, ils en usent et en abusent ; si bien qu'ils finissent par devenir plus pauvres que ceux qui étaient naturellement moins favorisés, mais qui ont centuplé leurs ressources par leur travail et leur industrie.

QUESTIONS ACCESSOIRES

1° Montrer l'influence de l'attention sur le jugement, sur le raisonnement, etc.

2° Considérer l'attention comme un moyen de perfectionnement moral ; montrer qu'elle nous soustrait à l'empire des sens.

3° Quel danger y a-t-il à réaliser des abstractions ? donner des exemples.

4° Montrer que la mémoire est la condition du perfectionnement, et que, sans elle, l'expérience serait inutile.

5° La mémoire varie avec les individus : tel a la mémoire des chiffres, tel autre celle des noms, etc.; décrire ces variétés, essayer d'en expliquer la cause.

6° Approfondir l'influence de l'association des idées sur le goût.

7° Influence de l'âge, de la santé, du climat sur l'imagination.

8° Influence du christianisme sur l'art.

9° Distinction du *beau*, de l'agréable et du sublime.

10° Influence de l'imagination sur le bonheur des hommes.

Consulter BOSSUET, *Logique; Traité de la connaissance de Dieu*, etc.; *Logique* de PORT-ROYAL, III° partie. MALEBRANCHE, *Recherche de la vérité*. LEIBNITZ, *Nouveaux essais sur l'entendement*. GARNIER, *Traité des facultés de l'âme*.

VI

Des idées.

Nature de l'idée. — Classification des idées. — Détermination de leur origine. Théories diverses sur la génération des idées.

L'idée étant le fait primitif de l'entendement, on ne peut la définir ; et lorsqu'on dit que *l'idée est la notion plus ou moins claire, plus ou moins complète que nous avons d'un objet,* on ne fait que donner une explication où les termes seuls sont changés.

L'idée est spirituelle de sa nature, quel que soit l'objet auquel elle se rapporte. Voici un arbre ; il est matériel, mais l'idée ou la notion que j'en ai est immatérielle. Ce qui tombe sous le regard de la conscience, ce n'est pas l'arbre, c'est le fait de connaître l'arbre, ou l'idée.

On prend pour la même chose la perception et l'idée. « Il faut néanmoins remarquer que cette chose, quoique unique, a deux rapports, l'un à l'âme qu'elle modifie, l'autre à la chose aperçue, en tant qu'elle est objectivement dans l'âme ; et que le mot de *perception* marque plus directement le premier rapport, et celui d'*idée* le dernier. Ainsi la *perception* d'un carré marque plus directement mon âme comme apercevant un carré ; et l'*idée* d'un carré marque plus directement le carré en tant qu'il est *objectivement* dans mon esprit. Cette remarque est très importante pour résoudre beaucoup de difficultés, qui ne sont fondées que sur ce qu'on ne comprend pas assez que ce ne sont point deux entités différentes, mais une même modification de notre âme qui enferme essentiellement ces deux rapports ; puisque je ne puis avoir de perception qui ne soit tout ensemble la perception de mon esprit apercevant, et la perception de quelque chose comme aperçu, et que rien aussi ne peut être objectivement dans mon esprit (qui est ce que j'appelle idée) que mon esprit ne l'aperçoive (1). »

Nos idées sont diverses :

1° Elles sont contingentes ou nécessaires (on disait au XVIIe siècle, *relatives* ou *absolues*).

L'idée *contingente* est celle que nous avons et que nous concevons qu'on puisse ne pas avoir, parce qu'elle correspond à un objet qui est conçu lui-même comme pouvant ne pas être ; ainsi l'arbre, la forêt, la terre, le monde existent, mais nous concevons leur non-existence.

L'idée *nécessaire* est celle que nous avons et que nous ne concevons point qu'on puisse ne pas avoir, parce qu'elle correspond à un objet conçu lui-même comme ne pouvant point ne pas être : Ainsi Dieu, les axiomes moraux ou métaphysiques. Cet Être suprême et ces vérités premières existent, et nous ne pouvons supposer leur non-existence.

(1) ARNAULD, *Des vraies et des fausses idées.*

Détruisez le monde, imaginez qu'il n'y ait aucune créature intelligente, Dieu et les vérités dont il est le principe subsistent éternellement. L'entendement se briserait, pour ainsi dire, plutôt que d'admettre leur non-existence.

Voilà une grande division des idées qu'il importe de ne pas perdre de vue, elle nous servira à expliquer plusieurs points considérables.

2° Les idées sont encore (et cette nouvelle classification rentre dans la première) *intimes* ou *morales*, *physiques* et *rationnelles* ou *métaphysiques* (1).

Sans doute, toutes nos idées sont intimes, mais on entend plus particulièrement par idées intimes celles qui se rapportent aux phénomènes de l'âme, comme la douleur, la joie, etc.

Les idées physiques se rapportent aux objets ou phénomènes matériels, à notre corps et aux corps qui nous environnent.

Les idées métaphysiques ou rationnelles se rapportent aux objets qui, dépassant la portée de l'expérience, ne sont perçus ou conçus que par la raison, comme Dieu et les vérités nécessaires.

3° Descartes donne une autre division des idées; il les partage, selon leur origine, en adventices, factices et innées.

Les idées *adventices* sont celles que nous fournit l'expérience interne ou externe (idées intimes, idées physiques).

Les idées *factices* sont celles que nous formons avec les premières. Elles sont ou réelles ou imaginaires. L'idée réelle correspond à une réalité : *homme, mammifère*. L'idée imaginaire, faite d'éléments réels, mais ne correspondant à aucun objet existant dans la nature, est une pure et arbitraire conception de l'esprit : *Un cheval ailé, une montagne de diamant*.

Les idées *innées* sont celles qui semblent nées avec nous (idées nécessaires ou métaphysiques).

(1) L'origine de ce mot métaphysique, si souvent employé et rarement compris, est curieuse. Un critique, chargé de faire le recensement et la classification des écrits d'Aristote, trouva après le manuscrit de la Physique un autre manuscrit qui n'avait pas de titre : il l'intitula Τὰ μετὰ τὰ φυσικά (ce qui vient après la physique). On entend donc par métaphysique ce qui n'entre pas dans les données de la nature (φύσις) ou de l'expérience des sens et de la conscience.

4° L'idée, abstraction faite de son objet et de son origine, est *claire* ou *obscure*, *vraie* ou *fausse*.

L'idée est vraie, lorsqu'elle est conforme à la réalité; elle est fausse, lorsqu'elle n'est pas conforme à la réalité. Le signe de la vérité est l'*évidence*.

5° Considérées sous le point de vue de la *quantité*, les idées sont générales ou particulières.

L'idée *générale* se rapporte à une classe entière d'objets : *Les hommes, les animaux*.

L'idée *particulière* se rapporte à quelques objets ou même à un seul objet : *Quelques hommes, Pierre, Paul*.

L'*extension* d'une idée dépend du nombre d'individus qu'elle embrasse; plus ce nombre est considérable, plus l'idée est étendue. Ainsi, l'idée d'*animal* a plus d'extension que l'idée d'*homme*.

La *compréhension* d'une idée dépend du nombre des caractères communs aux individus.

Il est facile de voir que plus l'extension est grande, plus la compréhension est restreinte, et réciproquement. Ainsi, l'idée d'animal est très-étendue, puisqu'elle désigne tous les êtres animés; mais les animaux n'ayant qu'un petit nombre de ressemblances (le mouvement, la digestion, etc.), cette idée a peu de compréhension. Descendez l'échelle des animaux, arrêtez-vous à l'idée d'*homme*, cette idée, *moins étendue* que la première, est beaucoup *plus compréhensive*, parce que l'homme, outre les caractères communs à tous les animaux, a des caractères qui lui sont propres : la parole, la raison, la liberté. Descendez encore, l'extension sera moindre, mais le nombre des caractères sera plus grand : *Européen, Français, Normand*.

ORIGINE DES IDÉES.

Déterminer l'*origine* d'une idée, c'est montrer quelle est la faculté qui l'a produite.

Exposer la *formation* d'une idée, c'est décrire les diverses circonstances qui ont accompagné sa production, et la part secondaire de certaines facultés.

Faisons cette étude sans parti pris et n'admettons que les faits constatés par l'observation psychologique. Notre point de départ (application d'un principe inattaquable et supposé par toutes les sciences physiques et naturelles) est que : *autant il y a de groupes d'idées différentes, autant il doit y avoir d'origines différentes.*

Or, les idées, comme nous l'avons vu plus haut, se partagent en idées contingentes et en idées nécessaires ; nous avons donc à chercher successivement l'origine et la formation des idées contingentes et des idées nécessaires.

IDÉES CONTINGENTES.

Les idées contingentes se subdivisent elles-mêmes en idées *particulières* et en idées *générales*.

Les idées particulières sont *intimes*, c'est-à-dire ayant pour objet un phénomène intérieur, ou *physiques*, c'est-à-dire ayant pour objet un phénomène matériel.

Les idées intimes ont pour origine le sens intime ou la conscience : ainsi les idées de telle ou telle *douleur*, de telle ou telle *joie*, de notre *imperfection*, etc.

Les idées physiques (ne perdons pas de vue que l'idée est toujours immatérielle, quel que soit son objet) ont évidemment pour origine les sens aidés des organes, qui nous révèlent les qualités ou les phénomènes, avec l'auxiliaire de la raison qui conçoit la substance ou la cause (1). Voici *un arbre*, je le connais ou j'en ai l'idée, et je ne dois cette notion qu'à l'information extérieure qui me donne les qualités de l'arbre, et à la raison qui conçoit la substance : substance qui, jointe aux qualités, constitue l'arbre.

Les idées générales contingentes sont, pour ainsi dire, des constructions naturelles de l'esprit. C'est la raison qui, par voie d'abstraction et de généralisation, opère sur les matériaux fournis par l'expérience des sens et de la conscience. Par exemple, l'idée de *mammifère* : l'observation externe nous fait connaître plusieurs animaux qui ont des mamelles. La raison, laissant de côté les différences qui les séparent et s'arrêtant à ce caractère unique et permanent, a formé l'idée générale de mammifère.

Prenons un exemple d'un autre ordre, l'idée générale de

(1) Voir l'Appendice sur l'origine des idées.

douleur. Par l'observation intime, nous avons saisi en nous le phénomène de la douleur, de telle douleur déterminée, puis de telle autre douleur, etc. La raison, comme dans le premier cas, a négligé les différences qui distinguent ces divers phénomènes; elle s'est arrêtée au caractère saillant et permanent, c'est qu'ils sont pénibles, et elle a formé l'idée générale de douleur.

Voilà une opération délicate qui s'accomplit sans que nous y fassions attention, dont nous ne pouvons déterminer le moment précis, mais dont l'analyse constate l'existence.

IDÉES NÉCESSAIRES.

La faculté qui nous donne toutes les idées nécessaires, c'est la raison. Ni les sens, ni la conscience, comme nous le verrons plus tard, ne sauraient les engendrer. Mais il importe de remarquer que les idées nécessaires ne se présentent jamais de prime abord sous leur forme pure et abstraite. Elles apparaissent enveloppées dans une vérité ou une application particulière, sous une forme concrète. Le travail de la raison est de les dégager ou de les *abstraire* de cette application particulière qui les a révélées. En d'autres termes, c'est toujours à propos d'une idée contingente que l'esprit conçoit l'idée nécessaire. Logiquement, le nécessaire est avant le contingent, la cause avant l'effet; mais chronologiquement, c'est par l'effet que nous nous élevons à la cause; c'est à l'*occasion* de l'expérience que nous apercevons ce qui dépasse l'expérience, ce qui l'explique, ce qui est sa raison d'être.

En un mot, la raison produit les idées nécessaires à propos des idées contingentes.

Ainsi, j'ai la conscience de mon imperfection, *idée contingente*, fait d'expérience; et, à propos de mon imperfection, je conçois et ne puis pas ne point concevoir un être parfait, *idée nécessaire*, donnée de la raison.

L'analyse de l'origine et de la formation de toutes nos idées nécessaires confirme cette théorie.

Voici les principales :

1° *Idée de l'infini*. L'infini est connu par la raison à l'occasion de l'idée d'un être fini ou borné, fournie par l'expérience intime.

2° *Idée du parfait.* Le parfait est connu par la raison à l'occasion de l'idée d'un être imparfait fournie par l'expérience intime.

3° *Idée de la cause nécessaire.* Elle est conçue par la raison à l'occasion de l'idée de la cause contingente perçue directement par la conscience (*je me connais comme cause de mes actes*). — Cette conception de la cause nécessaire se rattache à la conception du principe de causalité : *Tout phénomène suppose une cause.*

4° *Idée de la substance* : qu'il s'agisse de la substance finie et contingente ou de la substance infinie et nécessaire, la substance est conçue par la raison ; mais l'idée de substance finie précède l'idée de substance infinie, et la conception de la substance finie a lieu à l'occasion de la perception expérimentale des qualités ou des modifications des objets.

Enfin, la conception de la substance, contingente ou nécessaire, se rattache au principe des substances : *toute qualité ou modification suppose un sujet modifié.*

5° *Idée d'éternité*, conçue à l'occasion de la notion de durée, fournie par la conscience.

6° *Idée d'immensité*, conçue à l'occasion de la notion d'un espace fini, donnée par les sens.

7° *Idée du bien absolu.*
8° *Idée du beau absolu.*
9° *Idée de l'unité absole.*
Conçues par la raison à l'occasion des données de la conscience ou des sens.

Résumons cette étude en un tableau succinct :

IDÉES CONTINGENTES.		IDÉES NÉCESSAIRES.
IDÉES CONTINGENTES GÉNÉRALES.		*Origine :* la raison.
Idées intimes : *Origine :* la conscience.	Idées physiques : *Origine :* les sens aidés de la raison.	*Occasion :* l'expérience.
IDÉES CONTINGENTES PARTICULIÈRES. *Origine :* la raison, opérant sur les données des sens ou de la conscience, par voie d'abstraction et de généralisation.		

APPENDICE HISTORIQUE SUR L'ORIGINE DES IDÉES.

La question de l'origine des idées a toujours été regardée, non sans raison, comme une des plus importantes questions que la philosophie ait posées et essayé de résoudre. De telle ou telle solution dépend telle ou telle doctrine psychologique et morale : d'un côté, nous avons logiquement le matérialisme, la loi de l'intérêt, la négation de la vie future ; de l'autre, nous avons une âme distincte du corps, la loi du devoir, une vie meilleure à espérer.

Il n'est donc point hors de propos de jeter un coup d'œil sur les diverses doctrines touchant l'origine des idées ; cette revue rapide nous servira, en outre, à préciser et à compléter quelques points déjà traités.

Deux solutions principales, émises par les anciens, ont été reproduites par les philosophes modernes : la solution empirique et la solution idéaliste.

2° On entend par *empirisme* la doctrine qui attribue toutes nos connaissances à l'expérience interne ou externe. Mais l'empirisme dégénère bientôt en sensualisme ; l'expérience de la conscience est mise de côté, on rapporte tout aux sens. Locke avait admis les deux facultés expérimentales ; mais Condillac, d'abord fidèle reproducteur de la pensée du maître, arrive par une pente fatale à ne plus tenir compte du sens intime, et ses derniers écrits ne sont que le développement de ce vieil axiome, dont on ne sait pas bien l'origine :

Nihil est in intellectu quod non fuerit prius in sensu.

Ainsi, pour lui comme autrefois pour les atomistes, comme pour les épicuriens, comme pour les stoïciens (lesquels rattachèrent une morale qui élève l'homme au-dessus de Dieu à une psychologie qui le ravale au niveau de la bête), toutes nos idées viennent des sens ou, pour parler la langue du système, de la sensation (1).

2° La solution idéaliste, imaginée par Platon, se peut

---

(1) Les sensualistes confondent toujours le fait de la sensibilité et le fait de la perception matérielle : de là le sens trompeur de ce mot : *sensation*.

résumer en quelques mots : Nos idées sont innées; l'âme, avant d'être enfermée dans l'enveloppe matérielle qui la contient, a vécu d'une vie purement spirituelle ; elle a vu en Dieu, son auteur, les types suprêmes, les idées éternelles des choses. Puis, unie au corps, elle a oublié cette sublime vision. Mais voilà qu'à la vue des objets sensibles, images lointaines et infidèles de la réalité, elle se ressouvient, incomplétement il est vrai, de ces types aperçus dans une vie antérieure. Ainsi à la rencontre d'une belle figure humaine, beauté imparfaite et périssable, je me rappelle la beauté éternelle et parfaite que j'ai contemplée en Dieu. Mais c'est un souvenir incomplet ou une *réminiscence*.

Il y a donc trois idées de la beauté : 1° L'idée-type qui réside et que j'ai vue en Dieu ; 2° L'idée de la beauté observée sur la terre ; 3° L'idée-souvenir qui tient, pour ainsi dire, le milieu entre l'idée fournie par l'expérience et le type divin.

Une comparaison ingénieuse rend cette théorie plus claire : l'âme est une tablette où un grand artiste a inscrit des caractères immortels ; ensuite il l'a recouverte de cire. Lorsque se lève le soleil de l'expérience, il fait fondre la cire, les caractères reparaissent, mais légèrement effacés, car la cire n'est pas entièrement fondue.

Telle est la théorie des idées innées ou de la réminiscence : la vraie connaissance, ce n'est pas la connaissance produite par la rencontre des choses d'ici-bas ou par le jeu de nos facultés ; c'est celle que nous avons acquise dans une vie antérieure et qui ne se représente à nous qu'incomplète et mutilée.

Dans les temps modernes, Descartes reproduit, sans la préciser, la doctrine des idées innées ; mais bientôt, pressé par ses adversaires, il bat en retraite, en disant que ce ne sont point certaines idées qui sont innées en nous, mais le pouvoir ou la faculté d'acquérir ces idées. Cette évolution n'est rien moins qu'une rétractation complète : est-ce que toutes nos facultés ne sont pas innées !

C'est donc à Platon seul et à ses vrais disciples qu'il faut demander compte de la théorie de la réminiscence.

CRITIQUE DE LA SOLUTION EMPIRIQUE.

D'abord, posons en principe que tout système, par le fait qu'il a eu du succès parmi les hommes, doit renfermer quelque portion de vérité. C'est même cet alliage de la vérité avec l'erreur qui fait passer celle-ci et qui lui donne cours. Le faux tout seul ne séduit personne; les sophistes ne l'ignorent point.

Quelle est donc la portion de la vérité contenue dans la théorie des sensualistes? Ils ont été frappés du rôle de l'expérience dans l'acquisition de nos idées; ils ont remarqué qu'elle est l'occasion et la condition de presque toutes nos connaissances, et ils ont déclaré qu'il lui fallait faire une large part. Jusqu'ici nous pensons comme eux; nous estimons que les sens produisent une foule de notions et qu'ils aident à la production d'une foule d'autres notions.

Mais ils ne se sont pas arrêtés là ; ils ont prétendu que la sensation est la source, l'unique source de toutes les idées, et ils ont effacé d'un trait de plume les autres facultés. L'entendement ou plutôt l'âme humaine est, selon eux, une table rase avant l'apparition de la sensation : c'est elle qui non-seulement donne l'éveil à l'activité humaine, mais encore qui constitue la connaissance, le sentiment, la volonté, en un mot, la personne tout entière.

Nous nous élevons contre cette assertion : nous soutenons que la sensation ne peut rendre compte de toutes nos idées, qu'il y a des idées qui la dépassent et qu'elle ne produit pas (1). En effet, le sens est naturellement borné et variable, il ne saurait donc donner que ce qui est borné et variable, que le contingent ou le phénomène. L'infini lui échappe.

En présence de cette idée de l'infini, les empiriques se partagent en deux camps : les uns se tirent d'affaire en multipliant la notion d'infini, en disant que l'infini n'est que le fini plusieurs fois ajouté à lui-même. Mais que l'on

(1) C'est à cette donnée supérieure que Leibnitz songeait en modifiant ainsi l'axiome sensualiste :
Nihil est in intellectu quod non fuerit prius in sensu... præter intellectum.

multiplie tant qu'on voudra le fini, on n'aura jamais que le fini. Une série immense d'unités ne donne qu'un nombre déterminé. Que si la multiplication est poussée si loin que l'esprit ne puisse plus suivre, on obtient *l'indéfini*, c'est-à-dire un fini dont le terme est inconnu, mais dont le terme existe : on n'a point l'infini, on en est infiniment éloigné.

Les autres, plus conséquents, renoncent à expliquer l'idée de l'infini; ils en nient tout simplement l'existence. Ce n'est plus au raisonnement qu'il appartient de les réfuter; ils tombent sous la juridiction du sens commun. L'observation qu'ils invoquent en faveur de leur système, l'observation elle-même constate que l'âme humaine est en possession de cette idée d'infini et qu'elle croit en la réalité de sa conception. Ont-ils le droit d'admettre son témoignage dans tous les autres cas, et de le rejeter dans celui-ci?

Mais, non-seulement nous soutenons que les sens ne rendent pas compte de toutes nos idées, nous soutenons encore que les sens, à eux seuls, ne rendent *complétement* compte d'aucune idée, et que leurs données supposent toujours une donnée supérieure, fournie par la raison.

Voici un arbre : les sens me font connaître *la couleur, la forme, l'étendue,* etc.; mais la couleur, la forme et l'étendue constituent-elles l'arbre ? Ce sont des qualités qui supposent un sujet, une substance à laquelle elles se rapportent. Or, cette *substance,* les sens ne l'atteignent pas, parce qu'elle est invisible ; ils n'en saisissent que la manière d'être : c'est une faculté plus élevée, c'est la raison qui la conçoit.

Prenez, une à une, toutes les idées qui viennent des sens, et vous trouverez toujours qu'elles impliquent une notion rationnelle, sans laquelle elles n'auraient ni signification ni clarté (1).

---

(1) Voir la *Critique de Locke,* par Cousin.

CRITIQUE DE LA SOLUTION IDÉALISTE.

Ce qui séduit dans cette théorie, c'est qu'elle explique l'existence de certaines idées qu'il nous semble avoir toujours eues. Nous ignorons à quelle époque les notions nécessaires ont fait leur apparition dans notre entendement, et nous serions portés à croire qu'elles sont innées en lui. Je ne sais quelle poésie s'attache à cette croyance et fortifie nos préjugés. Nous cherchons à évoquer une vague réminiscence d'un meilleur monde où nous avons vécu dans la société de notre divin Auteur.

Voilà, selon nous, les raisons du succès de la doctrine idéaliste et de la séduction qu'elle exerce. Reste à savoir si elle est fondée.

Une assertion n'est admissible que si elle est évidente *a priori*, ou si elle est démontrée; en d'autres termes, une assertion ne prend place dans la science qu'autant qu'elle est une vérité première ou une conséquence rigoureusement déduite d'une vérité première.

Or, il n'est pas évident *a priori*, il n'est pas non plus démontré que l'âme, avant d'être enfermée dans le corps, ait vu les corps éternels des choses, et partant que les idées soient innées. La doctrine de la réminiscence est une hypothèse, et pas autre chose.

Et même en tant qu'hypothèse, elle soulève une objection grave et qui n'a pas été résolue. On est en droit de demander à Platon : Quelles sont les idées innées? Et quelles sont celles qui ne sont pas innées? Le sont-elles toutes?

Il entrevoyait lui-même cette difficulté, et j'ose dire qu'il ne l'a jamais tranchée. Ses opinions sur ce point sont diverses et confuses. Il dit dans un passage de la *République* (1), qu'il y a trois lits : l'idée-type du lit, vue en Dieu; l'idée du lit réel; et l'idée-réminiscence du type, éveillée à la vue du lit réel. Et ailleurs, un des interlocuteurs demandant s'il y a un type du brin de paille, le philosophe qui défend la théorie hésite, son esprit se trouble, il a hâte de reve-

---

(1) PLATON, *République*, x.

nir au beau, au vrai, au bien, aux choses absolues dont il est assuré, dit-il, que le type existe en Dieu ; — et il nous laisse dans l'incertitude.

QUESTIONS ACCESSOIRES

1° Quelles sont les conséquences de la théorie sensualiste de l'origine des idées, relativement au beau et au vrai ?

2° Quelles sont les conséquences de cette théorie relativement au bien ou à la morale ?

Consulter la *République* de Platon ; la *Logique* de Port-Royal, liv. 1er ; Leibnitz, *Nouveaux essais sur l'entendement humain*, liv. 1er ; Cousin, *Philosophie de Locke*.

VII

Principes directeurs de la connaissance. — Notions ou vérités premières.

Notions ou vérités premières contingentes : leurs caractères. — Notions ou vérités premières nécessaires : leurs caractères. — Énumération des vérités premières contingentes et des vérités premières nécessaires (axiomes et principes de la raison).

Il y a des idées fondamentales sur lesquelles repose l'édifice de la connaissance humaine : ces idées, conditions de toutes les autres, nous les acquérons sans effort, sans avoir besoin de réfléchir ou de raisonner ; et, une fois que nous les avons acquises, nous ne pouvons ni les oublier ni les contester. On les a désignées par un nom expressif qui leur servirait en même temps de définition, si elles avaient besoin d'être définies : *Notions ou vérités premières*.

Or, de même que la connaissance dérive de deux sources, l'expérience et la raison, de même les notions premières se divisent en deux catégories : les *notions contingentes* et les *notions nécessaires*.

1° Les notions contingentes qui ont, si je puis parler ainsi, une nécessité conditionnelle, en ce sens que l'existence de l'homme étant admise, il est indispensable qu'il en soit pourvu. Les notions contingentes se reconnaissent à ce caractère unique, c'est qu'elles sont *évidentes a priori*. J'existe, je suis imparfait, je suis libre, j'ai un corps, il y a des corps placés autour de moi ; voilà des vérités premières contingentes. Elles sont tellement claires qu'on ne peut pas ne pas les percevoir, qu'on n'a nul besoin de les démontrer ou de les rattacher à un principe qui soit plus clair et plus incontestable. L'erreur de Descartes est de n'avoir pas compris que l'existence du corps est évidente par elle-même, et qu'en voulant l'établir sur la véracité et la bonté de Dieu il allait contre son propre principe.

2° Les vérités premières nécessaires, comme les notions contingentes, sont *évidentes a priori :* ce qui explique qu'elles ne peuvent être *ni définies ni démontrées*. On ne définit que ce qui est encore obscur, au moyen de ce qui est clair en soi, c'est-à-dire évident *a priori*. On ne démontre, on ne rattache à un principe supérieur que ce qui a besoin de preuves. Or, le principe supérieur doit être une vérité première ; donc, ou la vérité première est indémontrable, ou la démonstration est impossible.

Les vérités premières dont nous parlons, par le fait qu'elles sont nécessaires, doivent être *absolues* et *universelles :* absolues, c'est-à-dire indépendantes du temps et des circonstances ; universelles, c'est-à-dire admises par tous et en tous lieux. Supposez, en effet, que par quelque accident ou en quelque point de l'espace elles ne soient point acceptées, elles cessent d'être ce qu'elles sont, elles ne sont plus nécessaires.

Tout phénomène suppose une cause; le tout est plus grand que la partie ; il faut faire à autrui ce que vous voudriez qui vous fût fait; voilà des vérités premières nécessaires. Ne sont-elles pas évidentes *a priori*? Pourrait-on les éclaircir par une définition ou les fortifier par une démonstration? Ne sont-elles pas vraies dans tous les temps, dans tous les lieux, dans toutes les circonstances et pour tous les hommes ; en un mot, ne sont-elles pas nécessaires?

Il faut qu'il en soit ainsi pour la constitution de l'intelligence humaine ; il faut que dans toutes les sciences, en morale, en mathématiques, en métaphysique, il y ait des idées primitives, irréductibles et indémontrables, que nous possédons sans savoir quand nous les avons eues, que nous ne perdons jamais de vue, que nous supposons invinciblement dans les autres hommes, et qui nous servent à comprendre et à nous faire comprendre.

Ces notions, qui sont les *principes directeurs* de la connaissance, ne se peuvent expliquer ni par l'expérience qui, *à elle seule*, ne constate que des faits ou des phénomènes, et ne peut atteindre ni les causes ni les lois de ces phénomènes ou de ces faits; ni par l'association des idées qui présuppose et ne donne pas les vérités premières; ni enfin par l'hérédité qui n'est autre chose qu'une expérience successive. Qu'elle soit successive ou individuelle, l'expérience, nous ne saurions trop le répéter, est incapable de s'élever à ce qui est plus haut qu'elle. Le père ne peut transmettre à son fils un bien qu'il n'avait pas lui-même. En un mot, les vérités ou notions premières sont les conditions et non l'objet de l'expérience. Si elles étaient l'objet de l'expérience, ce serait un objet hors de sa portée, et aucune évolution n'expliquerait l'ascension du relatif et du fini à l'absolu et à l'infini.

Énumérons les principales notions, conceptions et vérités premières.

I. — NOTIONS PREMIÈRES CONTINGENTES.

Elles se divisent en deux classes : les notions premières, *conditions* de toute expérience; et les notions premières, *principes* des sciences expérimentales.

Les notions premières, conditions de toute expérience, sont : 1° la notion de mon existence : *cogito, ergo sum*; 2° la notion de mon corps, distinct des autres corps ; 3° La notion de l'existence d'autres êtres qui ne sont pas moi et dont j'ignore encore la nature.

Les notions ou conceptions premières, principes des sciences physiques et naturelles, sont :

1° *La nature est régie par des lois qui sont constantes et universelles.*

2° *Il y a unité dans le plan de l'univers, et les individus se distribuent en groupes ou classes.*

II. — NOTIONS PREMIÈRES NÉCESSAIRES.

Elles se divisent en trois classes : les principes fondamentaux de la raison, les vérités premières morales, les axiomes ou vérités premières mathématiques.

Les principes fondamentaux de la raison sont :

1° Principe de contradiction ; *une même chose ne peut en même temps être et n'être pas,*

2° Principe de causalité : *tout phénomène suppose une cause.* — Conception d'une cause première :

3° Principe des substances : *toute qualité ou manière d'être suppose un sujet auquel elle se rapporte.*

4° Principe de la classification des êtres et des substances : *toute ressemblance ou différence dans les modes ou qualités implique une ressemblance ou une différence dans les êtres et les substances.*

5° Principe de finalité : *tout moyen suppose une fin.*

6° Principe de la démonstration : *tout ce qui est vrai d'une proposition générale est vrai des propositions particulières qu'elle contient.*

Les axiomes ou vérités premières morales sont :

1° *Le bien et le mal sont distincts.*

2° *Je ne dois pas faire aux autres ce que je ne voudrais pas qui me fût fait.*

3° *Je dois faire aux autres ce que je voudrais que les autres fissent pour moi.*

Les axiomes ou vérités premières mathématiques sont :

1° *La ligne droite est le plus court chemin d'un point à un autre.*

2° *Le tout est plus grand que la partie.*

Le premier de ces axiomes est en même temps une définition.

L'ensemble de ces vérités premières, qu'elles soient contingentes ou nécessaires, constitue ce qu'on appelle le sens commun. Tous les entendent, tous s'appuient sur elles pour parler, pour raisonner, pour induire, pour apprendre ; elles sont, si j'ose ainsi parler, les premiers éléments de l'entendement humain ; on ne saurait les contester sans être taxé de mauvaise foi ou de folie. Et encore n'y a-t-il pas de folie absolue, car la perte de la raison n'est jamais complète et entière : on perd le sens sur un ou deux points, voilà tout (1).

Consulter BUFFIER, *Traité des premières vérités.*

VIII

De la volonté.

Activité instinctive : instincts divers. — Activité réfléchie ou volonté; circonstance de l'acte volontaire. — De l'habitude.

L'*activité* est la propriété que le moi a d'agir ou de se poser comme cause. Il se modifie ainsi lui-même, ou il modifie le *non-moi* dont il a préalablement pâti l'action. Si l'homme se meut, dit M. Bautain, c'est qu'il y est poussé; s'il agit, c'est qu'il a un motif. La spontanéité (véritable) n'appartient qu'à Celui qui est par lui-même. »

Ainsi, l'activité de l'âme n'est pas bornée au monde intime; elle s'étend à l'extérieur ou au *non-moi;* elle produit, en partie, les mouvements du corps auquel elle est unie. Considérée à ce dernier point de vue, elle se nomme la *force motrice.*

L'activité se manifeste sous trois formes : l'*instinct*, la *volonté* et l'*habitude*.

I. — ACTIVITÉ INSTINCTIVE.

L'activité instinctive, dans laquelle nous agissons en vertu d'une impulsion étrangère, est spontanée et fatale. Elle précède la volonté et l'habitude, et persiste même après l'éveil de l'une et la formation de l'autre.

(1) C'est ce qui explique cette prétention de presque tous les fous de se croire sains d'esprit et de regarder leurs compagnons comme des êtres privés de raison. La folie de l'un n'étant pas de même nature que celle de l'autre, où manque le sens du premier, le sens du second est sain. Et réciproquement. Une femme d'esprit disait : « Ne serions-nous pas tous un peu fous? » En effet, je ne vois que les défauts que je n'ai pas ou que j'ai à un moindre degré. « L'expérience nous fait voir tous les jours, dit Buffier, un grand fou qui est un très-bel esprit, un grand fou qui est un très-savant homme, et plus souvent même un grand fou qui est le meilleur homme du monde. »

Elle est *spontanée*, car la réflexion n'y intervient pas; nous n'avons pas pesé le pour et le contre avant d'agir. Elle est *fatale*, car nous nous sentons emportés par une force inconnue, et nous n'avons pas conscience d'avoir pu agir autrement que nous avons agi.

L'activité instinctive comprend les tendances primitives, les penchants, les inclinations, les désirs et les appétits qui lui impriment diverses impulsions, et que nous désignons sous le nom général d'*instincts*.

Les instincts se divisent en deux catégories : les uns se rapportent plus particulièrement au corps, *instincts physiques;* les autres se rapportent plus particulièrement à l'âme, *instincts moraux*.

Il y a deux instincts *physiques*.

1° L'*instinct conservateur de l'individu*, qui nous pousse à rechercher ce qui est utile à notre existence (la nourriture, l'air, le mouvement, etc.), et à fuir tout ce qui pourrait compromettre notre santé ou notre vie. De là, certains mouvements involontaires : l'enfant qui a faim cherche le sein de sa nourrice; l'enfant qui tombe place sa main devant sa tête pour la protéger; l'enfant que l'on frappe essaye de parer ou d'atténuer le coup.

2° L'*instinct conservateur de l'espèce*, qui inspire à l'homme le désir d'avoir des enfants qu'il pourra aimer et auxquels il transmettra son nom et ses biens. Cet instinct dans la famille humaine ne saurait être assimilé à l'instinct qui rapproche fortuitement les animaux. Chez ces derniers, la société conjugale est accidentelle : la saison finie, les petits élevés, l'union est détruite, parents et enfants ne se connaissent plus ; l'œuvre providentielle est accomplie, l'espèce ne mourra pas ; mais il n'y a rien au delà.

Les instincts *moraux* se développent, en général, dans la vie sociale :

1° *Instincts d'amour-propre* ou égoïstes : *Aspiration au bonheur, aspiration au pouvoir, vanité* (qui se prévaut des avantages naturels, tels que la fortune, la beauté, l'esprit); *orgueil* (qui se prévaut des avantages acquis, tels que la fortune, l'instruction, la noblesse); *fierté* (qui nous pousse à défendre notre dignité et notre liberté contre les attaques, les préjugés et les conventions du monde); *jalousie* (qui regarde les personnes aimées ou recherchées par ceux que nous aimons), *envie* (qui nous rend tristes et même malheureux du bonheur d'autrui), *émulation* (qui nous pousse à dépasser nos rivaux et à égaler nos supérieurs).

2° *Instinct de propriété.* Nous naissons propriétaires, si j'ose ainsi parler, car nous nous possédons nous-mêmes. Nous aspirons en outre à faire nôtre une partie du monde extérieur. Cet instinct se remarque même chez les voleurs qui *s'approprient* le bien d'autrui, même chez les enfants, qui, au sein de la famille, recherchent une possession qui leur soit personnelle.

3° *Instinct intellectuel.* Nous souhaitons de connaître, de nous rendre compte de nous-mêmes et surtout de ce qui nous entoure. De là ces éternelles questions adressées par le fils à son père : curiosité naïve et insatiable, qui n'est étouffée que par un égoïsme grossier, par la paresse.

4° *Instinct de sociabilité.* L'homme est né pour vivre avec ses semblables; la solitude lui répugne; l'isolement est une des peines les plus terribles qu'on puisse lui infliger. Mais la société qu'il recherche avec tant d'ardeur réagit sur lui; elle le développe, l'élève ou le pervertit : de là l'amour, la haine, la sympathie, l'antipathie, et les nuances variées de la passion.

5° *Instinct religieux.* De tous les êtres placés sur la terre, l'homme est le seul qui aspire à connaître son auteur, à l'aimer et à le servir. Naturellement il élève sa tête vers le ciel, il y cherche un père, un consolateur et un juge. Naturellement encore, il chérit le bien, le beau, le vrai, cette triple manifestation de l'être infini et parfait. Il tend au bien, au beau, au vrai, d'abord sans s'en rendre compte, comme les yeux s'ouvrent à la lumière : plus tard il comprendra cette tendance : personne raisonnable et libre, il en fera un motif d'action.

Ce qui nous frappe dans l'activité spontanée, c'est la prédominance de la sensibilité, prédominance si marquée que les instincts et les passions de l'âme semblent se confondre, et qu'il serait peut-être impossible de séparer, dans ces faits primitifs, l'activité de la sensibilité.

II. — LA VOLONTÉ.

La volonté est *le pouvoir de se déterminer* ou *de prendre une résolution*, ou mieux encore, *de diriger notre activité*.

Ainsi, à côté et au-dessus de l'instinct, et *coexistant avec lui*, il y a une seconde activité qui n'est pas spontanée et fatale, où nous n'obéissons plus à une impulsion étrangère, où nous ne sommes plus les instruments aveugles d'une sagesse supérieure à laquelle revient sans réserve tout le mérite de nos actions. Cette seconde activité est toujours réfléchie et libre (1). Elle est *réfléchie*, puisque nous faisons usage de notre raison avant d'agir ; elle est *libre*, puisqu'en agissant nous avons la conscience pleine et entière de la possession de nous-mêmes. « Primitivement le moi, par sa force naturelle, accomplit un acte qu'il n'a ni prévu ni voulu ; dans cet acte, le moi ne peut pas ne pas apercevoir lui-même ; mais il se trouve sans se chercher. Dans l'état réfléchi, non-seulement le moi agit, mais il veut agir ; il se cherche, il veut s'opposer au non-moi ; en un mot, il ne se trouve plus seulement, il se pose (2). »

---

(1) On a prétendu que la volonté n'était pas toujours libre, et on a invoqué à l'appui de cette opinion la phrase célèbre de saint Augustin : *Beatitudinem omnes una voluntate appetunt* (De Trinitate, cap. IV), phrase commentée et développée par saint Thomas (*Summæ Theologicæ pars prima, quæstio* LXXXII) : On a insisté sur la distinction de la contrainte extérieure, qui ne peut atteindre la volonté, et de la nécessité intérieure à laquelle la volonté est soumise. Enfin, on en est venu à admettre, en dehors de l'habitude, trois modes d'activité : l'activité instinctive, l'activité volontaire et l'activité libre.

Cette imagination d'une activité volontaire autre que l'activité libre me paraît inadmissible. Il n'y a volonté que là où il y a liberté. L'analyse de l'acte volontaire le montre sans réplique.

Lorsque saint Augustin et saint Thomas soutiennent que nous voulons nécessairement notre bonheur, ils confondent l'inclination (*appetere*) avec la volonté. Que l'homme aspire instinctivement et fatalement au bonheur, c'est un fait incontestable ; mais il est aussi incontestable qu'il peut vouloir son malheur et renoncer au bonheur présent et à venir. En un mot, *la volonté peut aller contre l'instinct*. La responsabilité, la grandeur et la perversité humaines ne s'expliqueraient pas sans ce terrible et magnifique pouvoir.

(2) Cousin, *analyse de la raison*.

Ce double caractère, réflexion et liberté, une rapide analyse du fait volontaire le rendra plus clair et plus saisissant.

Je remarque trois circonstances dans la volition :

1° La *délibération*, où l'âme pèse le pour et le contre, écoutant successivement les avis de la conscience, les calculs de l'intérêt et les tumultueux discours de la passion ; c'est une sorte de conseil préliminaire.

2° La *détermination*, où l'âme se résout pour un parti ou pour un autre.

3° L'*exécution*, où l'âme accomplit ou essaye d'accomplir la résolution qu'elle a prise.

Or, la délibération, qu'est-elle, sinon un acte réfléchi et, par suite, un acte libre ? Je délibère, donc je me replie sur moi-même ; je délibère, donc je me possède ; et, nous l'avons dit mainte fois, la liberté, c'est la possession de soi-même.

Mais c'est surtout dans la détermination, c'est lorsque je prends un parti, lorsque je veux, que je me sens maître de moi, arbitre souverain de ma conduite. Tant que je délibérais, il me semblait encore, tiré que j'étais en sens divers par la passion et le devoir, il me semblait que je subissais une pression qui diminuait et mon indépendance et mon autorité ; maintenant je décide, je me sens parfaitement libre.

Enfin l'exécution, qu'elle soit interne ou externe, est éventuelle. Je m'explique : j'ai pris une détermination, mais, au moment d'agir, un obstacle quelconque peut m'arrêter, et l'action ne sera pas accomplie. Ainsi, j'ai *délibéré* si j'irais attendre mon ennemi pour le frapper ; j'ai *résolu* de commettre ce crime ; me voilà à mon poste... et mon ennemi ne passe pas, ou une main arrête mon bras au moment décisif, ou tel autre accident me fait obstacle. Cependant le crime est consommé : devant Dieu et devant les hommes je suis aussi coupable que si j'avais réussi.

Autre exemple : J'ai résolu de chercher la solution d'un problème psychologique ; une visite, un fâcheux, un accident quelconque m'empêche d'accomplir ce projet dont l'exécution est tout intérieure.

Ainsi l'exécution est souvent indépendante de notre volonté ; c'est l'intention seule qui constitue la moralité ou l'immoralité de l'acte ; c'est elle que recherchent les juges, c'est elle qu'ils veulent atteindre et punir (1). Mais la marche qu'ils suivent, et, malheureusement, l'unique marche qu'ils puissent suivre, c'est de remonter du fait à la détermination. Aussi se trompent-ils quelquefois (2). Dieu qui voit tout jusqu'à nos plus secrètes pensées, qui saisit d'un coup d'œil l'intention et l'acte et le rapport de l'un à l'autre, Dieu rend des arrêts infaillibles : c'est la seule justice dont on ne puisse appeler.

DISTINCTION DU DÉSIR ET DE LA VOLONTÉ.

On a souvent confondu la *volonté* avec le *désir* : cette confusion impliquant de graves conséquences psychologiques et morales, il n'est point hors de propos, dussions-nous répéter quelques idées déjà émises, de montrer qu'elle repose sur une analyse infidèle des faits intérieurs.

Comme toutes les tendances de notre nature, le désir est spontané et fatal, il naît en nous, indépendamment de nous ; nous le subissons, pour ainsi dire, et nous ne pouvons pas ne pas le subir.

Placez un enfant en présence d'un arbre chargé de beaux fruits, qu'arrivera-t-il ? les fruits produiront une sensation agréable et, à la suite de cette sensation, apparaîtra le désir,

---

(1) Cependant, s'il n'y a pas eu de commencement d'exécution, quoique l'intention soit constatée, le juge admet des circonstances atténuantes et abaisse la peine de plusieurs degrés. C'est qu'il suppose, non sans raison, que l'accusé aurait pu revenir sur sa résolution ou reculer d'horreur au moment de commettre le crime projeté. Il y a plus loin qu'on ne pense de la détermination à l'exécution ; notre cœur vaut quelquefois mieux que notre volonté, il peut exercer une heureuse influence sur elle.

(2) Ces erreurs sont très-rares : il faut se tenir en garde contre les sophismes de ceux qui partent de la faillibilité du juge pour attaquer la légitimité de la justice humaine ; ils feignent d'oublier qu'il y a un jugement suprême où Dieu réformera les arrêts iniques et réparera les méprises des hommes.

ou mieux la sensation et le désir seront engendrés par la même cause et en même temps.

Or, quel est le caractère fondamental de la sensation? c'est la fatalité. A la vue des fruits, l'enfant est affecté agréablement, et cette affection est fatale. L'enfant jette un regard de convoitise sur l'arbre, il désire, et ce désir est spontané et fatal comme la sensation ; il n'est pas maître de désirer ou de ne désirer pas.

Que l'on prenne un autre exemple, qu'on fasse l'analyse d'un autre désir, on retrouvera le même caractère de spontanéité et de fatalité. Quelle que soit la forme, quel que soit l'objet, quelle que soit la nature du désir, que le désir soit bon ou mauvais, utile ou nuisible, il ne dépend point de nous de le faire naître ou de ne pas l'éprouver.

Interrogez l'homme le plus vertueux et le plus pur, il vous dira que des désirs mauvais apparaissent en lui, sans qu'il les ait appelés et quoiqu'il ait évité toutes les circonstances qui les produisent ordinairement ; il vous dira qu'on ne peut empêcher un désir de naître, mais qu'on peut s'opposer à la satisfaction de ce désir.

Nous avons reconnu les caractères du désir : il est instinctif, spontané, fatal ; il aspire aveuglément à la possession de l'objet qui nous plaît, il nous pousse à agir et à lui procurer ce qu'il convoite.

Mais le désir, et toute la question est là, le désir qui ne vient pas de moi et qui s'impose à moi, le désir gouverne-t-il seul l'activité humaine ! en d'autres termes, l'homme obéit-il uniquement à ce mobile aveugle et fatal, et ne lui peut-il résister?

Non, il n'en est pas ainsi : l'homme, comme nous l'avons établi plus haut, est doué du pouvoir de diriger son activité et ce pouvoir se nomme *la volonté*. L'homme a la conscience d'être une cause libre et raisonnable ; il se sent capable d'agir contrairement à ses tendances, contrairement à ses affections, contrairement à son intérêt.

L'enfant convoite instinctivement les fruits ; il aspire à les posséder ; mais il sait que ces fruits ne lui appartiennent pas et qu'il est mal de toucher au bien d'autrui ; il sait, en outre, qu'il est libre de suivre ou de ne pas suivre son désir, il combat le penchant qui l'entraîne, il *veut* et *s'abstient*.

Sans doute, le désir est souvent un motif de vouloir, mais il ne saurait pas plus qu'un autre motif être identifié avec le vouloir. Sans doute, nous voulons souvent ce que nous désirons, mais de ce que deux éléments de notre nature tendent à une même fin, on ne doit pas en conclure qu'ils sont identiques ou inséparables.

Le désir, parce qu'il exerce quelque influence sur la volonté, ne l'absorbe pas; non plus que la volonté n'absorbe le désir, parce qu'elle produit quelquefois les circonstances favorables à son développement. Pour n'être pas absolument indépendants, ils n'en sont pas moins distincts l'un de l'autre. Nier cette distinction, c'est nier la distinction du mobile et du motif, de la spontaneité, et la réflexion; c'est nier la liberté, la responsabilité, la vie morale tout entière; en un mot, c'est assimiler l'homme à l'animal.

L'animal est un être qui sent et qui n'est pas maître de lui-même : en lui, le désir et la volonté se confondent, ou plutôt, en lui, il n'y a qu'un instinct et non une volonté. Il obéit à cette loi fatale de l'instinct et marche à sa fin sans le savoir, sans y concourir. Il ne connaît ni le bien ni le mal, ni le vice ni la vertu, ni le mérite ni le démérite, car il ne connaît pas la lutte. En effet, qu'est-ce que la vie morale, sinon l'antagonisme perpétuel de l'instinct et de la réflexion, du désir et de la volonté? Qu'est-ce que la vertu, sinon le triomphe de la volonté, éclairée par la conscience et la raison, sur le désir aveugle et désordonné?

III. — DE L'HABITUDE.

La troisième forme de l'activité, laquelle tient des **deux** premières, est l'habitude.

L'habitude, dans le sens le plus étendu, est *la manière d'être générale et constante* (1); ou mieux, elle est *une dispo-*

---

(1) « Il est vrai que dans l'usage ordinaire on confond souvent la cause

DE L'HABITUDE.

sition, à l'égard d'un changement, engendrée dans un être par la continuité ou la répétition de ce même changement.

« Rien n'est donc susceptible d'habitude que ce qui est susceptible de changement ; mais tout ce qui est susceptible de changement n'est pas pour cela seul susceptible d'habitude. Le corps change de lieu ; mais on a beau lancer un corps cent fois de suite dans la même direction, avec la même vitesse, il n'en contracte pas pour cela une habitude ; il reste toujours le même qu'il était à l'égard de ce mouvement, après qu'on le lui a imprimé cent fois. L'habitude n'implique pas seulement la mutabilité en quelque chose qui dure sans changer ; elle suppose un changement dans la disposition, dans la puissance, dans la vertu intérieure de ce en quoi le changement se passe, et qui ne change point (1). »

Or, il y a deux espèces d'habitudes : l'une involontaire, produite en nous et à notre insu par la répétition de l'acte, comme l'habitude de cligner les yeux ou de faire certains gestes.

L'habitude involontaire se rencontre dans l'homme comme dans l'animal ; elle n'est qu'un développement de l'instinct.

L'autre habitude, la seule dont nous ayons à nous occuper, est volontaire : elle doit sa naissance à un libre effort ; elle implique la possession de soi-même, et ne se rencontre que dans les créatures raisonnables.

Cette répétition libre de certains actes transforme en mouvements instinctifs les mouvements volontaires. L'effort disparaît, une seconde nature est créée (2). C'est ainsi

---

et l'effet ; et quand on dit : j'ai une telle habitude, j'ai l'habitude de telle chose, je suis habitué à telle chose, cela veut dire également ou que l'on fait souvent cette chose quelconque, ou que l'on éprouve la disposition qui résulte de la fréquente répétition de cette action. Ce manque de précision dans le langage vient sans doute de ce que peu de gens ont réfléchi avec attention sur les habitudes et sur leurs causes ; car l'inexactitude des expressions naît toujours de la confusion des idées ; voilà pourquoi les langues se perfectionnent à mesure que les connaissances se débrouillent. »

(Destutt de Tracy.)

(1) F. Ravaisson, *De l'habitude*.
(2) « La réflexion, dit Condillac, veille à la naissance des habitudes,

que l'habitude de la réflexion donne au caractère quelque chose de grave et de méditatif ; c'est ainsi encore que l'homme pervers qui, par l'accoutumance, a perdu la honte du crime, n'éprouve plus les saints déchirements de la conscience. On dirait qu'il fait le mal instinctivement, naturellement, emporté par une force d'impulsion semblable à celle qui entraîne une boule placée sur un plan incliné.

Aussi quelques-uns sont allés jusqu'à soutenir que l'habitude, en faisant disparaître la délibération, altère le caractère de l'action et diminue la responsabilité de l'agent moral. Singulière opinion qui représente le scélérat émérite comme moins coupable, à mesure qu'il avance dans la voie de l'iniquité. L'ivrogne, le débauché, le voleur ou l'assassin ont une défense facile : « Que voulez-vous, peuvent-ils dire, je suis emporté par l'habitude ; je ne saurais vivre autrement que je ne vis. »

Une pareille théorie, qui atténue la culpabilité par la fréquence des infractions, est assurément réfutée par ses conséquences mêmes, mais le principe spécieux sur lequel elle s'appuie mérite d'être examiné.

D'abord, est-il vrai que l'habitude supprime la délibération ? je n'en crois rien. Je crois, au contraire, qu'elle a été précédée d'une série d'actes délibérés, et que s'il n'y a plus de conseil avant d'agir, c'est qu'on a pris, une fois pour toutes, la résolution de faire les mêmes choses dans les mêmes circonstances, ou que, touché par les attraits du vice, on s'est décidé à se donner à lui.

Voici un voleur de profession ; proposez-lui la complicité d'un larcin fructueux, il vous répondra sans hésiter : j'accepte ! Ici la théorie triomphe. Mais remontez dans la vie de ce misérable, remontez au temps où il était pur de tout crime, où l'idée seule du vol le faisait reculer d'horreur. Un jour, pressé par la faim, ou (ce qui arrive plus souvent) poussé par l'amour du plaisir, séduit par de méchants exemples et de méchants conseils, il a convoité le bien

---

mais à mesure qu'elle les forme, elle les abandonne à elles-mêmes... Par là, toutes les actions d'habitude sont autant de choses soustraites à la réflexion. » (*Traité des animaux*, 2º partie, ch. 1ᵉʳ).

d'autrui. Un combat s'est engagé dans son âme : la passion, la conscience, la crainte et l'intérêt se sont fait entendre tour à tour. Il hésite longtemps ; enfin il se résout, la passion l'emporte, le vol est consommé.

Laissant de côté les phénomènes moraux qui accompagnent le premier crime, je passe à la seconde violation de la loi.

L'innocence perdue, on peut revenir au bien ; mais à coup sûr, on a moins d'horreur pour le mal. Une nouvelle occasion s'est présentée, le voleur, incité par la même cause, a délibéré moins longtemps, mais il a délibéré. Multipliez les récidives, la durée du combat diminue, le criminel se rappelle la délibération précédente et la résolution qui l'a suivie. Familiarisé avec le crime et ses conséquences, il se décide promptement. Enfin, un jour arrive où, las de ces luttes qui ont eu presque toujours la même issue, cet homme prend une résolution définitive : il est voleur, il le veut être toutes les fois que faire se pourra.

Il lui semble qu'il est soulagé par cette décision suprême ; il ne sent pas qu'il est arrivé au dernier degré de la perversité, qui est l'intention de mal faire toujours et partout, en vertu d'une délibération ou d'une série de délibérations antérieures.

Maintenant que le pli est pris, que l'habitude est enracinée et qu'une seconde nature a remplacé la première, le voleur n'a plus qu'un pas à faire ; c'est de se persuader qu'il obéit à l'instinct, qu'il n'a plus la puissance de délibérer, et que Dieu ne lui a pas donné la faculté de choisir entre le bien et le mal. — Il tentera peut-être ce dernier effort, mais en vain. Il ne peut étouffer sa conscience qui atteste la permanence de sa liberté, ni sa mémoire qui lui rappelle la résolution définitive qu'il a prise.

L'habitude du crime ne saurait donc point être invoquée par le criminel comme une circonstance atténuante ; ce serait une excuse odieuse. « Toutefois, dit saint Augustin, on ne saurait nier qu'elle est le principal empêchement à la conversion du pécheur et par là même un châtiment du péché. C'est ce qui explique le mérite du repentir et la joie du pasteur, lorsque la brebis égarée revient au bercail. »

EFFETS DE L'HABITUDE.

L'habitude exerce une grande influence sur le développement de nos facultés. Elle perfectionne les sens. Les aveugles qui reconnaissent les objets au toucher, les sourds-muets qui comprennent le son au mouvement des lèvres, les sauvages qui distinguent à des distances prodigieuses le bruit des pas d'une tribu ennemie, les acrobates, les musiciens qui exécutent des mouvements rapides et précis, etc., sont autant d'exemples de cette influence. « Personne n'ignore que plus nous répétons souvent le même mouvement, quel qu'il soit, plus nous l'exécutons avec facilité et rapidité. C'est d'après cette observation constante et générale que lorsque nous voulons réussir à faire une action quelconque, nous nous y exerçons le plus possible; et que quand on veut qu'un ouvrage se fasse très-vite, on a soin de partager le travail de manière que chaque ouvrier n'ait qu'un petit nombre de mouvements et toujours les mêmes à exécuter ; c'est là le grand avantage de la division du travail dans les manufactures (1). »

L'habitude fortifie la mémoire ; elle rend le raisonnement plus prompt et plus sûr; elle est l'auxiliaire le plus puissant de l'éducation; elle rend enfin l'exercice de la vertu plus aisé et plus doux, de sorte que, si elle apporte au criminel son premier châtiment, elle donne à l'homme de bien une première récompense et un premier encouragement.

(1) DESTUTT DE TRACY, *Idéologie*. Voir les *Notions d'économie politique : du travail*.

IX

De la liberté ou du libre arbitre.

Définition de la liberté morale. — Sens divers du mot. — Démonstration de la liberté. — Preuves. — Objections.

La liberté est le principe de la volonté; *nous ne voulons que parce que nous nous possédons nous-mêmes.*

On démontre la liberté, non pour enseigner à l'homme qu'il est libre, mais pour le mettre en garde contre les objections spécieuses des sophistes, objections qui ont une influence spéculative plutôt qu'une influence pratique. D'Alembert dit avec beaucoup de sens : « Quelques arguments que l'on veuille opposer au sentiment, à la conviction intérieure de la liberté, l'homme agit toujours comme s'il était libre. »

Ce qui porte le trouble dans notre esprit, c'est que nous ne nous faisons pas une idée bien nette de la liberté, c'est que le mot lui-même a plusieurs significations.

La liberté est la possession de soi-même. Nous disons que la volonté est libre, parce que l'âme en se déterminant sent qu'elle se possède ou qu'elle est douée d'autonomie. Le rapport entre ces deux faits, *se posséder* et *se déterminer*, est tellement étroit que les deux termes qui les désignent sont employés indifféremment l'un pour l'autre, et que les mots *volonté* et *liberté* semblent s'appliquer à une seule et même chose.

Lorsque Hobbes définit la liberté : *Le pouvoir de faire ce que nous avons voulu,* il la dénature complétement et la déplace. Soutenir que l'exécution constitue l'acte libre, c'est soutenir que, l'exécution faisant défaut, il n'y a plus de liberté; d'où il suit que le fait est tout et que l'intention n'est rien. Cet assassin dont on arrête le bras, au moment où il va frapper sa victime, cet assassin est innocent, puisqu'il n'a pas réussi dans son dessein, puisqu'il n'a pas eu le pouvoir de faire ce qu'il voulait, puisque enfin il n'a pas été libre.

Au reste, cette doctrine, monstrueuse apologie du succès, est en harmonie avec cet autre point du système de Hobbes, à savoir, que la force constitue le droit et que par conséquent le droit varie avec la force.

Il importe donc de marquer les sens divers du mot liberté ; on distingue :

1° *La liberté morale* ou la vraie liberté, qui est tout intérieure et que nulle puissance humaine ne saurait restreindre. C'est elle que nous désignons par les mots : *possession de soi-même, pouvoir de vouloir, faculté de se déterminer*. Elle est naturellement illimitée. « Nous sommes libres, dit Bossuet, à l'égard de tous les sujets sur lesquels nous pouvons douter et délibérer (1). »

2° La liberté d'action (que Hobbes a merveilleusement définie, en croyant expliquer la liberté morale : *la liberté est le pouvoir de faire ce que nous avons voulu*) est naturellement bornée : notre organisation, notre santé, les circonstances, la liberté d'action des autres hommes la tiennent en échec et la limitent.

La liberté d'action est atteinte, circonscrite, étendue ou diminuée par la loi civile ou politique ; de là plusieurs subdivisions : *liberté civile, liberté politique, liberté religieuse ou du culte extérieur*, etc. Mais ce qu'il importe de ne pas oublier, c'est que la liberté d'action peut subir toutes les modifications imaginables, puisqu'elle repose sur l'exécution, qui est éventuelle ; tandis que la liberté morale est inviolable, puisqu'elle est la détermination elle-même.

PREUVES DE LA LIBERTÉ.

Il y a quatre preuves de la liberté : elles sont tirées de la conscience, de la raison, des institutions sociales et des conséquences du fatalisme.

---

(1) *Traité du libre arbitre.*

1° *La conscience* m'atteste que je suis libre (1); elle l'atteste avant, pendant et après l'action. J'ai résolu de commettre une faute, je sens que je n'ai point été contraint et que j'aurais pu prendre la résolution contraire.

Durant l'exécution, je me sens non moins libre. Il dépend de moi, si l'action comprend plusieurs phénomènes successifs, de continuer ou de suspendre l'accomplissement de ma résolution.

Enfin, après l'exécution, j'ai la conscience d'avoir agi en vertu d'une libre détermination. C'est cette conscience qui inspire au coupable l'horreur de son action et de lui-même.

2° *La raison* établit que l'homme *doit être libre*. Il a l'intelligence du bien, le sentiment du devoir et l'amour de la vertu. Comprendrait-on qu'il ne fût pas libre? comprendrait-on que Dieu eût donné à sa créature le discernement du bien et du mal, le goût du premier et la haine du second, sans lui accorder la puissance de choisir et de suivre son inclination naturelle? C'eût été le supplice de Tantale.

Nous serions réduits à envier le sort des bêtes, que nous croyons destituées de liberté, parce que nous les croyons privées de raison : tant ces deux choses, liberté et raison, sont étroitement unies; tant nous sommes persuadés qu'il serait indigne d'un Dieu juste et bon d'ouvrir une âme au beau, au vrai, au bien, et de lui dire ensuite, comme ceux qui se plaisent à tourmenter les enfants : « Tu vois avec ravissement ces types éternels et parfaits, tu mettrais ton bonheur à régler ta conduite sur eux..... eh bien! cela t'est défendu! »

---

(1) « J'entends beaucoup raisonner contre la liberté de l'homme, et je méprise tous ces sophismes, parce qu'un raisonneur a beau me prouver que je ne suis pas libre, le sentiment intérieur, plus fort que tous ces arguments, les dément sans cesse; et, quelque parti que je prenne dans quelque délibération que ce soit, je sens parfaitement qu'il ne tient qu'à moi de prendre le parti contraire. Toutes ces subtilités de l'Ecole sont vaines, précisément parce qu'elles prouvent trop, qu'elles combattent tout aussi bien la vérité que le mensonge, et que, soit que la liberté existe ou non, elles peuvent servir également à prouver qu'elle n'existe pas... — Nous ne nous supposons point actifs et libres, *nous sentons que nous le sommes.* C'est à eux de prouver non-seulement que ce sentiment pourrait nous tromper, mais qu'il nous trompe en effet. » (ROUSSEAU.)

Nous répondrions à l'Auteur de l'homme : « Pourquoi nous avez-vous infligé cette torture ? pourquoi nous avez-vous montré la source divine, si vous ne permettez pas que nous allions nous y désaltérer ? Vous qui vous jouez de nous, vous qui n'êtes ni bon ni juste, vous n'êtes pas Dieu, et notre cœur se détourne de vous ! »

3° *Les institutions sociales* nous supposent libres. Qu'est-ce que la loi ? que sont les tribunaux, les juges, les peines, les récompenses, sinon des déclarations de la liberté humaine ? et la prison elle-même, où des hommes sont privés de la liberté d'action, n'est-elle pas, en un certain sens, une reconnaissance de la liberté morale ?

4° La preuve *indirecte*. Pour un instant, admettons l'hypothèse contraire, et tirons les conséquences du fatalisme.

L'homme n'ayant plus d'autonomie obéit, qu'il le sache ou qu'il l'ignore, aux arrêts de cette mystérieuse et terrible puissance qu'on appelle le destin : toutes ses actions sont réglées d'avance, et il est emporté dans le mécanisme universel.

Première conséquence : *négation de la morale.*

La morale est la science du devoir ; or, le devoir implique trois choses distinctes : 1° la connaissance d'une loi à laquelle nous devons obéir ; 2° la connaissance de ce qui est conforme ou opposé à cette loi ; 3° la liberté d'accomplir ou de violer la loi.

Supprimons la liberté : il ne reste plus qu'une double connaissance inutile. « Le libre arbitre, dit Fénelon, est incontestable. Ceux qui le nient n'ont pas besoin d'être réfutés, car ils se démentent eux-mêmes. Il faut ou le supposer sans cesse, *ou renoncer à la raison*, et ne pas vivre en homme. Otez la liberté, toute la vie humaine est renversée et il n'y a plus aucune trace d'ordre dans la société. Si les hommes ne sont pas libres dans ce qu'ils font de bien et de mal, le bien n'est plus bien, et le mal n'est plus mal. Si une nécessité inévitable et invincible nous fait vouloir ce que nous voulons, notre volonté n'est pas plus responsable de son vouloir qu'un ressort de machine n'est responsable du mouvement qui lui est irrésistiblement et invinciblement imprimé. En ce cas, il est ridicule de s'en prendre à la volonté qui ne veut qu'autant qu'une autre cause distinguée d'elle la fait vouloir, il faut remonter tout droit à cette cause, comme je remonte à la main qui remue un bâton pour me frapper, sans m'arrêter au bâton qui ne me frappe qu'autant que cette main le pousse.

» Encore une fois, ôtez la liberté, vous ne laissez sur la terre ni vice, ni vertu, ni mérite ; les récompenses sont ridicules, et les châtiments sont injustes et odieux. Chacun ne fait que ce qu'il doit, puisqu'il agit selon la nécessité. Il ne doit ni éviter ce qui est inévitable, ni vaincre ce qui est invincible : tout est dans l'ordre, car l'ordre est que tout cède à la nécessité (1). »

Seconde conséquence : *négation de la vie future.*

S'il n'y a ni bien ni mal, ni vice, ni vertu, ni mérite, ni démérite, il ne saurait y avoir non plus de récompenses ni de châtiments. Or, la grande raison d'être de la vie future (2), c'est précisément la nécessité d'un jugement définitif où chacun sera traité selon ses œuvres et selon l'usage qu'il a fait de sa liberté. Il y aurait donc contradiction à croire en une justice ultérieure, lorsque nous avons reconnu l'absurdité d'une justice présente. De l'idée de la liberté de l'agent moral, je tire facilement l'idée d'une vie meilleure ; mais de l'idée de prédestination, je ne puis légitimement tirer aucune espérance d'avenir.

Troisième conséquence : *négation de Dieu.*

Nous l'avons déjà dit, si Dieu avait donné à l'homme la raison sans la liberté, il serait injuste et méchant. Or, attribuer à Dieu l'injustice et la méchanceté, c'est nier sa perfection, c'est le nier lui-même. Mais, dans l'hypothèse, nous ne saurions le concevoir bon et juste. Donc le fatalisme implique logiquement l'athéisme.

Quatrième conséquence : *la société est impossible.*

Toute société suppose des lois ou des restrictions de la

---

(1) Fénelon, *Traité de l'existence de Dieu.*
(2) Voir le chapitre relatif à l'*Immortalité de l'âme.*

liberté d'action; mais la liberté d'action présuppose la liberté morale, puisque l'exécution n'est que la manifestation, éventuelle il est vrai, de la détermination intérieure; il suit de là que toute loi est la reconnaissance éclatante de la liberté morale. Si donc vous effacez cette liberté morale, vous sapez du même coup et le fondement de la loi et le fondement de la société. Les institutions sont dérisoires, attendu qu'elles prétendent régler ce qui est déjà réglé par l'ordre invincible du destin.

Ainsi, le fatalisme implique la négation des croyances les plus élevées et les plus consolantes; il enlève à la vertu, s'il pouvait y en avoir encore, ses légitimes espérances; il détruit la loi obligatoire, et lâche la bride à toutes les passions.

Il est incompatible avec l'existence de la société : les religions qui l'ont introduit dans leurs dogmes, tout en protestant contre lui dans leur morale, ont fini par dégrader les peuples qui les professent. On a vu une race vaillante, établie sous le plus beau ciel du monde, dans une contrée fertile et spacieuse, ayant reçu de Dieu et de la nature tout ce qui peut faire une nation grande et respectée, on l'a vue immobile et silencieuse, ignorant le progrès, laissant tout tomber autour d'elle, industrie, agriculture, commerce, tout, et même ses monuments et ses demeures; on l'a vue touchant à sa propre ruine sans s'en apercevoir, et s'éveillant à peine au moment suprême! Comment exprimer ce délaissement de soi-même, cet abaissement, cette dépopulation, cette stagnation des affaires, cette stupide immobilité des institutions, sinon par l'influence du livre où il est écrit : « Quand vous seriez restés dans vos maisons, ceux dont le trépas était écrit là-haut seraient venus succomber à ce même endroit, afin que le Seigneur éprouvât ce que vous cachiez dans vos seins et dépouillât ce qui était au fond de vos cœurs (1). »

Outre le fatalisme, les principaux systèmes qui nient la liberté sont : 1° le stoïcisme; 2° le matérialisme; 3° le panthéisme.

(1) KORAN, chap. III, v. 148.

OBJECTIONS CONTRE LA LIBERTÉ.

Plusieurs objections ont été élevées contre la liberté ; nous nous bornerons à l'examen des deux principales :

1° Il en est qui se fondent sur *l'incompatibilité de la liberté humaine et de la prescience divine*. Voici leur argumentation : « De deux choses l'une, disent-ils, ou l'homme est libre, et alors il est impossible de prévoir ses déterminations ; ou l'on peut prévoir ses déterminations, et alors il est impossible que l'homme soit libre. Il faut donc sacrifier la liberté humaine ou la prescience divine. Ils donnent à choisir, et, quant à eux, ils n'hésitent pas à sacrifier la liberté humaine (1). »

Nous remarquerons d'abord que sacrifier la liberté humaine ou la prescience divine, c'est au fond nier l'autorité de la conscience ou l'autorité de la raison. Il y a deux faits incontestables, c'est que, d'une part, ma conscience m'atteste que je suis libre, et j'ai une foi inébranlable en son témoignage ; et que, d'autre part, ma raison conçoit et ne peut pas ne pas concevoir Dieu comme une intelligence infinie à laquelle rien n'échappe.

Ces deux notions sont certaines, quoique diverses d'origine, et je ne sais pas en vertu de quel droit on sacrifie l'une plutôt que l'autre, parce qu'on ne voit pas bien comment elles se peuvent concilier. En un mot, cette option ne me paraît pas légitime.

Mais si le choix n'est pas permis, il n'en est pas moins vrai qu'il y a une difficulté logique, très-sérieuse et très-embarrassante.

Plusieurs ont essayé de la résoudre ; voici comment, au dire de *Montaigne*, « nos maistres y repondent : « le veoir
» que quelque chose advienne, comme nous faisons, et Dieu

---

(1) JOUFFROY, *Cours de Droit naturel*, t. Ier.
Descartes serait, au contraire, porté à sacrifier la prescience divine. Selon lui, il serait absurde, à cause d'une chose que nous ne comprenons pas et que nous savons tous être naturellement incompréhensible, de douter d'une chose toute différente que nous comprenons intimement et dont nous avons l'expérience en nous-mêmes.

» de mesme (car tout lui estant present, il veoit plustost
» qu'il ne preveoit), ce n'est pas la forcer d'advenir : voire,
» nous veoyons à cause que les choses adviennent et les
» choses n'adviennent pas à cause que nous veoyons; l'ad-
» venement fait la science, et non la science l'advenement.
» Ce que nous veoyons advenir, advient, mais il pouvait
» autrement advenir; et Dieu, au registre des causes des
» advenements qu'il a en sa prescience, y a aussi celles
» qu'on appelle fortuites, et les volontaires, qui dépendent
» de la liberté qu'il a donnée à nostre arbitrage, et sçait que
» nous fauldrons parce que nous aurons voulu faillir (1). »

La réponse « des maistres » se retrouve dans ce magnifique discours où Milton fait parler Dieu : « Tout ce que
» l'homme pouvait attendre, il l'a reçu de moi; je lui ai
» donné la justice et l'équité, il possède la force de se sou-
» tenir, quoique libre de tomber. Tels je créai tous les pou-
» voirs, tous les esprits célestes, et ceux qui tombèrent et
» ceux qui se soutinrent; librement les uns se sont soute-
» nus, librement les autres sont tombés. Sans la liberté,
» quelle irrécusable preuve m'auraient-ils donnée de con-
» stante foi, de fidélité et d'inaltérable amour? en ne cé-
» dant qu'à la contrainte et non à leur propre volonté,
» quelles louanges en auraient-ils pu recevoir? et quel
» charme aurais-je trouvé dans une passive obéissance, si
» la volonté, si la raison (la raison est aussi choix), toutes
» deux vaines, inutiles et privées de liberté, eussent toutes
» deux en esclaves servi la nécessité, et non leur Dieu !

» Ainsi créés dans l'état où l'équité devait les placer, ils
» ne peuvent sans injustice accuser ni leur nature ni leur
» destinée, ni leur créateur. Les décrets absolus, la pres-
» cience suprême n'ont point asservi leur volonté, comme
» si elle était soumise à la prédestination ; leur révolte n'est
» point due à mes décrets, elle est leur propre ouvrage. *Je*
» *prévois leur faute sans influer sur elle*, et quand elle ne
» serait pas prévue, elle ne serait pas moins certaine. Ainsi
» sans la moindre impulsion, sans la plus légère influence

(1) MONTAIGNE, *Essais*, liv. II, ch. xxx.

» de la destinée, sans la prédestination d'un maître im-
» muable, quand les hommes se livrent au mal, eux seuls
» en sont les auteurs, soient qu'ils jugent, soit qu'ils choi-
» sissent ; je les ai créés libres (1). »

Qu'on nous permette de citer, malgré sa longueur, un beau passage de la *Consolation*, où Boèce marque fortement la différence qui sépare la prescience de la prédestination, et qui résout la question autant qu'elle peut être résolue :

« Si nous voulons, à l'exemple de Platon, donner aux choses des noms qui leur conviennent, celui d'éternel ne sera donné qu'à Dieu seul, puisque toute faculté intelligente connaît les choses selon sa nature, et que celle de Dieu est de jouir, tout à la fois, de l'éternité tout entière ; sa lumière infinie, indépendante de la succession des temps, réunit le passé et l'avenir, et lui fait tout voir comme toujours présent ; et ainsi ce que nous appelons prescience est moins une prévision de l'avenir, qu'une vue simple et actuelle de toutes les choses éternellement présentes à Dieu. Ainsi, cette connaissance n'est, à proprement parler, que la divine Providence, qui, du haut de son trône, voit toutes choses, tout à la fois, et d'un seul coup d'œil.

» Dis-moi, maintenant, mon cher élève, comment pouvais-tu penser que la vue de Dieu nécessite les événements, puisque celle des hommes ne les nécessite pas? Car tu conviendras que tes regards n'imposent aucune nécessité à ce qui se fait sous tes yeux. Or, s'il est permis de comparer en quelque chose l'homme avec Dieu, tout est éternellement présent à ses yeux, comme l'instant présent l'est aux tiens. Sa prescience ne change donc en rien ni la nature ni la propriété des choses (2). Elles sont présentes à ses yeux telles

---

(1) *Paradis perdu*, chant 3e, traduction de Pongerville.

(2) Clarke insiste sur cette considération : « Encore que nous ne puissions pas expliquer comment Dieu prévoit les actions des agents libres, nous en savons pourtant assez pour être persuadés que la simple prescience ne peut ni altérer ni diminuer la liberté d'une action qui, à tous autres égards, serait libre... — Si la liberté en elle-même est possible, la simple prescience d'une action libre, avant qu'elle soit faite, ne diffère en rien de la connaissance qu'on en a lorsqu'elle est actuellement faite. L'une et l'autre de ces connaissances ne suppose aucune nécessité d'exister dans la chose,

qu'elles arrivent au jour. Infaillible dans ses jugements, d'un seul et même regard, elle voit comme nécessitées celles qui doivent arriver nécessairement, et comme libres, celles qui arriveront librement. Ainsi, quoique du même coup d'œil tu voies un homme se promener sur la terre, et le soleil rouler dans les cieux, tu sais très-bien que le mouvement du premier est parfaitement libre, et que l'autre ne l'est pas. La prescience n'altère donc en rien les qualités des choses présentes à son égard, et qui ne sont futures qu'eu égard à la succession des temps. Ce n'est donc pas sur une simple conjecture, mais par une connaissance certaine et fondée sur la vérité même, que Dieu voit ce qui arrivera, quoiqu'il sache qu'il arrivera librement. Si tu m'objectes maintenant que ce que Dieu voit comme futur, ne peut pas ne point arriver, et que ce qui ne peut ne point arriver, n'est plus libre, mais nécessité, je t'avouerai ici une vérité très-solide, mais qui ne peut être connue que de ceux qui s'élèvent jusques à la contemplation de la Divinité : Oui, je le dirai, *le même avenir peut être regardé comme nécessaire, relativement à la connaissance de Dieu, quoique relativement à sa propre nature et à celle de son principe, il reste toujours véritablement libre.*

» Il y a, en effet, deux espèces de nécessité : l'une absolue, l'autre conditionnelle. Tous les hommes mourront ; voilà une nécessité absolue. Cet homme se promène, car je le vois ; voilà une nécessité qui n'est que conditionnelle. Car, quoique nécessairement ce que je vois existe, il ne s'ensuit pas qu'il existe nécessairement. Rien, en effet, ne force cet homme à marcher : il le fait librement et par sa pure volonté ; cependant dès que je le vois marcher, il faut nécessairement qu'il marche. On peut dire de même que ce que la Providence voit ne peut pas ne point être, quoiqu'il soit pourtant libre de sa nature et dans son principe. Or, Dieu voit, comme actuellement présentes, toutes les actions libres qui doivent se faire dans la suite des temps ; elles

mais seulement une certitude d'événement, qui ne laisserait pas d'être quand bien même ces connaissances ne seraient pas. »
    Samuel Clarke, *Traité de l'existence de Dieu*, ch. xi.

sont donc nécessaires conditionnellement, et eu égard à la connaissance que Dieu en a ; mais considérées en elles-mêmes, elles n'en sont pas moins libres. Ainsi, tout ce que Dieu a prévu arrivera sans doute, mais tout ce qui est l'effet du libre arbitre ne change point de nature au moment de son existence. En effet, il arrive librement, parce qu'avant que d'être, il a pu ne pas arriver.

» Mais, ajouteras-tu, si je peux à mon tour faire ou ne pas faire ce que Dieu a prévu, et que je vienne à changer de dessein, je tromperai sa prescience, qui a prévu ce que je ne ferai pourtant pas. Je réponds à cela, qu'il est vrai que tu peux changer de dessein à ton gré ; mais tu ne tromperas pas plus pour cela cette Providence adorable qui sait que tu peux changer, et qui sait en même temps si tu le feras ou non, que tu ne peux tromper ceux qui te voient, lorsque, sous leurs yeux, tu exerces ta liberté au gré de ton caprice (1). »

Ainsi se trouve résolue, si je ne me trompe, la difficulté logique que présente la conciliation de la liberté humaine et de la prescience divine. Si quelques doutes restaient encore, il suffirait de se rappeler l'excellent principe posé par Bossuet, et que nous avons inscrit parmi les règles fondamentales de la Méthode.

» Quand nous nous mettons à raisonner, dit l'illustre écrivain, nous devons d'abord poser comme indubitable, que nous pouvons connaître très-certainement beaucoup de choses dont toutefois nous n'entendons pas toutes les dépendances et toutes les suites. C'est pourquoi la première règle de notre logique, c'est qu'il ne faut jamais abandonner les vérités une fois connues (2), mais qu'il faut au contraire, pour ainsi parler, *tenir toujours fortement comme les deux bouts de la chaîne, quoiqu'on ne voie pas toujours le milieu par où l'enchaînement se continue.*

» Demeurons donc persuadés de notre liberté et de la

---

(1) Boèce, *Consolation*, liv. V.
(2) M. de Maistre formule ainsi cette règle : « Toutes les fois qu'une proposition est prouvée par le genre de preuve qui lui appartient, l'objection quelconque, *même insoluble*, ne doit plus être écoutée. »

Providence qui la dirige (1), sans que rien nous puisse arracher l'idée très-claire que nous avons de l'une et de l'autre. Que s'il y a quelque chose en cette matière où nous soyons obligés de demeurer court, ne détruisons pas pour cela ce que nous avons clairement connu ; et sous prétexte que nous ne connaissons pas tout, ne croyons pas pour cela que nous ne connaissons rien ; autrement nous serions ingrats envers celui qui nous éclaire (2). »

2° La deuxième objection est tirée des motifs déterminants : Nous nous déterminons, disent les adversaires de la liberté, en vertu d'un motif. « Si le motif qui a agi sur la volonté, au moment de la délibération, est unique, ce motif l'a nécessairement emporté ; s'il y en avait plusieurs, c'est nécessairement le plus fort qui l'a emporté (3). De là on conclut que les motifs déterminent les actions des hommes de la même manière que le mouvement des billes sur le billard est déterminé par le choc qu'on leur imprime, et conséquemment que les actions des hommes sont aussi peu libres que le mouvement des billes (4). »

Il y a trois points à débattre : est-il vrai que toutes nos résolutions soient provoquées par un motif? L'affirmation étant admise, est-il vrai que ce motif soit déterminant? Et, s'il y a plusieurs motifs, est-il vrai qu'il y ait un motif qui soit le plus fort?

1° Je passe rapidement sur le premier point. Reid soutient qu'il y a des cas où aucun motif n'agit sur notre volonté. Ainsi, il doit une guinée à une personne qui la réclame, et il a dans sa bourse une vingtaine de guinées : pourquoi prend-il l'une plutôt que l'autre ? il ne voit à cela aucun motif. Tout motif est, dit-il, une raison conçue d'avance et dont on a conscience : ici je n'ai conscience d'aucun motif.

---

(1) Bossuet agite ici un problème plus difficile encore : La conciliation de la liberté de l'homme et de la providence ou de l'action dirigeante de Dieu. On sait quelle large part il fait à celle-ci dans le *Discours sur l'histoire universelle*.
(2) Bossuet, *Traité du libre arbitre*.
(3) Jouffroy, *Cours de droit naturel*, t. 1er.
(4) Euler.

Cet argument est plus spécieux que solide. Reid confond la détermination de prendre une guinée dans sa bourse, avec une prétendue détermination qu'il imagine, et qui est de prendre telle ou telle guinée. Le seul fait libre, c'est que j'ai voulu prendre une seule guinée et que je l'ai prise. Le fait fatal, où la volonté n'intervient pas, c'est que j'ai pris la première guinée venue.

Je crois que tous les exemples sur lesquels on appuie la liberté d'indifférence contiennent, au fond, une confusion analogue, la confusion d'un acte spontané qui suit l'acte libre avec l'acte libre lui-même ; je crois, par conséquent, que tout acte libre est accompli en vue d'un motif.

2° J'arrive au second point. Il est admis qu'un motif est toujours là qui influe sur notre volonté. Mais ce motif est-il nécessairement déterminant? Je ne le pense point. Le motif est un conseil, il incline la volonté à le suivre, il peut persuader, il peut même obliger, mais il ne contraint pas. La conscience atteste la parfaite liberté du moi, même en présence d'une raison grave et sérieuse. Nous sentons que nous nous déterminons en vue du motif, mais que nous aurions pu nous déterminer d'une façon contraire. La fanfaisie, le caprice n'est-il pas une preuve de notre complète indépendance.

3° Supposons maintenant que plusieurs motifs agissent simultanément sur notre volonté, est-il vrai que c'est le motif le plus fort qui l'emporte toujours?

« Je demande d'abord ce que c'est que le motif le plus fort, et avec quelle mesure on apprécie la force des motifs? Entre plusieurs motifs, regarde-t-on comme le plus fort celui qui a emporté la résolution de la volonté? Mais alors on fait un cercle vicieux, et au lieu de montrer que c'est le plus fort motif qui a déterminé la résolution de la volonté, on dit : Puisque la résolution de la volonté a été conforme à ce motif, ce motif était le plus fort. En procédant ainsi, on est parfaitement sûr d'avoir raison en affirmant que le plus fort motif l'emporte toujours, puisque le plus fort motif est défini celui qui l'emporte. Il est donc impossible que ce soit par les effets qu'on juge de la force des motifs.

» En.effet, à quel titre déclarer qu'une conception de la raison, la conception de mon intérêt bien entendu, par exemple, qui m'engage à faire une chose, est un motif plus fort que la passion présente qui nous pousse à faire le contraire? Comme l'un des motifs est une passion et l'autre une idée, je serais bien embarrassé, et je porte défi au plus habile de trouver une mesure qui puisse s'appliquer à ces deux faits de nature si différente, et qui puisse conduire à l'appréciation de la force relative de ces deux influences.

» J'aperçois, à la rigueur, quelque possibilité de mesurer la force respective des différents motifs qui émanent du devoir; celle des différents motifs qui émanent de l'intérêt; celle, enfin, des différents désirs qui se combattent en moi dans des moments donnés. Mais, entre un désir, d'une part, et une conception de mon intérêt ou de mon devoir, de l'autre, je vous le demande : où est la mesure commune? Si je prends la mesure des passions, évidemment la passion sera le motif le plus fort; mais si je prends ou celle de l'intérêt ou celle du devoir, je trouverai que le désir n'est rien, et que l'intérêt et le devoir sont tout.

» Ainsi, au fond, et dans le plus grand nombre de cas, dire que nous cédons au motif le plus fort, c'est dire une chose qui n'a aucune espèce de sens; car, dans le plus grand nombre de cas, le motif le plus fort est impossible à déterminer (1). »

Il ne faut donc pas se méprendre sur l'influence des motifs. Ils engagent et ne contraignent point. Leur attribuer une autorité décisive, ce serait confondre la délibération où certainement un motif paraît à la raison plus fort que tel ou tel autre, et la détermination où nous prenons parti pour celui-ci ou pour cet autre. Ce serait plus encore, ce serait confondre la volonté et la raison : la raison intervient dans tout acte libre, elle éclaire l'âme en fournissant

---

(1) JOUFFROY, *Cours de droit naturel*, t. Ier.

des motifs et en les appréciant, mais elle ne la détermine pas, attendu qu'il y a des déterminations déraisonnables.

Cependant la nécessité de ce conseil préliminaire ne saurait être révoquée en doute. Lorsqu'il fait défaut, lorsqu'il y a éclipse totale ou partielle de l'intelligence, la liberté est dénaturée, elle est comme si elle n'était pas. Dans la folie, dans l'ivresse, dans le délire de la passion et particulièrement dans la colère, l'homme ne se possède pas. Il ne se possède pas, ou mieux, il n'a pas ce qui doit accompagner la possession de soi-même pour qu'elle soit complète, il n'a pas la raison. Le législateur l'entend de la sorte; il ne punit pas le fou, et s'il punit les crimes commis dans l'emportement de la colère et de l'ivresse, c'est non parce qu'il estime que l'ivrogne ou le furieux savaient ce qu'ils faisaient, mais parce qu'il est persuadé qu'on peut librement éviter l'ivresse et même la colère.

Il n'y a, enfin, de responsabilité pleine et entière, qu'à cette double condition : intelligence de l'agent moral et liberté de l'agent moral. Supprimons l'une ou l'autre, celle qui reste est comme non avenue.

QUESTIONS ACCESSOIRES.

1° Du mouvement volontaire : peut-on expliquer comment l'exécution extérieure suit la résolution intime?

2° L'exécution est éventuelle, il est vrai, mais le plus souvent elle dépend de nous. Montrer que, s'il n'en était pas ainsi, nous finirions par ne plus vouloir.

3° Montrer d'une manière particulière l'influence de l'habitude sur l'éducation.

4° Quels sont les moyens de fortifier la volonté?

Consulter BOÈCE, *De consolatione philosophicâ;* BOSSUET, *Traité du libre arbitre;* CLARKE, *Traité de l'existence de Dieu.*

X

De la personnalité. — De la spiritualité de l'âme. — Distinction de l'âme et du corps; rapport du physique et du moral. — Du principe vital. — Considérations sur divers états de l'âme.

Il n'est pas de langue qui ne contienne ces deux mots : *âme* et *corps, matière* et *esprit*. Ces deux mots sont distincts, ils désignent donc ou paraissent désigner des choses distinctes.

On ne peut contester cette diversité d'expressions : elle se montre dans tous les vocabulaires, où elle atteste la croyance universelle, la croyance en la dualité de la nature humaine. On peut, tout au plus, contester la légitimité de cette croyance et dire : « Il est vrai que l'homme se croit un composé de deux éléments divers, d'un élément qu'il appelle son âme, et d'un autre élément qu'il appelle son corps : il est encore vrai que ces deux appellations différentes se rencontrent dans toutes les langues, mais cette distinction est purement nominale. La physiologie, qui s'appuie sur une observation *complète* des phénomènes de la vie, donne un démenti aux croyances vulgaires, et, en montrant que ces mots *âme* et *corps* se rapportent à une seule et même chose, à une chose matérielle, qui est l'homme tout entier, prouve que le dualisme est un vieux préjugé. »

La question est nettement posée : l'âme est-elle distincte du corps ou se confond-elle avec lui ? est-elle une substance immatérielle, enveloppée dans un fragment de matière, ou bien n'est-elle qu'une fonction de l'organisme ? en un mot, qui devons-nous suivre : le genre humain ou la physiologie ?

Nous traiterons successivement les quatre points suivants :

1° De la personnalité, ou distinction de l'*âme* et du *moi*.

2° De la nature de l'âme.

3° Des différences qui séparent la nature de l'âme de la nature du corps ;

4° De l'union de l'âme et du corps.

I. — DE LA PERSONNALITÉ.

Nous appelons *âme* ou *moi* ce quelque chose d'indéfinissable, qui connaît, qui sent, qui veut et qui a conscience de lui-même.

Mais ces deux termes, âme et moi, ne sont pas tout à fait synonymes. Marquons-en nettement la signification.

Il y a un moment où l'âme s'ignore, où la personnalité n'étant pas encore constituée, nous n'obéissons qu'à l'instinct et n'avons qu'une conscience vague de ce que nous sommes : moment obscur, indéfini, impossible à déterminer. C'est la première enfance, dans laquelle l'homme ressemble singulièrement à l'animal ; ou mieux et pour parler la langue d'Aristote, dans cet âge nos *actes* sont d'un animal, mais nos facultés en tant que *puissances*, et puissances ignorées de nous-mêmes, sont déjà celles de l'homme.

Lorsque la lumière se fait dans cette âme, et que, se distinguant nettement de ce qui l'entoure, l'enfant a le sentiment de son existence et commence à diriger les facultés que Dieu lui a données, alors il est élevé à la dignité de *personne*.

Alors, il a conscience de la liberté et de la raison, il est et se reconnaît responsable d'une partie de ses actes : il *veut*.

La vie morale commence pour lui, et avec la vie morale le droit d'être jugé et traité dans ce monde et dans l'autre, selon ses mérites, c'est-à-dire selon sa conduite.

On peut donc définir la personnalité : l'état où l'homme n'est plus sous l'empire du pur instinct, où, l'*âme* faisant place au *moi*, il est un être intelligent, sensible, libre, et a conscience de lui-même.

II. — DE LA NATURE DU MOI.

Le moi est un, identique et actif.

1° *Unité.* Le moi est un, quelle que soit la variété des phénomènes dont il est le théâtre ou la cause. *Je sens, je connais, je veux*, c'est toujours le même principe qui *sent, connaît* et *veut.* La conscience atteste cette unité, et le sentiment que j'en ai est tel que rien ne saurait l'ébranler.

Mais, non-seulement le moi est un, il est un d'une unité simple et indécomposable. La raison établit cette simplicité, déjà enveloppée dans la notion que fournit le sens intime, par l'examen de l'hypothèse contraire. Supposons que le moi soit divisible en trois parties A, B, C, et que A connaisse, B sente et C veuille. Ces trois parties ont chacune une fonction différente, ces trois *moi* ont chacun leur domaine propre et demeurent irréductibles l'un à l'autre.

Cette assertion ne résiste pas à l'examen.

En effet, le moi ou la partie du moi qui sent, à quelle condition sent-il ? *on ne sent qu'autant qu'on connaît qu'on sent.* Une sensation ignorée est comme non avenue, et une douleur dont on n'a pas conscience n'est pas une douleur. Il se peut qu'on ignore la cause de la souffrance éprouvée, mais on ne conçoit pas qu'on ignore qu'on souffre. La condition indispensable de la sensation est donc la connaissance. Mais, dans l'hypothèse, A, ayant pour unique fonction de connaître, ne saurait sentir ; B, de son côté, ayant pour unique fonction de sentir, ne saurait connaître ; la sensation serait donc impossible. Donc, pour qu'elle ait lieu, il faut que le moi ou fragment de moi qui sent, connaisse ; donc B implique A et se confond avec lui.

De trois *moi* ou fragments de moi, en voilà un premier, A, qui est éliminé. Restent B et C ; B qui, ayant absorbé A, sent et connaît, et C qui veut.

Mais le moi qui veut, à quelle condition veut-il? on ne veut qu'autant qu'on connaît qu'on veut. Vous figurez-vous un homme qui se détermine et qui ne sait pas qu'il se détermine? La condition nécessaire de la volonté, comme de la sensation, est la connaissance : donc C qui veut se confond avec B qui connaît et sent ; par conséquent, A, B, C, sont inséparables, et le moi est d'une unité simple.

Ce raisonnement est rigoureux, mais il peut revêtir différentes formes. Laromiguière a parfaitement démontré qu'une opération isolée de l'intelligence, la comparaison par exemple, suppose l'unité du sujet intelligent.

« Notre âme est tellement une, dit le P. Buffier, qu'on ne peut faire impression sur ce qu'on imaginerait être une de ses parties, qu'on ne le fasse sur toute sa substance. Je regarde une vue agréable, j'écoute un beau concert : ces deux sentiments sont également dans toute l'âme. Si l'on y supposait deux parties, celle qui entendrait le concert n'aurait pas le sentiment de la vue agréable, puisque l'une n'étant pas l'autre, elle ne serait pas susceptible des affections de l'autre.

« L'âme n'a donc point de parties ; elle compare divers sentiments qu'elle éprouve. Or, pour juger que l'un est douloureux et l'autre agréable, il faut qu'elle soit une même substance très-simple. Si elle avait seulement deux parties, l'une jugerait de ce qu'elle sentirait de son côté, et l'autre de ce qu'elle sentirait en particulier de son côté, sans qu'aucune des deux pût faire la comparaison, et porter son jugement sur les deux sentiments (1). »

En somme, le *moi* n'est pas ce qui *a conscience*, comme dit Descartes, ni ce qui *sent*, comme dit Condillac, ni ce qui *veut*, comme dit Maine de Biran ; il est tout cela à la fois, il est le principe unique et indécomposable qui pense, qui sent, qui veut et qui a conscience de lui-même.

Les facultés de l'âme, si on les étudie dans leurs lois et dans leur développement, forment un tout harmonieux. Elles sont les pouvoirs divers à l'aide desquels leur prin-

---

(1) *Traité des premières vérités*, 3º partie.

cipe, qui est un, aspire à sa fin, c'est-à-dire au perfectionnement du principe lui-même ou de l'âme. Dans une âme bien faite, si je puis ainsi parler, la raison domine ou gouverne la sensibilité et éclaire la volonté qu'elle incline vers le bien, sans lui enlever sa liberté.

2° *Identité*. Être identique, *c'est rester le même* ou persister dans l'unité. Le moi est un sujet vivant dont l'identité ou la permanence dans l'unité est prouvée par l'expérience, par la volonté, par la raison et par les institutions sociales.

L'expérience. J'ai conscience de moi actuellement existant, j'ai d'autre part et simultanément le souvenir de moi ayant antérieurement existé. Ces deux notions, rapprochées l'une de l'autre, me montrent à moi-même que, si ma manière d'être et de sentir a été modifiée par le temps, au fond je n'ai pas changé, puisque je me reconnais dans chacune d'elles.

Lorsque je me rappelle une mauvaise action commise par moi, il y a dix ans, j'éprouve un mécontentement que je n'éprouverais point si je pouvais me persuader que le moi d'autrefois et le moi d'aujourd'hui sont deux personnes différentes. Mais il n'y a point d'illusion possible, je me sens le même, quoique j'aie changé de sentiments à l'égard du péché (1).

La *Volonté*. Je prends une résolution, je décide que demain je ferai telle ou telle chose. Que signifie cet acte volontaire, sinon la conviction où je suis que non-seulement mon âme est aujourd'hui la même qu'hier, mais encore qu'elle sera demain la même qu'aujourd'hui? Comment oserais-je m'engager si résolûment pour un *moi* que je sais devoir changer et être remplacé par un autre *moi*?

La *Raison*. L'âme n'est responsable qu'autant qu'elle est identique. De même qu'on ne peut pas vouloir pour un autre, de même on ne peut pas répondre des actions et des déterminations d'un autre. Je ne m'explique le remords et la satisfaction morale, la légitimité du châtiment et de la

---

(1) S. Augustin.

récompense, que par l'identité de l'agent moral et de la personne jugée. Il faut même, outre l'identité réelle, que la personne jugée ait le sentiment de cette identité, autrement le jugement n'aurait pas de sens pour elle ni de moralité (1). Imaginez, s'il se peut, un accusé qui ait complétement perdu la mémoire de son crime, vous seriez très-empêché pour le punir. Je consens que vous passiez outre, quel profit retirera-t-il de son châtiment.

Les *Institutions sociales*. Fortes du témoignage de l'expérience, de la volonté et de la raison, les lois instituent des peines contre ceux qui les enfreignent. Elles supposent ce fait, jusqu'ici incontesté, à savoir que l'auteur du crime n'a point subi une transformation qui équivaudrait à une substitution de personnes.

Sans l'identité, quelle justice humaine serait possible ? Comment expliquer cette main vengeresse qui s'étend, durant de longues années, sur un homme réputé coupable ? Que signifient l'estime, le mépris, les honneurs décernés à la vertu, la honte imprimée au vice, lorsque le moi criminel a fait place à un autre moi qui est innocent ?

3° *Activité*. Le moi est actif et perpétuellement actif, car il pense toujours (2).

Et non-seulement le moi agit, mais il sent, dans une foule de circonstances, qu'il est le maître de son activité ; il sent qu'il la dirige, qu'il est libre et qu'il veut.

---

(1) C'est l'objection élevée contre le système de Pythagore sur la migration des âmes.

(2) Il y a une expérience facile à faire pour démontrer la permanence de l'activité même pendant le sommeil.

Ne parlons pas du rêve dont nous nous souvenons au réveil, ni du rêve où nous avons crié et gesticulé devant des témoins et dont le récit n'éveille en nous aucune mémoire, ni du somnambulisme qui n'est jamais accompagné de souvenir : tous faits qui attestent la non-cessation de la pensée.

Voici une personne plongée dans un profond sommeil, rien ne nous dit qu'elle vit encore, si ce n'est la pulsation du pouls, le battement du cœur et la respiration.

Éveillons-la brusquement et demandons-lui à quoi elle pense. Elle nous fera invariablement une de ces deux réponses : Je pensais à ceci ou à cela ; ou : Je pensais, je le sais, mais je cherche en vain ce que je pensais.

Elle a, dans ce dernier cas, assez de mémoire pour se rappeler qu'elle pensait, et pas assez pour se rappeler ce qu'elle pensait.

III. — DIFFÉRENCE DE LA NATURE DE L'AME ET DE LA NATURE DU CORPS.

Nous avons établi que l'âme, ou, si on le préfère, *le quelque chose qui sent, veut, connaît et a conscience de lui-même*, nous avons établi, dis-je, que *ce quelque chose est un, identique et actif ;* il nous reste à montrer que telle n'est pas la nature du corps.

Le principe fondamental sur lequel reposent toutes les sciences d'observation est celui-ci : *la différence des attributs implique la différence des substances.* « On ne connaît un être que par ses manières d'être. Quand les propriétés et les facultés sont identiques, les êtres le sont aussi ; quand les propriétés et les facultés ne diffèrent que du plus au moins, les êtres sont semblables (1). »

Or, l'âme est une et identique : si donc le corps n'est ni un ni identique, si les propriétés de la matière sont opposées à celle de la pensée, il faudra bien admettre la distinction de l'âme et du corps (2).

Et d'abord, *le corps est-il un ?*

Il y a deux espèces d'unité : l'*unité simple et indivisible*, qu'on ne peut, même par la pensée, résoudre en parties ; et une autre qui résulte de l'assemblage des parties en un tout, *unité harmonieuse*, mais dont on peut distraire quelques fragments, sans détruire les fragments restés intacts. Le corps n'est pas un d'une unité simple et indivisible, cela est évident, puisqu'il se compose de parties vi-

---

(1) LADEVI-ROCHE, *Réfutation du matérialisme.*

(2) Selon Marcile Ficin, les opinions des anciens philosophes sur la nature de l'âme se réduisent à cinq principales :

1º L'âme est un corps délié, uni à une matière plus grossière ; elle est composée de l'un ou de l'autre des éléments ou de plusieurs. (DÉMOCRITE, ÉPICURE, ANAXIMÈNE, etc.)

2º L'âme n'est pas une substance corporelle, mais une substance répandue dans tout le corps, telle que la chaleur. (ZÉNON DE CITTIUM.)

3º L'âme est un point lucide d'une qualité qui se trouve dans la partie principale du corps, comme le cœur ou le cerveau, et qui de là domine toutes les autres. (CHRYSIPPE, ARCHÉLAUS, HÉRACLITE DE PONT.)

4º L'âme est un résultat de l'organisation du corps que le corps n'a pas fait. (XÉNOPHON, CRITOLAUS.)

5º L'âme est un principe immatériel, dépendant de Dieu et indépendant du corps. (PYTHAGORE, PLATON.)

sibles, distinctes et séparables. Qu'on le mutile, et, si on n'a pas touché à certains organes essentiels, il vit encore.

J'ai *un* corps, je n'ai qu'un seul corps, j'en conviens; mais je n'entends par ces mots: *un seul corps*, qu'un assemblage de membres dont la réunion constitue le corps, de même que la réunion des rouages, des aiguilles et de la boîte constitue la montre. Ce n'est là qu'une unité harmonieuse, qui ne ressemble en rien à l'unité de l'âme.

Le corps est-il identique?

Les corps en général, et notre corps en particulier, changent perpétuellement. Les molécules qui le composent se meuvent, se renouvellent sans cesse et au bout d'un certain temps (sept années au dire des physiologistes), le vieux corps a disparu tout entier. Ces changements, ces altérations, ce renouvellement marquent d'une manière sensible que le corps n'est pas identique.

Mais, dira-t-on, notre corps paraît le même (1). « L'eau qui passe dans la Seine paraît la même, et cependant elle change toujours; ainsi notre corps paraissant le même, n'est plus effectivement le même après un long temps. Le corps d'un homme de quatre-vingts ans n'a plus rien des parties dont était composé le corps du même homme dans son enfance. La nourriture met en nous chaque jour nouveau chyle, nouveau sang, nouvelle chair. Chaque jour le corps perd autant de son ancienne substance qu'il en a acquis de nouvelle, sans quoi il deviendrait monstrueux en grosseur. C'est comme la substance d'un vaisseau qu'on radouberait sans cesse : à la fin il ne resterait plus rien de la substance du bois dont il a d'abord été formé. La nourriture fait dans le corps ce que fait dans un grand feu le bois qu'on y substitue ; c'est le même feu de nom, et ce n'est plus la même substance, n'étant plus le même bois ; cependant c'est le même homme, parce que c'est toujours la même âme qui a toujours son corps formé ou à peu près sur le même moule (2). »

---

(1) La forme elle-même se modifie, moins rapidement sans doute, mais trop vite à notre gré. C'est à peine si on retrouve dans le vieillard caduc quelques-uns des traits du jeune homme vigoureux et plein d'ardeur.

(2) BUFFIER, *Examen des préjugés vulgaires*.

Ainsi le corps n'a qu'une identité apparente; mais, au fond, il varie sans cesse, il est emporté par un mouvement rapide et ininterrompu.

Enfin, *le corps est-il actif?*

Agrégation de molécules naturellement inertes, le corps, pendant la vie, a une certaine activité qui lui est imprimée par une puissance supérieure; il obéit fatalement et à son insu à l'impulsion de cette puissance supérieure comme à la force motrice de l'âme. Il n'a aucune autonomie, aucune liberté, aucune volonté. C'est une machine. « Tout ce qui est corps ou corporel ne se détermine en rien soi-même, et est, au contraire, déterminé par des lois qu'on nomme physiques, qui sont nécessaires, invincibles et contraires à ce que j'appelle liberté (1). »

» En résumé, l'âme est une, identique, libre; le corps est composé, changeant, destitué de liberté. Cette opposition des attributs implique nécessairement la diversité des substances; *donc l'âme et le corps sont distincts.*

» Pour échapper à la rigueur de la conclusion, il faut prétendre que ses propriétés immatérielles ne prouvent pas un être immatériel, et alors il n'est pas vrai de dire que les propriétés matérielles prouvent un être matériel; d'où il suit que, *s'il n'y a pas d'âme, il n'y a pas de corps.*

» Enfin, il n'est pour les matérialistes que deux manières de se défendre: ou il faut soutenir que la pensée, la volonté et le sentiment peuvent sortir d'un être matériel; ou bien que la pensée, la volonté et le sentiment sont des phénomènes matériels. Le premier mode d'argumentation les frappe du même coup dont ils veulent frapper le spiritualisme. Car si des propriétés immatérielles ne prouvent pas nécessairement un être immatériel, des propriétés matérielles ne prouvent pas davantage un être matériel. Le second mode d'argumentation les réduit à la nécessité désespérante de nier l'évidence, c'est-à-dire l'absence totale de parties dans la pensée, de nier son unité, sa simplicité, son indivisibilité (2). »

(1) Fénelon, *Traité de l'existence de Dieu*, 1re partie. Il y a ici une expression inexacte : les lois physiques sont *fatales* et non pas *nécessaires.*
(2) Ladevi-Roche, *Réfutation du matérialisme.*

Les matérialistes à bout d'arguments, ont objecté que nous ignorions

FINS DIVERSES DE L'AME ET DU CORPS.

Il y a plus : non-seulement l'âme et le corps sont différents par leur nature, mais encore ils aspirent à des fins diverses ; il y a souvent opposition entre le bien de l'un et le bien de l'autre.

Un acte quelconque de sacrifice ou de dévouement nous fournit la preuve de cet antagonisme : Je suis sur le bord d'un fleuve, un homme se noie, le courant est rapide, l'eau est froide : que vais-je faire ? J'entends la voix du corps qui me conseille de rester sur le rivage, de ne point courir le danger de compromettre sa vie ou sa santé ; son avis est dicté par un égoïsme grossier et brutal. J'entends aussi la voix de l'âme, elle me crie : Tu peux sauver cet homme, ton devoir est de l'essayer : qu'importe la santé, qu'importe la vie lorsque le devoir est en question ?

Ce dialogue n'est-il pas une preuve sensible de la dualité humaine et de la lutte de deux principes divers ?

Dans le suicide, le même conflit a lieu. L'âme ordonne au corps de mourir ; et celui-ci ne s'en soucie guère. Il se révoltera infailliblement, si l'exécution n'est pas instantanée. Dans la mort naturelle, l'agonie est un combat suprême où apparaissent tout à la fois et les liens et la diversité de nature de deux substances. Le corps, comme s'il pressentait que la mort peut être sa fin dernière, s'attache énergiquement au principe pensant qui semble être le principe de vie, il ne veut pas s'en séparer, il se roidit ; tandis que l'âme, plus calme et plus confiante, si elle a bien vécu, voit dans la mort l'avénement à une vie meilleure.

PREUVE INDIRECTE DE LA SPIRITUALITÉ DE L'AME.

La doctrine matérialiste se résume en quelques mots :

qu'elle est la substance intime de l'âme. Nous répondrons qu'en effet nous ne savons pas qu'elle est la substance de l'âme mais que nous savons pertinemment qu'elle n'est pas et ne peut pas être matérielle. Si nous ne savons pas ce qu'elle est, nous savons du moins ce qu'elle n'est pas, et, quand il s'agit de les combattre, cela suffit. Maine de Biran dit judicieusement : « Assurément l'âme s'ignore complètement elle-même, à titre de » substance ; mais à titre de force ou de cause libre, elle s'aperçoit et se » connaît bien mieux qu'elle ne connaît toutes les forces de la nature. » C'est ce point de vue que Jouffroy a si bien développé dans son *Mémoire sur la distinction de la psychologie et de la physiologie*. (Nouveaux mélanges.)

L'âme est le résultat de l'organisation du corps; or cette organisation est fatale; donc les actions de l'âme, résultat fatal de l'organisation, sont fatales (1).

« C'est notre organisation qui fait nos vices et nos vertus (2). »

« Les hommes sont ce qu'ils doivent être; toute haine contre eux est injuste. Un sot porte des sottises comme un sauvageon porte des fruits amers. L'insulter, c'est reprocher au chêne de porter le gland plutôt que l'olive. L'homme de bien est en tout semblable à l'une de ces machines dont les ressorts sont adaptés de manière à produire de bons effets (3). »

Ainsi nous retrouvons toutes les conséquences du fatalisme, conséquences que nous avons mentionnées plus haut.

1° *La négation de la morale;*
2° *La négation de la vie future;*
3° *La négation de Dieu;*
4° *L'absurdité et l'illégitimité des institutions sociales.*

Ces terribles conséquences ne sont pas admises par tous les adversaires du spiritualisme ; quelques-uns même, emportés par une généreuse indignation et par un instinct de droiture plus fort que le système, ont protesté contre elles. Mais, qu'ils le sachent ou qu'ils l'ignorent, qu'ils le veuillent ou qu'ils ne le veuillent pas, ces conséquences imprudemment exposées par d'Holbach et Lamettrie dérivent toutes du principe matérialiste : il n'y a pas de milieu, il les faut subir ou renoncer au principe.

Dans les temps modernes, le matérialisme s'est reproduit sous une forme piquante et plus populaire ; je veux parler de la phrénologie. Lavater, Gall, Spurzheim ont été les soutenants de la nouvelle hypothèse.

---

(1) « Au point de vue de Cabanis, l'organisme est toujours cause, et les faits intellectuels ou moraux toujours effets; c'est le physique qui meut le moral, et comme le corps de l'homme est lui-même sous l'empire des modifications externes, la spontanéité, l'activité, la liberté de la personne humaine reste dans l'ombre et disparaît. »
(DE RÉMUSAT, article sur Cabanis.)

« La doctrine de la nécessité, dit Priestley, découle immédiatement de la matérialité de l'homme; parce que le *mécanisme* est une conséquence inévitable du matérialisme. »

(2) RICHERAND, *Physiologie.*
(3) HELVÉTIUS, *De l'esprit.*

Selon eux, le cerveau est l'organe de la pensée ; chaque faculté particulière a dans le cerveau un organe propre. Ils divisent ainsi l'intelligence en petites intelligences, localisées en des circonférences ou bosses sur la surface du cerveau. Ils appliquent la théorie et à l'homme et à la bête (1) : la phrénologie explique tout pour tous.

Ce système, qui abolit l'unité du principe pensant, est réfuté par la démonstration que nous avons donnée de l'unité de ce principe. Sur le terrain même de la physiologie, il n'a pu se soutenir ; un savant illustre a élevé contre lui trois objections qui nous paraissent invincibles :

1° Que le crâne ne représente les circonvolutions du cerveau que par la face interne, et que, par conséquent, les prétendues bosses, si savamment décrites, n'existent pas.

2° Que les phrénologues ne sont pas d'accord sur la place qu'occupe la circonvolution où réside chaque faculté.

3° Qu'ils ne sont non plus d'accord sur le nombre des circonvolutions et des facultés.

IV. — UNION DE L'AME ET DU CORPS. — RAPPORTS DU PHYSIQUE ET DU MORAL.

Quoique distincts, différents même, le corps et l'âme ne sont pas indépendants l'un de l'autre. Leur union est un fait aussi incontestable que la contrariété de leurs natures. Dans cette vie commune, ils remplissent des rôles divers.

Le corps est l'instrument dont l'âme se sert pour agir au dehors. C'est par son entremise qu'elle donne le mouvement aux autres corps : mais il est le seul qu'elle meuve directement et qui lui obéisse d'une manière immédiate.

---

(1) M. Flourens, à qui l'on doit un excellent *Examen de la phrénologie* (dans lequel nous avons puisé cette rapide exposition), cite le tableau curieux qu'un phrénologiste a tracé des facultés de l'*oie*. Il en compte vingt-neuf, et par conséquent vingt-neuf circonvolutions. 1° Conservation ; 2° choix des aliments ; 3° destruction ; 4° ruse ; 5° courage ; 6° choix des lieux ; 7° concentration ; 8° attachement à la vie ou mariage ; 9° attachement ; 10° reproduction ; 11° attachement pour le produit de la conception ; 12° propriété ; 13° circonspection ; 14° perception de la distance ; 15° configuration ; 16° étendue ; 17° distance ; 18° sens géométrique ; 19° résistance ; 20° localités ; 21° ordre ; 22° temps ; 23° langage ; 24° éventualité ; 25° construction ; 26° talent musical ; 27° imitation ; 28° comparaison ; 29° douceur.

Sans notre corps, la plupart de nos facultés ne s'exerceraient pas faute d'occasion (1).

L'âme pourvoit aux besoins et à la conservation du corps : aveugle, il ne distingue pas ce qui lui est bon de ce qui lui est mauvais ; l'âme voit pour lui. Elle arrête ses élans immodérés, elle le dirige, elle le protège, mais aussi elle le sacrifie quelquefois (2).

La santé du corps influe sur la santé de l'âme et réciproquement. Une douleur physique, comme une douleur morale, porte le trouble dans cette société intime ; et, chose humiliante à dire, une simple privation, un excès de nourriture ou de boisson, un travail immodéré suffit pour déranger et le corps et l'âme.

Plusieurs systèmes ont été imaginés pour expliquer cette union :

1° *Les Causes occasionnelles* de Malebranche. Ce philosophe regarde comme impossible l'action réelle et directe de l'âme sur le corps, et du corps sur l'âme. Le rapport des deux substances est un perpétuel miracle. Descartes l'avait attribué à l'assistance de Dieu ; Malebranche convertit l'hypothèse de l'assistance divine en celle des causes occasionnelles : c'est Dieu qui produit immédiatement les mouvements des corps à l'occasion de la volonté de l'âme, et qui produit aussi, à l'occasion des mouvements des corps, les idées de l'âme dans le temps où ils arrivent. De sorte que, dans ce système, Dieu est la cause efficiente, et l'homme n'a que le pouvoir de vouloir.

2° *L'harmonie préétablie* de Leibnitz. Selon ce philosophe, l'âme et le corps sont deux substances ou *monades* distinctes, n'ayant aucun commerce entre elles. Dans la mul-

---

(1) GARNIER, *Traité des facultés de l'Ame*, liv. I, ch. I.
M. Garnier ajoute : « Je donne à ce corps le nom de *mien*, parce qu'il est pour moi un instrument de connaissance, et je donne aux autres le nom de corps étrangers, parce qu'ils ne me rendent pas le même office... c'est parce qu'il m'obéit que je l'appelle *mien*, et, si je veux parler figurément, que je l'appelle *moi-même*. Voilà comment j'arrive à prononcer ces phrases figurées : *Je grandis, je suis fatigué, vous me frappez*, pour dire : mon corps grandit, mon corps est fatigué, vous frappez mon corps. Il ne faut pas se méprendre au sens de ces phrases. »

(2) Selon Bossuet, l'âme est asservie au corps dans les opérations sensitives, et le corps à l'âme dans les opérations intellectuelles. Cependant, par l'attention, l'âme peut secouer le joug du corps.

titude des êtres à créer, Dieu a choisi une âme dont les idées correspondraient aux impressions d'un corps déterminé : il a uni cette âme et ce corps, et ces deux monades marchent d'accord, sans se communiquer entre elles, comme deux horloges sonnent ensemble sans que l'une agisse sur l'autre.

3° *Le Médiateur plastique* de Cudworth. Selon ce philosophe, il y a entre l'âme et le corps une substance intermédiaire qui est matérielle du côté du corps et spirituelle du côté de l'âme, et qui joint l'un à l'autre.

4° *L'influx physique* d'Euler. Selon ce philosophe, l'âme est au milieu des nerfs comme une araignée au milieu des fils de sa toile. Par le moyen des nerfs, elle communique son action au dehors, et reçoit pareillement l'action du dehors.

Malebranche s'élève contre le sens commun ; il nous est impossible de croire que nous n'avons pas une action directe sur le corps et que Dieu prend la peine d'exécuter, une à une, toutes les volontés de notre âme.

Leibnitz nie également cette action, et de plus la liberté de l'âme ne paraît pas conciliable avec l'harmonie préétablie (1).

Euler et Cudworth ne semblent pas se douter de la difficulté qu'ils essaient de résoudre. A celui-ci on peut dire : Comment une substance est-elle matérielle d'un côté et spirituelle de l'autre ? où finit la partie-esprit, où commence la partie-corps ? C'est ce que vous ne décidez pas, et c'est ce qui en est question. A celui-là, on objectera de même qu'il est aussi malaisé de concevoir l'action de l'âme sur les nerfs, que celle de l'âme sur le corps, dont les nerfs ne sont qu'une partie.

En somme, toutes les solutions proposées sont inadmissibles : nous savons une chose, c'est que l'âme et le corps sont distincts et pourtant unis l'un à l'autre ; mais nous ignorons et nous sommes peut-être condamnés à ignorer toujours le secret de cette union.

---

(1) M. Garnier dit spirituellement : « Nous répondrons à cette hypothèse que Leibnitz, étant l'une des deux horloges, doit ignorer perpétuellement que l'autre existe, et que, si son système était vrai, il n'aurait jamais connu l'existence du corps. » (*Précis de Psychologie.*)

V. — DE LA NATURE DU PRINCIPE VITAL.

Il semble que nous soyons condamnés à la même ignorance touchant la nature du principe vital. La vie est-elle le produit des organes, comme le soutiennent la plupart des Matérialistes? Ou bien l'âme est-elle la force qui fait vivre le corps, et l'âme et le principe vital ne sont-ils qu'une seule et même chose, comme le soutiennent les Animistes? ou bien encore le principal vital est-il tout à la fois distinct de l'âme et des organes, comme le soutiennent les Vitalistes?

Aux *matérialistes* on est en droit d'objecter que « la force vitale n'est pas toujours en raison des organes : elle résiste quelquefois à des lésions très graves du cœur et du cerveau : elle se maintient dans les organes desséchés. Certains infusoires, les rotifères et les tardigrades desséchés à froid, puis à chaud, sous une température de plus de cent degrés, restent plusieurs mois comme inanimés ; au bout de ce temps, si on les humecte d'une goutte d'eau, ils revivent. D'un autre côté, il y a des langueurs, des affaiblissements de la vie, sans aucune lésion d'organe.

« Si la vie provient de la structure des organes, d'où provient cette structure elle-même? qui pourvoit à sa formation?

« Peut-on supposer, avec les médecins, qui s'appellent *organiciens,* qu'il y a un principe vital séparé dans chaque organe? Comment expliquer le concours de tous les organes à une fin commune? d'où viendrait leur concert (1)? »

Aux *animistes* on est également en droit d'objecter que leur assertion est une pure hypothèse, à l'appui de laquelle ils n'apportent aucune preuve concluante. Nous avons certaines sensations correspondant à certains phénomènes de la vie; mais nous n'avons point conscience que l'âme soit la cause de la vie (2).

Enfin, on peut répondre aux *vitalistes* que, s'ils démontrent la distinction du principe vital et des organes, ils ne

---

(1) GARNIER, *Traité des facultés de l'Ame,* liv. I, ch. I.
(2) STAHL, l'auteur de l'*Animisme,* attribue la force vitale à l'âme, mais il reconnaît que l'âme n'a pas conscience de ses opérations.

démontrent point que le principe soit autre que l'âme elle-même.

Si la préférence était un argument de quelque valeur, nous n'hésiterions pas à déclarer que nous inclinons vers la doctrine qui fait la plus large part à l'âme; mais mieux vaut avouer que le problème n'est pas encore résolu et qu'il est peut-être insoluble.

VI. — CONSIDÉRATIONS SUR DIVERS ÉTATS DE L'AME.

Complétons cette étude de la personnalité humaine par une indication de certains états de l'âme, plus faciles à décrire qu'à expliquer.

Du sommeil. — Pendant le sommeil, la pensée est-elle interrompue? Nous ne le croyons pas; nous affirmons que l'activité intellectuelle est permanente, et que cette permanence incontestable pour qui observe bien est la condition de l'identité du moi.

Nous ne saurions invoquer de meilleure preuve à l'appui de notre sentiment que l'ingénieuse expérience de Jouffroy, que tout le monde peut renouveler, et avec le même succès. Qu'on réveille une personne endormie (après l'avoir prévenue qu'elle sera réveillée, pour que, dans le premier moment d'humeur, elle ne se refuse pas à répondre), et qu'on lui demande à quoi elle pensait. Elle fera invariablement une de ces deux réponses : « je pensais à ceci ou à cela; » ou bien, « je pensais à quelque chose, j'en suis certain; mais j'ai perdu le souvenir de ce qui faisait l'objet de ma pensée, tout en me rappelant bien que je pensais. »

Dans le second cas, comme dans le premier, il y a une constatation de la continuité de la pensée; il n'y a de différence que dans le degré du souvenir.

Si la pensée n'est pas interrompue, plusieurs facultés sommeillent ou se reposent comme le corps, notamment la raison et la volonté (nous les tenons pour inséparables : pas de volonté sans raison); partant, peu ou point d'ordre dans les idées; point de conscience réfléchie; point de gouvernement de l'âme. L'association et l'imagination sont les seuls acteurs connus de cette pièce mystérieuse qu'on nomme le rêve.

Du rêve. — Le rêve est *la pensée de l'âme pendant le sommeil* (1). Il est presque toujours la représentation partielle de faits ou de pensées qui nous ont frappé pendant la veille, avec des modifications apportées par l'imagination et par l'état des fonctions digestives.

Quelquefois la représentation est si vive qu'elle semble se confondre avec la réalité, et qu'il faut être bien réveillé pour avoir la certitude de n'avoir pas rêvé. Quelquefois aussi le rêve surexcite tellement les organes cérébraux, qu'il empêche l'action réparatoire du sommeil et produit une réelle fatigue, suivie d'un réveil pénible et durant après lui; c'est ce qu'on appelle le *cauchemar*.

Du somnambulisme. — Le somnambulisme est *un rêve en action*.

Le somnambule paraît agir et vivre comme un homme éveillé, quoique la plupart de ses facultés soient comme endormies. L'instinct domine; de là une sorte de savoir inné, une sûreté, une précision dans les actes, qui ne se remarque pas durant la veille.

On a vu des somnambules se promener des heures entières sur un toit en pente où, étant éveillés, ils n'auraient pas osé poser le pied. On sait la fâcheuse intervention de cette femme, qui eut l'idée de suivre son mari dans sa course nocturne. Le somnambule alla vers un étang profond et se précipita dans l'eau. Il nageait à l'aise, comme un poisson, dit le récit, lorsque la femme, prise de frayeur, cria si fort qu'elle l'éveilla. Le pauvre homme, qui ne savait pas nager, retrouva son ignorance et se noya.

De l'hallucination. — L'hallucination est la *confusion d'une image interne très vive avec une réalité extérieure.*

Elle est presque toujours le résultat d'un trouble cérébral occasionné par quelques excès, notamment par l'abus des boissons alcooliques.

L'halluciné croit voir un danger qui n'existe pas, un

---

(1) Janer, *Traité de philosophie*, Psychologie, ch. v. Plusieurs des considérations et des définitions concernant ces divers états de l'âme sont empruntées à ce traité.

précipice ouvert devant lui, une arme qui le menace, etc. Il éprouve les émotions et fait les gestes d'un homme qui serait en présence d'un danger réel.

De la folie. — La folie est *une sorte d'hallucination permanente,* persistant sur certains points qu'on désigne par *idées fixes.*

Presque tous les fous sont *monomanes,* c'est-à-dire que leur aberration mentale ne se manifeste que dans des cas déterminés, sauf dans la folie furieuse où toute raison disparaît (1).

Parlez-lui de toute chose autre que l'objet de la monomanie, le fou raisonne bien et paraît conserver son empire sur lui-même; mais si vous touchez à l'idée fixe, il perd le sens et n'est plus capable de vous entendre.

Il y avait, en 1840, dans une maison d'aliénés, un pensionnaire très spirituel et s'exprimant avec une rare facilité. Tant qu'on se tenait à quelque distance de lui, on ne soupçonnait pas sa folie; mais, si attiré par le charme de la conversation, on s'asseyait sur son banc, aussitôt il se reculait; si on approchait encore, il s'agitait furieux en s'écriant : « Ne venez pas si près, vous me briseriez... vous ne savez donc pas que je suis de verre? »

QUESTIONS ACCESSOIRES.

1° Influence de la doctrine matérialiste sur le droit et sur la politique.

2° Signaler l'influence de cette doctrine sur la littérature.

Consulter MALEBRANCHE. *Recherche de la vérité;* EULER, *Lettres à une princesse d'Allemagne;* BOSSUET, *Traité de la connaissance de Dieu et de soi-même,* chap. III; STAHL, *Theoria medica prima;* CABANIS, *Rapports du physique et du moral de l'homme;* BICHAT, *Recherches physiologiques sur la vie et la mort;* BOUILLIER, *Du principe vital et de l'âme pensante;* GARNIER, *Théorie des facultés de l'âme;* JOUFFROY, *Mélanges.*

(1) Voir la note à la fin du chapitre VII.

XI

**Tableau des attributs et des facultés de l'âme.
Psychologie comparée.**

Fidèle à la méthode d'observation, nous avons jeté un premier coup d'œil sur les faits qui s'accomplissent dans l'âme ; puis nous avons analysé ces faits et déterminé les facultés qui les produisent ; enfin nous avons reconnu les attributs du principe pensant.

Maintenant, nous pouvons embrasser, dans un tableau rapide, les résultats obtenus.

ATTRIBUTS DE L'AME.

UNITÉ.	IDENTITÉ.	ACTIVITÉ.

FACULTÉS DE L'AME.

SENSIBILITÉ : *Faculté d'éprouver du plaisir et de la peine.*	ENTENDEMENT : *Faculté de connaître.*	VOLONTÉ : *Faculté de se déterminer.*
Trois aspects : 1° *Sensibilité physique :* Mise en jeu par l'action des corps. 2° *Sensibilité intellectuelle :* Provoquée par la vue du beau et du vrai. 3° *Sensibilité morale :* Provoquée par la vue du bien et du mal, et des affections de nos semblables.	Trois facultés principales : 1° *Perception int. ?* : faculté de connaître ce qui se passe en nous à l'aide de la conscience. 2° *Perception matérielle* : faculté de connaître le corps à l'aide des sens et de leurs organes. 3° *Perception extérieure immatérielle* : faculté de connaître ou de concevoir ce qui échappe à l'expérience, à l'aide de la raison.	A la volonté (qui suppose la possession de soi-même ou la liberté) se rattache le *mouvement volontaire.*

OPÉRATIONS DE L'ENTENDEMENT ET DE LA VOLONTÉ.

1° Attention :	Concentration de nos facultés sur un objet, afin de le mieux connaître (réflexion, attention intérieure). L'attention est tout à la fois une opération intellectuelle et une opération volontaire.
2° Comparaison :	Attention successive.
3° Abstraction :	Opération par laquelle l'entendement sépare des choses qui ne sont point elles-mêmes séparées, afin de simplifier l'objet de son étude.
4° Généralisation :	Opération intellectuelle par laquelle nous concevons les genres et les espèces.
5° Jugement :	Opération par laquelle nous affirmons ce qui est ou ce que nous croyons être la vérité.
6° Raisonnement :	Opération par laquelle l'entendement, percevant certains rapports entre plusieurs jugements, s'élève à un jugement ultérieur appelé conclusion.
7° Mémoire :	Opération par laquelle l'entendement reproduit, en l'absence des objets, les connaissances primitivement acquises.
8° Association des idées :	Opération par laquelle l'intelligence, percevant des rapports entre plusieurs idées, se les rappelle dans un certain ordre.
9° Imagination :	Faculté créatrice, par laquelle l'entendement recueillant, au sein de notions, d'objets et de faits divers, certaines circonstances et certaines qualités, les combine de manière à faire un tout nouveau qui lui appartienne.

Complétons ces tableaux en indiquant les principales descriptions de l'esprit humain, données par les philosophes modernes.

Bacon distingue deux âmes, l'une *raisonnable*, l'autre *sensitive*. Les facultés de l'âme raisonnable sont : l'*imagination*, la *mémoire*, l'*appétit*, et la *volonté*. Celles de l'âme sensitive sont le *mouvement volontaire* et la *sensibilité*.

Descartes n'admet qu'une âme et que les facultés suivantes : l'*imagination*, l'*intelligence*, la *sensibilité* et la *volonté*.

Condillac divise les facultés en deux groupes : 1° celles qui se rapportent à l'entendement : *sensation*, *attention*, *comparaison, jugement, réflexion, imagination, raisonnement.* 2° Celles qui se rattachent à la volonté : *sensation, besoin, malaise, inquiétude, désir, passion, espérance.*

Selon LAROMIGUIÈRE, l'*attention,* la *comparaison* et le *raisonnement,* constituent l'entendement. Le *désir,* la *préférence* et la *liberté,* constituent la volonté.

REID distingue la *perception,* la *mémoire,* la *conception,* l'*abstraction,* le *jugement,* le *raisonnement* et le *goût,* d'une part; la *volonté,* l'*instinct,* l'*habitude,* l'*appétit,* le *désir,* l'*affection,* la *passion* et la *conscience,* d'autre part.

PSYCHOLOGIE COMPARÉE.

Complétons ce tableau en résumant les caractères qui séparent l'homme de l'animal.

L'homme est doué d'instincts, et de facultés qui lui permettent de réagir contre ces mêmes instincts, de les discipliner, et de se perfectionner.

L'animal n'a que des instincts. Destitué de liberté, de volonté et de raison, il ne fait qu'obéir à ses instincts et ne peut leur résister, ou ne résiste à quelques-uns que sous la pression d'un instinct dominant, comme la crainte. Il marche à sa fin sans la connaître, car l'instinct ignore le motif de l'action et n'essaie pas de le trouver.

Infaillible et uniforme, l'instinct atteint presque du premier coup sa perfection relative; par conséquent peu ou point de progrès. Ce que nous appelons progrès ou éducation dans les animaux domestiques est uniquement le fait de l'homme. Et ce progrès ne se transmet jamais d'une génération à l'autre. Le chien *savant* n'enseigne pas à ses petits ce qu'il a appris; même remarque pour le cheval et le singe.

L'homme ne se borne pas à apprendre pour lui seul; il pense à ceux qui viendront après lui. Il aspire à son propre progrès et à celui de son espèce.

QUESTIONS ACCESSOIRES.

1° Apprécier les théories relatives aux facultés de l'âme : Bacon, Descartes, Condillac, Laromiguière et Reid.

2° Comparaison de l'homme civilisé et du sauvage.

Consulter les œuvres complètes de BACON et de DESCARTES ; le *Traité des sensations* de Condillac ; les travaux divers de LAROMIGUIÈRE, de REID et de MAINE DE BIRAN ; la critique de la philosophie de Locke, par COUSIN ; l'*Instinct*, etc. par JOLY.

XII

Des signes et du langage dans leurs rapports avec la pensée.

Des signes naturels : leur caractère. — Des signes artificiels : leur caractère.

Influence des signes sur la pensée. — Caractères d'une langue bien faite. — Considérations sur les langues.

Grammaire général : définition. — Etude des mots ; étude des propositions.

I. — DES SIGNES ET DU LANGAGE.

L'homme a été créé pour vivre en société. Or, la condition de l'existence de la société, c'est l'échange des idées, qui ne peut s'opérer qu'au moyen du langage.

Le langage se compose de signes. « Le signe, dit Cicéron, est ce qui tombe sous quelque sens et qui signifie quelque chose (1). » Tout phénomène intérieur, toute pensée est exprimée par un signe qui la fait sortir des profondeurs de l'âme où elle était ensevelie.

Il y a deux espèces de langages, et par conséquent deux espèces de signes :

1° *Les signes naturels :* gestes spontanés, physionomie ou jeu du visage, sons inarticulés. Ces signes traduisent les simples affections, les premiers besoins de l'âme et du corps. Ils se reconnaissent à ce caractère fondamental, que le *rapport qui unit le signe à la chose signifiée est constant et universel*. D'où il suit que le langage naturel est compris de tous les hommes ; que tous savent, sans l'avoir appris, indiquer qu'ils ont faim ou froid, et que tous comprennent également qu'un de leurs semblables a faim et froid. Un passager fait naufrage sur les bords d'une contrée lointaine ;

(1) *Signum est, quod sub sensum aliquem cadit, et quiddam significat.*

il ne connaît ni les mœurs ni le langage des habitants, il est cependant en état de leur faire remarquer sa détresse et les secours qu'il attend d'eux. Le petit enfant lui-même, au bout de quelques jours, entend et parle cette langue naïve (1) : il lit sur le visage de sa mère l'affection qu'il inspire et l'empire qu'il exerce ; il distingue la joie, la colère, la menace, l'acquiescement ou le refus (2).

Mais bientôt l'insuffisance de ce langage se fait sentir : l'enfant aspire à posséder un instrument plus riche et plus complet pour exprimer des idées plus nombreuses et plus élevées.

2° Le *langage artificiel* est le complément nécessaire du premier mode d'expression, il embrasse les sons articulés (3), et les gestes volontaires (sourds-muets). Ce qui le distingue du langage naturel, c'est que le *rapport qui lie le signe à la chose signifiée est variable et accidentel;* de là, la nécessité d'apprendre les idiomes des divers peuples dont on veut connaître les idées ; de là, aussi, la corruption et la disparition successive des langues humaines.

Tous les êtres animés doivent avoir et ont un langage naturel, l'homme seul a des signes artificiels. Mais l'usage de ces nouveaux signes n'exclut pas l'emploi des premiers ; ils se complètent et se supposent les uns les autres. La physionomie de l'orateur est aussi expressive que sa parole ; nous nous défions quelquefois de celle-ci, nous sentons que la parole est souvent plus trompeuse que les signes muets ou

---

(1) L'étude du *langage* de l'enfant qui ne parle pas encore donnerait lieu à des remarques intéressantes, et permettrait peut-être d'expliquer, par l'instinct et les premiers besoins de l'enfant, les principaux signes naturels.

Pourquoi le petit enfant, et plus tard l'homme, incline-t-il la tête pour marquer l'acquiescement? C'est en vertu de l'instinct : l'enfant fait un certain mouvement de haut en bas (du visage et particulièrement de la bouche) pour prendre le sein de sa mère et recevoir la nourriture qui lui plaît.

Même remarque pour un autre mouvement. Le signe qui marque le refus s'explique également par l'instinct : en agitant sa tête de droite à gauche, l'enfant évite l'aliment qui lui déplaît.

(2) *Omnis motus animi suum quemdam a natura habet vultum, et sonum; totumque corpus hominis, et ejus omnis vultus, omnesque voces, ut nervi in fidibus, ita sonant, ut a motu animi quoque sunt pulsæ* (Cic.).

(3) Les sons, simples émissions de voix, ou voyelles, se modifient suivant les mouvements de la langue, des dents et de la bouche, d'où les consonnes.

inarticulés, parce que le discours tient plus à l'art qu'à la nature.

Il y a même des situations où nous oublions les mots, où le visage et le geste témoignent seuls des sentiments de notre âme. Les grandes émotions parlent peu : une mère qui vient de perdre son enfant ne raconte pas sa douleur ; ses pleurs sont plus éloquents que les plus beaux discours du monde. Lorsque Théramène me raconte la mort d'Hippolyte, j'écoute avec plaisir ces vers harmonieux, mais je ne suis pas ému, parce qu'il n'est pas ému lui-même : j'imagine que le malheureux père n'a entendu qu'un seul mot de cette longue tirade : Hippolyte est mort (1) !

« Eschyle introduisait avec succès des personnages muets : on voyait Achille, après la mort de son ami, et Niobé, après celle de ses enfants, se traîner sur le théâtre, et pendant plusieurs scènes y rester immobiles, la tête voilée, sans proférer une parole. Cet entier abandon à la douleur produisait le plus terrible effet (2). »

En résumé, le langage artificiel, complément du langage naturel, exprimant des idées plus délicates et plus abstraites, lui emprunte ce qui donne à la parole un entrain irrésistible : l'action.

II. — INFLUENCE DES SIGNES SUR LA PENSÉE.

Comment l'idée se fait-elle mot ? et le jugement proposition ? Comment la pensée prend-elle un corps ? Nous l'ignorons ; c'est un mystère impénétrable comme l'union de l'âme et du corps.

Ce que nous savons, c'est que la parole participe de la nature et des caractères de la pensée, et se modifie ou se transforme comme elle. La pensée est-elle spontanée, poétique, claire, obscure ? le langage sera spontané, poétique, clair ou obscur. Ce rapport est général sans être absolu, et je n'oserais pas affirmer avec le poëte que toujours

> Ce que l'on comprend bien s'énonce clairement.
> Et les mots pour le dire arrivent aisément.

(1) Voir FÉNELON, Lettre à l'Académie.
(2) SAINT-MARTIN, Théorie de la pensée, 5ᵉ entretien.

Mais l'influence du langage sur la pensée est encore plus sensible.

1° Le langage, intérieur ou produit au dehors, fixe la pensée ; elle était quelque chose de vague et d'insaisissable, elle prend des contours déterminés et va occuper sa place dans la chaîne des idées(1).

2° Le langage éclaircit la pensée. Pour parler notre pensée à nous-mêmes et aux autres, il faut qu'un travail d'analyse s'opère intérieurement, travail qui la distingue de ce qui n'est pas elle. A sa naissance, l'idée est obscure, synthétique ; la parole intervient et l'élucide.

Il est vrai que la pensée produit la parole et que nous ne parlons notre pensée, que parce que nous pensons notre parole (2) ; mais il est non moins vrai que la pensée n'est distincte qu'en tant qu'exprimée mentalement. La pensée est une cause dont la parole est le phénomène : le phénomène dérive de la cause et la manifeste.

Cet éclaircissement de la pensée par la parole, et surtout par la parole extérieure, se remarque dans l'improvisation. Mirabeau, au témoignage des contemporains, hésitait souvent en començant son discours (on cite tel exorde plusieurs fois recommencé), mais peu à peu la lumière se faisait dans son entendement : en parlant il se comprenait mieux lui-même et se sentait plus maître de sa pensée et de son expression. Le même phénomène se produit devant un auditoire plus restreint : un professeur qui débute comprend, à la fin de sa leçon, qu'il possède plus fortement son sujet, et qu'il s'est instruit en instruisant ses élèves.

---

(1) J'ai connu un sourd-muet qui n'avait appris à parler par signes que fort tard. Je l'interrogeais un jour sur les pensées qui occupaient son âme avant qu'il eût été instruit. Il me répondit qu'il ne se souvenait clairement que des principaux incidents de sa vie, que des émotions vives, joies ou peines, qu'il avait éprouvées ; mais qu'il n'avait aucune mémoire distincte de ses idées d'alors, et qu'il ne comprenait même pas comment il avait pu penser, lorsqu'il était destitué de langage. « Depuis que je parle, disait-il naïvement, je suis tout autre, je vois un monde nouveau. » Il était, chose rare chez les sourds-muets, ordinairement silencieux. A voir sa physionomie intelligente et pensive, on eût dit qu'il cherchait à réparer le temps perdu.

(2) DE BONALD.

3° La parole provoque la pensée. Du choc des mots entre eux jaillissent des idées nouvelles, des rapprochements inattendus, des arguments auxquels on ne songeait pas : révélations soudaines qui charment l'orateur lui-même. Je ne sais plus quel moderne s'écriait ingénuement : « Lorsque je prends mon discours des mains du sténographe, je suis souvent tenté de croire que c'est un autre qui a parlé. »

III. — CARACTÈRES D'UNE LANGUE BIEN FAITE.

Une langue bien faite est celle qui exprime fidèlement la pensée. Elle doit remplir trois conditions :

1° *Précision :* que chaque expression ait un sens déterminé et ne désigne pas plusieurs objets à la fois. De la précision découle la clarté : les langues dont le vocabulaire est flottant ne sont jamais claires.

2° *Richesse :* qu'il y ait autant de mots que d'idées à exprimer ; qu'il y ait même plusieurs mots pour rendre la même idée. Cette abondance permet de choisir les expressions, de varier les tours et d'éviter la monotonie produite par le retour fréquent des mêmes formes et des mêmes sons.

3° *Analogie :* qu'il y ait harmonie entre les modifications de la pensée et celles des mots ; que les termes qui expriment les nuances d'une même pensée portent l'empreinte d'une commune origine (*bon, meilleur, très-bon* sont des mots formés en dehors de l'analogie) ; qu'il y ait autant de déclinaisons que de genres, et pas au delà ; qu'il y ait enfin une seule conjugaison, et l'on aura ce qu'on appelle l'*Analogie ;* non pas que l'analogie parfaite soit possible ou même désirable, car alors la langue aurait un caractère que la pensée n'a pas.

Or, il n'y a pas de langue parfaite. Le grec, très-riche et très poétique, pèche par la précision. Consultez le dictionnaire, tel mot a vingt significations diverses (ex. ὕλη, εἶδος). Les sophismes qui reposent sur l'ambiguïté des termes ont eu un grand succès parmi les Grecs ; plusieurs écoles éristiques doivent leur renommée à certains arguments captieux qui ne sont que de grossières équivoques. Tout l'art des sophistes que Platon fait parler dans ses Dialogues (ne serait-ce pas de propos délibéré pour assurer une facile victoire à leur contradicteur?) consiste à jouer avec les mots, et nous avons peine à comprendre que Socrate daigne leur faire une réponse sérieuse (1).

L'allemand a plus d'une ressemblance avec le grec : langue riche, vocabulaire vague et diffus.

Le latin, plus précis que l'idiome des Hellènes, est moins riche. Et notre langue, inférieure aux précédentes comme instrument poétique, peu riche, peu harmonieuse, a une singulière précision. De là, une justesse d'expression et une clarté incomparables. C'est la langue de la philosophie (Leibnitz a écrit ses meilleurs ouvrages en français) et de la diplomatie ; c'est aussi, de l'aveu des étrangers, la langue la plus difficile à écrire (2).

Et nous-mêmes, nous sommes malaisés à satisfaire ; tel n'est pas goûté chez nous qui serait peut-être un grand homme au delà du Rhin. Nous voulons que le style soit clair et prompt, nous ne regardons point les formes indécises ou nébuleuses comme des marques de profondeur, ni les néologismes comme des idées nouvelles ; et lorsque nous n'entendons pas un écrit, ce n'est pas à notre intelligence que nous nous en prenons, c'est à l'obscurité ou à la maladresse de l'écrivain ; nous disons de lui qu'il aurait dû naître à Kœnigsberg, au lieu de naître à Paris, et nous passons outre (3).

Mais, il le faut reconnaître, notre langue est peu favora-

---

(1) L'argumentation de Calliclès, dans le *Gorgias*, repose tout entière sur la signification ambiguë des mots κρείττων et βελτίων.

(2) Hamilton, l'auteur des charmants Mémoires du chevalier de Grammont, est, si je ne me trompe, le seul étranger qui ait manié notre langue avec la grâce et la légèreté de Voltaire.

(3) Disons-le, nos grands écrivains ont contribué à nous entretenir dans cette persuasion : tous ont pris la peine d'être clairs, même en traitant les matières les plus ardues. Descartes, Pascal, Bossuet, sont accessibles au moins lettré des lecteurs. De nos jours, un célèbre philosophe qui est incontestablement un maître en l'art d'écrire, sentant bien que le public français n'admire point ce qu'il ne comprend pas, s'est fait l'interprète de la *Critique de la raison pure*. Son lumineux exposé est devenu presque populaire, tandis que l'œuvre de Kant est à peu près inconnue.

ble à la poésie. Cela tient à plusieurs causes : d'abord, à la composition des mots, aux E muets finals qui les allongent sans profit pour l'harmonie ; ensuite, à la construction de la phrase qui est logique au lieu d'être naturelle.

Je m'explique : il y a deux ordres dans l'expression de la pensée : l'ordre naturel et l'ordre logique.

L'*Ordre naturel* consiste à mettre au premier rang le mot le plus important ou l'idée principale. On déplace, selon l'intention, les termes et les membres de la phrase. Le style acquiert, par cette inversion commune à toutes les langues naissantes, une variété de tournures, un éclat, un je ne sais quoi d'imprévu et de piquant dont notre langue, formée par la discipline de Malherbe et de Boileau, n'offre que peu d'exemples.

L'*Ordre logique* est celui dans lequel les mots sont placés régulièrement suivant leur fonction grammaticale. C'est l'ordre admis, presque exclusivement, dans notre idiome en prose ou en vers.

« L'excès choquant de Ronsard, dit Fénelon, nous a un peu jetés dans une extrémité opposée : on a appauvri, desséché et gêné notre langue. Elle n'ose procéder que suivant la méthode la plus scrupuleuse et la plus uniforme de la grammaire : on voit toujours venir d'abord un nominatif substantif qui mène son adjectif comme par la main ; son verbe ne manque pas de marcher derrière, suivi d'un adverbe qui ne souffre rien entre eux, et le régime appelle aussitôt un accusatif, qui ne peut jamais se déplacer. C'est ce qui exclut toute suspension de l'esprit, toute attention, toute surprise, toute variété et souvent toute magnifique cadence (1). »

Cependant, au risque de passer pour un disciple de Perrault (2), je crois que nos grands poëtes ne le cèdent en rien aux grands poëtes de la Grèce ou de l'Allemagne, et

---

(1) Fénelon, *Lettre à l'Académie.*
(2) Perrault commença la querelle des *anciens* et des *modernes :* il prit parti pour ces derniers, et souleva, au sein même de l'Académie, une violente tempête. Nous ne saurions goûter cette manie des parallèles qui immolent une gloire à une autre gloire, comme s'il n'était pas plus sensé d'admirer tout ce qui est beau, d'où qu'il vienne.

que, s'il y avait un congrès de génies de tous les âges, Corneille, Boileau, Racine, la Fontaine, Quinault, Molière, Lamartine, y défendraient vaillamment la gloire poétique de la France. Admettons l'infériorité de l'instrument, j'y consens, mais nous constaterons alors un mérite de plus dans les artistes.

IV. — DE L'ORIGINE DU LANGAGE.

Selon l'école *sensualiste* (d'accord, au fond, avec l'école rationaliste), les sens ou l'expérience donnent naissance à toutes nos connaissances et, par suite, à leur expression. Condillac suppose deux enfants abandonnés dans un désert et destitués de tout secours humain ; il prétend qu'ils formeront un langage articulé (1).

Repoussons cette hypothèse : deux enfants, privés de leur mère ou d'une protection constante, ne sauraient vivre. Il faut un plus grand effort de l'intelligence pour concevoir que deux enfants isolés puissent vivre, que pour admettre qu'ils créent une langue. Et même l'hypothèse admise, la conséquence ne pourrait se démontrer que par une expérience impie.

Selon l'école *rationaliste* proprement dite, Dieu a donné à l'homme les organes générateurs du langage, la voix et tout ce qui est matériellement nécessaire à la production de la parole ; voilà ce qui est d'*origine divine*. L'homme opère, à l'aide de sa raison et de sa volonté, sur les données de Dieu, et crée le langage ; les hommes réunis en société s'accordent, par voie de convention, pour désigner les mêmes objets et les mêmes idées par les mêmes mots ; voilà ce qui est d'*origine humaine*.

---

(1) Cette imagination n'est pas nouvelle : au commencement du 2ᵉ livre de son histoire, Hérodote raconte l'expédient imaginé par le roi Psamméticus pour savoir lesquels étaient les plus anciens des Phrygiens ou des Egyptiens. Deux enfants sont enfermés ensemble ; on les surveille, on les nourrit, mais ils n'entendent aucune voix humaine. Les enfants, un certain jour, se précipitent au-devant de leur gardien en joignant les mains et en s'écriant : βέκος. Or, ce mot signifiait, en langue phrygienne, nourriture ; donc les Phrygiens étaient plus anciens que les Egyptiens, puisqu'ils parlaient la langue primitive.

La part que les rationalistes attribuent à Dieu est illusoire; ce qu'ils appellent l'origine divine n'est qu'une puérilité; nos organes, nos facultés, tout notre être est d'origine divine.

L'idée d'une convention entre les créateurs du langage est une idée contradictoire. Pour faire une convention, il faut s'entendre; pour s'entendre, il faut parler; et c'est l'origine du langage qui est en question. Imaginez les premiers hommes, selon le système, muets, n'ayant de communication entre eux que pour les premiers besoins et ne se servant que des signes naturels, imaginez-les rassemblés et délibérant sur les noms qu'ils doivent donner à Dieu, au bien et au mal, au contingent et au nécessaire! « Si les hommes ont eu besoin de la parole pour apprendre à penser, ils ont eu bien plus besoin encore de savoir penser pour trouver l'art de la parole; et quand on comprendrait comment les sons de la voix ont été pris pour les interprètes conventionnels de nos idées, il resterait toujours à savoir quels ont pu être les interprètes mêmes de cette convention pour les idées qui, n'ayant point un objet sensible, ne pouvaient s'indiquer ni par le geste ni par la voix (1). »

Selon nous, ce problème et le problème de la création sont étroitement unis. On ne peut traiter de l'origine du langage sans se demander quel était l'homme en sortant des mains de son Auteur.

Oublions pour un instant que nous sommes chrétiens et que nous devons nous incliner devant l'autorité de la Bible, laquelle enseigne expressément que Dieu a parlé à Adam (ce qui signifie qu'il lui a donné le langage, car on ne comprend la parole qu'autant qu'on parle soi-même) (2); soyons de purs rationalistes, mais des rationalistes de bonne foi et affranchis de toute idée préconçue, et nous arriverons,

---

(1) ROUSSEAU, *Discours sur l'origine de l'inégalité parmi les hommes.*
(2) L'enfant devant lequel on répète un mot, en montrant l'objet qu'il désigne, finit par comprendre le sens de ce mot; mais il n'entend une phrase ou une série de mots liés entre eux, que lorsqu'il a appris à parler. De sorte qu'apprendre à parler et comprendre la parole sont deux faits contemporains et inséparables. « Tant que l'enfant ne prononce et ne saisit que des mots isolés, il ne parle pas, il *bruit*. » (Voir PLUTARQUE, *Questions platoniques*, chap. XI, trad. d'Amyot.)

ce me semble, par la raison elle-même, à une solution conforme au récit des livres saints et aux traditions primitives de tous les peuples (1).

Dieu crée le premier homme, ou mieux, le premier couple. Les crée-t-il enfants? Non, car ils ne pourraient vivre. L'enfant est l'être le plus faible de la création. Son instinct est borné, insuffisant à sa conservation; il est même plus faible en lui que dans les autres animaux qui ne doivent jamais s'élever à la dignité de personnes raisonnables. Dieu a donc dû créer le premier couple à l'état complet de développement.

Adam, ou le premier homme, n'ayant pas de parents, est une exception; il est placé dans une condition extraordinaire. Il n'a eu ni les soins d'une mère, ni le soutien et l'enseignement d'un père; Dieu a dû lui tenir lieu de l'un et de l'autre.

Dieu le créa donc avec un corps développé, avec une intelligence en harmonie avec ce corps et capable de le diriger. Il l'instruisit, il lui parla, et il se révéla à lui. Or, pour éclairer l'intelligence d'Adam, pour l'instruire, pour lui parler, pour se faire comprendre de lui, Dieu lui a nécessairement donné la parole (2). Le langage a donc une origine purement divine.

Le premier homme ou le premier couple étendit, compléta, par l'expérience et la réflexion, la science, le langage, la pensée qu'il tenait de Dieu. Il alla du connu à l'inconnu; alors il y eut une convention possible, des termes inventés, un vocabulaire artificiel.

Après le premier homme, la question change : l'enseignement divin se transmet de père en fils, et s'accroît et se féconde (il ne s'agit que du langage), en passant de génération en génération (3). Le père a eu Dieu pour révélateur, le père initie son fils à la révélation qu'il a reçue (4).

(1) Platon dit dans le *Cratyle :* « La puissance qui a imposé les premiers noms est au-dessus de la puissance humaine... Les dieux ont donné les premiers noms; c'est pourquoi ils conviennent aux objets. »
(2) Voir la note 2° à la page précédente.
(3) De là les diverses langues qui supposent une première langue, mère des autres.
(4) Apprendre à parler est chose lente et difficile. A certain âge, il

Ainsi, d'une part, révélation divine; de l'autre, travail de l'homme : voilà notre solution. Nous osons croire qu'elle est tout à la fois conforme à la tradition sacrée et aux données de la raison.

V. — DU LANGAGE ÉCRIT.

La parole est fugitive et ne laisse aucune trace après elle, *verba volant*. La voix n'a pas plus de durée ni d'étendue que les sons dont elle est composée. En certains lieux, elle devient plus pénétrante, grâce à l'habitude de l'effort, mais elle ne dure pas davantage (1).

Curieux de conserver sa pensée, forcé par les besoins journaliers de communiquer au loin avec des êtres qui lui sont chers, utiles ou dangereux, l'homme s'est ingénié pour trouver un nouveau moyen de communication, et, après de longs tâtonnements, y est parvenu.

Ce nouveau langage a passé par trois phases, ou mieux a revêtu trois formes distinctes.

1° Le langage figuré, qui correspond aux signes naturels et qui n'exprime comme eux que les premières émotions et les premiers besoins, consiste dans la représentation des objets. On trace sur le sable du rivage, sur l'arbre de la forêt, sur la pierre du chemin, l'image de la chose ou de l'individu qu'on veut désigner. Supposons qu'un muet voulant nous faire connaître qu'il a été mordu par un chien enragé, nous présente un tableau sur lequel il serait peint lui-même d'une manière très-ressemblante, suivi d'un chien dont la queue pendant entre les jambes, l'œil hagard, le poil hérissé, indiquent la maladie dont il est attaqué, et

---

nous semble que nous avons toujours parlé, nous n'avons pas gardé le souvenir de cette longue et pénible éducation. Mais tous les parents savent combien il faut de patience, d'attention et de douceur pour instruire ce pauvre petit être qui montre beaucoup de bon vouloir, il est vrai, mais qui oublie et se décourage vite.

Préoccupé de son système de la convention, le philosophe rationaliste ne s'est plus souvenu de son expérience de père.

(1) « L'accent des habitants des montagnes est, en général, plus élevé et plus fortement articulé que dans les plaines, parce qu'ils sont obligés de se faire entendre à de plus grandes distances et de lutter contre le bruit des vents et des eaux. » (DE BONALD, *Sur l'origine du langage*.)

que ce chien soit représenté tenant entre ses dents la jambe de ce malheureux ; à la vue de ce tableau nous reconnaîtrons que celui qui nous le montre a été mordu par un chien enragé, et nous nous sentirons portés à lui donner les secours dont il a besoin (1). C'est comme si ce malheureux nous parlait et nous instruisait de son mal : le muet, dans cet exemple, c'est l'homme représentant son état ; le tableau, c'est la figure qu'il a tracée.

2° Le langage symbolique est un progrès ; il exprime, en vertu d'une comparaison mentale, des objets nombreux et variés. Les sentiments et les qualités de l'âme, que la figure ne pouvait traduire, sont, non pas précisés, mais indiqués par lui.

Or, ce nouveau langage est ou naturel ou conventionnel : il est naturel, lorsque le rapport du signe à la chose signifiée est facile à saisir : le serpent représente la prudence ; le lièvre, l'agilité ; la tortue, la lenteur.

Il est conventionnel, lorsque le rapport des signes à la chose signifiée échappe à ceux qui ne connaissent pas la clef ou la valeur arbitraire du signe, comme dans les hiéroglyphes qui, si je ne me trompe, sont une espèce de sténographie ou un abrégé de l'écriture.

3° Enfin l'écriture, ce chef-d'œuvre de la patience humaine, rend le mot par le mot même. Elle le décompose en ses éléments primitifs ou lettres, en voyelles, émissions naturelles de la voix, et en consonnes ou sons artificiels qui accompagnent et modifient les voyelles (*cum sonare*) : de telle sorte que, si l'usage n'introduisait pas des lettres parasites et une prononciation souvent illogique, l'écriture serait, pour ainsi dire, un véritable daguerréotype du mot.

Cette dernière langue, attribuée à Cadmus, suffit à tous les besoins de la vie : elle fixe la pensée, elle la transmet au loin, et, grâce à l'imprimerie, elle lui assure une durée égale à celle du genre humain.

---

(1) SYLVESTRE DE SACY, *Principes de Grammaire générale*.

VI. — NOTIONS DE LA GRAMMAIRE GÉNÉRALE.

La Grammaire d'une langue enseigne l'art de parler et d'écrire correctement cette langue. Chaque langue a donc sa grammaire particulière.

La *grammaire générale* enseigne *les lois de l'expression de la pensée, abstraction faite de la diversité des idiomes.*

Il y a, en effet, entre la pensée et son expression des rapports invariables, qui se rencontrent et ne peuvent pas ne pas se rencontrer dans toutes les langues parlées par les hommes. Indiquer ces rapports, sans se préoccuper des idiotismes, saisir ce qui ne varie pas au sein des phénomènes et des formes de la parole, voilà l'œuvre de la philosophie. Pour accomplir ce travail, il n'est point nécessaire de connaître toutes les langues (s'il en était ainsi, la métaphysique du langage serait impossible) ; il suffit d'étudier attentivement la pensée. De la chose exprimée on s'élève naturellement à la loi du signe qui l'exprime.

Considérée à un certain point de vue, la grammaire générale est moins étendue que la grammaire particulière ; car celle-ci, outre les règles spéciales d'une langue déterminée, contient implicitement les règles communes aux diverses langues.

La grammaire générale enseigne les lois de l'expression de la pensée. Or, la pensée ne comprend que deux choses : l'*idée* et le *jugement*. Le langage ne peut donc comprendre que deux choses : le *mot*, qui traduit l'idée, et la *proposition*, qui traduit le jugement.

ÉTUDE DES MOTS.

Il y a quatre termes essentiels :

1° Le *substantif*, qui désigne la substance (*quod sub stat*) ou le sujet auquel la qualité se rapporte.

2° L'*adjectif* (*adjectivus* ou *adjectus*, joint à), qui désigne la qualité ou la manière d'être du sujet.

3° Le *verbe*, qui marque l'existence pure et simple ou

qui affirme que la manière d'être convient ou ne convient pas au sujet. « C'est lui qui donne la vie au discours, qui sans lui serait mort et inintelligible (1). » Quelquefois on le supprime (ce sont surtout les enfants et les étrangers), et on parvient encore à faire comprendre sa pensée, soit par la disposition des mots dont se compose la proposition, soit au moyen du geste et du ton.

4° La *préposition*, qui indique les rapports divers du substantif, de l'adjectif et du verbe. On conçoit que, dans la plupart des circonstances, la préposition pourrait être remplacée par des cas.

Les autres parties du discours : le pronom, la conjonction, l'adverbe, l'article, le participe et l'interjection, ou rentrent dans les premières, ou ne sont pas indispensables.

Le *pronom* tient la place du nom dont il sert à éviter la répétition. Au lieu de dire : *Adam était heureux et cependant il se révolta contre Dieu ;* on dirait : Adam était heureux, et *cependant Adam se révolta contre Dieu*.

La *conjonction* sert à unir les propositions ; mais ce lien peut être supprimé. Lorsque nous sommes vivement émus, notre discours est souvent disjonctif.

L'*adverbe* équivaut à une préposition suivie de son complément. On dit : *Marcher lentement ;* on pourrait dire : *Marcher avec lenteur*.

L'*article* n'est qu'une espèce d'adjectif ; il sert à déterminer et à préciser le sens des mots. Il y a plusieurs langues où il ne se rencontre pas.

Le *participe* s'appelle ainsi, parce qu'il tient à la fois de l'adjectif et du verbe. Il tient de l'adjectif, en ce qu'il sert à qualifier un substantif. Il tient du verbe, en ce qu'il marque le temps (2).

L'*interjection* est un mot qui marque d'une manière rapide et concise les émotions de l'âme. Au fond, elle n'est que l'expression abrégée d'un jugement.

---

(1) Sylvestre de Sacy, *Principes de Grammaire générale.*
(2) Burnouf, *Méthode pour étudier la Langue grecque.*

DES GENRES EN DES NOMBRES.

Il y a deux genres : le *masculin* et le *féminin*. Plusieurs langues en ont un troisième, le *neutre ;* mais ce troisième genre est purement arbitraire : tel objet qui est du neutre en latin, est du masculin ou du féminin en grec.

Il y a deux nombres : le *singulier* et le *pluriel*. Le *duel* des Grecs n'est qu'un pluriel déterminé.

Dans toutes les langues, le substantif et l'adjectif s'accordent en genre et en nombre.

DU VERBE.

Le *Verbe* revêt plusieurs formes qu'on appelle voix : il est *actif, passif* ou *neutre* (1) ; mais, au fond, il n'y a qu'un seul verbe, le verbe *être,* puisqu'on n'affirme qu'une chose, *l'existence avec ou sans modifiations.* Ainsi, *j'aime* est une formule abrégée pour dire : *Je suis aimant.*

Le verbe revêt aussi plusieurs formes différentes pour indiquer si la chose qu'il exprime *est, sera* ou *a été.* Ces formes s'appellent temps : *présent, passé, futur.*

Les différentes manières dont le verbe exprime l'existence ou l'action s'appellent *modes.* Il y a cinq modes : l'*indicatif,* le *conditionnel,* l'*impératif,* le *subjonctif* et l'*infinitif.*

Il ne faut pas confondre les temps principaux et les temps secondaires.

Le présent, n'étant susceptible ni de plus ni de moins, ne peut avoir qu'un temps à chaque mode.

Le passé et le futur, au contraire, sont susceptibles de divers degrés : d'où le *parfait,* l'*imparfait,* le *plus-que-parfait,* le *futur antérieur,* etc.

Le verbe s'accorde toujours avec son sujet ; en nombre, s'il est actif ou neutre ; en nombre et en genre, s'il est passif.

(1) La plupart des grammairiens modernes ont remplacé, non sans raison, les expressions verbe *actif,* verbe *neutre,* par celles-ci : verbe *transitif,* verbe *intransitif.*

ÉTUDE DES PROPOSITIONS.

La Proposition est l'expression du jugement. Elle peut être complète avec deux termes : *Je suis, Dieu est ;* mais, comme nous l'avons déjà remarqué, la plupart de nos jugements sont des perceptions de rapports entre deux idées ; d'où il suit que, le plus souvent, la proposition comprend trois termes : le *sujet*, le *verbe* et l'*attribut*.

On peut la considérer sous plusieurs point de vue : 1° elle est absolue ou relative ; elle est *absolue*, lorsque les mots énoncés suffisent pour en entendre le sens : *Dieu créa le monde*. Elle est *relative* ou *subordonnée*, lorsqu'elle suppose une proposition déjà exprimée ou sous-entendue : Dieu dit que la lumière soit, *et la lumière fut*.

2° Elle est principale ou incidente, selon qu'elle exprime le principal ou l'accessoire de la pensée. « Dieu, qui est bon, mérite notre amour. » *Dieu mérite notre amour*, proposition principale ; *qui est bon*, proposition incidente.

L'incidente est ou explicative ou déterminative : l'incidente *explicative* ne fait que développer la première et n'en modifie pas le sens, comme dans l'exemple précédent.

L'*incidente* déterminative modifie le sens de la principale et ne saurait être supprimée. Le Dieu *que nous adorons* est tout-puissant : dans cette phrase l'incidente *que nous adorons*, est indispensable pour l'intelligence de la proposition principale, *Le Dieu est tout-puissant*.

3° La proposition est simple ou composée, selon qu'elle exprime un ou plusieurs jugements : *Pierre est Français*, proposition *simple ; Pierre et Paul sont Français*, proposition *composée*.

4° La proposition est, sous un autre point de vue, simple ou complexe : *simple*, lorsque le sujet et l'attribut n'ont pas de complément : *La vie est courte ; complexe* lorsqu'ils ont un complément : *La vie de l'homme est courte*, ou bien : *La mort est l'avénement à la vie véritable*.

5° La proposition est ou *affirmative* ou *négative* (1), se-

(1) « Il n'y a pas de jugement négatif; tout jugement est nécessaire-

lon qu'elle exprime qu'une qualité convient ou ne convient pas au sujet : *L'histoire est utile ; la magie n'est pas une science.*

6° La proposition est enfin *universelle* ou *particulière*, suivant l'étendue de l'affirmation : *Tous les animaux sont mortels ; quelques animaux ont des ailes.*

On a désigné les propositions, envisagées sous le double point de vue de l'affirmation et de la quantité, par quatre lettres :

A désigne la proposition universelle affirmative : *Tous les animaux sont mortels.*

E désigne la proposition universelle négative : *Nul homme n'est immortel.*

I désigne la proposition particulière affirmative : *Quelques animaux ont des ailes.*

O désigne la proposition particulière négative : *Quelques animaux n'ont pas d'ailes.*

Les deux premières (A. E.), opposées l'une à l'autre, sont dites *contraires*. Elles ne peuvent être toutes deux vraies (en vertu du principe de contradiction), mais elles peuvent être toutes deux fausses.

Ainsi :

> Nul homme n'est parfait ;
> Tous les hommes sont parfaits.

La première de ces deux propositions est seule vraie.

Mais, dans cet autre exemple, elles sont toutes deux fausses :

> Tous les hommes sont justes ;
> Nul homme n'est juste.

Les propositions opposées en quantité et en qualité (A. O. et E. I.), sont dites *contradictoires*. Elles ne sont jamais ni vraies, ni fausses ensemble ; mais si l'une est vraie, l'autre est fausse, et réciproquement.

ment positif, puisqu'il est une perception, car on ne peut percevoir une chose qui n'est pas. » (DESTUTT DE TRACY, *Table de l'Idéologie.*)

Ainsi :

> Tous les hommes sont justes ;
> Quelque homme n'est pas juste.

Ou :

> Nul homme n'est juste ;
> Quelque homme est juste.

Les propositions particulières (I. O.), opposées l'une à l'autre, sont dites *subcontraires*. Elles peuvent être toutes deux vraies ; mais l'une d'elles au moins est vraie.

Ainsi :

> Quelque homme est juste ;
> Quelque homme n'est pas juste.

Ces deux propositions sont vraies.
Et dans ce nouvel exemple :

> *Quelques impies ne verront pas Dieu ;*
> *Quelques impies verront Dieu.*

la première proposition seule est vraie.

Lorsque les propositions diffèrent en quantité seulement et qu'elles conviennent en qualité (A. I. et E. O.), on les appelle *subalternes*.

Ainsi :

> Tout homme est juste.
> Quelque homme est juste.

Il est facile de voir qu'elles peuvent être toutes deux vraies, et que parfois la proposition particulière est seule vraie.

Pour mieux faire entendre ces choses, dit Bossuet, on a accoutumé de faire une figure que voici :

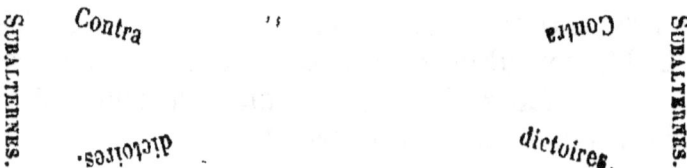

Tout homme est juste. — CONTRAIRES. — Nul homme n'est juste.

Quelque homme est juste. — SUBCONTRAIRES. — Quelque homme n'est pas juste.

QUESTIONS ACCESSOIRES.

1° Y a-t-il ou peut-il y avoir une pensée qui ne soit pas parlée intérieurement ?

2° Est-il vrai, comme l'ont prétendu les philosophes sensualistes, qu'une science ne soit qu'une langue bien faite ?

3° Montrer l'influence des signes sur l'attention, sur le raisonnement et l'association des idées.

4° Comparer avec quelques détails, sous le triple point de vue de la précision, de la richesse et de l'analogie, le grec, le latin et le français.

5° Est-il vrai que chaque langue puisse donner une idée du caractère du peuple qui la parle ?

6° A quels besoins de l'esprit les figures des mots et les figures de pensées répondent-elles ? quelle est leur influence sur le langage ?

7° Montrer l'utilité de la connaissance de la grammaire générale pour l'intelligence d'une langue quelconque.

8° Comment les diverses langues se sont-elles formées, et sous l'empire de quelles circonstances se sont-elles séparées de la langue mère ?

9° Pourrait-on établir une langue universelle ?

Consulter la *Logique de* Port-Royal, *IIe partie ;* Bossuet, *Logique.*

DEUXIÈME PARTIE

LOGIQUE

XIII

De la Certitude.

De la croyance. — De la certitude; son fondement. — De l'évidence. — Diverses sortes de certitude et d'évidence.

La logique a pour objet *la détermination des caractères de la vérité et des procédés à suivre pour découvrir ou démontrer la vérité.*

Ainsi entendue, elle est tout à la fois une science et un art : une *science*, parce qu'elle enseigne en quoi consiste le vrai et à quels signes on le reconnaît ; un *art*, parce qu'elle enseigne les moyens d'arriver au vrai. L'art ou la méthode présuppose la science, de même que le moyen présuppose le but.

La première question à résoudre est donc celle-ci : y a-t-il du vrai ? c'est-à-dire y a-t-il quelque chose ? Car la vérité est ce qui est, ce à quoi nous croyons irrésistiblement et absolument (1). Et même la question se transforme en cette nouvelle question, la seule que nous puissions bien résoudre : *Croyons-nous qu'il y ait quelque chose ?* — C'est une question de fait à laquelle on ne saurait répondre qu'en interrogeant l'âme humaine.

Percevoir et croire sont deux faits inséparables : je perçois un rapport, un phénomène ou un objet, et je crois, plus ou moins fortement, que ce rapport, ce phénomène ou cet objet existent réellement.

---

(1) Si par le mot *vérité* nous désignons *ce qui est*, par le mot *erreur* nous désignons *ce qui n'est pas, ou ce qui est contraire à la vérité.*

Croire, c'est *considérer comme vraie, ou vraisemblable, ou possible, une certaine connaissance.*

Ainsi la croyance embrasse depuis le léger soupçon jusques à la certitude, qui est l'*inébranlable assurance de posséder la vérité.* Elle a donc des degrés, tandis que la certitude, degré suprême, n'en a point et n'en peut pas avoir.

Un exemple familier marquera nettement la différence qui sépare la certitude des autres termes de la croyance, et particulièrement de la probabilité.

Voici une loterie qui contient dix numéros : je prends *un* billet, je *soupçonne* que je puis gagner ; ce n'est pas probable, mais c'est possible (1). — J'en prends *deux, trois, quatre.* Ma croyance augmente avec les chances favorables. — J'en prends *cinq :* il y a autant à parier pour que contre. — J'en prends *six :* la croyance change de nom, il est *probable* que je gagnerai. — J'en prends *sept, huit :* la probabilité s'accroît. J'en prends *neuf :* il est très vraisemblable que je gagnerai ; la probabilité est aussi forte que possible ; mais ce n'est qu'une probabilité, attendu que le dixième numéro peut être le bon. Ce dixième billet équivaut à chacun des miens, et celui qui l'a soupçonne ou a l'idée qu'il pourrait gagner. Otez cette idée ou cette chance, qui prendrait un billet ? Ne dites pas qu'il sait que les autres numéros sont en ma possession : que ces billets soient en une même main ou en dix mains différentes, cela n'importe point.

Enfin, je prends les dix numéros... alors j'ai l'assurance de gagner, assurance infaillible que rien ne pourrait accroître, et qui ne comporte pas de plus ni de moins.

La certitude est donc *absolue.* Il y a plus, elle est *fatale.* Dans une foule de circonstances, que je le veuille ou que je ne le veuille point, je suis convaincu. J'ai beau protester au nom de la passion ou de l'intérêt, je suis emporté par une force irrésistible.

J'existe, j'ai un corps, le bien et le mal sont distincts. —

---

(1) Prendre un billet, c'est croire à la simple possibilité du gain; avoir foi en ce qu'on appelle la *chance* ou le *hasard*, penser que tel numéro sortira plutôt qu'un autre, c'est une imagination sans fondement réel; c'est confondre, à son gré, la possibilité avec la probabilité.

On peut du bout des lèvres nier ces vérités ; mais, au fond du cœur, on sent qu'elles sont incontestables et qu'il n'est pas plus possible de les rejeter que de révoquer en doute notre entendement.

Le *fondement* de la certitude est donc *la foi naturelle que nous avons en la véracité de nos facultés.*—La condition de la certitude est l'*Evidence*, laquelle est elle-même *cette lumière qui environne les objets ou les idées, et engendre irrésistiblement dans l'esprit qui les perçoit l'inébranlable assurance de posséder la vérité.*

L'Evidence est *objective*, c'est-à-dire réside dans l'objet perçu ; tandis que la certitude est *subjective*, c'est-à-dire réside dans le sujet qui connaît. Ainsi, l'existence de mon corps et des corps qui m'entourent est *évidente*, et *je* suis *certain* de cette existence (1).

L'évidence est *a priori* ou *a posteriori*.

La première nous frappe sur-le-champ, elle est le propre des axiomes. « De telles propositions sont claires par elles-mêmes, parce que quiconque les considère et en a entendu les termes ne peut leur refuser sa croyance (2). »

La seconde ne vient qu'après démonstration ; elle implique un travail de la réflexion et du raisonnement.

Il y a encore une différence entre ces deux lumières, c'est que l'une brille toujours et ne s'éclipse point ; tandis que l'autre s'affaiblit avec le temps : on oublie la démonstration et on perd de vue l'évidence.

Mais, qu'elle soit *a priori* ou *a posteriori*, l'évidence est absolue : un théorème est pour le géomètre aussi évident que l'axiome d'où il découle. Il sait d'une manière certaine que *le tout est plus grand que la partie ;* il sait d'une manière non moins certaine les applications de ce principe. Dans un cas, il a saisi l'évidence par intuition ; dans l'autre, par démonstration ; dans les deux, il est également convaincu.

---

(1) Cette importante distinction, vraie pour toutes les données des sens et de la raison, ne s'étend pas aux notions de la perception intime. Dans la connaissance du moi, l'évidence et la certitude se confondent ; c'est le moi qui est *évident*, et c'est aussi le moi qui est *certain*.

(2) BOSSUET, *Traité de la Connaissance de Dieu et de soi-même.*

La certitude se présente également sous deux aspects : elle est *immédiate* ou *médiate*.

Immédiate ou *a priori*, lorsque nous percevons l'évidence sur-le-champ et sans effort, comme dans les axiomes ou vérités premières.

Médiate ou *a posteriori*, lorsqu'il faut un travail de l'esprit, un raisonnement ou une démonstration, comme dans les théorèmes de géométrie, et dans les applications de la loi morale.

La certitude se subdivise encore en plusieurs catégories :

1° *La certitude métaphysique* donnée par la raison (vérités qui échappent à l'expérience).

2° *La certitude morale* donnée par la conscience et par le témoignage ou la conscience de nos semblables (faits intimes, faits extérieurs qui ne sont pas à notre portée).

3° *La certitude physique* donnée par les sens (faits extérieurs qui sont à notre portée).

Chaque ordre de connaissances a donc sa certitude.

La plus féconde source d'erreurs et de malentendus, c'est de confondre ou d'opposer l'une à l'autre ces diverses espèces de certitudes, et de demander à une faculté ce qui doit être enseigné par une autre faculté.

Ainsi, les naturalistes contestent la certitude des faits intimes, parce que ce n'est pas une certitude physique ; ainsi, les adversaires de la religion contestent la certitude du témoignage, parce qu'il rapporte des faits qui contredisent l'expérience de chaque jour ; ainsi enfin, le vulgaire méprise comme des suppositions frivoles et mensongères tous les calculs, toutes les spéculations des géomètres ou des philosophes, parce qu'ils semblent en opposition avec les perceptions des sens et les enseignements d'une observation étroite.

XIV

Du Scepticisme.

Du doute. — Exposition et réfutation du scepticisme : Pyrrhonisme Probabilisme; Scepticisme théologique.

Seul, parmi les êtres, l'homme est ainsi fait qu'il aspire à la science infinie, et qu'étant doué d'une intelligence bornée, il ne peut arriver qu'à une science restreinte; et encore n'y arrive-t-il que lentement, successivement, après de longs efforts. Le doute est donc un état particulier à l'homme. Cette inquiétude qui le tourmente incessamment, et cet amour immense dont il est touché pour la vérité, montrent à la fois l'infirmité et la noblesse de sa nature.

Dieu est au-dessus du doute : principe suprême de la vérité, il embrasse d'un seul regard toutes les vérités. Sa raison n'a point de défaillances, et sa connaissance n'a pas de degrés, parce qu'elle est parfaite.

L'animal, au contraire, est au-dessous du doute; il n'éprouve pas le besoin de savoir (et qu'est-ce que le doute, sinon l'ignorance unie au désir de connaître?) il passe sa vie entière endormi dans le sommeil de l'indifférence, sans chercher l'explication de ce qui est, sans s'élever à la conception de ce qui doit être. Cette quiétude est la marque de son infériorité intellectuelle et morale.

Mais ce doute dont nous parlons, qui se manifeste dans toute âme humaine et qui ne la quitte jamais entièrement, ce doute spontané et naïf ne saurait être confondu avec le doute systématique, produit de la réflexion et du libre examen. Ce dernier n'ayant point la même origine n'a pas la même fin; il n'est non plus ni aussi légitime ni aussi universel.

La plupart des hommes poursuivent la vérité, avec la ferme conviction que nos facultés sont capables de l'atteindre; quelques-uns seulement se demandent : la vérité existe-t-elle, et notre poursuite n'est-elle pas vaine et insensée?

Et encore ne faut-il pas confondre tous les douteurs systématiques dans la même classe (1) : il en est qui feignent de douter, comme Socrate et Descartes, pour découvrir le critérium de la vérité, pour trouver ce quelque chose d'inébranlable, *aliquid inconcussum*, qui est le fondement des connaissances humaines. Le doute de ces esprits véritablement forts n'est qu'un doute provisoire qu'ils traversent sans s'y arrêter. Ils s'en servent comme d'un instrument pour séparer le vrai du faux, imitant ainsi l'agriculteur qui se sert du van pour séparer le bon grain de l'ivraie. En un mot, le doute est pour eux un moyen, une méthode, un état transitoire.

Descartes est le philosophe le plus affirmatif, si je puis ainsi parler, qui ait existé ; mais il n'affirme qu'à bon escient. Le doute l'a conduit à l'évidence, et, une fois l'évidence trouvée, il n'a pas retourné en arrière, il n'a plus hésité, il s'est senti maître de la vérité et du malin démon qui prenait plaisir à le tromper.

Mais il en est d'autres qui doutent pour douter. A leurs yeux, la grande affaire de la philosophie est de démontrer qu'*il n'y a rien de vrai ou que le vrai est inaccessible à notre intelligence*. Ils mettent leur honneur à ne rien croire, ou s'ils feignent de chercher, ils ne tardent pas à s'endormir tranquillement sur le mol oreiller du doute. Tels sont les sceptiques. — Le scepticisme est *la négation de la certitude*.

Exposer les causes du scepticisme, montrer particulièrement quelles sont les erreurs psychologiques et morales sur lesquelles il repose, c'est, si nous ne nous trompons, donner le complément naturel d'une bonne doctrine sur la certitude.

(1) « Il y a bien de la différence entre douter et douter. On doute par emportement et par brutalité, par aveuglement et par malice ; et enfin par fantaisie, et parce que l'on veut douter. Mais on doute aussi par prudence et par défiance, par sagesse et par pénétration d'esprit.

» Les académiciens et les athées doutent de la première sorte ; les vrais philosophes doutent de la seconde. Le premier doute est un doute de ténèbres qui ne conduit point à la lumière, mais qui en éloigne toujours ; le second doute naît de la lumière, et il aide en quelque façon à la produire à son tour. »

(MALEBRANCHE, *Recherche de la vérité*, liv. Ier.)

Nous ne craindrons pas d'insister. Le scepticisme, adversaire infatigable de toutes les doctrines, toujours prêt à combattre, parce qu'il n'a rien à défendre et rien à perdre, est malheureusement trop vivace, trop habile à changer de forme et de langage, trop en faveur auprès des passions humaines, pour qu'on puisse jamais dire qu'il est complétement vaincu, et que sa réfutation n'est qu'un lieu commun inutile.

Il se divise en trois branches : scepticisme proprement dit ou *pyrrhonisme*, scepticisme déguisé ou *probabilisme*, et scepticisme inconséquent ou *scepticisme théologique*. Il sera donc nécessaire, pour que la réfutation soit complète, de le suivre dans ses diverses transformations.

I. — DU PYRRHONISME (1).

« Parmi ceux qui s'occupent de philosophie, les uns disent qu'ils ont trouvé la vérité; les autres, que la vérité est de telle nature qu'on ne peut l'atteindre; d'autres enfin persévèrent dans cette recherche.

» On appelle dogmatiques ceux qui croient avoir trouvé la vérité, comme Aristote, Epicure et les Stoïciens. Clitomaque, Carnéade et les autres académiciens ont nié qu'on pût saisir la vérité. — *Les sceptiques la cherchent encore.*

» La doctrine sceptique est aussi appelée *zététique* (ζητητική), ou chercheuse, à cause de son action même qui consiste à user de la recherche et de l'examen. Elle est encore appelée *éphectique* (ἐφεκτική), parce qu'après avoir examiné, le sceptique s'abstient d'affirmer.

» Le scepticisme est la faculté de comparer et d'opposer entre elles les apparences qui tombent sous le sens et les noumènes ou idées de la raison (ἔστι δὲ ἡ σκεπτικὴ δύναμις, ἀντιθετικὴ φαινομένων τε καὶ νουμένων). On arrive ainsi à la suspension de l'affirmation et, par suite, à la tranquillité.

» Nous disons que le principe et la cause du scepticisme est l'espoir d'obtenir la tranquillité. Le fondement sur lequel nous nous appuyons, c'est que l'on peut opposer à

---

(1) Pyrrhon d'Elis vivait vers 350 avant Jésus-Christ.

toute raison une raison de même poids et de même valeur (τὸ πάντι λόγῳ λόγον ἴσον ἀντικεῖσθαι). De là, il semble découler que nous n'admettons aucun dogme.

» Mais ceux qui disent que les sceptiques détruisent les apparences ou les choses qui tombent sous les sens et qui sont manifestes, ceux-là ne semblent pas avoir compris ce que nous avons coutume de dire. Nous ne détruisons pas la croyance aux choses qui, par une représentation passive, nous mènent malgré nous à l'assentiment; mais lorsque nous cherchons si l'objet est tel qu'il nous apparaît, nous convenons qu'il apparaît. Nous cherchons; nous doutons non de l'apparence, mais de ce qui est dit de la chose apparente; ce qui est tout autre que d'élever un doute sur ce qui apparaît.

» Nous vivons donc en donnant notre assentiment aux choses qui apparaissent et qui appartiennent à la vie commune. Mais parce que nous ne pouvons être dépourvus d'action, il ne s'ensuit pas que nous posions des dogmes. Cette indication des choses qui regardent la vie commune est quadruple : elle consiste en partie dans l'instruction naturelle; en partie dans l'impulsion fatale des passions; en partie dans la constitution des lois et des coutumes; en partie dans la tradition des arts.

» Nous disons que la fin du sceptique est la tranquillité de l'esprit en matière d'opinion, et la modération dans les affections forcées.

» *Or, s'abstenir d'affirmer, c'est être tranquille;* car celui qui pense et juge que quelque chose est naturellement bon ou mauvais, celui-là est toujours troublé. Tant que les choses qui lui paraissent bonnes ne sont pas présentes, et qu'il se croit tourmenté par celles qui sont naturellement mauvaises, il poursuit ce qu'il croit être le bien. A peine l'a-t-il atteint qu'il tombe en divers troubles, soit qu'il agisse avec déraison et sans modération, soit que, craignant le changement, il soit absorbé par la peur de perdre ce qui lui paraît bon.

» Mais celui qui doute touchant les choses qui sont bonnes ou mauvaises d'après la nature, celui-là ne fait rien et ne poursuit rien ardemment, c'est ce qui assure sa tranquillité (1). »

Telle est, selon Sextus Empiricus, la fin du scepticisme. Historien fidèle, il expose, sans y ajouter aucun commentaire, la doctrine de ses maîtres. Il est le disciple de Pyrrhon et d'Ænésidème; comme eux, il suit les apparences, accepte ce qu'il croit y trouver d'utile, et se fait gloire de marcher dans la voie des sceptiques.

Il n'admet pas plus la probabilité des académiciens que la certitude des dogmatiques. « Cette probabilité, dit-il, ne peut conduire à la découverte de la vérité; car lorsqu'on croit l'avoir obtenue, en parcourant les divers contours, les différents aspects des objets, on ne peut s'assurer que l'investigation est complète et qu'on n'a omis aucun des éléments essentiels. »

Ces courtes citations suffisent pour donner une idée du système. Les *Hypotyposes pyrrhoniennes* qui sont, pour ainsi dire, le catéchisme historique des sceptiques, contiennent tous leurs arguments contre la certitude. Montaigne, Bayle, Lamothe-le-Vayer, David Hume, Kant lui-même, se sont bornés à les reproduire avec une fidélité qui fait plus d'honneur à leur mémoire qu'à leur génie.

Or ces arguments se réduisent à deux :

1° L'intelligence humaine n'a point de critérium pour discerner la vérité, ou si elle en a un, elle n'en peut démontrer la légitimité.

2° La raison de l'homme est dans une perpétuelle contradiction avec elle-même.

Et, selon eux, ces deux arguments se fortifient l'un l'autre; car les contradictions de la raison montrent clairement qu'il n'y a pas de marque certaine au moyen de laquelle nous puissions distinguer le vrai de son contraire.

II. — EXAMEN DU PREMIER ARGUMENT.

Toute erreur de logique ou de morale a son origine dans une erreur psychologique. Les caractères du vrai, du beau

---

(1) Hyp. Pyrrh. 1er livre.

et du bien sont tracés dans notre âme, et si on les méconnaît, c'est qu'on l'a mal étudiée, c'est qu'on n'a pas eu de patience ou de bon vouloir.

Cette remarque, que la philosophie moderne a souvent exprimée et qu'elle a élevée, en s'inspirant de Descartes, à la hauteur d'un principe méthodique, cette remarque s'applique avec une rare justesse aux sceptiques.

Ils cherchent si l'intelligence humaine possède un critérium de la vérité, et ils n'interrogent pas l'intelligence humaine. Leur prolixe historien nous a transmis leurs nombreuses et subtiles argumentations contre la certitude; mais, nulle part, dans aucun de ses ouvrages, il ne reproduit ni ne mentionne une étude des actes de la pensée; nulle part, il ne donne une analyse du jugement, qui est le plus important de ces actes et le seul dont l'examen mette sur la voie d'une solution.

Que les pyrrhoniens passent sous silence les autres résultats de l'observation intérieure, je le concevrais peut-être ; mais qu'ils négligent le jugement et qu'ils prétendent ensuite avoir sérieusement cherché s'il y a un critérium, c'est ce qu'on ne saurait admettre.

Qu'est-ce, en effet, que le jugement, sinon l'acte par lequel l'esprit prononce sur la réalité, affirme ce qu'il croit être ou n'être pas, accorde ou refuse sa foi? Or, c'est dans le jugement, et dans le jugement seul, que se manifeste l'application du critérium, si tant est qu'il y en ait un. L'omettre, ce n'est pas le fait d'un oubli involontaire, c'est la marque d'un parti pris. On avait le ferme propos de ne pas trouver le critérium, voilà pourquoi on l'a cherché partout, excepté où il pouvait être.

Rappelons l'analyse du jugement :

« Toute connaissance contient ou suppose deux faits distincts : 1° la perception de l'objet; 2° la croyance en la fidélité de cette perception. Je vois un arbre, et je crois en même temps que je ne me trompe point, que cet arbre existe, et qu'il est tel que je le vois : perception et croyance qui sont exprimées dans ces jugements : *cet arbre existe, cet arbre est grand, cet arbre est couvert de feuilles.*

» Ainsi juger c'est tout à la fois percevoir l'existence d'un objet avec ou sans qualités, et affirmer cette existence.

» En d'autres termes, tout jugement n'est pas seulement un acte de perception, il est encore un acte de foi en la véracité de nos facultés. Et séparer la croyance de la perception, supposer que l'on perçoit sans croire en ce que l'on perçoit, c'est faire une hypothèse absurde : ces deux faits sont inséparables; l'un ne va pas sans l'autre, et c'est à peine si l'analyse parvient à les distinguer. »

Mais comment se fait-il que je perçoive et, par suite, que je croie? Ce n'est, ce ne peut être qu'à une condition : c'est qu'il y a dans l'objet perçu une certaine lumière qui l'éclaire et qui vient frapper mon entendement, par l'intermédiaire des organes, lorsque l'objet est matériel, et directement, lorsqu'il n'est pas matériel.

Or, cette lumière a des degrés : elle est faible ou forte, partielle ou complète. Son degré suprême est ce qu'on appelle, dans toutes les langues, *l'évidence*. Alors la clarté est telle que rien ne saurait l'accroître; elle est comme ce brillant soleil qui, par une belle matinée d'été, lorsque le ciel est sans nuages, inonde notre zone terrestre de ses rayons. Alors vous auriez beau allumer des milliers de flambeaux, vous ne feriez que troubler la vue.

L'âme perçoit plus ou moins distinctement, selon les degrés de la lumière; et sa croyance est en rapport avec sa perception. Mais qu'il y ait évidence, que la perception soit parfaitement distincte, la croyance atteint, elle aussi, son degré suprême, au delà duquel il n'y en a pas,—elle devient *la certitude*. La foi est irrésistiblement provoquée; elle est, pour ainsi dire, enlevée de force.

Toutes les fois que cette espèce de contrainte est exercée sur l'âme, la liberté d'adhérer n'est plus en elle. Tant qu'il y a un peu d'obscurité dans l'objet perçu, je puis douter, je puis retenir mon assentiment, je demeure libre; mais lorsque l'objet perçu est évident, lorsque la lumière m'apparaît pure et dégagée de tous voiles, je ne suis plus maître de mon consentement; que je le veuille ou que je ne le veuille pas, je suis certain. J'ai encore, il est vrai, le pouvoir de nier du bout des lèvres; mais, au fond du cœur, je suis convaincu et je confesse la vérité qui, pareille au soleil dont je parlais, m'envoie ses splendides et inévitables rayons.

Il y a plus; dans certains cas, on voit la vérité sans pouvoir imaginer qu'elle ne soit pas la vérité. Essayez de vous persuader que *le tout n'est pas plus grand que la partie*, que *deux et deux ne font pas quatre;* essayez, et vous briserez votre intelligence plutôt que d'y parvenir. Car, dans ces vérités rationnelles, à l'évidence vient se joindre la nécessité, et l'esprit n'ayant plus la liberté de croire, ne peut passer sans les voir ni supposer leur non-existence.

Ainsi, juger c'est percevoir et affirmer en même temps, et l'affirmation tire sa force plus ou moins grande du degré de clarté de la perception. Ainsi, au degré supérieur de la lumière, c'est-à-dire à l'évidence qui attire irrésistiblement, correspond le degré supérieur de l'affirmation ou de la foi, c'est-à-dire la certitude, laquelle ne laisse de place ni au doute ni à l'examen.

Tel est le résultat de l'étude du fait intellectuel : nous sommes certains de posséder la vérité, et nous avons un critérium pour la reconnaître. Ce critérium, c'est l'évidence.

Reste à savoir si ce critérium est acceptable, et si nous pouvons en démontrer la légitimité.

D'abord qu'il soit acceptable, c'est ce qu'on ne saurait mettre en question. La preuve qu'il est acceptable, c'est que tous les hommes l'acceptent, c'est qu'ils ne se sentent même pas libres de ne point l'accepter. En effet, comme nous l'avons établi plus haut, en présence de l'évidence, et particulièrement en présence de l'évidence métaphysique, qui est en même temps nécessaire, nous n'avons pas le choix d'adhérer ou de n'adhérer pas. Heureusement nous sommes constitués de telle sorte que nos discussions, que nos attaques opiniâtres contre l'évidence et la certitude ne sauraient obscurcir l'une ni ébranler l'autre, et que nous les trouvons toujours implicitement contenues dans les arguments élevés contre elles.

Les sceptiques eux-mêmes, qui professent le doute universel, font apparemment (à moins de tomber dans une logomachie inextricable,) une exception en faveur du doute. Or, pourquoi cette dérogation, sinon parce que leur doute leur semble évident, incontestable et hors de question. Que s'il en est ainsi, si quelque chose, fût-ce le doute, échappe au doute et est affirmé comme certain, nous voici ramenés au principe cartésien : admettre ce qui est évident, ce qui est parfaitement clair, ce qui est inébranlable, *aliquid inconcussum.* Vous affirmez que vous doutez, parce qu'il est évident que vous doutez, et vous y êtes contraint sous peine de ne pas vous entendre avec vous-même : maintenant vous essayez en vain de vous arrêter et de ne plus appliquer la règle de l'évidence; vous êtes entraîné malgré vous à revenir sur vos pas, à affirmer ce que vous aviez contesté, à reconstruire pierre par pierre ce grand édifice de la connaissance humaine dont vous aviez cru les débris à jamais dispersés sur le sol (1).

La conduite du sceptique est un perpétuel démenti qu'il se donne à lui-même : il va, il vient, il recherche ce qui lui est bon, il fuit les précipices, les voleurs et les meurtriers avec autant de précaution et de sagacité que s'il était convaincu de la distinction de l'utile et du nuisible, avec autant d'opiniâtreté que si l'apparence était le signe assuré de la réalité (2). Il n'a pas de critérium, dit-il; mais que lui donnerait de plus, en ce qui touche les choses sensibles, la croyance au critérium d'Epicure? Il n'a pas de critérium lorsqu'il n'en veut point avoir, lorsqu'il s'agit du devoir, du sacrifice, du dévouement, du gouvernement des passions et des appétits!

Mais répliquera-t-il, ce n'est pas là répondre; vous ne démontrez pas la légitimité de votre critérium : qui vous assure que votre évidence est l'évidence réelle, que vous

(1) Un philosophe célèbre a dit : On ne fait pas la part du scepticisme. Nous sommes autorisés à changer les termes de la proposition et à dire : On ne fait pas la part de la vérité. Toutes les idées fondamentales se tiennent, en logique comme en morale. Un principe étant posé, il n'est pas en notre pouvoir d'en retenir les conséquences.
(2) « Avant de s'effrayer d'une doctrine, dit judicieusement M. Jouffroy, il faut s'assurer si son application est possible. »

voyez bien la vérité; que si vous étiez autrement fait, vous ne tiendriez pas pour vrai ce que vous estimez faux, et réciproquement? En un mot, établissez la légitimité du signe, et montrez qu'il désigne effectivement la chose signifiée.

Voilà le dernier asile où se sont réfugiés tous les sceptiques, tous depuis Pyrrhon jusqu'à Kant, et qu'ils regardent comme inexpugnable.

En premier lieu, je répondrai que l'impuissance où je suis de démontrer l'autorité de la raison par la raison, car ce serait un cercle vicieux, que cette impuissance, dis-je, ne prouve rien contre les faits acquis.

Or, les faits acquis au débat sont : 1° qu'il y a une lumière irrésistible qui provoque fatalement mon entier acquiescement; que l'évidence des objets, qu'elle soit trompeuse ou non, fait naître la certitude dans le sujet; 2° que le doute absolu, à moins de se renier lui-même, est condamné à la reconnaître et à la proclamer; 3° que la pratique de la vie, au moins dans les choses sensibles, témoigne d'une foi profonde en nos perceptions et en nos instincts.

En second lieu, j'ajouterai que demander la démonstration de la légitimité du critérium, c'est demander une chose contradictoire ou ne pas savoir en quoi consiste un critérium de vérité. L'idée d'un critérium, en effet, est *l'idée d'un signe suffisant pour reconnaître le vrai du faux.* Or, ce signe ne sera suffisant qu'autant qu'il n'aura pas besoin d'un autre signe qui le confirme, car alors ce dernier serait seul suffisant. D'où il suit que le signe sera suffisant s'il est parfaitement clair par lui-même, et c'est là le propre de l'évidence. Que s'il n'en était pas ainsi, il faudrait *a priori* renoncer à la recherche du critérium, et rejeter l'évidence du doute sceptique, parce qu'elle n'est pas démontrable. Les sceptiques ne sauraient donc plus qu'ils sont sceptiques et ne pourraient plus faire profession de l'être.

Supposons qu'ils se réfugient dans l'apparence, nous prenons leur rôle, et leur demandons de prouver que l'apparence est là où ils la trouvent. Les objections qu'ils ont élevées contre notre critérium, nous les élevons contre leur apparence et les mettons au défi d'y répondre.

Poussés à cette extrémité, il ne leur reste plus qu'à se perdre dans une vaine logomachie où le bon sens et la langue refusent de les suivre.

Enfin, comme on l'a fort bien remarqué, lorsqu'ils veulent que la légitimité du critérium soit démontrée, *ou ils s'appuient sur un principe évident pour demander cette démonstration, ou la nécessité de cette démonstration est évidente a priori :* dans les deux cas, ils admettent quelque chose d'évident en soi et d'indémontrable.

III. — EXAMEN DU DEUXIÈME ARGUMENT.

La raison de l'homme, disent les sceptiques, est dans une perpétuelle contradiction avec elle-même. Et ils énumèrent avec complaisance les systèmes, les opinions, les mœurs, les usages et les philosophes qui se combattent les uns les autres. Ils s'efforcent de montrer comment des doctrines, en apparence semblables, sont au fond opposées ; comment l'une nie le corps, comment l'autre nie l'âme ; comment l'homme est ainsi détruit pièce par pièce et en entier. Toutes les armes leur sont bonnes, d'où qu'elles viennent, pourvu qu'elles servent à ruiner la connaissance humaine. Ils accumulent les arguments contre la perception sensible, contre les vérités rationnelles, contre l'histoire, contre les religions ; ils ont à cœur que rien ne reste debout, et lorsqu'ils croient y avoir réussi, ils triomphent. Grâce au doute universel, ils ont obtenu ce qu'ils appellent dérisoirement le repos du sage, et l'on pourrait leur appliquer les paroles de l'historien : *ubi solitudinem faciunt, pacem appellant.*

Au premier abord, on est effrayé en lisant ce long réquisitoire prononcé contre la raison humaine, et l'esprit se trouble en considérant cet amas confus de sophismes puérils et d'observations judicieuses. On serait tenté de répéter les tristes paroles de Hume : « Le spectacle multiplié de tant de contradictions et d'imperfections dans la raison humaine a tellement remué et troublé mon esprit, que je suis prêt à rejeter toute croyance et tout raisonnement, et à ne regarder aucune opinion comme plus probable ou plus vraisemblable qu'une autre. »

Mais pour peu qu'on examine les pièces de cette volumineuse procédure, on reprend courage, on soupçonne que la plaidoirie n'a été aussi longue que parce que la cause n'était pas excellente; on entrevoit la possibilité de défendre l'homme attaqué dans le plus cher de ses biens, et de rétablir les titres de sa foi.

Une première remarque, qui est en même temps une première réfutation, c'est que la polémique instituée contre la certitude repose tout entière sur le principe même de la certitude, à savoir, qu'*une chose ne peut être tout à la fois vraie et fausse.* En effet, pour arguer contre la raison ou les sens des contrariétés de la raison ou des sens, il faut avoir admis préalablement le principe de contradiction et avoir reconnu comme un axiome, comme une proposition évidente, que le *oui* et le *non* ne sauraient être vrais, dans le même moment et sur la même question. De deux choses l'une : ou l'argumentation n'a pas de sens ni de valeur, ou elle implique ce *postulatum*.

Les sceptiques n'ont donc pas le droit de conclure au doute universel, puisqu'il y a, de leur propre aveu, une notion évidente, incontestable, universellement admise, laquelle est le fondement et la condition *sine qua non* de leur critique.

Mais passons outre, et étudions cette critique dans ses détails essentiels.

La connaissance humaine se subdivise en cinq branches : 1° connaissance des faits intimes ; 2° connaissance des faits physiques ; 3° connaissance des vérités premières et de leurs applications ; 4° connaissance des faits passés ; 5° connaissance des vérités religieuses. Et, conformément à la théorie du jugement que nous avons exposée, la foi se partage en autant de branches que la connaissance humaine ; car, on ne saurait trop le répéter, il n'y a pas de connaissance ou de jugement sans croyance.

Or, la première connaissance, celle que nous devons à l'information intérieure, est hors de discussion. *Les plus extravagantes suppositions des sceptiques* ne sauraient ébranler l'autorité du témoignage de la conscience, nous l'avons déjà prouvé. Le doute s'affirme lui-même ou il n'est qu'un vain jeu de mots, indigne d'arrêter l'attention d'un homme sérieux.

Restent les quatre ordres de connaissances indiqués plus haut; eux seuls sont en cause, et c'est sur eux seuls que roulera successivement le débat.

— 1° Les sens se contredisent eux-mêmes et entre eux. J'aperçois une tour à une certaine distance, et elle me paraît ronde ; je m'approche, et elle me paraît carrée. Voilà deux dépositions contradictoires du même sens. Où est la vérité? où est l'erreur? — Plongez un bâton dans l'eau, et à la vue il paraîtra brisé, au tact il paraîtra droit. Lequel croire, du tact ou de la vue? et mille exemples de ce genre.

A ces objections la réponse est courte et facile. Non, les sens ne nous trompent pas. Ils ne nous rapportent que ce qui leur apparaît, et l'apparence varie selon les circonstances, voilà tout. L'erreur ou la contradiction ne viennent pas d'eux, mais du mauvais usage que nous en faisons et de notre jugement trop précipité. « A le prendre d'une certaine façon, jamais les sens ne nous trompent; c'est nous qui nous trompons par notre imprudence sur leur rapport fidèle. Leur fidélité ne consiste pas à avertir l'âme de ce qui est, mais de ce qui leur **paraît être**. C'est à elle de démêler ce qui en est (1). »

Il y a, nous l'avons déjà dit, trois règles dont l'observance assure la certitude de la perception sensible : 1° que les organes soient dans leur état normal; 2° que les sens soient exercés dans leur portée légitime ou naturelle; 3° que nous fassions attention.

Je défie de citer un seul cas où, cette triple condition étant remplie, il y ait eu contradiction, même en apparence.

Mais pourquoi insister? ce n'est pas la perception sensible qui a essuyé les plus vives et les plus sérieuses atta-

---

(1) BUFFIER, *Traité des premières vérités.* Voir notre *Etude de l'esprit humain,* ch. III.

ques. Les sceptiques la regardent d'un œil indulgent, car elle ne donne pas les idées qui les importunent. Et d'ailleurs ils seraient bien empêchés si on les prenait au mot, s'il fallait pratiquer le doute absolu, en présence de la réalité extérieure. Néanmoins ils rejettent spéculativement la certitude des données de la perception matérielle, parce qu'ils comprennent que l'admettre sans contestation, ce serait admettre par là même la certitude des données rationnelles qui sont impliquées dans toute donnée sensible.

— 2° Si les rapports des sens sont indignes de créance, les jugements de la raison ne sont pas moins contestables. « Deux esprits, partant du même point, et marchant au même but, ne sauraient faire quatre pas sans se séparer. Que dis-je ? notre propre esprit, différant de lui-même, adopte et rejette, d'un moment à l'autre, le même jugement, d'une persuasion également pleine, et qu'aucun changement, si soudain qu'il soit, ne déconcerte. Étrange instabilité ! tout passe à travers l'entendement, rien n'y séjourne ; et lui-même, chancelant sur sa base inconnue, ressemble à une maison en ruine que les habitants se hâtent d'abandonner. Voilà notre état, plein d'obscurité, d'ignorance et d'incertitude. Je ne sais quelle puissance fatale se joue dédaigneusement de notre raison, sitôt qu'elle se sépare de la raison commune, la pousse et la repousse en tous sens dans des ténèbres impénétrables. La vérité et l'erreur, sans fondement dans notre esprit, ressemblent à des ondes mobiles qui, cédant au moindre souffle, se croisent, se mêlent, se confondent, et viennent incessamment se briser sur le même rivage (1). »

« On ne voit, dit Pascal, presque rien de juste et d'injuste qui ne change de qualité en changeant de climat. Trois degrés d'élévation du pôle renversent toute la jurisprudence. Un méridien décide de la vérité, ou peu d'années de la possession. Les lois fondamentales changent. Le droit a ses époques. Plaisante justice, qu'une rivière ou une montagne borne ! Vérité en deçà des Pyrénées ; mensonge

(1) *Essai sur l'indifférence en matière de religion*, t. II, ch. I.

au delà. — On aurait besoin d'une règle ; la raison s'offre, mais elle est pliable à tous les sens ; et ainsi il n'y en a point (1). »

« On ne saurait se défendre d'une pitié profonde à la vue d'une faiblesse si extrême et si incurable. Et cependant cette raison hautaine osera vanter sa grandeur, et s'enorgueillir insolemment au milieu de ses domaines fantastiques et de ses richesses imaginaires. Faisons-lui donc sentir une fois sa prodigieuse indigence; dépouillons-la, comme un roi de théâtre, de ses vêtements empruntés, et que, se voyant telle qu'elle est, nue, infirme, défaillante, elle apprenne à s'humilier et à rougir de son extravagante présomption (2). »

Voilà le préambule de l'attaque ; il contient implicitement tous les arguments dirigés contre la raison et ses données.

Nous n'entreprendrons ni l'exposition ni l'examen de chaque objection ; ce serait un travail trop long et peut-être superflu : nous nous bornerons à la réfutation de celles qui portent sur les deux principales vérités de l'ordre moral, c'est-à-dire, sur la distinction du bien et du mal, et sur l'existence de Dieu.

Les sceptiques eux-mêmes appellent, de préférence, la discussion sur ces deux points. On peut remarquer, en effet, qu'ils ne s'arrêtent guère à critiquer les notions premières qui servent de fondement aux sciences exactes (3) ; ils seraient fort en peine de signaler des opinions contradictoires. Je ne sache pas que personne se soit avisé de contester que le plus court chemin d'un point à un autre est la ligne droite, ou que le tout est plus grand que la partie. Je ne sache pas non plus qu'on ait attaqué d'une ma-

(1) *Pensées*, 1re partie.
(2) *Essai*, Id.
(3) « Si la géométrie, dit Leibnitz, dans les *Nouveaux essais sur l'entendement*, s'opposait autant à nos passions et à nos intérêts présents que la morale, nous ne la contesterions et ne la violerions guère moins, malgré toutes les démonstrations d'Euclide et d'Archimède, qu'on traiterait de rêveries, et croirait pleines de paralogismes ; et Joseph Scaliger, Hobbes et autres qui ont écrit contre Euclide et Archimède, ne se trouveraient pas si peu accompagnés qu'ils le sont. »

nière sérieuse le principe de causalité. Ænésidème et Hume n'ont, ce me semble, prouvé qu'une chose, c'est que la sensation est impuissante à expliquer toutes nos idées, et particulièrement l'idée de cause.

Mais, je le répète, la contestation des vérités de l'ordre moral, qui sont les principes du droit et les règles de la conduite, a été, dans tous les temps, le thème favori des sceptiques : c'est contre elle qu'ils ont déployé toute la subtilité de leur argumentation et toutes les ressources de leur génie destructeur ; c'est là aussi que se trouve le secret de leur dangereuse influence. On ne doute que parce qu'on a intérêt de douter. Il faut, comme Leibnitz l'a remarqué, que les passions y trouvent leur profit : et quels avantages retireraient-elles de la négation des axiomes mathématiques ou des lois du monde matériel ?

Mais est-il donc vrai, comme ils le prétendent, que les hommes ne se soient jamais accordés sur la distinction du bien et du mal ; que, sur ce point, la vérité en deçà des Pyrénées soit toujours un mensonge au delà ? Est-il vrai que la raison, selon le lieu et le temps, affirme successivement le oui et le non ?

Consultez le témoignage unanime, cette règle de vérité selon un écrivain déjà cité, et vous serez fixé sur la valeur de cette assertion. Vous verrez qu'il n'y a aucune langue, aucun peuple, aucun individu, même dans les tribus sauvages, qui ne reconnaisse et n'exprime la distinction du bien et du mal. Vous retrouverez toujours et partout, dans toutes les réunions d'hommes, voire même dans la société criminelle des bandits, les idées de droit et de devoir, d'obligation morale et de justice absolue. Ce consentement universel et cette unanimité des témoignages, nul ne saurait les révoquer en doute. C'est un fait incontestable et, je l'avoue, fort embarrassant pour nos adversaires ; car, si tous s'accordent, c'est que chacun adhère, autrement il n'y aurait pas accord.

Mais, répliqueront-ils, la contradiction est ailleurs ; elle est dans la détermination du bien et du mal, dans l'appréciation des actions bonnes et des actions mauvaises.

Les voilà donc forcés d'admettre, comme le dit très-bien M. Mallet, une distinction entre « le principe du bien considéré en lui-même et les applications de ce principe. Cette distinction une fois établie conduit à juger que le principe du bien, considéré d'une manière absolue, est un, éternel, toujours égal à lui-même, tandis que, dans ses applications, il devient variable et indéfiniment extensible. En d'autres termes, la notion du juste et de l'injuste a existé de tout temps et chez tous, absolue, nécessaire, irrésistible : mais appliquée aux actes humains, cette notion, invariable dans sa nature, ne l'a plus été dans le degré. Elle est tombée, comme tout ce qui est de l'homme, sous la loi de la progressivité. »

Ainsi, d'une part, nous avons la science du bien en soi, qui est stationnaire, parce qu'elle est absolue et nécessaire, et d'autre part, la connaissance du bien moral, de ce qui est ou n'est pas conforme au bien en soi, connaissance qui est un art, pour ainsi dire, et par conséquent progressive.

Que les hommes aient varié et varient encore dans la détermination du bien et du mal moral ; que, sur un certain nombre de points, ils se soient contredits, et qu'alors la même chose ait été vérité en deçà des Pyrénées et mensonge au delà (1) : nous l'accordons volontiers aux sceptiques, quoique ces variations soient beaucoup moins nombreuses qu'ils ne le disent ; mais il faut qu'en échange ils nous accordent qu'il y a eu constance et unanimité dans la reconnaissance de la distinction du bien et du mal.

De cette concession involontaire, il suit que les données rationnelles sont absolues et invariables, en ce qui concerne le principe de la morale ; il suit encore que l'assertion des sceptiques perd son caractère d'universalité, puis-

---

(1) Nous reconnaissons que la raison est faillible et la connaissance incomplète, car toute partie de la réalité soutient un certain rapport avec les autres, et, en chaque chose, la vérité est une et les erreurs infinies (JOUFFROY). Partant, nous admettons que, dans toutes ou presque dans toutes ses opérations, l'intelligence est sujette à erreur ; mais c'est précisément ce que nous ne croirions pas, si nous la supposions naturellement trompeuse. Pour croire que l'intelligence se trompe quelquefois, il faut deux choses : admettre sa véracité naturelle, et pouvoir reconnaître à des signes certains les cas où cette véracité naturelle est abusée.

que la raison humaine a été trouvée constante et d'accord avec elle-même sur une seule question, il est vrai, mais sur une question décisive.

La seconde objection, que nous nous proposons d'examiner, porte sur l'existence de Dieu.

Elle est complexe : L'homme, dit-on, ne peut prouver l'existence de Dieu sans faire un cercle vicieux ; et, parmi les hommes, il en est qui croient et d'autres qui ne croient pas en Dieu ; et ceux-là même qui y croient ne se font pas la même idée de la Divinité ; les uns se la représentent sous la figure et avec les passions d'un homme ; et les autres comme un esprit pur et parfait. Ceux-ci ne voient en Dieu qu'un ordonnateur des choses ; ceux-là le regardent comme le créateur de tout ce qui est, du monde et de ses éléments.

Ainsi, on soutient : 1° que l'existence de Dieu est indémontrable ; 2° qu'il y a des athées ; 3° que les idées que nous avons de la Divinité sont contradictoires.

En premier lieu, nous répondrons qu'effectivement l'existence de Dieu est indémontrable, si l'on entend le mot *démontrer* dans le sens que les géomètres lui attribuent. Démontrer pour eux, c'est établir une vérité nouvelle, dont on n'avait antérieurement aucune idée : c'est ainsi qu'on démontre que les trois angles d'un triangle sont égaux à deux angles droits, en s'appuyant sur des propositions déjà prouvées ou sur des propositions dont l'essence est d'être évidentes par elles-mêmes et qu'on appelle axiomes.

Démontrer Dieu de cette manière, *more geometrico,* est une entreprise impossible, parce que Dieu n'est pas une conséquence qu'on puisse rattacher à un principe supérieur. Mais le mot démontrer a un autre sens : il signifie éclaircir, mettre en lumière une idée qui est déjà dans l'entendement. C'est ainsi que nous démontrons la liberté humaine, c'est ainsi que nous démontrons l'existence de Dieu. Nous ne prétendons pas faire naître cette idée dans l'âme qui en serait destituée ; nous prétendons seulement rendre plus claire et plus saisissante l'idée que tous les hommes en ont naturellement.

Or, la démonstration ainsi conçue est-elle possible? n'est-elle pas tout à la fois et très-légitime et très-utile? C'est ce que nos adversaires ne sauraient contester.

En second lieu, nous affirmons qu'il n'y a pas d'athées, par l'excellente raison qu'il n'y a pas d'hommes qui ne reconnaissent comme vrai ce principe, sur lequel reposent la plupart des sciences et la vie humaine elle-même, à savoir que *tout phénomène suppose une cause*. Qu'est-ce que l'affirmation de ce principe, sinon l'affirmation implicite de l'existence d'un Dieu, auteur de tout ce qui est? Essayez de le nier! prononcez du bout des lèvres ce blasphème : *Dieu n'est pas!* et j'en appelle à votre conscience, qui est l'écho vivant de la voix éternelle. Dites : *L'univers n'a pas d'auteur!* et j'en appelle à votre raison, qui se briserait plutôt que de concevoir un fait sans cause.

En troisième lieu, je reconnais que les hommes imaginent Dieu de mille manières diverses, et que beaucoup se font un Dieu à leur mode. Mais quelles conséquences en tirez-vous? Nous voilà condamnés ensemble à confesser pour Dieu ce que nous avons confessé pour le bien, qui n'est qu'une face de Dieu, c'est que le principe suprême est admis par tous, irrésistiblement, absolument, mais que l'idée que nous en avons est plus ou moins claire, plus ou moins digne de la majesté divine.

Assurément le Dieu de saint Augustin et de Fénelon ne ressemble guère à ces vaines divinités du monde païen, ou, selon l'expression de Bossuet, tout était Dieu excepté Dieu lui-même. Il y a entre ces deux idées d'un pouvoir supérieur toute la distance qui sépare la théogonie d'Hésiode de la théodicée chrétienne; néanmoins ce sont toujours des idées diverses d'un seul et même être, dont on a pu altérer les sacrés caractères, mais dont on n'a méconnu ni l'existence ni la nécessité.

— 3° L'autorité du témoignage n'a pas été plus respectée que celle de la raison; et cela devait être. S'arrêter devant le témoignage, c'eût été une inconséquence que Pyrrhon et ses disciples n'ont pas commise, quoiqu'ils en aient peu parlé, et qui était réservée au scepticisme moderne. La valeur du témoignage des hommes dépend de la valeur de la raison individuelle ; et qui nie chaque partie ne saurait affirmer le tout.

J'imiterai la réserve des pyrrhoniens et me bornerai à reproduire une remarque déjà faite : c'est que le doute ne peut porter que sur les faits secondaires et peu importants. L'humanité, intéressée à ne pas laisser altérer les faits principaux de son histoire, proteste toutes les fois que la vérité est violée. Si donc la tradition n'a point été interrompue et si elle rapporte des faits considérables, elle n'est jamais contredite par une autre tradition, et on est obligé d'avoir foi en son rapport. Une génération ne saurait se donner le mot pour tromper les générations qui viendront après elle. Qu'on imagine une pareille conspiration, et l'on aura une hypothèse absurde, aussi peu admissible que l'hypothèse d'un cas particulier où la partie serait égale au tout (1).

— 4° Le scepticisme, contraint de battre en retraite, a réuni ses forces contre la connaissance des vérités religieuses : il a opposé la raison à la foi, et il a conclu qu'il fallait ou rejeter les mystères et les miracles, les uns parce qu'ils sont inintelligibles, les autres parce qu'ils sont surnaturels, ou répudier la raison et ses données.

Ainsi transformé, le scepticisme n'est plus que partiel, quoique le nombre des sceptiques, en pareille manière, soit plus considérable ; c'est un accident, voilà tout.

En présence de cette nouvelle évolution, je sens qu'une extrême réserve m'est imposée. Je n'ai pas l'autorité qui sied à un défenseur de la religion. Cependant qu'il me soit permis de faire deux observations :

I. Pour nier les mystères (2), il faudrait préalablement démontrer qu'ils sont en contradiction avec les vérités rationnelles, et c'est ce qu'on n'a pas fait. Si l'on insiste en disant : « Je les rejette par cela seul qu'ils sont incompré-

---

(1) On a appliqué au témoignage la théorie de la probabilité (Hume); nous renvoyons à l'examen du probabilisme où il est démontré qu'il n'y a pas de fait probable, s'il n'y a point de fait certain.

(2) Voir, pour les miracles, le chapitre du témoignage.

hensibles : je réponds avec Hume : « Si notre ignorance était une raison suffisante pour nier une chose, nous devrions refuser toute force active à Dieu, aussi bien qu'à la matière la plus grossière, puisque très-assurément, nous ne comprenons pas davantage les opérations divines que celles des corps (1). » Et j'ajoute, si pour nier il suffisait de dire : *Je ne comprends pas :* que croirions-nous? Comprenons-nous comment les plantes naissent et se développent, comment ce gland enfoui dans le sol produira un chêne magnifique sous l'ombrage duquel nos descendants viendront s'abriter? Comprenons-nous comment les corps sont sollicités par une force qui les attire les uns vers les autres? Comprenons-nous le mystère de la génération et de notre propre existence? et cependant pouvons-nous contester ces faits mystérieux?

Ce point est essentiel. « C'est une chose sans difficulté parmi les théologiens qui entendent leur métier, que *les motifs de crédibilité* justifient, une fois pour toutes, l'autorité de la sainte Écriture devant le tribunal de la raison, afin que la raison lui cède dans la suite, comme à une nouvelle lumière, et lui sacrifie toutes ses vraisemblances (2). »

II. Nous ne saurions admettre cette manière de penser qui, depuis quinze ou vingt ans, se répand et se propage en France : « Cette incrédulité respectueuse et voilée qui prend les dehors et les apparences de la religion, et s'assied même encore, à l'occasion, dans le sanctuaire, est beaucoup plus dangereuse que l'impiété nue, dédaigneuse, éhontée, qui dominait dans le siècle dernier (3). »

Certains philosophes semblent dire à la religion leur institutrice : « Nous vous respectons, nous vous adorons sincèrement, parce que vous êtes la forme de la vérité en elle-même. Vous êtes une forme belle, ingénue, admirable, sublime, utile et favorable aux enfants et au peuple, né-

---

(1) Hume, 7º *Essai*, 2º partie.
(2) Leibnitz, *Discours sur la conformité de la raison et de la foi*.
(3) Gioberti, *Introduction à l'étude de la Philosophie*, t. IVº (traduction de M. Alary).

cessaire jusqu'au moment où le genre humain aura pris la robe virile ; mais vous n'êtes en substance, soit dit sans vous offenser, qu'une simple forme. Or, les formes ne peuvent durer toujours ; elles s'effacent peu à peu, à mesure que la civilisation grandit et se propage parmi les hommes, et qu'elle fait place aux idées.

» Un temps viendra où tous les hommes, ou du moins presque tous, seront philosophes et n'auront pas besoin de culte, de symboles, de mystères, **de prêtres**. Alors inutile, vous serez bannie du commerce des humains. Mais comme ce temps est encore éloigné, et que la foule des ignorants est encore fort grande, vous êtes encore nécessaire au monde.

» Voilà pourquoi nous vous chérissons, nous vous vénérons profondément, nous contentant de désirer et d'accélérer de tous nos vœux ce jour bienheureux où nous pourrons nous passer de vous.

» En attendant, vous nous permettrez à nous, pour ce qui nous concerne en particulier, de participer aux priviléges de l'avenir, et de nous conduire en tout comme il convient à des philosophes : car, ayant pris par avance possession de la civilisation future, la raison veut que nous jouissions dès à présent de ces priviléges.

» Nous louerons donc vos formes, mais nous n'en tiendrons aucun compte pour nous-mêmes ; nous les recommanderons au peuple, mais nous nous contenterons de les laisser subsister. Nous prêcherons la nécessité de la foi, tout en faisant profession d'incrédulité ; nous dirons à la jeunesse et aux simples : *croyez*, parce que vous n'êtes encore ni dignes ni capables d'être philosophes, parce que les jeunes gens et les simples doivent croire (1). »

Ces observations suffisent : le scepticisme contestant la légitimité de notre connaissance des vérités religieuses n'est ni plus autorisé ni plus sincère, quoiqu'il soit plus populaire, que lorsqu'il attaque nos autres moyens de connaître. S'il paraît plus fort, c'est qu'il a nos préjugés pour auxiliaires et nos passions pour complices.

(1) GIOBERTI, *id.*

IV. — DU PROBABILISME.

A côté du scepticisme que nous venons d'étudier, scepticisme qui dit ce qu'il est et ce qu'il veut, nous trouvons, dans l'histoire de la philosophie, un scepticisme aussi radical, quand on y regarde de près, mais plus subtil, plus effrayé de lui-même, et qui a la double prétention de se rattacher à l'Académie et de combattre le Portique, sans se confondre avec le doute pyrrhonien.

Ce scepticisme déguisé, c'est le probabilisme, lequel est représenté, chez les Grecs, par Arcésilas et Carnéade, et chez les Romains, mais plus timidement et avec de nombreuses contradictions, par l'auteur des *Académiques*.

Voici d'abord comment ils justifient leur prétendue filiation : « Socrate, dans les nombreux discours que nous avons de lui, enseigne que rien ne peut être véritablement connu ; il ne fait qu'une exception, c'est qu'il sait qu'il ne sait rien ; et Platon, s'inspirant de Socrate, dit, au commencement du Timée : « Il faut vous souvenir que moi qui parle, je suis un homme, comme vous qui jugerez : de sorte que si je dis des *choses probables*, vous ne devez rien demander de plus. »

Il serait superflu de justifier Socrate et Platon, et de montrer le véritable caractère du doute socratique, caractère qui éclate dans les *Entretiens mémorables* et particulièrement dans les *Dialogues* où le disciple représente son maître aux prises avec les sophistes, se servant de leur dialectique, et les forçant à confesser les IDÉES, principes éternels de la vérité. Mais le doute socratique, le prît-on au pied de la lettre, ne saurait se confondre avec le doute de la moyenne Académie ; car Arcésilas, son fondateur, niait, de l'aveu de Cicéron, qu'on pût rien savoir, pas même ce que Socrate avait réservé (1).

(1) On ne comprend guère comment les probabilistes reconnaissent Arcésilas pour leur maître. Ce philosophe est un sceptique franc et sans détours : pour lui, il n'y a pas de vérité, ni de vraisemblance, ni d'apparence ; il ne sait pas même s'il doute. C'est Carnéade qui a transformé le doute absolu en un probabilisme plus approprié aux exigences de la vie pratique.

La doctrine de la moyenne Académie se résume en quelques mots :

« Aux choses vraies sont toujours mêlées des choses fausses qui n'en diffèrent pas, et il n'y a aucun critérium pour les distinguer. On n'est jamais assuré de posséder la vérité, et on ne saurait admettre la *catalepsie* des stoïciens. Ce que je vois, lorsqu'il frappe fortement mon esprit et mes sens, je l'accepte, j'y donne mon assentiment, mais je ne le perçois pas (1). Je ne crois pas que rien puisse être perçu, mais comme je ne suis pas le sage (et le sage ici, c'est Arcésilas), je cède et ne puis résister aux apparences (2). »

Mais *si je ne puis saisir la vérité, je saisis le vraisemblable;* si je n'atteins pas la vérité pure et complète, je vois le vrai mêlé au faux ; si je ne m'élève pas à la certitude, j'arrive à la *probabilité*, et c'est d'après elle que je me gouverne (3).

Maintenant, que l'on nous permette de prendre le rôle du contradicteur des Académiciens et de parler par la bouche de Lucullus (4).

» Quoi ! vous dites que toujours le faux est mêlé au vrai : et comment savez-vous qu'il en est ainsi ? Pour celui qui ne perçoit pas la vérité, rien ne peut être vrai, rien ne peut être faux, et il n'y a aucun mélange du vrai et du faux. Car la notion d'un mélange du vrai et du faux implique une certaine notion de la vérité : et de même que je n'accorderai pas à Pyrrhon de signaler les erreurs des sens ou de l'intelligence et d'en tirer une conclusion, s'il n'a pas une marque au moyen de laquelle il discerne la vérité de son contraire, si du moins il n'admet pas le principe de contradiction comme évident *a priori;* de même je ne vous accorderai pas qu'il y a un mélange du vrai et du faux.

» Il faut que vous optiez : ou la vérité peut être perçue,

---

(1) *Académiques*, II.
(2) *Académiques*, II.
(3) *Académiques*, II.
(4) Lucullus est, dans le dialogue de Cicéron, le représentant des dogmatiques. Nous n'avons fait, le plus souvent, que reproduire son argumentation.

ou il n'est pas permis de dire que le faux est constamment mêlé au vrai. Bien plus, il ne vous est pas permis d'ajouter : « Nous avons beaucoup de choses probables que nous pouvons facilement suivre, mais à peine affirmer (1). »

Que si quelqu'un n'admet aucune notion de la vérité, il doit nécessairement rejeter la vraisemblance et la probabilité (2). Qu'est-ce, en effet, que la vraisemblance, sinon, pour suivre l'étymologie, une certaine ressemblance du vrai, une certaine image de la vérité? Or, si vous ignorez la vérité, comment reconnaîtrez-vous ce qui lui ressemble? Qui n'a pas vu l'original est-il en droit de dire que le portrait est ressemblant?

D'autre part, qu'est-ce que la probabilité, si ce n'est ce qui se rapproche de la certitude? Comment estimer qu'une chose est probable, si l'on ignore à quelles conditions elle est certaine? Lorsque, dans une loterie qui contient dix billets, j'en prends neuf, il me paraît probable que je gagnerai ; je sais qu'il n'y a qu'une chance contre moi, et si je ne le savais pas, c'est-à-dire, si j'ignorais que la possession des dix billets implique l'infaillible assurance de gagner, je ne croirais pas, en en ayant neuf, gagner probablement.

La probabilité est à la certitude ce que la vraisemblance est à la vérité : elle la suppose et ne peut exister sans elle.

Démocrite, l'inventeur des atomes, enseigne que les images des corps entrent dans notre âme et que l'intelligence ne perçoit pas les choses extérieures, mais leur effigie. Les Académiciens, commettant une erreur analogue, soutiennent que l'âme ne voit pas le vrai, qu'elle ne s'élève jamais à la certitude, mais qu'elle saisit seulement le vraisemblable et n'atteint que la probabilité : leur théorie n'est pas plus fondée que celle des espèces intermédiaires et donne lieu aux mêmes objections.

(1) *Acad.*, II, 21.
(2) « *Nihil mihi esse videtur absurdius quam dicere se verisimile sequi eum qui verum quid sit ignoret. — Tu ergo cum te nihil veri scire dicas, unde hoc verisimile sequeris? — At enim nomen ei non potui aliud imponere. — Quid ergo nobis disputandum est cum eo qui nec loqui potest?* »
(Div. Augustinus, *Contra Acad.*, II. 12.)

Mais accordons ce qu'ils demandent : nous n'atteignons que le vraisemblable et jamais le vrai ; voici une autre difficulté : Si le vrai ne sert pas à distinguer le vraisemblable, quel sera le critérium du vraisemblable?

Cicéron l'a déjà dit : « L'apparence qui frappe fortement mon esprit et mes sens, je l'accepte, j'y donne mon assentiment ; mais je ne perçois pas, je ne crois pas que rien puisse être perçu. » C'est là, il faut l'avouer, une théorie singulière du jugement : l'assentiment séparé de la perception et considéré comme un acte isolé et indépendant, comme un acte qui n'en suppose aucun autre ! Et c'est là aussi, comme nous l'avons montré au commencement de cette étude, que se trouve le principe de l'erreur des sceptiques et des probabilistes.

Non, il n'est pas vrai qu'on puisse croire sans percevoir, pas plus qu'il n'est vrai qu'on puisse percevoir sans croire. L'un ne va pas sans l'autre, et le degré d'énergie de la croyance est proportionné au degré de clarté de la perception. Et quand vous dites que vous croyez aux apparences qui vous ont touché fortement, et que cependant vous ne percevez pas, c'est un pur jeu de mots. Pour que vous croyiez aux apparences qui touchent votre âme, il faut premièrement que vous ayez conscience de la sensation éprouvée : et avoir concience, n'est-ce pas percevoir ? Il faut, en second lieu, que vous perceviez le phénomène extérieur, cause de la sensation, pour pouvoir dire ensuite qu'il provoque irrésistiblement votre assentiment. Donc, vous percevez toutes les fois que vous croyez, et votre théorie est fausse.

Mais c'est trop insister sur ces subtilités puériles. Les Académiciens sont placés dans cette alternative ou de reconnaître la vérité et la certitude, ou de rejeter la vraisemblance et la probabilité.

L'interlocuteur des Académiques va plus loin encore ; il produit un argument qui touche particulièrement Cicéron ; car ce grand homme, par une généreuse inconséquence, voudrait au moins préserver la morale des atteintes de Carnéade. Lucullus lui dit donc : La vie doit être conforme à la doctrine. Aussi quiconque supprime la perception ou la croyance supprime tous les actes de la vie. C'en est fait alors de ce souverain bien qui, pour l'auteur des *Tusculanes,* est le principe suprême de la conduite humaine, le principe sans la connaissance et la certitude duquel il n'y a aucune règle des mœurs, aucun port où l'homme puisse se réfugier (1).

L'historien et disciple des probabilistes ne répond rien à cette objection : et que pourrait-il répondre (2) ? que pourrait-il alléguer qui ne fût réfuté d'avance par ce beau passage sur l'immortalité de l'âme : « Tout ce qui est fait par ton âme est donc fait par toi. Mais si cette âme ignore quelle elle est, dis-moi, je t'en prie, ne sait-elle pas qu'elle est (3) ? »

N'est-ce pas, sous une autre forme, le célèbre *cogito, ergo sum* de notre Descartes ? Ajoutez seulement quelques mots, et vous aurez une argumentation invincible. Comment sais-tu que l'âme existe sinon parce que c'est évident ? Tu possèdes donc une connaissance vraie et qui n'est corrompue par aucun mélange d'erreur : tu es certain. Le signe qui distingue le vrai du faux est trouvé, et du même coup tu crois et tu perçois.

Cela admis, il ne reste qu'un parti à prendre : c'est de faire comme Antiochus, qui sacrifia courageusement ses anciennes amitiés à ses convictions nouvelles, et qui déserta l'école de Carnéade. Il est plus honorable et plus doux de s'asseoir sous les ombrages de l'Académie ou parmi les sages du Portique que de suivre, timidement et

(1) *De Finibus,* v, 6.
(2) C'est un fait digne de remarque : Cicéron, sceptique en psychologie et en logique, est dogmatique en morale. Cette honorable contradiction se retrouve dans les écrits d'un éminent philosophe moderne. Kant, adversaire de Hume et finalement sceptique comme lui, après avoir établi, dans la *Critique de la raison pure,* la subjectivité de la vérité, proclame, dans la *Critique de la raison pratique,* l'existence objective et absolue de la vérité morale. Nouvelle preuve que, dans les âmes honnêtes, la vérité a de profondes racines que rien ne saurait détruire. Un instant effacée et compromise par les exigences du système, elle se fait jour par quelque côté et, en dépit de la logique, elle recouvre ses droits et sa puissance.
(3) Cic., *Tusc.*

de loin, cet effronté sophiste qui fut chassé de Rome par la voix du vieux Caton.

V. — DU SCEPTICISME THÉOLOGIQUE.

Le véritable scepticisme est en apparence désintéressé et conséquent, en ce sens qu'il doute pour douter et sans tendre, même indirectement, à un but dogmatique. Mais il y a un autre scepticisme, qui n'emprunte au premier que son point de départ et qui, après que le procès de l'intelligence a été fait, s'en sépare complétement dans la conclusion. Je veux parler du scepticisme *théologique.*

Pour lui, le doute est un moyen, une machine de guerre, et non une fin. S'il fait alliance avec les sophistes, c'est seulement pour abattre l'ennemi commun : la victoire obtenue, il déserte la coalition et veut pour lui seul les fruits de la guerre.

Voici sa thèse : La vérité ne se peut trouver en nous, mais il ne suit pas de là qu'elle ne se puisse trouver hors de nous.

Et parmi les théologiens sceptiques, les uns disent : « Si nous nous défions à bon droit de notre raison, nous ne saurions légitimement contester la révélation divine. »

Et les autres disent : « Si nous repoussons l'autorité du sens individuel, nous ne pouvons pas ne pas admettre l'autorité du sens commun ou du témoignage universel. »

Ces deux assertions supposent le même doute et aboutissent à la même conclusion ; néanmoins elles diffèrent en ce que, dans la dernière, on propose un critérium de la vérité qui est le sens commun ; tandis que, dans la première, on passe, pour ainsi dire, de plain-pied du doute en la légitimité de nos facultés à l'affirmation de l'évidence de la foi.

Huet et Pascal (sans parler d'Algazel) sont les soutenants les plus illustres du système radical (1) ; l'auteur de l'*Essai*

---

(1) Encore y a-t-il plus d'une réserve a faire relativement à Pascal. S'il ne laisse échapper aucune occasion de *mâter* la Raison, il n'hésite pas non plus à reconnaître qu'il y a certaines sciences complétement indépendantes de l'autorité.

sur l'indifférence en matière de religion a imaginé le critérium du témoignage universel, au moyen duquel il espère franchir l'abîme qui sépare le scepticisme de la foi. Mais, je le répète, tous raisonnent de la même manière contre la raison, tous soutiennent la radicale impuissance de l'esprit humain, tous acceptent et reproduisent, en changeant seulement les expressions, l'argumentation que l'évêque d'Avranches a presque textuellement empruntée à Sextus Empiricus. Tous enfin adhèrent, en attendant la foi, au probabilisme exprimé et défendu en ces termes :

« Encore que nous ne marchions pas à la lumière du soleil et en plein midi, nous marchons au moins à la lumière réfléchie de la lune; et encore que nous n'ayons pas une connaissance certaine de la vérité, nous avons au moins des vraisemblances.

» Mais, en disant que certaines choses nous paraissent vraies, je n'assure pas pour cela qu'elles soient vraies, car *autre chose est paraître, autre chose est être.* Bien plus, je n'assure pas même que ces choses nous paraissent vraies, je dis seulement que cela me paraît ainsi. Car, comme je dis que ce qui est vraisemblable est incertain, je dis aussi que l'idée du vraisemblable est incertaine; de sorte que, quand je dis qu'une chose me paraît vraisemblable, cela même que je dis, sujet à la même loi, est de l'incertitude. Or, ce sont ces vraisemblances et ces probabilités que nous devons suivre dans l'usage de la vie au défaut de la vérité, soit lorsque l'inclination naturelle de l'entendement et de nos sens nous y attire, soit lorsque nous sommes pressés par les besoins du corps, comme par la faim et la soif, soit lorsque nous suivons les coutumes et les lois, soit lorsqu'il faut pratiquer les arts nécessaires à la vie (1).»

« On nous objecte que nous nous privons de la science de la vie. C'est une vieille plainte et usée, souvent réfutée par les anciens académiciens et les sceptiques, qui ont répondu qu'*autre chose est de vivre, autre chose est de philosopher.* »

« Lorsqu'il s'agit de conduire sa vie, de s'acquitter de

(1) HUET, *Traité de la faiblesse de l'esprit humain*, II, 4.

ses devoirs, nous cessons d'être philosophes, d'être contrariants, douteux, incertains; nous devenons *idiots*, simples, crédules; nous appelons les choses par leur nom; nous reprenons nos mœurs et notre esprit; nous conformons nos mœurs aux mœurs des autres hommes, à leurs coutumes, à leurs lois. Moi qui doutais tantôt *si j'étais*, s'il y avait d'autres hommes, je bannis maintenant toutes ces pensées; et comme étant assuré que je suis et que les autres hommes sont, je mange, je bois, je marche, je vais voir mes amis, je les salue, je les entretiens, j'affirme, je nie; j'assure que cela est vrai, que cela est faux. Car, comme dit Cicéron, il y a grande différence entre la subtilité avec laquelle on recherche la vérité dans la dispute, et celle avec laquelle on ajuste son discours à l'opinion commune. Un voyageur qui ne sait point le chemin qu'il doit tenir, ne s'arrête pas pourtant dans le carrefour qu'il rencontre (1). »

Voilà le probalisme professé avec franchise et sans tempérament.

Mais ici commence le dissentiment qui sépare les théologiens et l'Académie, et les théologiens entre eux.

« Dieu, dit Huet, répare ce défaut de la nature humaine (qui ne peut atteindre la vérité avec les seules lumières de l'intelligence), en nous accordant ce don inestimable de la foi, que confirme cet embarras des doutes qu'il faut apporter à la connaissance des choses (2). »

— Nous avons reconnu, dit de son côté l'auteur de l'*Essai sur l'indifférence*, trois choses : 1° l'impossibilité de trouver en nous la certitude rationnelle; 2° la nécessité invincible du croire; 3° la règle générale qui détermine nos croyances, c'est-à-dire *l'autorité ou le consentement commun.*

« Le consentement commun ou l'autorité, voilà donc la règle naturelle de nos jugements; et la folie consiste à rejeter cette règle, en écoutant sa propre raison de préférence à la raison de tous. Il suit de là que le principe le plus général de la philosophie et de l'incrédulité est la définition rigoureuse de la folie; et aussi le sens commun,

(1) Huet, *id.*, iii, 9.
(2) Huet, *id.*, ii, 2.

qui jamais ne se laisse abuser par des sophismes, déclare fou quiconque oppose sa raison particulière à la raison générale (1). »

Ainsi, les théologiens sceptiques s'accordent pour déclarer l'impuissance de la raison et pour se réfugier dans la foi; mais, entre la foi et la raison individuelle, les uns admettent un moyen terme qui est le sens commun, et les autres ne l'admettent pas.

Apprécions successivement ces deux doctrines.

D'abord, si je ne me trompe, les théologiens sceptiques qui refusent à mon intelligence la capacité de percevoir ce qui est, se contredisent eux-mêmes. A qui et avec quoi veulent-ils démontrer leur thèse? C'est à moi qu'ils s'adressent, évidemment. Mais, selon eux, je suis condamné à m'égarer toujours; je ne sais pas, je ne saurai jamais discerner l'erreur de son contraire. Ils me prennent pour juge après m'avoir récusé; ils me soumettent la décision du procès, eux qui ont déclaré mon incompétence! Et ce procès qu'ils viennent d'instruire, comment en ont-ils rassemblé les pièces? qui accuse la raison? c'est la raison des théologiens, raison trompeuse comme la mienne et au même titre que la mienne.

Tout d'abord, je pourrais donc leur opposer une fin de non-recevoir. Mais, pour un moment, je feins de n'apercevoir pas que leur proposition est contradictoire; je consens à juger, à prononcer l'arrêt qu'ils sollicitent : ma raison reconnaît qu'elle est indigne de créance; elle abdique humblement. Quel avantage ont-ils obtenu? ayant dépouillé tout droit à la connaissance, il ne me reste plus qu'à me résigner à ne rien savoir.

— « C'est une nouvelle erreur de votre raison, répliquent-ils; maintenant vous êtes à nous, vous êtes sauvé, vos yeux s'ouvrent à la lumière, laissez-vous éclairer par la révélation divine, par le témoignage universel. »

La révélation divine! quelle est la révélation divine? Toutes les religions se disent révélées de Dieu : quelles sont celles qui mentent, quelle est celle qui est vraie?

(1) LAMENNAIS, *Essai*, etc., t. IV, ch. x, *de la défense*.

— « Vous reconnaîtrez la révélation à certaines marques évidentes ; vous ferez comme nous, vous choisirez, ou plutôt vous serez entraîné irrésistiblement par l'Esprit de vérité qui parle dans les Livres saints. »

Je n'entends pas ce langage : vous avez choisi, dites-vous ; mais qui donc vous garantit à vous-mêmes l'excellence de votre choix? Les sens, je m'en souviens encore, sont proscrits comme la raison. Ainsi le veut la logique; car qui admet la légitimité des perceptions sensibles admet celle des données rationnelles qu'elles supposent nécessairement.

Mais réfutons cette argumentation en la prenant de plus haut : si, comme vous le soutenez, *autre chose est de paraître, autre chose est d'être*, s'il n'y a que du probable et du vraisemblable, si nous sommes incapables de juger de la vérité, soyez donc conséquents : niez et Dieu, et la révélation, et le christianisme, ou ne les admettez que comme choses probables.

Vous prétendez que là se trouve la certitude divine. Vaine illusion ! il n'y a, dans ce cas, pas plus de certitude divine que dans les autres cas. En effet, qu'est-ce qui est certain? Est-ce le sujet qui connaît ou l'objet qui est connu? Si c'est l'objet, car ici Dieu et la vérité révélée sont les objets de la connaissance, de quel droit concluez-vous de l'objet au sujet? Si c'est le sujet qui est certain, en vertu de quoi est-il certain? ce ne peut être qu'en vertu de sa faculté de juger, ou mieux en vertu de sa faculté d'être certain.

Dieu est, il se manifeste à ma raison; il se révèle à moi, il se fait évident à l'homme, et l'homme est certain que Dieu est. Donc, l'homme, et partant la raison ou l'intelligence de l'homme, peu importe le nom, est capable de certitude; donc, si l'on ne vous arrêtait pas, dans votre confusion de l'évidence et de la certitude, du sujet et de l'objet, dans votre empressement à dégrader la raison humaine, vous détruiriez la foi.

L'objection me semble invincible : si la raison nous trompe toujours, la vérité et la religion sont à jamais compromises, car il n'y a plus d'évidence, de démonstration ni d'examen.

Pour nous, nous sommes persuadés que cette certitude, soit que nous soyons certains des vérités rationnelles, soit que nous soyons certains des vérités révélées, *est une certitude humaine*. Nous protestons contre la certitude impersonnelle, comme nous avons protesté contre la raison impersonnelle.

Il faut prendre son parti sur ce point : que nous connaissions par Dieu ou par nous, c'est toujours l'homme qui connaît, l'homme qui est certain. Les objets de la connaissance sont divers, le sujet intelligent est toujours le même. C'est pourquoi la foi est raisonnable, quoiqu'elle enseigne des vérités qui sont hors de la portée de la raison; car la foi, c'est la raison humaine reconnaissant ingénuement qu'elle a des bornes, et qu'au delà de ces bornes est une raison supérieure devant laquelle elle doit s'incliner.

Aux partisans de la doctrine du *sens commun*, nous ferons une réponse analogue, nous leur dirons : Vous invoquez le témoignage universel; mais où donc est-il? Comment constater qu'il est universel? comment me mettre en rapport avec lui, c'est-à-dire, comment le discerner? Je n'ai pas oublié que mon intelligence est toujours faillible, et que je ne dois avoir aucune confiance en elle (1).

Le témoignage universel, fut-il efficace, échappe à notre discernement. Celui qui dit : croyez au plus grand nombre; dit une puérilité; car nul homme ne peut parcourir tous les hommes et discerner ce qui plaît à la majorité. Il peut même arriver que ce qui est rare parmi nous, soit fréquent parmi les nations qui nous sont inconnues; et récipro-

---

(1) « S'il n'y a pas d'autre marque ou critérium de la vérité que le consentement universel, toutes ces erreurs que Bacon appelle *idola tribus* n'auront-elles pas droit d'être admises au rang des axiomes scientifiques incontestables? Et les arguments populaires contre le mouvement de la terre, qui ont si longtemps empêché la propagation du système de Copernic, n'auraient-ils pas pu être opposés, comme réponse d'une autorité souveraine, aux raisonnements scientifiques des astronomes? »
(D. Stewart, *Philosophie de l'esprit humain*.)

quement, ce qui est fréquent parmi nous peut être rare ailleurs (1).

Je vais plus loin, je soutiens qu'on n'a pas compris la nature et la portée du témoignage. Certes, je ne conteste pas la valeur des connaissances qu'il nous donne : elles sont certaines. Les révoquer en doute, ce serait révoquer en doute presque tout ce que nous savons, ce serait effacer d'un trait de plume l'histoire, la tradition et les sciences qui reposent sur lui.

Je ne suis pas seulement persuadé de l'existence des objets que je touche ou que je vois, je le suis encore de l'existence des objets que mes semblables m'attestent avoir vus ou touchés. Certaines conditions étant remplies, j'accorde au témoignage des hommes une confiance pleine et entière; et, en faisant cela, j'obéis à un penchant irrésistible qui est en moi.

Mais de ce que le témoignage est la source d'un grand nombre de notions, faut-il en conclure qu'on ne puisse rien connaître que par lui, et que nous ayons besoin d'avoir, pour ainsi dire, sa sanction, pour croire en nos propres facultés? Si l'on admet une pareille conséquence, on s'engage dans un cercle dont on ne pourra jamais sortir : l'intelligence appelée à constater le témoignage, et le témoignage appelé ensuite à valider la perception de l'intelligence!

Les objets que nous percevons sont de deux espèces : nous percevons les phénomènes, les faits; nous percevons les principes et leurs applications. Or, les faits se subdivisent à leur tour en deux catégories : les faits qui sont dus à l'expérience personnelle, les faits dont nous sommes témoins ou auteurs, et ceux qui sont dus à l'expérience d'autrui, ceux que d'autres hommes ont vus ou accomplis. Je le demande, les faits ou les phénomènes que nous produisons ou qui apparaissent sous nos yeux, sont-ils évidents? en sommes-nous certains *a priori*, et lorsque nous

---

(1) SEXTUS EMPIRICUS (*Hyp. pyrr.*); et il ajoute : « C'est pourquoi, à cause de la diversité des hommes, il est nécessaire de conclure à la suspension de l'assentiment. »

les avons observés avec attention, avons-nous besoin, pour croire à leur existence, de l'acquiescement et du témoignage des autres hommes? Évidemment non.

Je vois un arbre, je meus mon bras, et je suis aussi certain de voir un arbre et de mouvoir mon bras que d'exister et de penser. Le genre humain m'attesterait ces deux faits que je n'y croirais pas plus ni moins. Ils ont leur évidence en eux-mêmes, et sont par conséquent en dehors de toute démonstration.

Mais je n'en dirai pas autant des faits de la seconde catégorie, de ceux que n'atteignent point mes sens et ma conscience, de ceux qui se passent dans un temps ou dans un espace éloigné de moi : je ne connais ces faits que par le témoignage; je n'apprends et je ne puis apprendre leur existence que par l'intermédiaire des hommes qui sont ou qui ont été dans cet espace et dans ce temps. Ici encore je suis certain, quoique la certitude n'ait pas la même origine et les mêmes conditions.

L'expérience d'autrui me paraît digne de créance, parce que j'estime que toutes les créatures raisonnables sont faites comme moi, qu'elles ont des facultés capables de saisir la vérité, et que la foi en leur sens et en leur conscience est fondée. C'est en vertu de cette induction, dont le point de départ est l'observation intime, que mes semblables et moi nous croyons réciproquement les uns aux autres, et que les sciences historiques ou expérimentales, œuvres de tous, sont acceptées et reconnues vraies par chacun.

Telle est la double origine des connaissances relatives aux faits. Nous avons constaté que, si le témoignage en fournit un grand nombre, une part, moins étendue sans doute, revient à l'expérience individuelle.

Poursuivons notre analyse et recherchons la source des connaissances relatives aux principes et à leurs applications.

Le tout est plus grand que la partie; *un phénomène quelconque suppose une cause;* voilà deux propositions universellement admises. Le genre humain croit, et je crois avec le genre humain, que le tout est plus grand que la partie, etc ; je suis certain de la vérité de ces propositions, et mon intelligence ne saurait admettre les contraires. Mais pourquoi suis-je certain? est-ce parce que le genre humain confesse avec moi les principes énoncés? est-ce le témoignage qui les rend évidents et les propose à mon esprit comme devant être crus? ou bien ont-ils en eux-mêmes une évidence qui leur est propre et qui provoque la certitude en moi?

Poser une pareille question, c'est la résoudre. Il est manifeste que moi, individu, je connais et crois cette proposition, *le tout est plus grand que la partie*, non parce que l'humanité la connaît et la croit, mais parce que je suis doué d'une faculté qui la saisit et la juge nécessaire. Bien plus, l'humanité n'adhère à certaines notions fondamentales que parce que chacun de ses membres y adhère. La raison générale, agrégation des raisons particulières, forme ce grand dépôt de la vérité qu'on appelle le *sens commun* et qui s'accroît progressivement.

Mais elle ne le forme qu'à une condition, c'est que la raison individuelle soit capable de certitude. De sorte qu'au lieu de placer, en matière de principes, le fondement de la science dans le consentement unanime, il faut reconnaître que l'invariabilité et l'universalité du consentement repose sur l'acquiescement légitime de l'individu. En d'autres termes, nier la valeur des composantes, c'est nier la valeur de la résultante (1), et si moi, ou tout autre homme, que vous supposez sain d'esprit, nous sommes impuissants, individuellement, à saisir les principes ou vérités premières, jamais le témoignage ne nous les enseignera, nous sommes condamnés à les ignorer toujours. Que dis-je? nul ne sera plus heureux que nous, et l'humanité entière est réduite au pyrrhonisme (2).

(1) *An quidquam stultius quam quos singulos contemnas, eos aliquid putare esse universos?* (Cic.).

(2) « Dans les choses où il faut des connaissances acquises par le raisonnement et des réflexions particulières qui supposent certaines expériences que tous ne font pas, un philosophe est plus croyable qu'un autre homme ; mais dans une chose d'une expérience manifeste et d'un sentiment

En résumé, loin d'être la source de toutes nos connaissances, le témoignage ne nous révèle que les faits, non pas tous les faits, mais un certain ordre de faits, ceux qui échappent à nos facultés. Il n'entre pour rien dans la formation des idées qui se rapportent aux principes et à leurs applications, et nous n'avons point recours à lui, lorsque nous pouvons saisir par nous-mêmes la vérité rationnelle ou expérimentale. Invoqué selon des règles déterminées et dans la sphère qui lui est propre, il a une autorité légitime; étendu au delà, mis à la place de l'intelligence, il n'a pas de valeur, il perd même celle qu'il avait.

Concluons que le scepticisme théologique est tout à la fois et le plus inconséquent et le plus dangereux des scepticismes : le plus inconséquent, parce qu'il part d'une négation absolue pour conclure à une affirmation impossible; et le plus dangereux, parce qu'il corromprait, si cela était possible, par le sophisme qui lui sert de point de départ, la vérité et la certitude de cette religion qu'il prétend défendre, mais qui n'accepte ni de tels fondements ni de pareils moyens de conversion. Si nous avons insisté sur ces divers points, c'est précisément parce que nous sommes convaincu des périls d'une apologie aussi contestable. Nous ne croyons pas qu'après avoir creusé un abîme, on puisse le combler, eût-on le génie de Pascal, l'érudition de Huet ou la puissante dialectique du disciple de Rousseau.

QUESTIONS ACCESSOIRES.

1° Quelles sont les causes du scepticisme pratique?

2° Montrer particulièrement l'influence du pyrrhonisme sur les mœurs publiques, en Grèce et à Rome.

3° **Tous les hommes peuvent-ils recourir au doute provi-**

commun à tous les hommes, tous à cet égard deviennent philosophes, ou du moins rendent à la vérité un témoignage aussi bien fondé que s'ils l'étaient. De sorte que dans les premiers principes de la nature et du sens commun, un philosophe opposé au reste du genre humain, est un philosophe opposé à cent mille autres philosophes, parce qu'ils sont aussi bien instruits que lui des premiers principes de nos sentiments communs.

(BUFFIER, *Traité des premières vérités.*)

soire? Dans quelles limites et dans quelles circonstances doit-on en faire usage?

4° Essayer de classer les connaissances humaines par rapport à leur certitude et à leur incertitude.

Consulter Bacon, *Novum organum*, Ier livre; Descartes, *Discours de la méthode*, IV; Malebranche, *Recherche de la vérité;* la *Logique de Port-Royal*, 3e partie; Bossuet, *Logique*, livre III; Lamennais, *Essai sur l'indifférence en matière de religion*.

XV

De la méthode générale.

Définition de la méthode. — Son utilité. — Règles générales.
Analyse et synthèse. — Caractères distinctifs. — Définition. — Division. — Classification. — Démonstration.

DE LA MÉTHODE.

Nous avons établi quatre points fondamentaux : 1° que l'entendement est capable de connaître la vérité; 2° que l'évidence est la condition de la certitude ou de la possession de la vérité; 3° qu'il y a autant de sortes d'évidence que de moyens de connaître; 4° que les objections des sceptiques ne sauraient ébranler notre foi naturelle en ces mêmes moyens de connaître.

Le but à atteindre est déterminé. Quelles sont les règles et les voies à suivre pour y arriver promptement et sûrement? La méthode nous l'apprendra.

La méthode (μετά, avec; ὁδός, route), est *l'ensemble des procédés employés par l'esprit humain pour découvrir ou démontrer la vérité.* Je dis *découvrir* ou *démontrer*, parce que l'instinct intellectuel se décompose en deux tendances: nous aspirons à saisir la vérité, à nous en rendre compte;

ensuite, nous sommes impatients d'en faire part à nos semblables, de l'enseigner et de la démontrer.

L'utilité de la méthode est incontestable.

Doué d'un entendement borné, sujet à l'erreur, prompt à prendre l'apparence pour la réalité, l'homme a besoin de suivre une route déterminée et de régler l'emploi de ses facultés. Tant qu'il n'a pas acquis cet art de se conduire, tant qu'il marche à l'aventure, il court le danger de s'égarer. S'il rencontre ce qu'il cherche, c'est un heureux événement, une bonne fortune du hasard, une intuition du génie; mais, pour une vérité qu'il trouve, il s'expose à des méprises et à des échecs sans nombre.

La méthode fortifie l'intelligence et même la réforme en partie. Toutefois, il ne faut pas croire qu'elle redresse complétement un esprit de travers. Il en est qui sont entraînés vers l'erreur par je ne sais quel mouvement naturel; l'éducation, loin de corriger cette inclination, semble lui donner des forces nouvelles : ils ont appris à se tromper méthodiquement.

La méthode constitue la science. Une science qui cherche encore sa méthode est généralement une science mal définie, qui fait peu ou point de progrès. Cela est si vrai que Bacon a été appelé le père des sciences expérimentales, non pas tant à cause des découvertes qu'il a personnellement faites (1), qu'à cause de l'impulsion qu'il a imprimée à ces sciences, par son insistance à recommander la méthode d'induction.

La méthode est générale ou particulière.

On entend par méthode générale, *celle qui comprend les procédés communs aux méthodes particulières.*

On entend par méthode particulière, *celle qui enseigne les procédés propres à l'étude d'une science déterminée.*

Toute méthode, qu'elle soit générale ou particulière, doit être *rationnelle*, ce qui revient à dire qu'elle suppose la connaissance de l'entendement, de son pouvoir et de ses

---

(1) On peut même remarquer que les deux grands réformateurs de la philosophie moderne ont donné d'excellentes règles qu'ils ont médiocrement appliquées.

premiers efforts. Il en est ainsi pour tous les traités didactiques : l'art réfléchi ne vient qu'après l'art spontané. La rhétorique puise ses préceptes dans les monuments de l'éloquence ; la poétique emprunte presque toujours ses théories au divers poëmes qui l'ont précédée ; et la logique artificielle présuppose une logique naturelle, qu'elle complète et développe.

Les règles de la méthode générale sont au nombre de cinq. Nous empruntons les quatre premières à Descartes (1), et la dernière, qui n'est pas moins importante ni moins féconde, à Bossuet.

1° *Ne recevoir pour vrai que ce qui est évident ; éviter la précipitation et la prévention.*

2° *Diviser la difficulté en autant de parties qu'il est nécessaire pour la mieux résoudre.*

3° *Conduire ses pensées par ordre, aller des connaissances les plus aisées aux plus difficiles, et supposer de l'ordre même entre celles qui ne se précèdent pas naturellement les unes les autres.*

4° *Faire partout des dénombrements si complets qu'on soit assuré de ne rien omettre.*

5° *Ne jamais abandonner les vérités une fois connues, quelque difficulté qu'il y ait à les concilier avec d'autres vérités.*

Les procédés généraux de la méthode sont l'analyse, la synthèse, la définition, la division, la classification et la démonstration.

I. — DE L'ANALYSE ET DE LA SYNTHÈSE.

L'analyse (ἀνά, λύω) peut être considérée sous deux points de vue : 1° l'analyse *expérimentale* consiste dans l'*examen successif des parties de l'objet qu'on veut étudier.*

Elle suppose la *division*, qui partage l'objet en parties, et l'*abstraction*, qui isole chaque partie afin que l'esprit ne soit pas distrait par la vue des autres.

---

(1) Nous n'avons modifié que la 3ᵉ règle. Voir notre édition du Discours de la méthode, introduction.

Ainsi, je démonte ma montre, je sépare les éléments qui la constituent : DIVISION ; je prends un rouage à part : ABSTRACTION ; j'examine, l'une après l'autre, les diverses pièces de cette machine délicate : ANALYSE.

Voilà trois faits distincts ; mais comme le troisième est le plus important, il a donné son nom à l'opération complexe qui les embrasse tous les trois.

2° L'analyse logique consiste à *décomposer une proposition ou un théorème pour découvrir le principe d'où il découle.* C'est le procédé ordinaire de l'algèbre.

— La synthèse (σύν, τίθημι), peut également être considérée sous ces deux points de vue :

1° La synthèse expérimentale, *qui reconstitue en un tout les parties isolées par l'analyse.*

Après avoir examiné les pièces de la montre, lorsque j'ai une idée de chacune d'elles et de leurs rapports mutuels, je les remets en leur place, je reconstruis la montre, et je prononce sur l'ensemble.

Souvent nous faisons plus, nous formons un tout d'éléments divers, empruntés çà et là, et fournis par l'analyse et la comparaison. L'idée générale que nous obtenons ainsi correspond à l'idée factice de Descartes.

2° La synthèse logique consiste *à tirer des conséquences d'un principe ;* on trouve ainsi, parmi les conséquences, la proposition ou le théorème en question. C'est le procédé ordinaire des géomètres.

Les auteurs de Port-Royal marquent nettement la différence qui sépare la synthèse logique de l'analyse logique.

« Ces deux méthodes ne diffèrent que comme le chemin qu'on fait en montant d'une vallée en une montagne, de celui que l'on a fait en descendant de la montagne dans la vallée ; ou comme diffèrent les deux manières dont on se peut servir pour prouver qu'une personne est descendue de saint Louis, dont l'une est de montrer que cette personne a un tel pour père, qui était fils d'un tel, et celui-là d'un autre, et ainsi jusques à saint Louis : et l'autre, de commencer par saint Louis, et montrer qu'il a eu tels enfants, et ces enfants d'autres, en descendant jusqu'à la personne dont il s'agit. Et cet exemple est d'autant plus propre en cette rencontre, qu'il est certain que, pour trouver une généalogie inconnue, il faut remonter du fils au père; au lieu que, pour l'expliquer après l'avoir trouvée, la manière la plus ordinaire est de commencer par le tronc pour voir les descendants; c'est aussi ce qu'on fait d'ordinaire dans les sciences, où, après s'être servi de l'analyse pour trouver quelque vérité, on se sert de l'autre méthode pour expliquer ce qu'on a trouvé. »

Toutefois, il n'y a pas de méthode qui soit exclusivement analytique ou synthétique; on donne seulement, par extension, à chaque méthode le nom du procédé qu'elle emploie le plus souvent.

RÈGLE.

L'analyse et la synthèse ont une règle commune : il faut qu'*elles soient entières et qu'on prenne garde de ne rien omettre.*

Il y a, pour l'analyse, un écueil à éviter : c'est d'aller trop loin, de descendre en des détails trop infimes. Alors, au lieu de mieux voir, l'œil se trouble et ne discerne plus rien.

Analysez minutieusement certains sentiments, vous finirez par les dénaturer. C'est l'effet que produit maint commentateur. Il explique, il décompose les beautés de son auteur favori; il veut que vous applaudissiez, et de peur que vous ne passiez outre, il vous arrête au passage par une note ou par un cri d'admiration. Qu'arrive-t-il le plus souvent? l'émotion est étouffée, l'analyse a chassé le sentiment. Goëthe dit quelque part : « Lorsque je rencontre une belle fleur, je me hâte de l'admirer avant que mon voisin le savant ait eu le temps de m'en faire la description. »

II. — DE LA DÉFINITION.

Définir, *c'est déterminer le sens d'un mot ou la nature d'un objet;* c'est encore, selon l'étymologie, limiter, circonscrire ; par conséquent, c'est séparer un objet de ce qui n'est pas lui.

On ne définit que ce qui est obscur et indéterminé. Il ne faut pas tenter de définir les idées nettes et précises : au lieu d'éclairer l'esprit on ne ferait que l'embrouiller. Saint Augustin disait : « Je sais ce que sont le temps et l'espace, lorsqu'on ne me le demande pas ; si on me le demande, je ne le sais plus. » Paroles pleines de sens, dont nous pouvons tous attester le justesse, et que devraient méditer ces philosophes plus subtils que profonds qui poursuivent la raison de la raison des choses (1).

« On ne peut non plus donner une définition logique des choses individuelles, telles que Londres ou Paris ; les choses individuelles se distinguent par des noms propres, ou par des circonstances accidentelles de temps et de lieu, mais elles n'ont point de différence spécifique ; et par conséquent, quoiqu'il soit possible de les faire connaître par les noms qu'elles portent, et de les décrire dans leurs circonstances ou leurs relations, elles ne peuvent être définies. Il n'est pas moins évident que les mots les plus généraux échappent également à la définition logique, faute de termes plus généraux encore dont ils soient l'espèce (2). »

Il est d'ailleurs nécessaire qu'il y ait des notions indéfinissables ou évidentes *a priori*. Imaginez qu'il faille tout définir, et il n'y a plus de discours possible : de définition en définition on s'égarerait dans un inextricable dédale.

« Une définition, dit Reid, n'est autre chose que l'explication du sens d'un mot par d'autres mots dont le sens est déjà connu : il suit de là que tous les mots ne peuvent être définis ; car la définition s'opérant par des mots, il ne pourrait y avoir de définition, s'il n'existait pas de mots

---

(1) Toutes les fois que les savants entreprendront de définir les choses qui ne peuvent l'être, leurs définitions seront obscures ou fausses. Cette prétention de définir les choses les plus simples, les choses qu'il n'est ni possible ni utile de définir, comme par exemple le *temps* ou le *mouvement*, fut un des vices essentiels de la philosophie d'Aristote.

(Reid, *Essai sur les facultés de l'esprit*.)

(2) *Id.*

compris sans définition. On doit donc employer les mots communs dans leur acception commune, et, s'ils en ont plusieurs, les distinguer lorsqu'il est nécessaire; mais on ne doit pas les définir. Il n'y a que les mots qui n'appartiennent pas à la langue commune qui doivent l'être, ou ceux de la langue commune qu'on emploie dans un sens inaccoutumé. »

La définition est très-utile : elle prévient l'abus des mots. Que de vaines disputes n'auraient pas lieu, si l'on s'entendait bien sur la valeur des termes et des idées ! que de querelles qui dégénèrent souvent en voies de fait, et qui seraient terminées par une bonne définition !

La philosophie empirique n'est qu'un long jeu de mots : la *sensation* est tantôt prise pour l'impression organique, tantôt pour le fait sensible, tantôt pour le fait même de la perception : phénomènes différents, mais qu'on avait intérêt à confondre.

Les hommes dissertent longuement sur la liberté : tel entend par cette expression *la liberté morale*, tel autre *la liberté d'action;* tel autre en fait une partie de la liberté d'action, soit *la liberté civile*, soit *la liberté politique*. Préciser le sens du mot dans ces diverses acceptions, ce serait le moyen de prévenir une logomachie dont les conséquences sont souvent très-fâcheuses.

Il y a deux espèces de définitions :

1° La définition des mots qui explique leur signification : elle est arbitraire, il suffit de s'entendre sur la chose désignée par le signe. Quelques-uns croient avoir fait une révolution dans les idées, lorsqu'ils ont changé les mots. C'est une erreur : les mots, dit Bacon, ne sont que la monnaie des idées.

2° La définition des choses ou scientifique *qui détermine le genre prochain et la différence spécifique*, c'est-à-dire le caractère en vertu duquel un objet appartient à une classe générale, et le caractère qui le constitue espèce à part dans cette classe générale. L'homme est un *animal raisonnable : animal* désigne le genre auquel appartient l'homme; *raisonnable*, l'espèce qu'il constitue au sein du genre. On dit genre prochain, parce qu'il y a des genres éloignés, et qu'il importe que ce soit le genre prochain pour que la définition soit précise. Dites : *l'homme est un être raisonnable :* cette proposition est vraie ; mais elle n'est pas une définition ; Dieu est aussi un être raisonnable.

On le voit, définir, c'est tout à la fois faire de l'analyse et de la synthèse : par la synthèse, on réunit l'objet à une catégorie, *genre prochain ;* par l'analyse, on le sépare de cette catégorie, *différence spécifique.*

Une définition, sous peine de manquer à son but, doit être *claire* et *précise.*

A quoi bon définir, si la définition elle-même a besoin d'un éclarcissement ? Aristote dit : *le temps est la mesure du mouvement.* Je ne comprends pas, et je n'hésite pas à déclarer que la définition est mauvaise.

La définition est précise, si elle convient à l'objet défini et rien qu'à l'objet défini. Un moyen, pour ainsi dire, mécanique de constater la précision, c'est de retourner la définition. Y a-t-il *réciprocité*, peut-on, sans équivoque, transposer les termes, la définition est bonne :

L'homme est un animal raisonnable,
L'animal raisonnable est l'homme.

Souvent la définition scientifique est impossible : alors on a recours à la description, qui donne le signalement de l'objet, qui en énumère les parties et les singularités. Un naturaliste trouve une fleur nouvelle ou un animal inconnu, il les décrit. Plus tard, il les classera peut-être et en donnera une définition scentifique.

La poésie et l'éloquence ne s'accommodent pas de ces déterminations, rigoureuses et un peu sèches, si utiles dans la science.

III. — DE LA DIVISION.

La division consiste *dans le partage d'un objet en ses parties, d'un tout en ses éléments.*

Elle soulage l'esprit qui ne peut embrasser à la fois qu'un petit nombre d'éléments ou de points de vue, et facilite l'analyse, dont elle est l'antécédent naturel et nécessaire.

Une bonne division doit être entière et irréductible. Elle est *entière*, lorsque aucune partie, aucun élément n'est omis ; elle est *irréductible*, lorsque les parties ne rentrent pas les unes dans les autres.

IV. — DE LA CLASSIFICATION.

La classification est *une espèce de division qui consiste à réunir dans une même catégorie les objets, les phénomènes ou les vérités qui ont des rapports communs, abstraction faite des différences.*

Classer, c'est tout à la fois *généraliser* et mettre en ordre nos connaissances.

Or, pour qu'il y ait classification, il faut deux choses : 1° que les objets aient *des ressemblances*, sinon il serait impossible de les réunir dans une même catégorie (genre, espèce, famille) ; 2° que les objets soient séparés par *quelques différences*. Sans caractères propres, point de distinction possible entre les individus. L'absolue similitude n'existe pas. Deux feuilles du même arbre, deux gouttes d'eau paraissent, à première vue, tout à fait semblables. Considérez-les de plus près, avec un instrument délicat, et vous constaterez bientôt des singularités. Que si elles vous échappent, il y a au moins une différence qui vous frappera, c'est que ces deux gouttes d'eau, ces deux feuilles occupent des points divers dans l'espace. Ainsi, l'absolue similitude implique l'identité.

La classification est *artificielle* ou *naturelle*.

La classification artificielle, qui s'est présentée la première à l'esprit de l'observateur, *repose sur un caractère souvent pris au hasard, toujours choisi arbitrairement.*

La classification naturelle repose sur la *subordination des caractères :* un caractère d'un ordre supérieur entraîne à sa suite un grand nombre de caractères secondaires, et en exclut, au contraire, un certain nombre d'autres.

Voici quelques exemples ;

Les mots, dans un dictionnaire, sont rangés par ordre alphabétique (1).

Les livres, dans une bibliothèque, sont classés selon le format.

Dans ces deux cas, la classification est artificielle; le caractère qui lui sert de fondement est purement arbitraire; on a un ordre apparent et, au fond, un vrai désordre; on trouve un livre de chimie à côté d'un volume de poésie : ils ont le même format!

Voici maintenant des exemples de classification naturelle :

Une grammaire bien faite range les mots, non plus au hasard de l'initiale, qui varie avec les langues, mais dans leur ordre logique.

Les livres, dans nos bibliothèques publiques, sont distribués en catégories, selon les objets qu'ils traitent. D'un côté les sciences, de l'autre les lettres ; ici les sciences mathématiques, là les sciences physiques, et ainsi de suite pour les subdivisions (2).

Quelquefois la classification artificielle se combine avec la classification naturelle. Ainsi, poursuivons le classement de la bibliothèque : lorsque nous sommes arrivés à la botanique par exemple, nous avons une foule de volumes traitant des mêmes sujets, mais ayant des formats divers, il nous paraît alors simple et commode de réunir ensemble les *in-folio*, puis les *in-8°*, etc.

Il y a trois règles à observer dans la classification ;

1° Qu'elle repose sur des *caractères saillants et constants.* Cette recherche demande une étude approfondie des objets, une connaissance complète de leur nature intime et de leurs formes apparentes. On comprend bien que la classification a

---

(1) Ici la commodité et la facilité des recherches expliquent la préférence accordée à l'ordre alphabétique. Voir la première édition du Dictionnaire de l'Académie, où l'ordre logique a été suivi.

(2) Nous avons insisté ici sur la classification expérimentale, parce qu'elle permet de donner des exemples plus faciles à saisir, mais nous ne perdons pas de vue son légitime emploi dans les sciences morales ou exactes. — La classification des sciences repose sur les mêmes principes et est soumise aux mêmes règles que la classification expérimentale.

dû suivre la fortune de l'observation, et que, sous le règne de l'hypothèse ou des expériences partielles, la classification était, si je puis ainsi parler, naturellement artificielle.

« Ces classifications, que l'on nomme aussi des *systèmes artificiels*, sont, en général, dans la pratique, d'une application facile ; mais souvent elles ne font rien connaître d'important, si ce n'est le nom des objets. Supposons, par exemple, que l'on prenne pour base de la classification des animaux le nombre des membres dont le corps est pourvu, on placera dans la division des quadrupèdes, les bœufs, les grenouilles, les lézards, etc., tandis qu'on séparera ces derniers des serpents et de quelques autres reptiles ayant avec eux la plus grande analogie, mais auxquels l'une des paires de membres manque. Certes, on parviendra ainsi à distinguer ces animaux ; mais les différents pas que l'on aura faits successivement pour y parvenir n'auront presque rien appris sur leur nature ; jusques au dernier moment on aura à comparer les choses les plus disparates, et on ne pourra s'élever à des considérations générales dignes de quelque intérêt (1). »

On comprend aussi que la science a traversé une série de classifications arbitraires, plus ou moins éloignées de la vérité, avant d'arriver aux classifications naturelles, et que les systèmes rejetés aujourd'hui ont eu leur raison d'être. Ainsi Linnée a ouvert la voie à Jussieu.

2° Il faut que la classification soit *entière*, qu'elle n'omette aucun individu, qu'elle assigne une place déterminée aux espèces les moins nombreuses. L'exactitude est préférable à la symétrie.

3° Qu'elle soit *graduée*, c'est-à-dire qu'elle forme une série progressive, en allant des groupes les plus vastes à ceux qui sont plus restreints, de telle sorte que l'esprit puisse facilement monter ou descendre l'échelle.

Ce qui rend quelquefois les classifications confuses, c'est que l'on ne s'entend pas toujours sur le sens des mots : tel appelle *classe* ce que l'autre appelle *ordre ;* celui-ci donne

---

(1) MILNE EDWARDS, *Zoologie*.

le nom d'*espèce* à ce que celui-là nomme genre, et réciproquement.

V. — DE LA DÉMONSTRATION.

Le mot *démontrer* a deux significations :

1° Démontrer veut dire mettre en lumière une idée déjà connue. On ne fait ici qu'éclaircir ou fortifier une notion acquise : c'est dans ce sens que nous démontrons *la liberté humaine, l'unité et l'identité de l'âme*, ou *l'existence de Dieu*.

2° Démontrer, au point de vue vraiment scientifique, *c'est établir que certaines vérités particulières, non évidentes a priori, dérivent d'une vérité universelle appelée axiome ou premier principe :* en d'autres termes, c'est, suivant l'expression d'Aristote répandre sur les conséquences la lumière qui éclaire le principe.

« Le fruit de la démonstration est la science. Tout ce qui est démontré ne peut pas être autrement qu'il est démontré ; ainsi toute vérité démontrée est nécessaire, éternelle, immuable. Car en quelque point de l'éternité qu'on suppose un entendement humain, il sera capable de l'entendre ; et comme cet entendement ne la fait pas, mais la suppose, il s'ensuit qu'elle est éternelle, et par là indépendante de tout être créé (1). »

La démonstration elle-même repose sur ce principe suprême, à savoir, que *tout ce qui est vrai d'une proposition générale est vrai des propositions particulières qu'elle contient*.

Il y a deux démonstrations.

1° La démonstration *directe*, qui consiste à prouver qu'une proposition est vraie et pourquoi elle est vraie.

2° La démonstration *indirecte* qui, partant de l'hypothèse contraire au théorème, tire les conséquences de cette hypothèse et arrive ainsi à l'absurde.

Cette démonstration, inférieure à la première, parce

---

(1) BOSSUET, *Traité de la connaissance de Dieu et de soi-même.*

qu'elle ne donne pas la raison d'être de la proposition énoncée, la supplée au besoin, et en est un excellent complément.

Il est même des esprits qui sont plus touchés par les conséquences révoltantes d'un système que par sa réfutation directe. Présentez à un médecin, à un physiologiste, habitué à s'en rapporter au témoignage de ses sens et disposé à révoquer en doute ce qui leur échappe, présentez-lui la preuve directe de la distinction de l'âme et du corps, il y a fort à parier qu'il ne sera pas convaincu. Ceux qui sont voués aux études expérimentales répugnent, en général, aux déductions rationnelles. Changez donc de méthode : admettez le matérialisme et tirez les conséquences : *la négation de la morale, la négation de la vie future, la négation de Dieu*. Je doute qu'il y ait au monde un homme assez perverti pour ne pas reculer d'épouvante. Or, qui refuse la conséquence, conteste le principe ; la logique le veut ainsi, et ses lois sont absolues.

Voici les règles de la démonstration :

1° *Prouver toutes les propositions un peu obscures et ne se servir dans cette preuve que des définitions antérieures des axiomes ou des propositions déjà démontrées.*

2° *Ne point abuser de l'ambiguïté des termes.*

QUESTIONS ACCESSOIRES.

1° Montrer l'importance et la fécondité du principe de Logique emprunté à Bossuet.

2° Indiquer les questions morales qui ne sont confuses et contestées que parce qu'elles sont mal définies.

3° Montrer les abus de la définition.

4° Donner ou du moins essayer de donner une classification naturelle des sciences.

Consulter Euler, *Lettres à une princesse d'Allemagne*, II° partie; Pascal, *Fragments indiqués dans le programme*; Leibnitz, *Nouveaux essais sur l'entendement humain*, liv. III; Reid, *Essai sur les Facultés de l'esprit*.

XVI

Méthode dans les divers ordres des sciences.

Sciences physiques et naturelles : observation, expérimentation, analogie, induction, hypothèse.

Les sciences envisagées au point de vue de la méthode se divisent en trois catégories : les *sciences physiques et naturelles*, les *sciences exactes*, et les *sciences morales*.

Chacune de ces sciences, ou plutôt chacun de ces groupes de sciences, a sa méthode particulière.

SCIENCES PHYSIQUES ET NATURELLES.

L'objet commun des sciences physiques et naturelles est *l'étude des corps*.

Les sciences physiques ont pour objet particulier *l'étude des lois des corps et de leur composition* (1), et les sciences naturelles, *l'étude de la structure des corps et de leur développement* (2).

Les procédés fondamentaux des sciences physiques et naturelles sont, outre les procédés généraux communs à toutes les sciences, *l'observation et l'expérimentation, l'analogie, l'induction* et *l'hypothèse*.

I. — DE L'OBSERVATION.

L'observation consiste dans l'étude attentive et successive des faits ou des objets qui se présentent à nous. « L'homme, interprète ou ministre de la nature, n'étend ses connaissances et son attention qu'à mesure qu'il découvre l'ordre naturel des choses, soit par l'observation, soit par la réflexion (3). En d'autres termes, observer, c'est prendre la nature sur le fait.

Cette observation, qui n'est au fond que l'analyse accompagnée de la division, de l'abstraction et de synthèses par-

---

(1) Physique et chimie.
(2) Zoologie, botanique, géologie et minéralogie.
(3) *Novum organum*.

tielles, devient plus puissante et plus certaine à l'aide des instruments inventés par le génie de l'homme. « La main seule et l'entendement abandonné à lui-même n'ont qu'un pouvoir très-limité; ce sont les instruments et les autres genres de secours qui font presque tout, secours et instruments non moins nécessaires à l'esprit qu'à la main; et de même que les instruments de la main excitent ou règlent son mouvement, les instruments de l'esprit l'aident à saisir la vérité ou à éviter l'erreur.

Pour bien observer, il faut : 1° être attentif et patient, ne se pas décourager en présence des difficultés; 2° avoir un esprit exact et ami de la vérité; être désintéressé; ne se point laisser aller aux préjugés systématiques.

Bacon dit excellemment : « Ce qu'on a jusqu'ici inventé dans les sciences est presque entièrement subordonné aux notions vulgaires, ou s'en éloigne bien peu; mais veut-on pénétrer jusqu'aux parties les plus reculées et les plus secrètes de la nature, il faut extraire de l'observation et former soit les notions, soit les principes (1), par une méthode plus exacte et plus certaine; en un mot, apprendre à mieux diriger tout le travail de l'entendement humain. »

Je ne connais pas de meilleur exemple que celui d'un médecin honnête et éclairé; il est en présence d'une maladie nouvelle : que fera-t-il? il ne se hâtera pas, comme il arrive trop souvent de décider par voie d'analogie. Il ne dira point : *Je dois savoir ou paraître savoir*. Il cherchera attentivement, patiemment, recueillant les symptômes présents, s'informant de la vie antérieure du malade, comparant, rapprochant, isolant les faits, suivant la marche du mal, les alternatives de l'affaiblissement et du renouvellement des forces. Il arrivera ainsi, peu à peu, à découvrir l'origine et peut-être le remède de la maladie.

II. — DE L'EXPÉRIMENTATION.

L'expérimentation *consiste à provoquer ou à modifier les phénomènes qu'on se propose d'étudier*. Elle force, pour ainsi

---

(1) On n'extrait pas les principes de l'observation, pas plus qu'on ne les établit par la déduction.

dire, la nature à révéler ses lois, et rencontre souvent ce qui avait échappé à l'observation.

Toutes les sciences d'observation ne comportent pas l'expérimentation, parce qu'il ne dépend pas toujours de nous d'évoquer les phénomènes ou de les modifier. Ainsi, l'astronome se borne à observer et à varier les points de vue de l'observation; il ne saurait ni produire ni changer les faits célestes. Le physicien, au contraire, le chimiste et l'agriculteur poursuivent la nature, lui arrachent le secret de ses productions et la contraignent à créer des productions nouvelles. Le psychologue lui-même ne se borne pas à observer les faits qui s'accomplissent dans l'âme, il provoque la production de certains phénomènes, il modifie les circonstances dans lesquelles ils apparaissent; en un mot, il expérimente. (Voir l'expérience de Jouffroy sur le rêve.)

L'expérimentation ne se compose pas d'expériences faites au hasard, sans ordre, sans lien, sans méthode.

« Ce n'est pas assez de compter les expériences, dit Montaigne, il les faut peser et assortir, et les faut avoir dirigées et alambiquées pour en tirer les raisons et les conclusions qu'elles portent. »

Elle doit être *guidée,* selon l'expression de Bacon, car c'est une chasse en règle, *c'est la chasse de Pan.*

Voici les principales règles de l'expérimentation :

1° Varier les expériences, les cas et les circonstances;

2° Etendre l'expérience sur une grande échelle;

3° Renverser l'expérience;

4° L'expérience entreprise, laisser faire la nature.

Il ne faut pas se contenter de quelques faits isolés, qui ne sont peut-être que des exceptions dues au hasard; il faut renouveler l'expérience en changeant les conditions et les circonstances. Ainsi le physicien, qui cherche l'influence exercée par la pression atmosphérique sur l'ascension des liquides, expérimentera sur divers liquides, en des lieux différents, par des températures variées.

Il faut étendre l'expérience, s'assurer si ce qui est vrai en petit est également vrai en grand. On arrive de la sorte à convaincre les plus incrédules. Nos paysans ont répugné longtemps à la culture des prairies artificielles ; mais lorsqu'ils ont vu des champs entiers couverts de trèfle et de luzerne, et donnant d'excellents produits, ils ont fini par se rendre.

Il faut renverser l'expérience : opération fréquente en chimie ; on va tour à tour des parties au composé et du composé aux parties, on s'assure ainsi de la justesse de chaque observation.

Il faut enfin laisser faire la nature et ne pas imiter cet horticulteur naïf qui, ayant semé des grains, remuait chaque jour la terre pour s'assurer du progrès de la germination.

III. — DE L'ANALOGIE.

L'analogie est dans les choses ou dans l'esprit.

Dans les choses, elle est une simple ressemblance : deux objets, deux faits sont analogues, qui ont des caractères communs ou des circonstances semblables.

Dans l'esprit, elle est le procédé par lequel *l'entendement, à la vue des objets qui ont des qualités apparentes semblables, prononce que les qualités non apparentes sont également semblables.* Pour les faits, il en est de même : *certains phénomènes ont-ils quelque similitude, nous affirmons qu'ils ont une parenté étroite et qu'ils se sont produits dans des circonstances semblables.*

Voici deux oranges : elles ont la même couleur, le même parfum, les mêmes contours. J'en goûte une, elle est excellente, et je conclus aussitôt que l'autre ne doit pas être moins bonne.

Charles Ier, roi d'Angleterre, et Louis XVI, roi de France, sont morts sur l'échafaud : il y a dans les circonstances de leur fin tragique, et dans les événements qui ont précédé ou suivi, quelque ressemblance. Je suis porté à affirmer que la destinée de ces princes a été de tous points semblable.

L'analogie repose sur cette croyance qu'il y a *unité dans le plan de l'univers,* et que les individus et les phénomènes se distribuent en groupes ou en classes. Elle est elle-même le fondement de la classification.

Mais l'analogie est spontanée ou réfléchie. *Spontanée,* elle n'est qu'une sorte de mouvement naturel et irréfléchi qui, fortuitement, nous fait entrevoir la vérité, mais qui, le plus souvent, nous égare. Les exemples précédents en sont la preuve.

Réfléchie, elle est un procédé scientifique. Ce n'est pas qu'elle change de nature : elle passe toujours du connu à l'inconnu, de l'apparence à la réalité ; mais elle ne marche qu'avec réserve, contrôlant par l'expérience les résultats obtenus, subordonnant la théorie aux faits et non les faits à la théorie. Cessant d'être un simple mouvement involontaire et comme un instinct souvent trompeur, elle devient, grâce à l'attention et à une savante expérimentation, un instrument de découvertes nombreuses et certaines.

Cuvier, à la vue de quelques débris d'ossements, exhumés après des milliers d'années des entrailles de la terre où ils étaient enfouis, reconstruit un monde détruit : des découvertes postérieures confirment son raisonnement par analogie : on retrouve entiers les individus qu'il avait décrits sans les connaître, en partant de ce principe éternellement vrai : c'est que les œuvres de Dieu sont faites avec une géométrie admirable, et que les parties répondent au tout, et le tout aux parties.

En un mot, l'analogie réfléchie est à l'analogie spontanée ce que la classification naturelle est à la classification artificielle.

IV. — DE L'INDUCTION.

L'induction est ce procédé par lequel *l'entendement s'élève de l'observation attentive des phénomènes à la loi qui les régit*.

Quoique distincte de l'analogie, elle la suppose et marche avec elle. C'est cette même simultanéité des deux procédés qui fait qu'on les confond ensemble ou qu'on les distingue mal (1).

L'induction s'élève du phénomène à la loi, du particulier au général. Son point de départ est donc l'*expérience* ou l'*observation*. Celle-ci fournit le particulier, l'effet, le phéno-

(1) Cette distinction est importante. Quand on attribue à tous les individus ce qu'on a remarqué dans un grand nombre, c'est un raisonnement

mène ; et l'induction s'empare de ces éléments pour enrichir l'expérience elle-même, pour l'agrandir et la développer.

Elle est fondée sur cette croyance que *la nature est régie par les lois*. Or, l'idée de la loi implique l'idée d'universalité et l'idée de constance. Nous tenons pour certain que le monde est gouverné par des lois, et que ces lois sont stables et universelles.

Du premier jugement : *les lois sont stables*, il suit que les lois étant connues en un point de la durée, elles le sont dans tous.

Du second jugement : *les lois sont universelles*, il suit que les lois étant connues dans un seul cas, elles le sont dans tous les cas parfaitement semblables.

Le feu m'a brûlé aujourd'hui ; je crois non-seulement qu'il m'a brûlé, mais qu'il m'aurait brûlé hier, si j'avais été placé dans les mêmes conditions, et qu'il me brûlerait demain si j'étais placé dans ces mêmes conditions ; voilà les conséquences de la croyance en la stabilité des lois.

Un corps placé sur un plan incliné tend à descendre. Je crois que demain le même corps placé sur le même plan et dans la même position tendrait à descendre ; je crois encore, *en vertu du raisonnement par analogie*, que *tous les corps*, les conditions étant les mêmes, obéiraient à la même impulsion ; voilà les conséquences de la croyance en l'universalité des lois, et en l'unité du plan de l'univers.

Ainsi l'induction, partant de l'idée de loi et des idées de stabilité et de généralité qui dérivent de la première, devine l'avenir et refait le passé.

Supposez un instant qu'il n'y ait pas ou que nous ne pensions point qu'il y ait de lois, l'homme est emprisonné dans le présent. L'expérience ne prouve plus que pour le fait observé ; en tirer le moindre enseignement serait téméraire et contradictoire.

par *analogie*. Quand on étend à tous les moments de la durée et à tous les points de l'espace ce qu'on a observé dans certains moments et en certains lieux, c'est un raisonnement par *induction*. Ainsi, Newton affirme que tous les corps tombent toujours et partout. *Tous* appartient à l'analogie ; *toujours et partout* appartient à l'induction. La gravitation suppose donc et l'unité du plan de l'univers et l'existence de certaines lois qui le régissent.

Mais, la stabilité des lois de la nature fait qu'une seule succession bien constatée devient, comme dit Bacon, une proposition éminente du haut de laquelle l'esprit embrasse une multitude d'événements dans une durée illimitée.

Les mêmes lois régissant les faits semblables et la similitude extérieure étant le signe d'une similitude intérieure, c'est-à-dire l'*analogie aidant l'induction*, l'apparente variété des phénomènes diminue peu à peu, et l'esprit finit par les resserrer comme en une poignée, selon l'énergique expression du philosophe anglais.

Nous croyons à l'existence des lois comme nous croyons à un fait; nous y croyons parce qu'il est, et non parce qu'il est absurde ou impossible qu'il ne fût pas.

C'est donc le principe d'induction qui nous assure de la permanence de l'univers; c'est l'induction qui nous persuade que le soleil qui nous éclaire aujourd'hui nous éclairera demain, c'est l'induction qui nous apprend que chaque événement est un signe dont la valeur est constante, et qui nous révèle ensemble l'événement qui a précédé et l'événement qui va suivre. C'est l'induction qui nous met en rapport avec nos semblables comme avec la nature, et qui donne aux signes artificiels une valeur constante.

En effet, qu'apprenons-nous, lorsqu'on nous enseigne la langue maternelle? Nous apprenons que des hommes ont employé certains mots pour désigner certaines choses.

Nous apprenons *qu'ils ont employé*, fait d'expérience, mais qui nous apprend qu'ils continueront de les employer? — C'est l'induction. Ici nous découvrons une admirable correspondance entre les lois du monde physique et les lois du monde moral. L'Auteur de toutes choses en nous destinant à l'état de société, nous a munis de deux principes, dont l'un nous porte à dire la vérité et l'autre à croire ce qu'on nous dit. Le principe de véracité correspond à la stabilité des lois de la nature; le principe de crédulité, à l'universalité de ces mêmes lois (1).

---

(1) Voir les *Fragments* de Royer-Collard, dont nous avons cité textuellement plusieurs passages (Œuvres de Reid).

La vie tout entière n'est qu'une série d'inductions : je ne prends des aliments pour satisfaire ma faim que parce que j'ai remarqué qu'ils étaient propres à ce but, et parce que je crois qu'ils le seront encore.

En résumé, l'induction part de l'expérience et suppose l'existence des lois pour s'élever à la connaissance de ces mêmes lois. Qu'on ne se méprenne pas sur nos expressions : le physicien croit en des lois ; *mais il ne les connaît pas encore.* S'il les connaissait, il ne les chercherait point, et la science serait toute faite.

Maintenant quelle est la valeur de l'induction ? donne-t-elle la probabilité ou la certitude ?

Les opinions sont diverses ; quelques-uns soutiennent qu'il y a toujours un doute impliqué dans le jugement qui conclut des choses connues à celles qui ne le sont pas, et qu'en s'élevant du particulier au général, sans avoir expérimenté tous les cas possibles, on ne saurait affirmer que dans tous ces cas les choses se passeront comme dans les cas observés.

A cette objection une courte réponse suffit. Argumenter de la sorte, dire que, lorsque les observations et les expériences sont nombreuses et bien faites, on n'a pas le droit de conclure du phénomène à la loi, c'est tout simplement nier l'existence des lois ou des manières d'être constantes et universelles. Une pareille fin de non-recevoir pourrait être élevée contre toutes les règles et contre toute généralisation.

Cependant, les hommes raisonnent bien différemment : toutes les fois qu'ils remarquent l'apparition habituelle d'un phénomène parmi certaines circonstances, ils disent que la simultanéité de ce phénomène et de ces circonstances est la règle (ou la loi), y eût-il des exceptions constatées. Ils parlent ainsi de la grammaire, et vont même jusqu'à dire que l'exception confirme la règle. Que n'ont-ils pas le droit d'affirmer, lorsque la loi a été trouvée, constamment et sans exception, fidèle à elle-même, et lorsque les observations sont nombreuses et bien faites ?

J'estime donc que l'induction donne la certitude, ou,

pour parler plus exactement, *une certitude conditionnelle*.

Je m'explique : Les principes et les lois qui régissent la morale et la métaphysique sont conçus comme nécessaires ; leur vérité est absolue, leur existence éternelle : quand il s'agit d'eux, on ne saurait imaginer ni un commencement ni une fin, ni une interruption d'existence.

Il n'en est pas ainsi des lois du monde physique, lois contingentes comme le monde lui-même, lois qui ont eu un commencement, qui auront une fin, et dont on peut concevoir, sans qu'il y ait contradiction, l'interruption momentanée.

Demain *le feu brûlera*..... si le monde existe, ce que j'ignore, ou si Dieu ne fait pas un miracle, ce que j'ignore encore.

Demain *deux et deux font quatre*... le monde eût-il disparu. Dieu, qui est l'être parfait est nécessaire, ne changera pas cette vérité. La changer, ce serait nier le nécessaire : ce serait Dieu se niant lui-même, lui qui est le principe nécessaire de toutes les vérités nécessaires (1).

L'induction et l'analogie sont soumises aux mêmes règles :

1° *Que les observations et les expériences aient été faites méthodiquement et en nombre suffisant.*—Les tables de Bacon sont d'un excellent usage, surtout pour le raisonnement par analogie, c'est-à-dire pour la découverte des genres et des espèces. Il faut, dit-il, dresser trois tables : *une table de présence*, où l'on inscrit les caractères présents ; *une table d'absence*, où l'on inscrit les caractères présents dans certains objets et absents dans les autres ; *une table de comparaison*, où l'on rapproche les caractères présents, en considérant le degré et la durée.

2° *Que la loi ou le genre ne comprenne rien qui n'ait été constaté dans les faits.* Ainsi, j'ai remarqué que le fer, l'argent, l'or, etc., entrent en fusion à une certaine température : j'en conclus que tous les métaux sont fusibles toujours et partout : voilà une induction légitime, parce qu'elle repose sur une analogie réelle.

(1) Voir la *Réfutation du scepticisme*.

Mais si je vais plus loin, si je conclus de la fusibilité des métaux à la fusibilité du charbon, si j'entends la loi au delà des phénomènes observés, mon induction, fondée sur une analogie défectueuse, est défectueuse elle-même.

V. — DES HYPOTHÈSES.

Les procédés méthodiques que nous avons indiqués, l'observation et l'expérimentation, supposent un autre procédé qui, au premier abord, paraît contraire à toute méthode : c'est l'hypothèse.

L'hypothèse (ὑπόθεσις, supposition) *est une explication imaginée pour suppléer à une cause inconnue.*

Cette solution provisoire, nous l'admettons, sachant bien qu'elle n'est que provisoire et qu'il la faudra rejeter, si elle est démentie par les faits.

Ainsi, *a priori*, l'hypothèse n'est *ni vraie ni fausse :* elle n'est pas démontrée vraie, car alors elle serait une vérité ; elle n'est pas démontrée fausse, car alors elle serait une erreur : dans les deux cas, elle cesserait d'être une hypothèse.

Les anciens, ayant observé que l'eau monte dans un tube, expliquèrent cette ascension en disant que la nature a horreur du vide : voilà une hypothèse. Un physicien remarqua que l'eau ne s'élevant pas au-dessus de trente-deux pieds, il s'ensuit que la nature n'a pas d'horreur pour le vide au delà de cette hauteur. L'hypothèse, reconnue absurde, ne fut qu'une erreur.

On imagina une nouvelle hypothèse, l'hypothèse de la pression atmosphérique qui explique tous les faits sans exception, et qui, par suite, perdant son nom d'hypothèse, est regardée comme une vérité.

L'hypothèse, considérée en elle-même, a trois avantages.

1° Elle satisfait l'esprit, car elle le délivre momentanément du doute qui le tourmente : qu'il s'agisse de l'objet de toutes nos affections, de l'avenir qui nous attend dans cette vie et après cette vie, ou de ce qu'il faut croire des phénomènes de la nature, le doute est une situation toujours pénible, et quelquefois intolérable.

On peut comparer l'hypothèse à ces tentes provisoires que l'étranger dresse, au milieu du désert, et qui l'abritent, en attendant la demeure définitive où il doit s'arrêter. Ainsi, pressés par l'impérieux désir de connaître, n'ayant pas la patience d'ignorer, nous nous réfugions en des croyances souvent éphémères, avant d'arriver à l'inébranlable croyance que donne la vérité.

2° L'hypothèse rencontre quelquefois juste. Newton, couché sous l'ombrage d'un pommier, voit tomber quelques fruits. De ce fait peu remarquable et assurément remarqué avant lui, il s'élève à l'idée de la gravitation. Un accident vulgaire a fourni à son génie l'occasion d'une admirable hypothèse que l'observation et le raisonnement ont transformée en une vérité incontestable.

3° Enfin, à défaut d'autres avantages, l'hypothèse prouve sa propre impuissance. Elle montre que, s'il y a quelquefois des intuitions heureuses, de bonnes rencontres scientifiques, la meilleure voie est l'observation patiente, consciencieuse, qui s'affranchit de la tyrannie des systèmes et des caprices de l'imagination. Un homme de sens tire toujours quelque profit de ses erreurs.

Imaginez un voyageur égaré au milieu d'une forêt, pendant une nuit obscure. Il sait qu'il n'est pas éloigné d'une grande cité ; mais trois chemins se présentent à lui, et un seul y conduit. N'ayant rien qui le puisse guider, notre voyageur suit le premier venu. Il va jusqu'au bout et ne trouve rien. Il revient sur ses pas, et le voilà de nouveau au centre de la forêt. A quoi lui a servi cette excursion ? elle lui a servi à reconnaître qu'il avait pris le mauvais chemin. Supposez qu'il se trompe encore : cette nouvelle erreur lui sera profitable ; il sait maintenant, il sait à n'en plus douter, que le troisième chemin est le bon. Il le suit avec confiance et il reconnaît, en marchant, certaines traces, il entend certains bruits qui marquent qu'il arrivera bientôt.

Ce voyageur, c'est l'esprit humain. Au commencement,

il ignorait la vraie méthode, il marchait au hasard. Mainte fois, il s'est égaré dans l'immense forêt de la science; mainte fois croyant trouver la vérité, il n'a rencontré que le vide ou l'erreur. Mais ses peines n'ont pas été perdues : il en a tiré un enseignement, il a appris par l'expérience que l'hypothèse est un guide peu sûr, et que, si elle paraît marcher plus vite que l'observation, si elle atteint quelquefois du premier bond le but désiré, elle est, en réalité, le plus souvent trompeuse et indigne de créance.

L'hypothèse, disons-le bien, excellente quand elle est maniée par un homme de génie, est pleine de périls pour le vulgaire.

L'homme de génie est plus rapproché de Dieu. Il a des intuitions soudaines dont il ne se rend pas compte lui-même; mais s'il s'arrête à ces intuitions, ce n'est pas pour s'y complaire, c'est pour les vérifier, pour les confronter avec les faits (1). Il ne cesse pas d'expérimenter qu'il n'ait reconnu l'accord de l'hypothèse et de l'expérience. Le vulgaire suit une marche tout opposée. Crédule et paresseux, il admet toutes les solutions qu'il rencontre et ne prend pas la peine d'en contrôler la valeur. Il s'obstine, et on serait tenté d'admirer sa fermeté, si elle n'était un entêtement aveugle. « Quand les hommes, dit Hobbes, ont une fois acquiescé à des opinions fausses, et qu'ils les ont authentiquement enregistrées dans leur esprit, il est tout aussi impossible de leur parler intelligiblement que d'écrire lisiblement sur un papier déjà brouillé d'écriture. »

Il y a deux règles relatives à l'hypothèse : 1° *le choix*; 2° *la vérification*.

Que l'hypothèse rende compte de tous les faits présentement observés (2). Ce serait s'exposer de gaieté de cœur à errer que d'admettre une solution qui n'explique pas tous les faits du même ordre.

---

(1) Newton dit : *Hypotheses non fingo;* ce qui signifie qu'il ne s'arrête point à l'imagination qu'il a conçue; il n'a de repos que lorsqu'il l'a vérifiée.

(2) On ne doit recourir à l'hypothèse qu'autant que l'observation n'a pas suffi.

L'hypothèse trouvée, il faut faire de nombreuses expériences, provoquer des faits nouveaux, s'assurer, en un mot, si elle explique tout ce qu'elle doit expliquer.

« L'expérience, dit Condillac (qui indique sans s'en douter la voie à suivre pour réfuter ses erreurs), en nous faisant voir quelques faits qui s'expliquent par d'autres, nous donne un modèle de la manière dont une hypothèse devrait rendre raison de tous. Ainsi, pour s'assurer de la bonté d'une supposition, il n'y a qu'à considérer si les explications qu'elle fournit pour certains phénomènes, s'accordent avec celles que l'expérience donne pour d'autres, si elle les explique tous sans exception, et s'il n'y a point d'observations qui ne tendent à la confirmer.

» Quand tous ces avantages se trouvent réunis, il n'est pas douteux qu'elle ne contribue au progrès de la physique. »

Récapitulons les procédés de la méthode appliquée aux sciences physiques et naturelles :

1° L'observation, étude des faits ou des individus;

2° L'expérimentation, provocation ou modification des phénomènes;

3° La classification, distribution des faits ou des individus en groupes;

4° L'analogie, recherche des genres et des espèces;

5° L'induction, recherche des lois;

6° L'hypothèse, recherche des causes.

QUESTION ACCESSOIRE.

Jusques à quel point peut-on appliquer le raisonnement par analogie et par induction à l'étude des faits moraux? difficultés et dangers qui se rencontrent dans la conclusion du particulier au général, du connu à l'inconnu, quand il s'agit des personnes ou des créatures libres.

Consulter BACON, *Novum organum; De dignitate et augmentis scientiarum.*

XVII

Méthode dans les divers ordres de sciences.

Sciences exactes ; — Des axiomes. — De la déduction. — Du syllogisme ; définition ; composition ; propositions ; termes ; syllogismes divers ; règles. — De l'induction socratique.

DES SCIENCES EXACTES.

Cette expression, *sciences exactes*, nous paraît impropre. L'admettre, ce serait supposer qu'il y a des sciences inexactes, ce qui est contradictoire. Nous comprenons cependant que certaines sciences, telles que les mathématiques pures, semblent plus exactes que les autres ; c'est qu'elles excluent l'expérience et l'induction, procédés excellents, mais qui ne sauraient donner qu'une certitude conditionnelle ; c'est que, en outre, les mathématiques ne donnent pas de prise aux passions qui altèrent, autant qu'il est en elles, les principes et les applications des principes de la morale.

La méthode des sciences exactes (et de toutes les sciences qui reposent sur les notions absolues), est la déduction, *qui consiste à tirer des conséquences d'un principe posé*. Ce principe, admis *a priori*, contient implicitement la science entière, ce qui faisait dire à Platon que tout homme sait la géométrie, parce que tout homme sait les principes de la géométrie.

Avant d'étudier le syllogisme, formé de la déduction, faisons-nous une idée précise de la déduction elle-même et des principes ou axiomes.

I. — DES AXIOMES.

Les axiomes sont *les vérités premières sur lesquelles reposent les sciences exactes*. Comme toutes les vérités premières nécessaires, ils se reconnaissent à ces deux caractères essentiels : qu'*ils sont évidents a priori*, et qu'*ils sont absolus*.

De là deux règles qu'il importe d'observer :

1° *Ne pas confondre une maxime reçue ou une vérité déduite avec un axiome.*

2° *Ne pas essayer de démontrer les axiomes ;* on pourrait ajouter : *ne pas essayer de démontrer les applications immédiates.* Ainsi : *le plus court chemin d'un point à un autre est la ligne droite :* voilà un axiome. *Dans un triangle, un côté quelconque est plus petit que la somme des deux autres :* voilà une application immédiate de l'axiome, indémontrable comme l'axiome. Les géomètres qui ont tenté de prouver ce théorème n'ont fait que tourner dans un cercle vicieux.

II. — DE LA DÉDUCTION.

La déduction, nous l'avons déjà dit, est un raisonnement par lequel nous descendons du général au particulier et tirons des conséquences d'un principe.

La déduction repose sur ce principe que *tout ce qui est vrai d'une proposition générale est vrai des propositions particulières qu'elle contient.*

« Ainsi la force du raisonnement déductif consiste à trouver une proposition qui contienne en soi celle dont on veut faire la preuve ; c'est ce qu'on appelle dans l'École : *Dici de omni, dici de nullo ;* c'est-à-dire que tout ce qui convient à une chose, convient à tout ce à quoi cette chose convient, et au contraire. Par exemple, ce qui convient à un homme sage en général, convient à chaque homme sage ; et au contraire, ce qui est nié de tout homme sage en général, est nié de tout homme sage en particulier. Autre exemple : ce qui convient en général à tout triangle, convient en particulier à l'isocèle et aux autres ; et, au contraire, ce qui est nié de tout triangle en général, est nié de l'isocèle et de tous les autres en particulier (1). »

(1) Bossuet, *Logique,* livre III.

III. — DU SYLLOGISME.

La forme du raisonnement déductif est le syllogisme.

Le syllogisme est un *argument composé de trois propositions disposées de telle sorte que la première, appelée majeure, contient nécessairement la troisième, appelée conclusion ou question, et que la deuxième, appelée mineure, établit ce rapport* (1).

Les deux premières propositions se nomment encore *prémisses*.

Dans tout syllogisme, il y a trois termes ou idées : le *petit terme* ou le sujet dont on veut affirmer une manière d'être ; le *grand terme* ou la manière d'être affirmée ; et le *moyen terme* ou l'idée intermédiaire qui rapproche le grand du petit terme.

L'opération intellectuelle repose sur ce principe que *deux idées, qui conviennent à une troisième, se conviennent entre elles*.

Ainsi, pour prouver que l'idée de *Dieu* et l'idée de *générosité* se conviennent, je prends une troisième idée, celle de *grandeur*, et je compose le syllogisme suivant :

> Tous les êtres grands sont généreux ;
> Or Dieu est un être grand,
> Donc, Dieu est généreux.

Dieu est le petit terme ; *généreux* est le grand terme ; *grand* est le moyen.

---

(1) Voici la définition du syllogisme telle que l'a donnée Aristote : « J'appelle *termes* ce en quoi se résout la proposition, c'est-à-dire l'attribut et le sujet auquel il est attribué, soit qu'on les unisse, soit qu'on les sépare par des idées d'être ou de non-être. Le syllogisme est une énonciation dans laquelle certaines assertions étant posées, par cela seul qu'elles le sont, il en résulte nécessairement une autre assertion différente des premières. *Par cela seul qu'elles le sont*, veut dire que c'est par ces assertions que l'autre est produite, et *être produite* ainsi signifie qu'il n'est besoin, pour que le nécessaire en résulte, d'aucun autre terme étranger.

J'appelle donc syllogisme complet, celui dans lequel il ne faut rien de plus que les données pour que le nécessaire apparaisse, et incomplet, celui qui a besoin, au contraire, d'une ou plusieurs données qu'on ajoute, lesquelles sont bien aussi nécessaires, d'après les termes supposés, mais qui toutefois ne sont pas énoncées dans les premières propositions. »

(ARISTOTE, *Analytiques*.)

Les propositions ne se suivent pas toujours dans l'ordre logique : le discours aurait une allure trop didactique et trop lourde. Il importe donc de bien distinguer la majeure, la mineure et la conclusion.

Voici une caractéristique facile à retenir :

La conclusion contient le petit et le grand terme, puisque le syllogisme n'est imaginé que pour les rapprocher l'un de l'autre ;

La majeure contient le moyen et le grand ;

La mineure contient le petit et le moyen.

On n'a pas besoin de chercher la conclusion, et il suffit de la décomposer pour trouver le terme absent ou le moyen terme, et pour reconnaître les prémisses.

DES SYLLOGISMES IRRÉGULIERS.

1° L'enthymème ou *syllogisme tronqué*. On supprime une des deux prémisses, la majeure ou la mineure, parce que l'esprit peut facilement y suppléer.

Ainsi :

> Les impies outragent Dieu,
> Donc, les impies seront punis.

La majeure omise est :

> Tous ceux qui outragent Dieu seront punis.

Ainsi encore :

> Tout ce qui naît doit mourir,
> Donc, l'homme doit mourir.

La mineure omise est :

> Or, l'homme naît.

2° L'épichérème ou *syllogisme expliqué*. On accompagne chaque prémisse d'une preuve. Tout plaidoyer n'est qu'un épichérème ou une série d'épichérèmes.

Ainsi, dans le discours de Cicéron pour la défense de

Milon, l'argumentation, dégagée de tout développement, se réduit à ce syllogisme :

> Il est permis de tuer ceux qui nous tendent des embûches ;
> Or, Clodius a tendu des embûches à Milon ;
> Donc, il était permis à Milon de tuer Clodius.

L'orateur reprend la majeure ; il établit que la loi naturelle, la loi écrite, la conscience et la coutume autorisent celui qui est attaqué à repousser la force par la force ; que tuer un agresseur, c'est user du droit de légitime défense.

Il développe la mineure : Le caractère de Clodius est connu ; c'est un homme turbulent et emporté ; il avait une vieille haine contre Milon ; il savait que son ennemi se rendait à la campagne, il est allé sur son passage. Celui-ci est un citoyen paisible, qui évite les querelles (portrait de fantaisie imaginé pour les besoins de la cause) ; il a quitté Rome, sans défiance, sans armes, accompagné de sa femme, embarrassé de tout l'attirail d'un voyageur. Clodius, suivi d'un grand nombre de serviteurs armés, armé lui-même, attaque Milon inoffensif. Alors les esclaves de Milon firent ce que chacun de nous voudrait que ses esclaves fissent en pareille circonstance... Ils tuèrent Clodius. Voilà l'épichérème de la Milonienne (1).

3° *Le Dilemme est un double syllogisme, dans lequel on présente à l'adversaire deux majeures contradictoires qui aboutissent à une même conclusion, en sorte que s'il rejette l'une, il est forcé d'admettre l'autre.*

Voulons-nous prouver, par exemple, que les impies n'ont aucun bonheur à attendre, nous dirons :

> Ou les impies périssent entièrement, ou ils ont une âme immortelle.
> S'ils périssent entièrement, ils ne peuvent espérer d'être heureux.
> Si l'âme est immortelle, ils doivent, ayant mal vécu, craindre un juste supplice.
> Donc, les impies n'ont aucun bonheur à attendre.

Il y a des dilemmes défectueux.

« C'est un très-faux dilemme que celui dont se ser-

---

(1) La fable du *Lion*, dans LA FONTAINE (liv. I, f. 6), est un épichérème.

vaient les anciens philosophes pour ne pas craindre la mort :

Ou notre âme, disaient-ils, périt avec le corps, et ainsi n'ayant plus de sentiment, nous serons incapables de mal ;
Ou l'âme survit au corps, et alors elle sera plus heureuse qu'elle n'était dans le corps ;
Donc, la mort n'est pas à craindre.

« Car, comme Montaigne a fort bien remarqué, c'était un grand aveuglement de ne pas voir qu'on peut concevoir un troisième état entre ces deux-là, qui est que l'âme demeurant après le corps, se trouvât dans un état de tourment et de misère, ce qui donne juste sujet d'appréhender la mort, de peur de tomber dans cet état (1). »

4° Le sorite (σωρός, tas), *enchaînement de propositions dans lesquelles l'attribut de la première devient le sujet de la seconde, et ainsi de suite, jusques à la conclusion qui comprend le sujet de la première et l'attribut de la dernière.*

Voici un exemple souvent cité dans l'École :

Les avares sont remplis de désirs.
Ceux qui sont remplis de désirs manquent de beaucoup de choses ;
Ceux qui manquent de beaucoup de choses sont malheureux,
Donc, les avares sont malheureux.

On trouve dans Cyrano de Bergerac un sorite curieux, qui pèche dans les règles :

L'Europe est la plus belle partie du monde,
La France est le plus beau royaume de l'Europe ;
Paris est la plus belle ville de France ;
Le collége de Beauvais est le plus beau de Paris ;
Ma chambre est la plus belle chambre du collége de Beauvais,
Je suis le plus bel homme de ma chambre ;
Donc, je suis le plus bel homme du monde.

Ce raisonnement n'est composé que de propositions qui ne sont, chacune séparément, qu'autant de propositions particulières, dont l'une n'explique pas l'autre, et dont aucune ne contient la conséquence.

5° Le prosyllogisme, *argument composé de cinq propo-*

---

(1) *Logique de Port-Royal.*

sitions ou *de deux syllogismes, combinés de telle sorte que la conclusion du premier est l'une des prémisses du deuxième.*

Par exemple :

> Tous les animaux sont mortels ;
> Or tous les hommes sont des animaux ;
> Donc, tous les hommes sont mortels ;
> Mais Pierre est un homme ;
> Donc, Pierre est mortel.

La géométrie n'est qu'une série de prosyllogismes.

DES SYLLOGISMES CONJONCTIFS.

Les syllogismes conjonctifs sont *ceux dont la majeure contient explicitement la conclusion,* tandis que les syllogismes simples ne la contiennent qu'*implicitement.*

On peut les réduire à trois genres : les *conditionnels,* les *disjonctifs* et les *copulatifs.*

1° SYLLOGISMES CONDITIONNELS.

Les syllogismes conditionnels sont *ceux où la majeure est une proposition conditionnelle qui contient toute la conclusion,* comme :

> S'il y a un Dieu, il le faut aimer ;
> Or, il y a un Dieu,
> Donc, il le faut aimer.

La majeure a deux parties ; la première s'appelle l'antécédent, *s'il y a un Dieu;* la deuxième, le conséquent, *il le faut aimer.*

Ce syllogisme peut être de deux sortes, parce que de la même majeure on peut former deux conclusions.

La première est quand, ayant affirmé le conséquent dans la majeure, on affirme l'antécédent dans la mineure, selon cette règle, *en posant l'antécédent, on pose le conséquent,* comme dans l'exemple précédent : *S'il y a un Dieu, il le faut aimer,* etc.

La deuxième sorte est, quand on ôte le conséquent pour

ôter l'antécédent, selon cette règle : *Otant le conséquent, on ôte l'antécédent.*

> Si quelqu'un des élus périt, Dieu se trompe;
> Mais Dieu ne se trompe point;
> Donc, aucun des élus ne périt.

2° SYLLOGISMES DISJONCTIFS.

Les syllogismes disjonctifs sont ceux dont la première proposition est disjonctive, c'est-à-dire, dont les parties sont jointes par *vel, ou,* comme celui-ci de Cicéron :

> Ceux qui ont tué César sont parricides ou défenseurs de la liberté;
> Or, ils ne sont point parricides;
> Donc, ils sont défenseurs de la liberté.

3° SYLLOGISMES COPULATIFS.

Les syllogismes copulatifs sont *ceux où, dans une proposition copulative niante, on établit une partie pour ôter l'autre.*

> Un homme n'est pas tout ensemble serviteur de Dieu et idolâtre de son argent;
> Or, l'avare est idolâtre de son argent;
> Donc, il n'est pas serviteur de Dieu (1).

On doit remarquer que, dans tous les syllogismes conjonctifs, la mineure est à prouver.

DES FIGURES DU SYLLOGISME.

Les figures se prennent de l'arrangement du terme moyen. On compte ordinairement trois figures, parce que le terme moyen se peut arranger en trois façons; car, ou il est sujet dans l'une des prémisses et attribut dans l'autre, ou il est attribut dans toutes les deux, ou, enfin, il est sujet partout.

Le premier arrangement fait la première figure, le second fait la seconde, le troisième fait la troisième.

---

(1) Tout ce qui a rapport aux syllogismes conjonctifs est emprunté textuellement à la *Logique de Port-Royal.*

C'est ainsi que les figures des arguments se varient par la diverse manière dont le terme moyen y est placé.

Il y a aussi une quatrième figure qu'on appelle la figure de Galien, où le moyen terme est attribut dans la majeure et sujet dans la mineure; mais comme cette figure est indirecte et peu naturelle, et que d'ailleurs on la peut comprendre dans la première, la plupart des logiciens ne comptent que trois figures; chose si peu importante qu'elle ne vaut pas la peine d'être examinée.

Les exemples des figures se verront avec ceux des modes dont nous allons parler.

DES MODES DU SYLLOGISME.

Les modes se déterminent par la quantité ou la qualité des propositions, c'est-à-dire, selon qu'on assemble diversement les universelles, les particulières, les affirmatives et les négatives (A. E. I. O. (1).

Il semblerait qu'il dût y avoir autant de façon d'argumenter, que les propositions et les termes peuvent souffrir de différents arrangements; mais il y a des arrangements dont on ne peut jamais former un syllogisme : par exemple, de pures particulières et de pures négatives il ne se conclut rien.

Il y a grand nombre d'autres arrangements (64) qui sont exclus par de semblables raisons; et, enfin, il ne s'en trouve que quatorze concluants, qu'on appelle modes utiles.

Les philosophes qui ont suivi Aristote ont exprimé ces modes en des mots artificiels faits pour aider la mémoire.

MODES DE LA PREMIÈRE FIGURE.

La première figure a quatre modes concluants :

---

(1) Voir les *Notions de la Grammaire générale.*

Barbara, celarent, darii, ferio (1).

A	*Bar*	Tout ce qui est ordonné de Dieu est pour le bien ;
A	*ba*	Toute puissance légitime est ordonnée de Dieu ;
A	*ra*	Donc, toute puissance légitime est pour le bien.
E	*Ce*	Nulle chose ordonnée de Dieu n'est établie pour le mal ;
A	*la*	Toute puissance légitime est ordonnée de Dieu ;
E	*rent*	Donc, nulle puissance légitime n'est établie pour le mal.
A	*Da*	Tout homme qui abuse de son pouvoir est injuste ;
I	*ri*	Quelque prince abuse de son pouvoir ;
I	*i*	Donc, quelque prince est injuste.
E	*Fe*	Nul injuste n'est heureux ;
I	*ri*	Quelque prince est injuste ;
O	*o*	Donc, quelque prince n'est pas heureux.

Ainsi dans la première figure il y a une conclusion de chaque espèce, A. E. I. O.

MODES DE LA DEUXIÈME FIGURE.

La deuxième figure a quatre modes concluants :

Cesare, camestres, festino, baroco.

E	*Ce*	Nul menteur n'est croyable ;
A	*sa*	Tout homme de bien est croyable ;
E	*re*	Donc, nul homme de bien n'est menteur.
A	*Ca*	Toute science est certaine ;
E	*mes*	Nulle connaissance des choses contingentes n'est certaine ;
E	*tres*	Donc, nulle connaissance des choses contingentes n'est science.
E	*Fes*	Nul tyran n'est juste ;
I	*ti*	Quelque prince est juste ;
O	*no*	Donc, quelque prince n'est pas tyran.
A	*Ba*	Tout heureux est sage ;
O	*ro*	Quelque prince n'est pas sage ;
O	*co*	Donc, quelque prince n'est pas heureux.

Ainsi, dans la deuxième figure, il y a deux conclusions universelles négatives, et deux conclusions particulières négatives.

---

(1) Dans ces mots, les voyelles marquent la quantité et la qualité des trois propositions du syllogisme.

MODES DE LA TROISIÈME FIGURE.

La troisième figure a six modes concluants :

Darapti, felapton, disamis, datisi, bocardo, ferison.

A	Da	Toute plante se nourrit ;
A	rap	Toute plante est immobile ;
I	ti	Donc, quelque chose immobile se nourrit.
E	Fe	Nulle injure n'est agréable ;
A	lap	Toute injure doit être pardonnée ;
O	ton	Donc, quelque chose qui doit être pardonnée n'est pas agréable.
I	Di	Quelques méchants sont dans les plus grandes fortunes ;
A	sa	Tous les méchants sont misérables ;
I	mis	Donc, quelques misérables sont dans les plus grandes fortunes.
A	Da	Toute fable est fausse ;
I	ti	Quelque fable est instructive ;
I	si	Donc quelque chose instructive est fausse.
O	Bo	Quelque colère n'est pas blâmable ;
A	car	Toute colère est une passion ;
O	do	Donc, quelque passion n'est pas blâmable.
E	Fe	Nul acte de justice n'est blâmable ;
I	ri	Quelque acte de justice est un acte de rigueur ;
O	son	Donc, quelque acte de rigueur n'est pas blâmable.

Ainsi, dans la troisième figure, il n'y a que des conclusions particulières, affirmatives ou négatives (1).

RÈGLES DU SYLLOGISME.

Les règles relatives à la composition et à la forme du syllogisme ont été résumées en huit vers latins.

1° *Terminus esto triplex : medius, majorque minorque.*
2° *Latius hunc quam præmissæ conclusio non vult.*
3° *Nequaquam medium capiat conclusio oportet.*
4° *Aut semel aut iterum medius generaliter esto.*

Voilà pour les termes.

---

(1) Tout ce qui a rapport aux modes et aux figures du syllogisme est emprunté presque textuellement à la *Logique* de Bossuet.

5° *Utraque si præmissa neget nil inde sequetur.*
6° *Ambæ affirmantes nequeunt generare negantem.*
7° *Nil sequitur geminis e particularibus unquam.*
8° *Pejorem sequitur semper conclusio partem.*

Voilà pour les propositions.

Si nous laissons de côté tout ce qui touche la construction du syllogisme, nous verrons facilement que ces règles se réduisent à deux :

1° Que le terme moyen soit pris au moins une fois généralement.

« Car, devant unir ou désunir les deux termes de la conclusion, il est clair qu'il ne le peut faire s'il est pris pour deux parties différentes d'un même tout, parce que ce ne sera pas peut-être la même partie de ces deux termes qui sera unie ou désunie. Ainsi dans cet argument :

> Quelque homme est saint,
> Quelque homme est voleur;
> Donc, quelque voleur est saint.

le mot d'*homme* étant pris pour diverses parties des hommes, ne peut unir *voleur* avec *saint*, parce que ce n'est pas le même homme qui est saint et qui est voleur (1). »

2° Que la conclusion ne soit pas plus étendue que les principes, ce qui implique que la conclusion suit toujours la plus faible partie. Ainsi, de ce que quelque homme est noir, on ne saurait en conclure que tout homme soit noir.

A rigoureusement parler, cette dernière règle embrasse et résume toutes les autres.

USAGE ET ABUS DU SYLLOGISME.

Aristote a donné la théorie complète du syllogisme. Ceux qui sont venus après lui n'ont rien trouvé de nouveau. Nous ne parlons pas de la quatrième figure dont l'invention est attribuée à Galien ; elle peut être ramenée à la première, et l'on comprend que le maître de la logique n'ait pas daigné s'y arrêter.

(1) *Logique de Port-Royal.*

Le syllogisme, considéré comme forme du raisonnement déductif ou plutôt comme procédé de l'esprit humain, a eu une fortune singulière. La philosophie du moyen âge, qui n'est, en grande partie, qu'un long commentaire de l'*Organon*, regarde le syllogisme comme l'instrument indispensable de toute découverte, le préservatif universel contre l'erreur, la clef d'or de la science. Elle ne permet aucune attaque contre son législateur (1).

Cependant une réaction s'opéra vers le seizième siècle. Ramus publia ses *Animadversiones aristotelicæ*, violent pamphlet où la doctrine du Portique est plutôt injuriée que réfutée. Son acharnement causa sa mort : il fut une des victimes de la Saint-Barthélemy (2).

Bacon, quelques années plus tard, marque un profond mépris pour le syllogisme, « qui n'est d'aucun usage pour inventer ou vérifier les premiers principes des sciences. »

« Le syllogisme, dit-il plus loin, est composé de propositions, les propositions se font des mots, et les mots sont en quelque sorte les étiquettes des choses. Que si les notions mêmes, qui sont comme la base de l'édifice, sont confuses et extraites des choses au hasard, tout ce qu'on bâtit ensuite sur un tel fondement ne peut avoir de solidité (3). »

Descartes écrit quelques lignes hautaines, et passe outre :

« Pour la logique, les syllogismes et la plupart de ses autres instructions servent plutôt à expliquer à autrui les choses qu'on sait, ou même, comme l'art de Lulle, à parler sans jugement de celles qu'on ignore, qu'à les apprendre (4). »

Le temps de la modération, c'est-à-dire de la justice, est enfin venu. Nous ne devons partager ni l'engouement de la scolastique, ni le dédain de Bacon et de Descartes. Le syllo-

---

(1) Cette interdiction dura longtemps ; un arrêt du Parlement, rendu quelques années avant la publication du Discours de la Méthode, défend, *sous peine de mort*, d'attaquer Aristote.
(2) Chose digne de remarque, Ramus a composé une *Logique* qui n'est que la reproduction, souvent textuelle, de la *Logique* d'Aristote.
(3) *Novum organum*, 1re partie.
(4) *Discours de la Méthode*, 2e partie.

gisme ne mérite pas d'ailleurs ni cet excès d'honneur, ni cette indignité.

Le syllogisme, à rigoureusement parler, n'est que la forme du raisonnement, et non le raisonnement lui-même; mais il en est la forme unique. Toutes les sciences déductives emploient exclusivement le syllogisme comme moyen de démonstration. Un théorème de géométrie ou de morale ne prend place parmi les vérités que lorsqu'il a été rattaché au principe ou à la vérité première qui le contient. Tant qu'il est isolé du principe, il peut être contesté; qu'on l'en rapproche, qu'on place en regard, dans un argument simple et rapide, la conclusion et la majeure, il n'est plus permis de douter.

La réfutation, comme la démonstration, est l'œuvre du syllogisme. « Un argument nous est-il proposé dont nous sentons vaguement la faiblesse; ramenons cet argument à la forme syllogistique, et nous en apercevrons clairement les défauts. Vous partez d'une majeure que je conteste; ou bien votre mineure ne rattache pas nécessairement la majeure à la conclusion; ou bien enfin, si vos prémisses sont irréprochables, la conséquence que vous en tirez n'en saurait sortir (1). »

L'habitude de raisonner en forme donne à l'esprit une vigueur et une précision incomparables. Notre langue elle-même en est une preuve : ses qualités les plus précieuses, l'ordre, la clarté, la sobriété, l'enchaînement logique des idées, à qui les doit-elle, sinon à cette philosophie scolastique dont nos pères furent les premiers et les derniers disciples?

Mais lorsque le moyen âge attribue toute vertu au syllogisme, lorsqu'il voit en lui le seul instrument de découverte et de vérification, il se fait illusion sur sa portée.

D'abord, le syllogisme est impuissant à trouver ou à vérifier les principes : il tire des conséquences des principes donnés, voilà tout. Cela est tellement vrai que l'École, si sévère sur la forme, sur les figures et les modes, ne se pré-

---

(1) Bossuet, *Logique.*

occupe guère du point de départ. De là les arguments subtils qui embarrassent l'esprit par une apparence de rigueur. La conclusion est contenue dans la majeure, et la mineure établit ce rapport. On a seulement oublié de s'enquérir de la vérité de la majeure.

Il y a même, dit Leibnitz, des conséquences très-bonnes, et qu'on ne saurait démontrer à la rigueur par aucun syllogisme sans en changer un peu les termes, par exemple : *Jésus-Christ est Dieu; donc la mère de Jésus-Christ est la mère de Dieu.*

En second lieu, les sciences expérimentales reposent sur l'observation. Il faut étudier la nature et non la déduire, pour ainsi parler, de certains axiomes abstraits. L'application des mathématiques à la physique n'est pas sans danger, car les données du calcul ne sont pas toujours en harmonie avec les données de l'expérience. Que serait-ce donc si, *a priori,* on prétendait tirer du raisonnement seul et les faits et les lois des faits ?

L'écueil des mathématiciens et, en général, de ceux qui sont habitués aux formes sévères du syllogisme, c'est de vouloir tout prouver et de chercher une conclusion partout.

Ils contestent ce qui n'est pas démontré, et ils ont raison. Mais ils ne s'arrêtent pas là; ils ne reconnaissent comme axiomes que les axiomes générateurs de leur science favorite. Dites : *la ligne droite est le plus court chemin d'un point à un autre;* ils s'inclinent et laissent passer. Dites d'autre part : *il ne faut pas faire à autrui ce que vous ne voudriez pas qui vous fût fait;* ils réclament et vous somment de donner la preuve, comme si l'axiome moral n'avait pas la même valeur et avait plus besoin de confirmation que l'axiome mathématique !

Ils cherchent une conclusion partout, ils raisonnent où il faut sentir. La pratique exclusive du calcul et des abstractions a étouffé en eux l'instinct poétique : l'analyse a pris la place de l'émotion. Un géomètre qui venait d'entendre la lecture de *Zaïre* se leva en s'écriant : Qu'est-ce que cela prouve ?

IV. — DE L'INDUCTION SOCRATIQUE.

L'induction Socratique (appelée par quelques-uns *abstraction immédiate*) consiste *à s'élever du contingent au nécessaire*.

Étant donné un fait ou une notion expérimentale, nous concevons une vérité qui est sa raison d'être. Ainsi, j'ai la conscience de mon imperfection, et à ce propos je m'élève à l'idée d'un être parfait, principe nécessaire de mon existence. Je vois un beau paysage, beauté réelle et bornée, et à ce propos je m'élève à l'idée de la beauté absolue et infinie.

L'induction Socratique n'est, au fond, que le procédé à l'aide duquel nous acquérons les idées nécessaires. Elle se distingue profondément de l'induction Baconienne : celle-ci conclut du contingent au contingent, du phénomène à la loi du phénomène, et suppose une série d'observations et d'expériences ; celle-là, partant d'un seul fait contingent, atteint immédiatement l'absolu : une série d'observations n'ajouterait rien à la valeur et à la clarté de la conception.

Consulter Aristote, *Organon ;* la *Logique de Port-Royal ;* Pascal, *fragments ;* Euler, *Lettres à une princesse d'Allemagne,* IIe partie.

XVIII

De la méthode dans les divers ordres de sciences.

Sciences morales; leur objet. — Principales subdivisions. — Méthode mixte.

Nécessité du témoignage. — Son étendue. — Règles de la croyance aux faits; règles de la croyance aux témoins. — Faits particuliers; faits publics.

De la tradition; règles de la croyance à la tradition. — Application de ces règles à la croyance des faits surnaturels.

On entend par *sciences morales* celles qui *traitent de l'homme considéré comme être pensant*. Leur objet commun, c'est la connaissance de l'homme, de ses actes, de ses croyances et de ses lois.

Sous cette désignation générale, nous comprenons plusieurs sciences diverses et très-importantes.

Voici les principales :

1° La *psychologie*, science des faits intimes, fondement et condition des autres sciences. Une psychologie fausse ou incomplète est toujours le point de départ d'une utopie politique ou d'un système de morale erroné.

2° La *morale proprement dite* ou science de la fin de l'homme.

3° Le *droit, naturel ou positif*, qui fait partie de la morale, mais qui insiste particulièrement sur les droits, tandis que celle-ci se préoccupe surtout des devoirs.

4° La *pédagogie* ou *science de l'éducation*, qui enseigne les moyens d'éclairer ou de développer l'intelligence et le cœur des enfants : travail délicat qui suppose une connaissance approfondie de notre nature, de nos aptitudes, de nos instincts pervers et de nos passions généreuses.

5° La *politique* ou *science du gouvernement*, qui enseigne l'art de conduire les hommes, de les rendre meilleurs et plus heureux.

6° *L'économie politique* ou mieux *l'économie sociale, science des lois de la production, de la distribution et de la consommation de la richesse,* qui tend particulièrement à mettre d'accord les intérêts divers en vue de l'équité et de l'intérêt commun.

7° *L'histoire, qui raconte les événements et les explique.* Les actes extérieurs ne sont que des manifestations d'une puissance intérieure. Celui qui ne saisit pas ce rapport ne comprend ni la raison d'être des faits, ni leur filiation, ni leurs enseignements. L'histoire n'est pour lui qu'une énumération stérile d'événements, de dates et de noms.

La méthode qui convient aux sciences morales est une méthode *mixte :* elle emprunte tout à la fois aux sciences physiques et aux sciences exactes leurs procédés divers.

En effet, on étudie les phénomènes intimes, on les provoque, on constate leurs lois, de la même manière qu'on étudie les phénomènes physiques, qu'on les provoque et qu'on en constate les lois : *méthode expérimentale,* observation, classification, raisonnement par analogie et par induction (1).

Les lois et les principes étant trouvés, on en tire des conséquences et des applications ; on démontre les théorèmes moraux comme on démontre les théorèmes géométriques : *méthode déductive, syllogisme,* etc.

Voici un exemple :

Si je considère les actes intérieurs, abstraction faite des diverses facultés auxquelles ils se rapportent, je constate qu'ils se peuvent diviser en deux catégories ; les uns se produisent fatalement, indépendamment de ma volonté ; les autres dépendent de moi, je me reconnais le maître de les produire ou de ne les produire pas ; en un mot, dans

---

(3) Quant à l'hypothèse, elle est d'un emploi plus restreint. Introduite avec succès dans l'histoire et la politique, elle est bannie de la psychologie. La raison de cette exclusion est facile à comprendre. La cause des phénomènes psychologiques n'est point à chercher ; elle est toute trouvée : c'est une cause que nous atteignons immédiatement et dont nous avons conscience, c'est l'âme ou le moi.

leur production j'ai la conscience de ma liberté ou de la possession de moi-même.

Voilà donc une loi constatée par l'observation, à l'aide du sens intérieur : *je suis libre d'accomplir ou de ne pas accomplir certains actes.* Cette loi ou ce principe étant admis, j'en tire des conséquences par voie de déduction : je suis libre, *donc je suis responsable, donc je mérite ou je démérite, selon que j'ai bien ou mal agi ; donc je puis et je dois être puni ou récompensé,* etc.

Les sciences morales reposent sur le fondement le plus solide qu'il y ait, sur l'autorité de la conscience. Qu'on conteste ce fondement, et tout l'édifice des connaissances s'écroule : c'en est fait, non pas seulement de la psychologie ou du droit, mais de toute science ou chose sue. — Les faits intimes, nous l'avons déjà dit, sont des faits réels; leurs lois sont précises ; ils se distribuent, comme les faits physiques, en groupes distincts. Les principes ou axiomes moraux sont tout aussi clairs, tout aussi solides que les axiomes mathématiques. Pour les inductions et les conséquences que l'on peut tirer des faits ou des principes, comme pour la classification des phénomènes, nous renvoyons aux règles des diverses formes de raisonnement et aux procédés généraux de la méthode.

DU TÉMOIGNAGE.

Nous ne croyons pas seulement en nos propres perceptions, nous croyons en la perception de nos semblables. Lorsqu'ils nous disent avoir vu quelque chose, nous estimons que cette chose existe et qu'ils ont bien vu.

La foi au témoignage est naturelle et nécessaire. Dans son enfance, l'homme se laisse guider par ses parents et par ses maîtres; il est persuadé de la sincérité de leurs paroles et de la supériorité de leurs lumières ; il est même frappé de cette espèce d'infaillibilité qui se remarque dans leurs prévisions : toutes les conséquences d'une action téméraire, faite contre l'avis de ceux qui le guident, lui ont été annoncées, et l'événement répond presque toujours à la prophétie.

Arrivé à l'âge de la raison éclairée et de la vraie liberté, l'homme comprend qu'il sait peu de chose par lui-même, qu'il ignorerait, sans le secours d'autrui, et l'histoire des autres hommes et même une grande partie de sa propre histoire ; qu'il ne pourrait vérifier toutes les découvertes, tous les calculs, toutes les relations, tous les renseignements qui lui sont transmis par ses semblables. Alors la foi naïve de l'enfant a fait place à une foi réfléchie. On ne croit plus seulement parce qu'on est porté à croire, mais aussi parce qu'on sent la nécessité de croire.

Cependant l'expérience nous enseigne que, s'il y a nécessité de croire, il ne faut pas tout croire. L'homme est naturellement véridique, mais il peut avoir intérêt à altérer la vérité, il peut être, il est souvent menteur. Nous reconnaissons qu'il y a certaines précautions à prendre, certaines conditions de véracité à constater avant de donner notre créance, et que croire tout serait aussi dangereux et aussi déraisonnable que ne croire rien. De là, les règles relatives aux faits et aux témoins, sur lesquelles repose l'autorité du témoignage.

Mais quelle est l'étendue du témoignage ? Embrasse-t-il la connaissance entière ou seulement une partie de la connaissance ?

Il en est qui ont prétendu qu'il est l'unique source de la science. Cette assertion nous paraît inadmissible, parce qu'elle est contradictoire ; nous l'avons déjà prouvé (1).

Voici, selon nous, le domaine du témoignage : il nous révèle les faits et les vérités, mais seulement les faits et les vérités qui dépassent notre portée. Les faits dont nous avons été témoins ne deviennent pas plus certains pour nous, parce que d'autres hommes les ont vus comme nous. Ce concert de témoignages donne uniquement plus d'autorité au nôtre, lorsqu'il s'agit de persuader une personne éloignée du théâtre de l'événement.

(1) Voir la *réfutation du scepticisme*.

Les vérités saisies par notre entendement ne sont pas plus vraies pour nous, parce que les autres hommes les entendent. Que si nous nous mettons en peine de leur assentiment, c'est moins pour avoir une assurance nouvelle, que pour satisfaire le désir naturel d'être en communion d'idées avec nos semblables.

Le témoignage ne comprend donc que l'existence des faits ou des objets qui sont séparés de nous dans l'espace ou dans le temps, et l'existence de certaines vérités que, faute de lumière ou de loisir, nous ne pouvons découvrir par nous-mêmes. Telles sont, pour la plupart des hommes, les vérités de l'astronomie et de la mécanique; tels sont tous les événements de l'histoire, les habitants, les animaux, les plantes ou les minéraux d'une contrée lointaine.

RÈGLE DE LA CROYANCE AUX FAITS.

Il y a, nous l'avons déjà dit, des règles relatives aux objets du témoignage et des règles relatives aux témoins.

La condition unique pour qu'un fait soit croyable, c'est *qu'il soit possible*. Précisons bien le sens des mots : J'entends par *fait possible* celui dont l'existence n'est pas en contradiction avec une des lois *absolues* de la raison. Ainsi, un fait merveilleux, un miracle, une dérogation aux lois *relatives* du monde physique, est un fait possible. L'invraisemblance n'est pas un motif de doute persistant :

Le vrai peut quelquefois n'être pas vraisemblable.

L'invraisemblance d'un fait doit nous tenir en éveil, nous inciter à examiner avec plus de circonspection les motifs de crédibilité ou le rapport des témoins, mais dans aucun cas elle ne nous autorise à nier.

RÈGLES DE LA CROYANCE AUX TÉMOINS.

Il faut, 1° *que le témoignage soit clair;* 2° *que le témoin n'ait pas été trompé;* 3° *qu'il ne veuille pas nous tromper.*

Reprenons une à une chacune de ces conditions; le sujet est grave et mérite qu'on s'y arrête.

— Il faut, EN PREMIER LIEU, que le témoin s'exprime clairement et soit clairement compris. L'obscurité du langage marque ou la faiblesse intellectuelle, ou la légèreté, ou la mauvaise foi du témoin. On se défiera avec raison des paroles équivoques, des réticences et des insinuations.

— Il faut, EN SECOND LIEU, que le témoin n'ait pas été trompé. Cette règle comprend trois points distincts :

1° *Le fait doit être à la portée de l'intelligence de celui qui l'atteste.* Un homme qui ne comprend point, je ne dis pas la cause d'un fait, mais le fait lui-même ; un tel homme, dis-je, est incapable de témoigner. Voici deux femmes spirituelles et bien élevées qui, dans une conversation piquante, échangent des railleries et des propos mordants : elles gardent leur sang-froid, elles ont le sourire sur les lèvres, et se serrent les mains. Que pensera le villageois, témoin de ce duel féminin ? Croira-t-il avoir assisté au début d'un drame dont le dénoûment sera peut-être terrible ? En sera-t-il l'historien fidèle ? Dans son récit, n'altérera-t-il pas, à son insu, la vérité qu'il ne soupçonne point ? Un valet du grand monde aurait compris, dès les premiers mots, qu'entre Célimène et Arsinoé il y a une de ces haines vigoureuses qui survivent aux circonstances et aux raccommodements mondains. Notre paysan, habitué à des colères bruyantes, à des disputes qui se traduisent en mots crus, brutalement injurieux, ne saurait deviner ce qu'il y a de perfide et d'incisif dans l'ironie habilement maniée.

Qu'un jour Arsinoé, furieuse de n'être plus jeune et d'avoir moins d'esprit que Célimène, s'emporte jusqu'à souffleter sa rivale, le témoin comprendra très-bien ce langage que tout le monde comprend, mais il n'aura pas vu que la première entrevue était comme le prologue d'une tragédie, comme l'éclair précurseur de la foudre.

2° *Le témoin doit être impartial,* exempt de haine et d'amour, *sine odio et favore,* comme dit Tacite. Nos passions corrompent nos jugements. Ceux que nous aimons ne peuvent pas mal faire. Si nous les surprenons en flagrant délit, nous sommes portés à atténuer leur faute ou leur crime. — Haïssons-nous quelqu'un, au contraire, tout ce qu'il fait, tout ce qu'il dit est mal fait ou mal dit. Une bonne action, un trait d'héroïsme, un mot spirituel attribué à notre ennemi nous révolte. S'il faut se rendre à l'évidence, nous ne cédons qu'à regret ; nous accompagnons notre récit d'un commentaire peu obligeant : le geste, le sourire, l'accent, tout change en nous et témoigne de la violence que nous nous faisons pour n'être pas injustes.

La haine, comme l'amour, est ingénieuse à découvrir des palliatifs et des restrictions. On doit donc s'en défier. Le juge, lorsqu'il demande au témoin s'il est parent, allié ou serviteur de l'accusé, montre qu'il n'ignore point la puissance des affections engendrées par la familiarité de la vie commune ou par les liens du sang. La loi n'a pas commandé que l'enfant témoignât contre son père : l'ordonner, c'eût été faire violence à des sentiments sacrés et, en même temps, provoquer des mensonges héroïques ou des dénonciations odieuses.

3° *Le témoin doit être attentif.* Les personnes légères, inconsidérées, voient mal, et leur témoignage est peu estimé. Dans la discussion qui s'établit, devant les tribunaux, sur la capacité et la moralité des témoins, ceux-ci sont quelquefois très-maltraités, et au delà de toute convenance.

— Il faut, EN TROISIÈME LIEU, que le témoin ne veuille pas nous tromper. On s'assure de sa bonne foi en s'informant de sa moralité et de l'intérêt probable qu'il pourrait trouver, présentement ou plus tard, dans l'altération de la vérité. En conséquence, on fait une enquête, on interroge l'opinion publique et surtout l'opinion de ses voisins. Est-il réputé probe, honnête, fidèle observateur de la parole donnée ; ses actions, sa vie entière, publique ou privée, son langage, ses propos sont-ils d'accord avec cette bonne réputation ? sa déposition prend un caractère de gravité et d'autorité qui impose. Ce qu'il dit avoir vu ou entendu, lui qui n'a jamais été surpris en mensonge, nous sommes portés à le croire. Quelques hommes d'une moralité douteuse affirmeraient-ils le contraire, nous sommes plus touchés par sa parole que par la leur, quoiqu'il soit seul, et que ceux-ci soient plusieurs.

DU NOMBRE DES TÉMOINS.

Les règles de la croyance au témoignage étant posées, reste à déterminer le nombre de témoins requis pour que le témoignage soit certain.

Nous partageons d'abord les faits en deux catégories : les faits particuliers qui s'accomplissent à huis clos ou devant quelques personnes seulement, et les faits publics, qui ont lieu à la face du soleil ou devant une multitude d'hommes fortuitement rassemblés.

Quant *aux faits particuliers*, il n'y a point de nombre à fixer : obtenir la certitude est une affaire délicate, qui demande beaucoup de tact et de prudence. Dans telles circonstances, deux témoins suffisent à édifier complétement le juge ; dans telles autres, des dépositions multiples laissent après elles un doute qui, s'il s'agit d'une affaire criminelle, doit entraîner l'acquittement de l'accusé.

En ces événements privés, tout parle, il est vrai : le théâtre de l'action, les lieux voisins, les traces non effacées ; tout parle, dis-je, mais quelquefois rien ne donne une preuve suffisante. Une série de soupçons ne constitue jamais la certitude.

La plupart des tribunaux modernes admettent une règle fixe, empruntée à la loi romaine : c'est qu'un unique témoin ne peut être cru, *testis unus, testis nullus*. L'accusé lui-même n'est pas digne de foi, s'il est seul à s'inculper. Un intérêt secret l'inspire peut-être. N'a-t-on pas vu des fils assumer sur eux la responsabilité d'un crime commis par leur père ? Sublime mensonge, contre lequel la loi se tient en défiance, parce que la loi, tout en admirant l'héroïsme, ne prononce que d'après la justice.

Sans doute, dans les faits ordinaires, peu importants, dont l'admission n'implique aucune conséquence dangereuse, nous nous contentons, pour croire, de l'affirmation d'une personne recommandable. L'enfant ne conteste pas la parole de sa mère, l'ami ne rejette pas la parole de son ami. Une bouche aimée et respectée a attesté, cela suffit : nous répétons avec confiance ce que nous avons entendu, mais oserions-nous dire que nous sommes certains?

Quant *aux faits publics*, le critérium de certitude est plus facile à trouver. Qu'un grand nombre de témoins s'accordent à rapporter le même événement, fût-ce un prodige, nous sommes invinciblement obligés d'y croire. Nous éprouvons à admettre qu'une foule de personnes d'âge, de passions, de mœurs diverses, qui ne se connaissent pas se soient entendues pour nous tromper, nous qu'elles ne connaissent pas non plus; nous éprouvons, dis-je, à admettre cette hypothèse, une répugnance plus grande que nous n'en aurions à admettre le fait le plus merveilleux et le plus contraire au cours accoutumé de la nature.

Songez-y bien, une conspiration du mensonge où les conjurés sont inconnus les uns aux autres, et où il s'agit de faire croire un mensonge à d'autres inconnus, une telle conspiration est absurde. Pour conspirer, il faut s'entendre; et pour s'entendre, il faut se connaître. Imaginez qu'un accord de ce genre puisse avoir lieu, qu'il y ait fortuitement des menteurs qui soient unanimes dans le mensonge, l'accord durera-t-il? Les intérêts ne sépareront-ils pas bientôt tous ces complices, qui sont complices sans le savoir? S'entendront-ils sur le fait principal, sur les détails, sur les incidents?

Les contradictions morales d'une telle hypothèse constituent la meilleure démonstration de la certitude du témoignage dans les faits publics. Il y aurait autant de déraison à insister sur cette preuve qu'à en contester la valeur.

Il n'y a d'accord durable que dans la vérité, parce que la vérité est une. L'erreur, au contraire, même parmi des hommes intéressés à la propager et qui se sont concertés à cet effet, l'erreur se dénonce d'elle-même, parce qu'elle est naturellement multiple et variable. « Nous ne saurions donner l'être à la vérité; elle existe indépendamment de l'homme; elle n'est donc sujette ni de nos passions ni de nos préjugés. L'erreur, au contraire, qui n'a d'autre réalité que celle que nous lui donnons, se trouve, par sa dépendance, obligée de prendre la forme que nous voulons lui donner : elle doit donc être toujours par sa nature marquée au coin de celui qui l'a inventée (1). »

RÈGLES DE LA CRITIQUE HISTORIQUE.

Nous connaissons le passé de trois manières : par la tradition *orale*, par la tradition *écrite*, et par la tradition *monumentale*.

I. — DE LA TRADITION ORALE.

Les hommes transmettent à leurs descendants les faits qu'ils ont vus ou entendu dire. Le père raconte à son fils les événements d'un autre âge, et l'enfant, naturellement curieux d'apprendre, écoute et provoque ces récits. Tous les peuples ont une histoire traditionnelle qui passe de bouche en bouche et qui se poétise en s'altérant.

Fille de l'imagination populaire, la légende n'est autre chose que l'histoire transformée par des conteurs naïfs. Si l'on pouvait remonter à son berceau, on trouverait constamment un fait véritable dont elle est le gracieux développement. Mais la recherche des origines toujours difficile, est ici impraticable. Il faut prendre le récit tel qu'il nous est donné, sans essayer d'y trouver un tableau fidèle. C'est quelquefois une preuve, ce ne doit jamais être un point de départ scientifique.

La tradition orale sera certaine à trois conditions :

1° *Que le fait rapporté soit un fait important*. Il est, en effet, évident que l'altération ne saurait porter que sur des faits accessoires ou insignifiants. Les événements considérables qui touchent à l'honneur d'un peuple, les grandes révolutions, les luttes de nation à nation ne sont pas défigurés sans que les contemporains ou les descendants protestent. Qu'on s'avise de soutenir sérieusement la thèse défendue par un ingénieux écrivain, que Napoléon n'a pas existé,

---

(1) L'abbé DE PRADES, *Dissertation sur la certitude historique* (article inséré dans l'Encyclopédie).

ou qu'il n'a pas été vainqueur à Marengo, tous les Français qui souriaient tout à l'heure à un spirituel badinage, élèveraient la voix contre le faussaire de l'histoire. Le grand homme a-t-il prononcé tel ou tel mot qu'on lui prête? Est-il né en 1768 ou en 1769? Ce sont des faits peu importants; l'opinion ne s'y arrête pas et laisse assez complaisamment passer le faux mêlé au vrai, et encore, depuis la découverte de l'imprimerie, les supercheries de ce genre tiennent rarement contre une critique qui a le loisir et la patience de chercher.

2° *Que la tradition n'ait pas été interrompue.* Supprimez un anneau de la chaîne, supposez une solution de continuité entre le point de départ et le point d'arrivée, il ne reste plus qu'un bruit sans consistance, comme les légendes du moyen âge sur les faits de l'histoire ancienne.

3° Il faut enfin (ce qui est surtout nécessaire, lorsque l'époque est très-éloignée) que *la tradition orale soit confirmée par la tradition écrite.* Si les histoires composées par les contemporains d'un fait important ne parlent pas de ce fait, ce silence est de mauvais augure. On ne saurait blâmer ceux qui doutent.

Ceci nous explique l'incertitude relative aux origines des peuples. Les temps héroïques, connus par la seule tradition orale, ne sont point des temps historiques. La poésie se plaît à les célébrer, Ovide et Arioste y puisent de charmantes inspirations; mais l'histoire n'accueille ces légendes qu'à titre de renseignements.

Cette triple condition étant remplie : *un fait important, une tradition constante, l'histoire racontant le même fait,* il n'est plus permis de douter.

Prenons un exemple : nos pères ont été les témoins ou les auteurs de la révolution de 1789. Cet événement nous a été transmis par eux. Qui s'avisera de contester leur témoignage? Tous les partis, s'ils diffèrent dans l'appréciation, s'accordent dans la reconnaissance des faits accomplis. Plusieurs même auraient intérêt à les nier, et ils ne les nient pas. Quelques contemporains vivent encore qui auraient également intérêt à les nier, et ils ne nient pas.

Voilà donc un grand événement incontestable et incontesté. Nous le tenons de nos auteurs, nous le transmettrons à nos enfants. Ceux-ci seront-ils, plus que nous, admis à douter? Point du tout. L'unanimité des lignes traditionnelles leur interdira toute contestation; ils ne pourront voir dans la Révolution française, attestée par nous sur la foi de nos pères, un mensonge concerté pour les tromper. Il en sera de même pour les générations à venir : point de contradictions dans la tradition, point d'incertitude possible dans la série des générations.

D'ailleurs les générations ne meurent pas brusquement, de telle sorte que, l'une finissant, l'autre commence; elles sont, pour ainsi dire, entrelacées les unes dans les autres. Les survivants sont toujours là pour attester l'intégrité de la tradition et pour empêcher qu'elle ne soit altérée.

On n'imagine donc point que le fait de la Révolution française, fait important, transmis de bouche en bouche, puisse être contestée par ceux qui viendront après nous. Réciproquement, il ne serait pas plus raisonnable de contester l'existence de Charlemagne, les exploits de Philippe Auguste, les désastres de la guerre de Cent ans, quoique ces événements se soient accomplis en des temps déjà éloignés de nous.

Mais toute contestation finit, quand la tradition écrite joint sa voix à la voix des générations disparues; et le concert des écrits et des paroles se rencontre dans la transmission de la plupart des faits importants.

II. — DE LA TRADITION ÉCRITE.

Il est bien rare que la transmission orale n'ait pas été interrompue. Les migrations lointaines, les invasions des barbares, les agitations d'une société qui se renouvelle, plus touchée du présent que soucieuse du passé, mille causes diverses peuvent rompre la chaîne traditionnelle. Tout disparaît alors, faits importants et faits accessoires, et l'humanité est comme un malade qui se réveille d'une longue léthargie où il a perdu la mémoire. Il reste à peine une vague réminiscence de ce qui a été : un vaste champ s'ouvre aux conjectures ; c'en est fait de la certitude ou de la connaissance assurée du passé. Ce demi-jour est favorable à la poésie ; mais la sévère histoire, qui ne parle que preuves en main, est condamnée au silence.

Aussi les hommes sentent le besoin d'un mode de transmission moins fragile et plus sûr : de là l'histoire ou la tradition écrite, et la tradition monumentale.

L'histoire est certaine à deux conditions :

1° QUE LE LIVRE SOIT AUTHENTIQUE. *Un livre est authentique lorsqu'il a été réellement écrit par l'auteur auquel on l'attribue.*

Il y a deux preuves de l'authenticité : la preuve intrinsèque et la preuve extrinsèque.

La preuve *intrinsèque* est tirée de l'examen même de l'ouvrage ; on compare le style du livre avec le style des autres livres de l'auteur. Même dans les sujets les plus divers, chaque écrivain a son expression propre, sa physionomie, son style, en un mot, qui le distingue de ses contemporains. La *République*, récemment découverte, est incontestablement l'œuvre de Cicéron ; on y reconnaît le style du grand orateur qui fut également un grand philosophe.

La preuve *extrinsèque* est tirée de la comparaison du style de l'ouvrage avec celui de l'époque. Chaque époque a un style à elle, une certaine manière de dire les mêmes choses, un ton particulier, qui se manifeste à travers tous les écrits du même temps, malgré la diversité des écrivains. Il suffit d'une médiocre lecture pour savoir distinguer auquel des trois derniers siècles appartient un livre ou un auteur français. La littérature du temps d'Auguste a un cachet particulier qui ne permet pas de la confondre avec celle qui l'a précédée ou avec celle qui l'a suivie. Lucrèce, Virgile et Cicéron, Sénèque et Quintilien, sont les principaux représentants de trois âges profondément distincts.

Cherchez, en outre, s'il y a des anachronismes, des allusions à des faits ou des usages notoirement inconnus à l'époque présumée de l'auteur : interrogez les écrits contemporains et les écrits postérieurs, voyez s'il est fait mention de l'auteur ou du livre en question. La preuve extrinsèque de l'authenticité de la *République* est contenue dans les ouvrages des Pères de l'Église, où des passages textuellement cités concordent avec le texte du manuscrit découvert.

2° Que le livre n'ait pas été altéré. S'il y a plusieurs manuscrits, comparez-les. Les leçons s'accordent-elles ? admettez sans hésitation. Y a-t-il divergence ? doutez, c'est le parti le plus sage. Enfin, y a-t-il plusieurs histoires des mêmes événements ? comparez-les ; distinguez les réflexions et les faits. Ces derniers peuvent être appréciés différemment, sans qu'il y ait pour cela contradiction dans les témoignages. Les causes et les conséquences de la Révolution française ont servi de texte à maints systèmes opposés ; mais, à part quelques faits secondaires, elle a été fidèlement racontée par tous les historiens.

Ces diverses conditions étant remplies, le livre étant reconnu authentique, les versions diverses ayant été confrontées, il est facile de voir que le témoignage écrit est digne de foi.

En premier lieu, *l'écrivain ne peut mentir*. Est-il contemporain des faits ? Tous les hommes de son époque protesteraient contre la fausseté de ses assertions et flétriraient le faussaire. Le mépris public serait la première punition du mensonge : punition inévitable, à moins que l'écrivain n'ait pas de lecteurs. Est-il postérieur aux faits ? Il est également condamné à dire la vérité. Je suppose un historien de la Ligue qui s'avise de raconter des événements nouveaux, que nul n'avait racontés avant lui. Aussitôt il est pressé de questions : « Où avez vous pris ces révélations curieuses ? Quelles sont vos preuves ? Montrez les livres ou les manuscrits que vous avez consultés. »

En second lieu, *le livre d'un historien connu ne saurait être altéré après sa mort*. La postérité, vigilante gardienne de la gloire de ceux qui ne sont plus, réclamerait contre l'éditeur infidèle et le traiterait comme l'historien dont nous avons parlé.

Au reste, la tradition écrite doit à une découverte moderne des conditions d'authenticité et d'exactitude qui furent refusées aux anciens.

L'imprimerie a changé la face du monde intellectuel et créé une chaîne traditionnelle que nul effort humain ne saurait briser. Il n'est plus ce temps où un barbare fanatique pouvait, en incendiant une bibliothèque, détruire des milliers de chefs-d'œuvre et enlever aux descendants la connaissance des pensées et des actions de leurs pères! Un manuscrit alors était chose rare, et il n'y avait que des manuscrits. Mais aujourd'hui la presse reproduit avec une promptitude merveilleuse un écrit inconnu la veille. Des exemplaires nombreux sont répandus sur la surface du globe et sauvés à jamais des persécutions des hommes ou des cataclysmes de la nature.

Les suppressions, les mutilations, les falsifications de la forme ou du fond sont impossibles. Celui qui a exprimé une idée vraie, une pensée généreuse, un vœu sublime, comme celui qui a déshonoré sa plume au service des passions mauvaises; celui qui a raconté avec impartialité les hommes et les événements de son temps, comme celui qui a calomnié audacieusement ses contemporains ou ses pères; tous ces écrivains, historiens ou poètes, tous, s'ils ont quelque talent, sont assurés d'une immortalité de gloire ou d'infamie.

Voilà les résultats de l'imprimerie, elle a créé des conditions nouvelles de certitude historique; mais, il le faut reconnaître, elle a enlevé à la tradition orale son influence et ses poétiques développements.

La source de la légende est tarie; si l'on veut la retrouver, il faut aller dans ces contrées lointaines où la civilisation est immobile, où les livres ne pénètrent pas, où les hommes découragés de l'avenir se consolent de leur dégradation actuelle en célébrant les exploits de leurs ancêtres.

III. — DE LA TRADITION MONUMENTALE.

De grands événements se sont accomplis : un conquérant a vaincu des peuples nombreux : une révolution a changé les rapports sociaux et la forme du gouvernement : un illustre poëte a composé un chant sublime. Les nations, désireuses de perpétuer le souvenir des faits éclatants ou la renommée de leurs grands hommes, élèvent des monuments en leur honneur. De là les arcs de triomphe, les colonnes, les statues, les médailles et les autres marques qui attestent l'admiration, la reconnaissance ou l'effroi universel. Ces constructions sont de tous les âges comme le sentiment qui les inspire. Jacob élève un tertre au lieu où il lutta avec l'Esprit saint. Les rois d'Égypte bâtissent des pyramides ou dressent des obélisques en mémoire de leurs conquêtes. Les Romains, hommes d'action, se plaisent en ces témoignages de leur orgueil ou de leur servitude. Rome est peuplée de statues, de temples, d'arcs de triomphe, de colonnes, qu'elle détruit capricieusement pour mettre en leur place de nouveaux monuments.

Ces monuments ou du moins ceux que le temps a respectés sont aussi une histoire écrite du passé. Comme celle-ci, ils peuvent être altérés ou mensongers ; ils doivent donc être soumis à la même critique. On cherchera s'ils portent le cachet de l'époque à laquelle on les attribue, si les inscriptions sont authentiques, s'il en est fait mention dans les historiens, etc. S'ils remplissent ces conditions, ils peuvent être considérés comme des témoins véridiques qui confirment, et, au besoin, servent à contrôler le récit des écrivains.

APPLICATION DES RÈGLES PRÉCÉDENTES AUX FAITS SURNATURELS.

Les règles que nous avons posées sont vraies pour tous les ordres de faits, la *condition unique de la crédibilité d'un fait étant*, nous l'avons déjà dit, *qu'il soit possible*.

Les miracles, objecte-t-on, sont des dérogations à l'ordre naturel. Or, ces dérogations sont-elles possibles ? Cela revient à demander si Dieu peut faire des miracles, ou, en d'autres termes, si Dieu peut déroger à l'ordre qu'il lui a plu d'établir ? La question n'existe pas pour celui qui reconnaît la toute-puissance divine.

Cependant il faut distinguer : Le miracle est une infraction momentanée des lois de la nature. Il ne se produit et ne saurait se produire que dans les limites du *contingent*. Un prétendu miracle qui heurterait *les lois nécessaires*, conçues par la raison, impliquerait contradiction. Ce serait Dieu en opposition avec lui-même, et, je l'avoue, ce serait absurde. Aussi les miracles, pas plus que les mystères proposés à notre foi, ne doivent-ils être en contradiction avec l'idée que nous avons d'un Dieu tout-puissant et parfait, ni en opposition avec les autres vérités que ce Dieu, dans sa bonté infinie, nous a permis d'atteindre directement.

Qu'on n'objecte pas qu'ils sont merveilleux. « Le merveilleux ou surhumain, dit un philosophe chrétien, est ce qui surpasse les forces et l'industrie de l'homme. Or, tout est merveilleux et surhumain dans le monde, depuis le cèdre jusques à l'hysope, depuis l'éléphant jusques au ciron, depuis le soleil jusques à un atome. Mais, il n'y a rien de plus merveilleux et, si l'on peut le dire, de plus surhumain que l'homme, et par conséquent, rien de plus commun et de plus ordinaire que le merveilleux. L'extraordinaire, à parler exactement, est le désordre, le mal, ce qui est contre la nature des êtres, puisqu'il en est la destruction. C'est l'homme qui le fait. Mais le naturel est le bon, le bien, l'ordre : c'est Dieu qui en est l'auteur, et le bon ne cesse pas d'être naturel, même quand il est merveilleux, et qu'il surpasse nos forces et notre intelligence (1). »

La possibilité du miracle étant admise, reste à savoir s'il a eu lieu. C'est une question de fait et de témoignage. Je conçois très-bien qu'on ne donne pas sa foi à la légère, et qu'on examine attentivement si le miracle proposé n'est pas le résultat d'une imposture ou d'une aveugle superstition. Mais je n'admets pas cette célèbre argumentation de Hume, si souvent reproduite : « L'expérience seule est propre à attester la vérité des événements et des faits ; or,

---

(1) DE BONALD, *Origine du langage.*

les miracles sont contraires aux lois de la nature, que nous ne connaissons que par expérience. Donc, il y a toujours une expérience uniforme opposée à chaque fait miraculeux; donc, il n'y a aucun miracle qui puisse être prouvé (1). »

Le docteur Léland, théologien anglais, lui répond avec une grande force :

« 1° Hume ne fait que jouer sur le mot expérience. Quand il dit par exemple que c'est à l'expérience à nous faire croire les événements passés, entend-il par là notre propre expérience? Ce serait trop ridicule. Mais s'il a en vue l'expérience d'autrui, autant que le témoignage la fait connaître, s'agit-il de l'expérience de tous les hommes ou seulement de celle de quelques-uns d'entre eux? Si la première était requise, nous ne pourrions jamais être sûrs d'aucun fait, et toute l'histoire serait incertaine. Surtout que deviendrait l'histoire naturelle, où il faut souvent s'en rapporter au témoignage d'une seule personne?

» D'ailleurs, s'il fallait le témoignage complet du genre humain, cela s'étendrait à tous les temps et à tous les lieux; ce qui rendrait ce critérium de la dernière absurdité.

» Au contraire, si Hume veut se borner à l'expérience de quelques-uns d'entre les hommes, et au témoignage qu'ils rendent, il sera aisé de le satisfaire sur le chapitre des miracles de la religion chrétienne.

» 2° Après cela, quelle que soit cette expérience, à quelle décision doit elle conduire? Décidera-t-elle de la possibilité, ou de la probabilité, ou de la vérité d'un événement? Il n'y a point d'expérience qui puisse prouver qu'un fait soit impossible, puisque, de l'aveu même de Hume, il n'y a aucun fait dont le contraire implique contradiction. Tout ce qui est arrivé aurait pu ne pas arriver, et réciproquement tout ce qui n'est pas arrivé aurait pu arriver. Le cours de la nature pourrait changer à tout moment; jamais donc l'expérience ne prouvera que les miracles soient impossibles.

(1) HUME, 10º essai.

» On convient qu'une suite d'événements semblables, connus par l'expérience, peut être un principe de probabilité pour le passé ou pour l'avenir, et avoir quelque poids dans les cas douteux. Mais l'expérience des faits semblables, ni celle des faits certains, ne prouveront jamais qu'un fait soit arrivé ou ne soit pas arrivé. Hume pose donc une règle tout à fait erronée, lorsqu'il prétend qu'on doit balancer les expériences qui se trouvent des deux côtés, déduire les unes des autres, et fonder sa créance sur ce qui reste après cette soustraction. Il peut y avoir tel fait qui n'a jamais eu de semblable, et qui est revêtu néanmoins de tels caractères de vérité qu'aucun homme raisonnable ne saurait refuser de le croire.

» C'est donc de la validité des témoignages, que dépend la crédibilité des événements, et c'est cette même validité d'où procède l'évidence morale que Hume reconnaît (Essai 8e) pouvoir devenir équivalente à l'évidence physique (1). »

« Les miracles les mieux attestés, dit un autre écrivain anglais, sont, suivant Hume, toujours combattus par l'expérience uniforme de tous les hommes, de sorte qu'il y a toujours, tout au plus, preuve contre preuve. Mais Hume oublie sa définition de la preuve : « Un argument déduit de l'expérience, qui exclut tout doute et toute opposition (Essai 6e). » Il n'est donc pas possible, selon sa propre définition, *qu'il y ait preuve contre preuve.* L'âme se trouverait dans une situation étrange, si elle ne pouvait douter ni de la fausseté, ni de la vérité du même événement (2). »

Nous avons insisté sur ce point, parce qu'il est très-important. Nous ne pouvons comprendre que, d'une part, on admette un critérium de certitude, et que, d'autre part, on ne veuille pas en faire la rigoureuse application.

Nous disons aux adversaires des miracles : ou les règles

---

(1) LELAND.
(2) ADAMS; ces citations sont empruntées à la préface des *œuvres philosophiques* de Hume, édition de Londres, 1744. Hume étant le philosophe qui a attaqué le plus ouvertement les miracles, c'est surtout contre lui que la polémique a été instituée.

du témoignage sont vraies et elles regardent les faits surnaturels, tels que la résurrection du Christ et le prodige de la Légion thébaine, etc.; ou elles sont fausses, et alors vous êtes condamnés à rejeter tous les faits que vous n'avez pas vus, tels que la mort de Henri IV et la bataille de Fontenoy. Essayez de sortir de ce dilemme sans heurter la raison dont vous confondez les lois avec les lois de l'expérience?

Soyez circonspects, ne croyez qu'à bon escient, c'est votre droit, je dirai même c'est votre devoir d'êtres raisonnables; mais encore un coup, vous n'êtes pas fondés à rejeter un miracle uniquement parce qu'il est un miracle.

QUESTIONS ACCESSOIRES.

1° Dans quels cas peut-on appliquer l'expérimentation aux faits psychologiques?

2° Montrer, par l'examen du système de Spinosa, le danger qu'il y a à appliquer aux sciences morales la méthode des sciences exactes.

3° Quelle différence y a-t-il entre le droit naturel et le droit positif?

4° De la Légende. Comment se forme-t-elle? peut-on distinguer en l'étudiant les faits réels qui lui ont servi de point de départ.

5° Des Mémoires. Comment détermine-t-on leur véracité?

6° Quelques critiques accordent à la tradition monumentale et à l'épigraphie une confiance plus grande qu'à la tradition orale ou écrite: apprécier cette tendance.

Consulter Bacon, *Novum organum;* la *Logique de Port-Royal*, IVe partie; Leibnitz, *Pensées;* l'abbé de Prades, *Dissertation sur la certitude historique.*

XIX

Des erreurs et des sophismes.

De l'erreur; sa nature. — Erreurs involontaires. — Causes; remèdes. — Sophismes. — Formes diverses. — Moyens de les résoudre.

La vérité est ce qui est; l'erreur est un jugement contraire à la vérité ou à ce qui est.

Or, d'une part, nous sommes invinciblement attirés vers la vérité : d'autre part, mille obstacles nous empêchent de la découvrir et nous en éloignent. « Je ne sais, dit Cicéron, quel égarement s'empare de nous et comment nous sommes plongés dans une malheureuse ignorance du vrai (1). »
—« Errer, s'écrie-t-il ailleurs, c'est la condition de l'homme; mais persévérer dans l'erreur, c'est le propre de l'insensé (2). »

L'infaillibilité n'appartient qu'à Dieu, parce que seul il a une intelligence infinie, et seul il est exempt des passions qui troublent la vue de l'entendement.

Il ne faut pas confondre l'erreur avec l'ignorance et le préjugé.

On est dans *l'erreur,* lorsqu'on affirme le contraire de la vérité, ou que, ne la sachant pas, on croit la savoir.

On est dans *l'ignorance,* lorsqu'on ne sait pas la vérité et qu'on a la conscience de ne pas la savoir (3).

Le préjugé est une opinion reçue sans examen. Il peut être vrai; mais le plus souvent il est faux. Le mot lui-même est pris en mauvaise part.

Il est à remarquer que les préjugés les plus tenaces sont toujours ceux dont les fondements sont les moins solides. On se peut détromper d'une erreur raisonnée, par cela même que l'on raisonne. Un raisonnement mieux fait peut

---

(1) Cic., *Fragments.*
(2) Cic., *Philip.,* xii.
(3) Le pire état, ainsi qu'on l'a fort bien dit, c'est d'ignorer son ignorance. — Leibnitz a dit : « Ce serait une grande science que de savoir tout ce qu'on sait. »

désabuser du premier. Mais comment combattre ce qui n'a ni principe ni conséquence : et tels sont tous les faux préjugés; ils naissent et croissent insensiblement par des circonstances fortuites, et se trouvent enfin généralement établis chez les hommes, sans qu'ils en aient aperçu les progrès (1). »

De l'ignorance à la science, il y a beaucoup moins loin que du préjugé ou de l'erreur à la vérité. Il est très-difficile de redresser les jugements erronés, d'où qu'ils viennent, de l'éducation ou de nous-mêmes ; il est plus aisé de bien conduire une intelligence qui n'a pas encore été dépravée et qui naturellement aspire à la vérité. Un enfant, qui ne sait rien, apprend plus vite que celui qui sait mal, et qui a été dirigé suivant une mauvaise méthode.

Les erreurs sont *involontaires* ou *volontaires*, selon leur origine. Dans les unes, nous nous trompons de bonne foi et à notre insu ; dans les autres, nous égarons de propos délibéré et nos semblables et nous-mêmes. Ces dernières ont été flétries du nom de sophismes.

I. — DES ERREURS INVOLONTAIRES.

Bacon, dans son *Novum organum*, divise les erreurs en quatre classes :

1° Les idoles *de l'espèce* (2) (*idola Tribus*), qui sont communes à tous les hommes, et « qui ont pour cause ou l'égalité de la substance de l'esprit humain, ou sa préoccupation, ou ses étroites limites, ou sa turbulence, ou l'influence des passions, ou l'incompétence des sens, ou enfin la manière dont nous sommes affectés par les objets (3). »

2° Les idoles *de la caverne* (*idola Specus*), qui sont celles de l'homme individuel : « Car, outre les aberrations de la nature humaine prise en général, chaque homme a une

---

(1) Duclos, *Considérations sur les mœurs.*
(2) Dans son langage imagé, Bacon donne à l'erreur le nom d'*idole* ou d'*apparence*; il la compare à une sorte de fantôme qui se place entre l'esprit et la vérité.
(3) *Novum organ.*, liv. Ier.

sorte de caverne, d'antre individuel, qui rompt et corrompt la lumière naturelle, en vertu des différentes causes qui sont la nature propre et particulière de chaque individu : L'éducation, les conversations, les lectures, les sociétés, l'autorité des personnes qu'on admire et qu'on respecte, enfin la diversité des impressions que peuvent faire les mêmes choses, selon qu'elles rencontrent un esprit préoccupé et déjà vivement affecté par d'autres objets, ou qu'elles trouvent un esprit tranquille et reposé (1). »

3° Les idoles *de la place publique* (*idola Fori*), engendrées par les rapports des hommes entre eux. « C'est à ces rapports et aux associations de toute espèce que fait allusion le nom par lequel nous les désignons ; car les hommes s'associent par les discours, et les noms qu'on impose aux différents objets d'échange, on les proportionne à l'intelligence des moindres esprits : de là, tant de nomenclatures inexactes, d'expressions impropres qui font obstacle aux opérations de l'esprit (2). »

4° Les idoles *du théâtre* (*idola Theatri*). « Il est enfin des erreurs engendrées par les diverses philosophies. Nous les appelons fantômes de théâtre ; car tous ces systèmes, successivement inventés et adoptés, sont comme autant de pièces de théâtre que les philosophes ont mises au jour et sont venus jouer chacun à leur tour ; pièces qui présentent à nos regards autant de mondes imaginaires et vraiment faits pour la scène (3). »

Cette division, que recommande le nom de son illustre auteur, est ingénieuse, mais vague et peu solide. Ce qui explique une erreur en explique souvent une autre, et la confusion sur la cause détruit la clarté du signe. On ne saurait, par exemple, admettre la distinction des idoles *du forum* et des idoles du *théâtre :* ne sont-ce pas, au fond, des erreurs qui ont une commune origine, le contact des hommes entre eux ?

Selon Descartes, « l'erreur, quelle qu'elle soit, provient

---

(1) *Nov. org.*, liv. Ier.
(2) *Id.*,   id.
(3) *Id.*,   id.

de ce que, notre entendement n'étant pas infini, la volonté qui nie et affirme en dépasse les limites. Nous ne nous tromperions jamais, si notre volonté ne s'appliquait qu'aux choses que nous concevons facilement (1). »

Cette explication ne nous paraît pas exacte. L'auteur des *Méditations* confond la volonté et le jugement. Ce n'est pas la volonté qui affirme et nie, c'est l'entendement.

Cependant, à un certain point de vue, il dépend de notre volonté d'éviter ou plutôt de nous faire éviter la plupart de nos erreurs. L'attention, qui est l'intervention de la volonté dans l'intelligence, assure presque toujours une perception claire et distincte. On ne voit mal que parce qu'on ne fait pas tous ses efforts pour voir bien. C'est en ce sens qu'une foule de méprises et de jugements erronés doivent leur naissance au mauvais usage que nous faisons de notre volonté.

Voici, non plus selon tel ou tel philosophe, mais selon l'enseignement de l'expérience qui, au dire de Bacon lui-même, est la maîtresse en toutes choses, voici les causes de nos erreurs :

1° On constate d'abord une cause générale et malheureusement indestructible : *c'est la faiblesse de l'esprit humain*.

Toutes les vérités se tiennent, et pour bien saisir chacune d'elles, il en faudrait embrasser l'ensemble. Il faudrait plus encore, il faudrait comprendre Dieu, principe des vérités ou vérité première. Or, notre entendement est borné : il conçoit l'infini, il ne le comprend pas.

C'est une infirmité qu'on ne saurait guérir ; et, lors même qu'on posséderait parfaitement les règles à suivre dans la recherche de la vérité, on n'aurait pas la force d'attention suffisante pour les observer.

Ce qui reste à faire en pareille circonstance, c'est de combattre le mal, d'essayer d'en diminuer l'énergie, sans oublier que la cure radicale est impossible.

2° *L'emploi des mauvaises méthodes* ou *la précipitation*.

---

(1) 3° et 4° *méditations; réponses aux cinquièmes objections.*

On se presse trop, on veut arriver du premier coup à la vérité, et on prend le chemin de traverse, parce qu'il paraît le plus court. La vraie méthode est toujours découverte par l'attention. Il faut donc être attentif, marcher lentement, et revenir souvent sur ses pas.

3° Les *passions* étouffent l'inclination naturelle qui nous porte vers la vérité. L'*orgueil*, la *paresse* et l'*intérêt*, exercent surtout une influence.

« Si le désir déréglé de devenir savants rend souvent les hommes plus ignorants, dit Malebranche, le désir de paraître savants ne les rend pas seulement plus ignorants, mais il semble qu'il leur renverse l'esprit ; car il y a une infinité de gens qui perdent le sens commun, parce qu'ils le veulent passer, et qui ne disent que des sottises, parce qu'ils ne veulent dire que des paradoxes. »

L'orgueil nous fait illusion sur notre mérite, sur nos moyens de connaître, sur les idées que nous croyons avoir en propre, et nous empêche de reconnaître nous-mêmes, et, plus souvent encore, de confesser aux autres que nous nous sommes trompés.

L'enfant est curieux de savoir, mais (et l'homme lui ressemble), il hait la peine et le travail. Entre ces deux instincts s'élève un combat dont l'issue est presque assurée. La paresse, sans étouffer complétement le désir de connaître, nous invite à le satisfaire de la façon la plus commode et la plus expéditive. C'est ainsi que nous acceptons si aisément les idées d'autrui, et cette monnaie courante des préjugés et des opinions toutes faites.

L'intérêt corrompt nos jugements sur les hommes et les choses. Nous aimons, nous haïssons, nous estimons, nous méprisons tour à tour les mêmes objets, et nous nous piquons d'être constants et désintéressés ! Nos opinions varient, et lorsqu'on nous en fait apercevoir, lorsqu'on nous signale la simultanéité du changement des idées et du déplacement de l'utilité, nous nous défendons en alléguant un progrès de notre raison.

4° L'*éducation et l'autorité* sont des sources fécondes d'erreur. C'est dans les premières années de la vie, au sein de la maison paternelle, parmi les serviteurs, les parents et les familiers, que notre âme reçoit les impressions les plus profondes et les plus durables. L'autorité de ceux qui nous entourent nous impose : nous croyons ce qu'ils disent, nous faisons ce qu'ils font. Nos idées sur la religion, sur la morale, sur les rapports sociaux, sur les avantages et les inconvénients de la fortune, d'où viennent-elles le plus souvent, sinon de cette école où nous puisons tout? Si elles sont vraies, si nous avons été élevés à croire en la nécessité d'une loi divine, si nous avons été accoutumés à regarder les autres hommes comme nos frères, à ne faire qu'une médiocre estime de la fortune ou de la naissance, à ne reconnaître de supériorité naturelle que celle qui est fondée sur le mérite, la vertu ou le malheur; si, en un mot, nous avons reçu une éducation solide et éclairée, nous devons bénir nos parents et nos maîtres. Dans cette âme naïve et crédule, incapable de recevoir autre chose que des préjugés (*præjudicatum*), ils n'ont mis que des préjugés vrais, ils ont compris la judicieuse remarque du moraliste : « Si l'éducation était raisonnée, les hommes acquerraient une très-grande quantité de vérités avec plus de facilité qu'ils ne reçoivent un petit nombre d'erreurs. Les vérités ont entre elles une relation, une liaison, des points de contact qui en facilitent la connaissance et la mémoire : au lieu que les erreurs sont ordinairement isolées; elles ont plus d'effet qu'elles ne sont conséquentes, et il faut plus d'efforts pour s'en détromper que pour s'en préserver (1). »

L'unique moyen de nous débarrasser des erreurs engendrées par l'éducation, c'est le doute cartésien. Tout homme vraiment raisonnable doit, à une certaine heure de sa vie, faire table rase dans son âme. Il prendra, une à une, chacune de ses croyances et les soumettra au critérium de l'évidence, rejetant pour ne plus les reprendre toutes celles qui ne sont pas éclairées de la divine lumière, et conservant pieusement, pour en nourrir son entendement et son cœur, les idées claires et distinctes. Le préjugé ainsi vérifié, et

(1) DUCLOS, *Considérations sur les mœurs*.

sorti victorieux de cette épreuve, n'est plus un préjugé ; c'est une vérité. A la foi spontanée de l'enfant a succédé la foi réfléchie de l'homme ; ce qui a changé, c'est *le motif de crédibilité*, et non la croyance : changement nécessaire, puisque l'homme, en butte à tous les sophismes des passions, tire du doute provisoire, non-seulement des motifs de croire, mais encore des armes pour défendre ce qu'il a admis à bon escient.

5° En dernier lieu, l'erreur est engendrée par *l'ambiguïté des termes*. Lorsque le sens des mots n'est pas clair, la chose qu'ils expriment ne saurait l'être. La méprise s'étend de l'expression à l'idée. C'est ce qui arrive fréquemment dans la langue politique, où les vocables sont vagues et flottants.

Leibnitz explique très-bien l'origine de ces erreurs : « On apprend, dit-il, les mots avant d'apprendre les idées qui leur appartiennent, et les enfants, accoutumés à cela dès le berceau, en usent de même pendant toute leur vie, d'autant plus qu'ils ne laissent pas de se faire entendre dans la conversation, sans avoir jamais fixé leur idée en se servant de différentes expressions pour faire concevoir aux autres ce qu'ils veulent dire. Cependant cela remplit souvent leurs discours de vains sons, surtout en matière de morale. Les hommes prennent les mots qu'ils trouvent en usage chez leurs voisins, pour ne pas paraître ignorer ce qu'ils signifient, et ils les emploient avec confiance sans leur donner un sens certain ; et comme dans ces sortes de discours il leur arrive rarement d'avoir raison, ils sont aussi rarement convaincus d'avoir tort ; et les vouloir tirer d'erreur, c'est vouloir déposséder un vagabond (1). »

« Outre les imperfections naturelles du langage, dit-il ailleurs, il y en a de volontaires et qui viennent de négligence, et c'est *abuser* des mots que de s'en servir si mal. Le premier et le plus visible abus est qu'on n'y attache point d'idée claire. Quant à ces mots, il y en a de deux classes ; les uns n'ont jamais eu d'idée déterminée ni dans leur ori-

---

(1) LEIBNITZ, *Nouv. essais sur l'entendement*, l. III.

gine ni dans leur usage ordinaire. La plupart des sectes de philosophie et de religion en ont introduit pour soutenir quelque opinion étrange, ou cacher quelque endroit faible de leur système. Il y a d'autres mots qui dans leur usage premier et commun ont quelque idée claire, mais qu'on a appropriés depuis à des matières fort importantes, sans leur attacher aucune idée certaine. C'est ainsi que les mots de *sagesse,* de *gloire,* de *grâce,* sont souvent dans la bouche des hommes (2). »

Ici le remède est facile : il suffit de bien définir tous les mots qui ne présentent pas à l'esprit un sens arrêté et distinct.

Il y a, dit encore Leibnitz, trois remèdes aux imperfections et aux abus du langage : « le *premier remède* est de ne se servir d'aucun mot sans y attacher une idée, au lieu qu'on emploie souvent des mots comme *instinct, sympathie, antipathie,* sans y attacher aucun sens. Le *second remède* est d'employer des termes conformément à l'usage reçu, autant qu'il est possible. Le *troisième* est de déclarer en quel sens on prend les mots, soit qu'on en fasse de nouveaux ou qu'on emploie les vieux dans un nouveau sens, soit qu'on trouve que l'usage n'en ait pas assez fixé la signification (1). »

II. — DES ERREURS VOLONTAIRES OU SOPHISMES.

Les sophismes sont dans les discours ou les écrits ce que sont les mauvaises actions dans la conduite.

Le sophiste *est celui qui, tout en voyant la vérité, enseigne l'erreur.* Il trompe sciemment, et quelquefois sa première dupe est lui-même. Je m'explique : lorsque nous sommes sous l'empire d'une passion désordonnée, notre raison corrompue ou séduite essaie, par une argumentation intérieure, de nous persuader que la passion n'aspire qu'à notre bien véritable. On dirait alors qu'il y a deux hommes en nous, et que l'un, voulant perdre l'autre, a recours à

---

(1) LEIBNITZ, *Nouv. essais, etc.,* l. III.
(2) LEIBNITZ, *id.*

toutes sortes de méchants raisonnements et de subtilités.

L'erreur toute nue ne séduit personne. Les sophistes le savent bien : ils la parent, ils l'entremêlent de quelques vérités en la compagnie desquelles elle se glisse inaperçue. Ils emploient tous les ménagements imaginables pour dissimuler le faux principe, et une fois qu'il a été admis, ils sentent que le plus difficile est fait, et ils en tirent audacieusement les conséquences. Ces conséquences, quelque révoltantes qu'elles soient, il les faut subir bon gré malgré : l'impérieuse loi de la logique le veut ainsi. « Celui qui admet mon point de départ, disait Hume, celui-là est à moi. Je le tiens, il ne peut m'échapper. »

Plus le talent de l'écrivain ou de l'orateur est grand, plus sa responsabilité est engagée. Ses sophismes sont d'autant plus dangereux qu'ils sont mieux dissimulés par la magie du style ou par l'éclat de la parole.

On peut appliquer aux rhéteurs obscurs, aux écrivains sans lecteurs, aux orateurs sans éloquence, les paroles que l'orateur sacré prononce sur les hommes ordinaires : « Ils ne semblent naître que pour eux seuls ; leurs vices ou leurs vertus sont obscurs comme leur destinée : confondus dans la foule, s'ils tombent ou s'ils demeurent fermes, c'est également à l'insu du public ; leur perte ou leur salut se borne à leur personne ; ou du moins leur exemple peut bien séduire et détourner quelquefois de la vertu, mais il ne saurait imposer et autoriser le vice (1). »

Les sophismes se partagent en deux classes : les sophismes *de grammaire*, et les sophismes *de logique*.

Les sophismes de grammaire, appelés dans l'école, *grammatica fallacia*, reposent sur l'ambiguïté des termes. « Celui qui n'est pas constant dans l'usage des signes est, dit Leibnitz, comme un marchand qui vendrait différentes choses sous le même nom. »

Voici un exemple :

> Le rat ronge ;
> Or, le rat est une syllabe
> Donc, une syllabe ronge.

(1) MASSILLON, *Petit Carême*.

Ou bien :

> Dieu est *partout* ;
> *Partout* est un adverbe ;
> Donc, Dieu est un adverbe.

Sophismes puérils où il est aisé de voir que les mots *rat* et *partout* sont pris en deux sens différents.

C'est dans cette classe de sophismes qu'il faut ranger celui qui consiste à *passer du sens divisé au sens composé, ou du sens composé au sens divisé*.

Jésus-Christ dit dans l'Evangile en parlant de ses miracles : « *Les aveugles voient, les boiteux marchent droit, les sourds entendent.* » Cela ne peut être vrai qu'en prenant ces choses séparément et non conjointement, c'est-à-dire dans le sens divisé, et non dans le sens composé. Car les aveugles ne voient pas demeurant aveugles, et les sourds n'entendent pas demeurant sourds : mais ceux qui avaient été aveugles auparavant et ne l'étaient plus, voyaient ; et de même des sourds.

C'est aussi dans le même sens qu'il est dit dans l'Écriture, que Dieu justifie les impies. Car cela ne veut pas dire qu'il tient pour justes ceux qui sont encore impies ; mais qu'il rend justes, par sa grâce, ceux qui auparavant étaient impies.

Il y a au contraire des propositions qui ne sont véritables qu'en un sens opposé à celui-là, qui est le sens divisé. Comme quand saint Paul dit : que les médisants, les avares, etc., n'entreront point dans le royaume des cieux. Car cela ne veut pas dire que nuls de ceux qui auront eu ces vices ne seront sauvés ; mais seulement que ceux qui y demeureront attachés, et qui ne les auront point quittés en se convertissant à Dieu, n'auront point de part au royaume du ciel (1). »

C'est encore à cette classe de sophismes qu'appartient celui qui consiste à *passer du sens collectif au sens distributif, et réciproquement*.

---

(1) *Logique de Port-Royal.*

Par exemple :

> L'homme pense ;
> Or, l'homme est composé de corps et d'âme ;
> Donc, le corps et l'âme pensent.

L'homme pense dans le sens distributif, c'est-à-dire selon une de ses parties, ce qui suffit pour faire dire en général que l'homme ne pense pas collectivement selon toutes ses parties.

C'est ainsi qu'on résout ce sophisme puéril :

> Les apôtres étaient douze ;
> Or, saint Pierre était apôtre ;
> Donc, saint Pierre était douze.

Les apôtres étaient douze collectivement, c'est-à-dire pris tous ensemble, et non distributivement, c'est-à-dire pris séparément. Donc saint Pierre était douze, c'est-à-dire qu'il était distributivement l'un des douze, et non tous les douze ensemble collectivement (1).

Les sophismes de logique regardent le raisonnement. Voici les principaux :

1° *L'ignorance du sujet.* On ignore ce qu'on doit prouver contre son adversaire ; on prouve tout autre chose que ce dont il s'agit, on discute ce qui est étranger à la question. C'est proprement le *quiproquo*. C'est un vice très-ordinaire dans les contestations des hommes. On dispute avec chaleur, et souvent on ne s'entend pas l'un l'autre. La passion ou la mauvaise foi fait qu'on attribue à son adversaire ce qui est éloigné de son sentiment pour le combattre avec plus d'avantage, ou qu'on lui impute les conséquences qu'on s'imagine pouvoir tirer de sa doctrine, quoiqu'il les désavoue et qu'il les nie (2).

2° *La pétition de principe* ou *le cercle vicieux*, qui rentre dans le sophisme précédent ; en effet, dans l'ignorance du sujet, on répond à autre chose que ce qui est en question ; au lieu que dans *la pétition de principe*, on répond en termes différents la chose même qui est en question ou

---

(1) *Logique de Dumarsais.*
(2) *Logique de Port-Royal.*

l'on donne une explication qui n'explique rien : *Qu'est-ce que le beau ?* — *C'est ce qui plaît ;* ou bien, disent quelques anciens, *c'est ce qui convient.* Voilà une véritable pétition de principe.

3° *Prendre pour cause ce qui n'est pas cause.*

« Rien ne coûte tant à l'esprit humain que de demeurer indéterminé et de dire, *je n'en sais rien,* jusqu'à ce qu'on ait le motif propre que le jugement suppose ; de là vient que, lorsqu'on voit arriver un effet dont on ignore la cause, au lieu de convenir simplement de notre ignorance naturelle et des bornes des connaissances humaines, nous prenons pour cause de cet effet, ou ce qui est arrivé avant l'effet sans y avoir aucun rapport, ou ce qui arrive en même temps et qui n'a aucune liaison physique avec cet effet. C'est ce qu'on appelle *post hoc, ergo propter hoc,* ou bien *cum hoc, ergo propter hoc.* Il pleut après la nouvelle et la pleine lune ; donc il pleut à cause de la pleine ou de la nouvelle lune (1). »

4° *L'énumération imparfaite* ou la confusion du relatif et de l'absolu.

On a rencontré quelques médecins ignorants et on en conclut que tous les médecins ne savent rien. L'éloquence a produit, en un certain temps, de mauvais effets, on en conclut qu'elle est toujours funeste, etc. Voilà des raisonnements vicieux, qui viennent de ce que l'on confond ce qui est vrai quelquefois avec ce qui est vrai toujours, ou plutôt de ce qu'on ne fait pas un dénombrement exact ; on les pourrait appeler des *inductions défectueuses*

MOYENS DE RÉSOUDRE LES SOPHISMES.

Les règles suivantes sont d'un excellent usage : si on les observe rigoureusement, on est assuré de ne se point laisser égarer par un sophisme, eût-il toutes les apparences de la vérité.

1° *Définir soigneusement les mots dont le sens n'est pas*

---

(1) *Logique de Dumarsais.*

clair; on prévient de la sorte tous les sophismes de grammaire.

2° *Faire abstraction de tout ce qui n'est pas l'objet en question.* Les ornements, nous l'avons déjà dit, ne servent qu'à dissimuler l'erreur. Le sophiste a recours à une foule de tempéraments, de détours et de digressions qui enveloppent le principe et le font passer. Le *Discours* de J.-J. Rousseau sur l'influence pernicieuse des sciences et des arts est un modèle de genre.

3° *Ramener l'argument à un syllogisme régulier.* Cette opération faite, il sera facile de voir si le principe est vrai, et si les conséquences en dérivent rigoureusement.

Ce qu'il importe de ne point oublier, c'est que le vice du raisonnement est plus souvent dans la majeure que dans la conclusion.

QUESTIONS ACCESSOIRES

1° Quelles sont, outre l'orgueil, la paresse et l'intérêt, les principales passions ou tendances qui nous portent à embrasser l'erreur?

2° Quelles sont les erreurs produites par l'esprit de dispute?

3° Tous les hommes peuvent-ils recourir au doute provisoire? Dans quelles limites et dans quelles circonstances doit-on en faire usage?

4° Montrer l'influence de l'habitude sur la propagation des erreurs et des préjugés.

5° Essayer de classer les connaissances humaines par rapport à leur certitude et leur incertitude.

Consulter Bacon, *Novum organum*, Ier livre; Malebranche, *Recherche de la vérité;* la *Logique de Port-Royal*, 3° partie; Bossuet, *Logique*, livre III; Leibnitz, *Nouveaux essais sur l'entendement;* Euler, *Lettres à une princesse d'Allemagne.*

TROISIÈME PARTIE

MORALE ET THÉODICÉE

XX

Fondements de la morale.

Objet de la morale; son utilité. — Questions à traiter. — De l'existence de la loi morale. — Analyse des divers motifs de nos actions. — De la conscience morale. — Notions qui en dérivent ou s'y rattachent.

La morale est la science *des droits et des devoirs,* ou la science *du vrai bien,* ou encore la science *de la fin de l'homme.*

Au fond, ces définitions sont identiques : dire quels sont les devoirs de l'homme, n'est-ce pas dire quel est le vrai bien pour lui? et montrer à l'être intelligent et libre ce qu'il doit faire et quelle est sa règle, n'est-ce pas lui enseigner quelle est sa fin?

La seule définition de la morale suffit pour la recommander à notre attention. Y a-t-il quelque chose de plus important que de savoir pourquoi on existe et ce qu'on doit espérer? Les découvertes de la physique qui accroissent notre pouvoir sur la nature, les spéculations mathématiques qui nous révèlent des astres dont l'observation n'avait pas encore constaté l'existence, toutes ces études, que sont-elles à côté de l'étude du vrai bien?

Les mathématiques, la physique, la chimie, l'histoire naturelle augmentent notre bien-être ou donnent, en une certaine mesure, satisfaction à notre curiosité légitime; elles font plus encore, elles établissent d'une manière merveilleuse que le monde est l'œuvre d'une intelligence infinie, que tout se tient dans cette grande œuvre, et que les vérités forment comme une circonférence, dont le centre s'appelle Dieu.

Voilà assurément de beaux résultats : l'intelligence agrandie, l'homme moins éloigné de son auteur, les mystères de la création en partie pénétrés, la vie matérielle plus facile et plus douce! Mais qu'est-ce que tout cela au prix de la solution de ces deux problèmes : Y a-t-il une vie future? que faut-il faire pour être heureux dans cette vie future? Qu'est-ce que la richesse, la santé, la science, le bien-être, tout ce que l'homme souhaite, tout ce qu'il acquiert ici-bas, quand on songe à l'heure de la mort, au sort qui nous attend et à cette triple alternative : l'éternité du néant, l'éternité du malheur ou l'éternité du bonheur?

En un mot, pendant que les autres sciences se proposent d'accroître nos richesses ou nos connaissances, la morale se propose de nous rendre meilleurs, et finalement plus heureux.

La méthode dirige l'entendement dans la poursuite du vrai ; la morale gouverne la volonté, en éclairant l'intelligence sur cette partie notable de la vérité qu'on appelle le vrai bien.

Elle est la maîtresse de la vie ; et Cicéron a eu grandement raison de dire : *Omnis ratio vitæ definitione summi boni continetur : de qua qui dissident, de omni ratione vitæ dissident.* »

Nous avons quatre points à traiter :

1° Etablir, par l'analyse des divers motifs de nos actions, qu'il y a une loi morale ;

2° Démontrer l'existence d'un législateur suprême, auteur de la loi ;

3° Faire connaître les divers commandements de la loi ;

4° Exposer et apprécier les diverses sanctions de la loi (1).

EXISTENCE DE LA LOI MORALE.

Le mot *loi*, pris dans son sens le plus étendu, désigne *la règle qui gouverne ou doit gouverner les êtres*.

Les créatures que Dieu a placées sur cette terre se peuvent

---

(1) Traiter ces quatre points, c'est compléter la démonstration des *postulats*, qui, selon Kant, sont les principes fondamentaux de la morale : la *liberté humaine*, l'*existence de Dieu* et l'*immortalité de l'âme*.

diviser en deux catégories : *les êtres impersonnels et les personnes*.

J'entends par *êtres impersonnels* ceux qui n'ont aucune autonomie, qui obéissent aveuglément et fatalement à une puissance supérieure, qui concourent à leur insu à la fin universelle, et qui, n'ayant ni liberté ni raison, ne sauraient avoir aucune responsabilité.

Sous cette dénomination générale sont compris, quelle que soit d'ailleurs leur hiérarchie, les minéraux, les plantes et les bêtes. Leur loi commune, *c'est d'être comme ils sont*, comme leur auteur a voulu qu'ils fussent, et tous s'y conforment invariablement.

J'entends par *personnes* les êtres doués d'une intelligence, non pas de l'intelligence immuable des animaux, et qu'on appelle instinct, mais d'une intelligence dont ils ont la conduite et dont ils peuvent faire un bon ou mauvais usage.

Les personnes étant en possession du libre arbitre, étant capables de gouverner leur entendement, de connaître leur fin, d'aller vers Dieu et de s'en éloigner, sont responsables de leurs actes; leur loi commune, ce n'est pas la manière dont elles sont, mais *la manière dont elles doivent être* (1).

Ainsi, la loi, en général, n'étant qu'une manière d'être constante et universelle, les caractères communs à la loi qui régit les êtres impersonnels et à celle qui régit les personnes sont *la constance* et l'*universalité*.

Le propre de la loi des êtres impersonnels, c'est qu'elle *contraint* et implique une obéissance *fatale*.

Le propre de la loi des personnes, c'est qu'elle laisse l'obéissance *libre* et ne fait qu'*obliger ;* c'est pourquoi nous l'appelons *la loi morale*. Et c'est cette obligation d'obéir à la loi morale qui constitue, avec la liberté, la dignité et la valeur de la personne humaine.

Une telle loi existe-t-elle? Nous le croyons *a priori*, mais nous ne pouvons dire exactement quelle elle est, que si nous avons étudié les diverses causes, mobiles ou motifs, qui inclinent l'homme à agir, et si nous avons rencontré, parmi ces causes un principe qui soit tout à la fois constant, universel et obligatoire.

(1) Voir notre *Examen des principes de la morale sociale*.

ANALYSE DES DIVERS MOTIFS DE NOS ACTIONS.

Ne confondons pas le mobile et le motif.

Le *mobile* est une simple impulsion de notre nature sensible (impulsion que la raison déclare bonne ou mauvaise); tandis que le *motif* est une conception de l'entendement.

Il n'y a qu'un mobile : *le plaisir ;* il y a deux motifs : *l'intérêt* et *le bien en soi*.

Examinons ces causes d'action l'une après l'autre.

Le plaisir n'est *ni constant, ni universel, ni obligatoire.* Il varie dans l'individu avec l'âge et les circonstances. Il varie parmi les individus. Ce qui vous agrée me déplaît, et réciproquement : *trahit sua quemque voluptas* (1). Enfin il n'oblige pas. Les inspirations de la passion n'ont à nos yeux aucune autorité morale, et nous ne sentons point au dedans de nous que notre devoir soit de les écouter.

L'intérêt, qu'il s'agisse de notre bien présent ou de notre bien futur, qu'il s'agisse de l'utilité particulière ou de l'utilité générale, l'intérêt est également variable et relatif. Il ne saurait, non plus que le plaisir, être considéré comme une loi. Tous deux, fussent-ils réunis, ne sont que des principes personnels destitués d'autorité et de constance (2).

Il n'en est pas de même du principe impersonnel ou du bien en soi.

Il est *constant :* la notion que nous en avons est toujours la même.

Il est *universel :* les hommes de tous les temps et de tous les pays ont reconnu et reconnaissent la distinction

---

(1) « Ce que les variations de la sensibilité prouvent très-clairement, c'est que le plaisir ne peut être la mesure d'aucun bien et qu'il n'est pas même sa propre mesure. » BEAUSSIRE, la *Morale laïque*.

(2) On en peut dire autant de tous les autres principes personnels, tels que l'instinct sympathique et l'instinct de sociabilité. S'ils paraissent avoir un certain caractère de généralité, qui ne se rencontre ni dans le plaisir ni dans l'intérêt, ils sont, comme le plaisir et l'intérêt, destitués des deux caractères essentiels : Constance et obligation.

Ajoutons avec un moraliste « qu'un des traits les plus caractéristiques de la sensibilité, c'est qu'elle est incapable de reconnaître le devoir, quand le devoir se montre sous la forme d'un embarras ou d'un sacrifice, quand il n'est pas accompagné d'une émotion ou d'un plaisir. »

du bien et du mal, de la justice et de l'injustice, de l'ordre et du désordre moral.

Il est *obligatoire*. Que la conscience parle, et elle ne parle que lorsque le bien est en question : aussitôt nous sentons que notre devoir est de lui obéir. Nous sommes persuadés que le bien est une règle de conduite; nous éprouvons une douleur intérieure, lorsqu'elle n'a pas été observée par nous, et un mécontentement, presque aussi vif, quand elle n'est pas observée par les autres : douleur et mécontentement d'un genre particulier, qui ne se produisent point, si nous avons échoué, nous ou les autres hommes, dans la poursuite de notre plaisir ou de notre intérêt.

Le bien en soi est donc la loi morale ou la loi des êtres libres et raisonnables. L'étude de la conscience morale nous fera mieux connaître cette loi.

DE LA CONSCIENCE MORALE.

Délibérer, se résoudre, exécuter, voilà les trois circonstances de l'acte volontaire.

Pendant que je délibère, une voix intérieure me crie : *fais ceci*, ou *ne fais pas cela*.

Lorsque je me détermine, la même voix m'encourage à agir ou cherche à me détourner de ma résolution.

Lorsque j'ai exécuté ce que j'avais décidé, la même voix se fait encore entendre et dit : *tu as bien fait* ou *tu as mal fait*.

Quel est ce conseiller qui m'engage ou me dissuade, qui applaudit à ma résolution ou la blâme? Quel est ce juge qui, une fois l'action accomplie, prononce sur la valeur de cette action? Quelle est cette voix intérieure?

C'est la *conscience morale*. On peut la définir *la faculté de discerner le bien du mal*.

Elle ne se confond point avec cette autre conscience dont nous avons parlé dans l'étude de l'esprit humain. Cette dernière est l'information de ce qui se passe en nous, ou le témoignage que l'âme se rend à elle-même. Son rôle est de rapporter les faits internes, sans les apprécier.

La conscience morale éclaire la volonté et apprécie ses décisions. Elle dit quel est l'ordre de la loi, dans telle ou telle circonstance ; elle prononce ensuite que nous sommes innocents ou coupables, selon que nous avons obéi ou désobéi à cet ordre. Elle fait plus encore, elle nous décerne une récompense, si nous avons été dociles ; elle nous inflige une peine, si nous avons été rebelles.

La conscience, ainsi entendue, n'est point une faculté nouvelle et que nous ayons omise dans l'analyse de l'entendement. C'est une forme de la raison ; c'est la raison prononçant sur le bien et sur le mal, déterminant *a priori* les applications immédiates de la loi morale (1). L'éternelle sagesse n'a point voulu que les règles essentielles de la conduite fussent soumises aux disputes du monde. Dieu lui-même, après avoir gravé sa loi dans nos cœurs, prend la peine de nous en expliquer les prescriptions, il va au-devant de nous et ne laisse aucun prétexte à l'ignorance ou à la paresse.

Il parle, et nous sentons que nous devons nous soumettre ; nous sentons que nous sommes obligés de suivre son commandement ; nous sentons que tel est notre devoir.

Le *sentiment de l'obligation* ou *du devoir*, la vive perception du caractère sacré de la législation divine, c'est ce qu'on appelle le *sentiment moral*.

En un mot, l'*ordre*, voilà l'enseignement de la conscience ; la *sainteté de l'ordre*, ou l'*obligation*, voilà la conception qui accompagne cet enseignement.

Or, la conscience ne parle, le sentiment du devoir ne s'éveille que lorsque le bien est en cause. S'agit-il du plaisir, s'agit-il même de l'intérêt, la voix intérieure reste muette, et nous ne nous sentons nullement obligés de faire ceci ou cela. Irai-je ou n'irai-je pas à la promenade ? Dois-je conserver mes épargnes ou les dépenser ? J'interroge le conseiller, il ne répond point. Un pauvre me demande l'aumône. Aussitôt la conscience crie : donne ! et je me sens obligé de donner.

Je ne m'avise point de contester le commandement ; j'ai

---

(1) « La raison, en tant qu'elle détourne du vrai mal de l'homme, qui est le péché, s'appelle conscience. »
(Bossuet, *De la Connaissance de Dieu et de soi-même*.)

la conviction de sa légitimité, je l'estime plus considérable que l'opinion des hommes et que les ordres de la loi humaine (1), si par hasard ils le contredisaient : *Mea conscientia pluris est quam omnium sermo.*

J'ai une telle confiance en ce juge intérieur, que c'est lui que je consulte, lorsque j'ai à prononcer sur la conduite de mes semblables. Je me mets en la place de l'accusé, je me demande si, ayant fait ce qu'il a fait, je serais innocent à mes propres yeux, et, sur la réponse de ma conscience, je décide. La seule chose qui m'embarrasse ou qui m'inspire quelque défiance, c'est que je ne puis lire dans l'âme des autres comme dans la mienne; c'est qu'il peut y avoir des circonstances qui atténuent ou augmentent la gravité de leur faute, circonstances tout intérieures et qui m'échappent.

Cet embarras, je ne l'éprouve point lorsqu'il s'agit de moi : aussi l'homme est-il pour lui-même le juge le plus équitable et le plus incorruptible qui se puisse imaginer.

NOTIONS QUI SE RATTACHENT AUX PRÉCÉDENTES.

A la conscience et au sentiment moral se rattachent plusieurs notions importantes (2) :

1° *La distinction du bien et du mal;*
2° *La distinction du bien et de l'utile.*

Le bien est absolu et obligatoire; l'utile est relatif et facultatif. Lorsque l'utile est en cause, nous l'avons déjà dit, la conscience et le sentiment restent muets. S'agit-il du bien, et même du bien mêlé à l'utile ou au plaisir, ils s'éveillent et mettent l'agent moral en demeure d'obéir à la loi.

3° *La distinction du bien en soi et du bien moral.*

Le bien *moral* est la *conformité de l'action au bien en soi.*

---

(1) « Un homme de bien laisse régler l'ordre des successions et de la police aux lois civiles, comme il laisse régler le langage et la forme des habits à la coutume; mais il écoute en lui-même une loi inviolable qui lui dit qu'il ne faut faire tort à personne, et qu'il vaut mieux qu'on nous en fasse que d'en faire à qui que ce soit. »
(BOSSUET, *Connaiss. de Dieu et de soi-même,* ch. 1.)

(2) Chronologiquement, ces notions sont postérieures à l'éveil de la conscience et du sentiment moral; mais logiquement, la conscience et le sentiment moral supposent ces vérités et ces distinctions.

Le mal *moral* est l'*opposition de l'action au bien en soi*.

La vertu est l'*habitude* de faire le bien ou de conformer ses actes à la loi morale. Toute vertu suppose un combat, une douleur vaillamment supportée, une victoire remportée sur la passion ou l'instinct. « Et non seulement la douleur est une épreuve pour la vertu, mais le champ de la douleur semble s'élargir avec le progrès même de la vertu » (1).

Le vice est l'*habitude* de faire le mal ou de désobéir à la loi; c'est la désertion de la lutte, la défaite acceptée d'avance.

Or, le bien en soi est absolu : loi suprême, il ne comporte pas de plus ou de moins, il est un, invariable, éternel. Il est, et nous comprenons qu'il est ; nous comprenons en outre que, n'y eût-il pas de créature intelligente pour le connaître, il serait encore.

Le bien moral est contingent ; c'est l'agent libre et raisonnable qui lui donne naissance. Je m'explique : Ce n'est pas moi qui fais que telle action est conforme à la loi ; l'action étant donnée, elle est nécessairement bonne ou mauvaise. Mais il dépend de moi de faire le bien, en ce sens que je puis obéir ou désobéir à la loi.

Il y a donc deux choses nécessaires : *la loi et le rapport de l'acte à la loi.* Mais il y a une chose contingente et facultative : *l'accomplissement* ou *la violation de la loi*.

Supprimez la créature intelligente et libre, la loi demeure, ainsi que la relation de la loi aux actes possibles d'une créature possible, quoique non existante actuellement. Mais, je le répète, supprimez la créature intelligente et libre, et il n'y a plus d'actes réels, conformes ou opposés à la loi ; par conséquent il n'y a plus de bien moral.

(1) ... ...IRE, *la Morale laïque*.
O... .e l'habitude de bien faire, la vertu suppose qu'on a *acquis* le goût du bien. « Il ne faut, dit Saint-Marc Girardin, commencer un peu à croire en notre vertu que lorsque le devoir nous devient aimable. Quand l'âme trouve du plaisir dans le devoir, alors elle est vraiment honnête, et alors aussi elle peut être confiante. Dieu n'a pas séparé absolument le plaisir du devoir, mais il n'a pas mis le plaisir dans les commencements du devoir. Il faut creuser un peu dans le devoir pour y trouver le plaisir. Il faut briser la coque pour trouver l'amande. »

Il importe de bien entendre ces distinctions; on s'expliquera de la sorte que la notion du bien en soi est absolue, universelle, *identique dans tous les hommes;* tandis que la notion de la relation de l'acte à la loi est progressive et perfectible, *et plus ou moins claire selon les lieux et les temps.*

Toujours et partout le principe du bien est mis hors de contestation : le sauvage, le païen et le chrétien s'accordent pour l'admettre; ils s'accordent encore dans la reconnaissance des principales prescriptions de la loi du bien. Cependant, il faut avouer que, sur plusieurs points, il y a conflt parmi les hommes, et que les anciens ne connaissaient pas aussi bien que nous les commandements de la loi.

La morale, considérée à ce point de vue, est un art qui a fait d'immenses progrès, ainsi que l'éducation de la conscience. Nous avons sur la charité, sur les relations des hommes entre eux, sur les liens qui unissent la créature à son Créateur, des notions plus pures et plus élevées. A mon sens, la raison n'est pas étrangère à cet heureux avancement de la morale; mais c'est surtout au christianisme qu'il est dû. Le divin Maître, en entrant dans notre cœur, l'a grandi et purifié. Un petit enfant, comme on l'a si bien remarqué, en sait, grâce au catéchisme, plus long sur notre origine, sur notre fin et sur nos devoirs, que les plus grands philosophes païens.

QUESTIONS ACCESSOIRES

1° Montrer, avec quelques détails, l'influence du christianisme sur les progrès de la conscience morale. (Comparer la morale païenne et la morale chrétienne.)

2° Quels sont les moyens pratiques de perfectionner la conscience?

3° Quels sont les systèmes qui détruisent la loi morale?

4° Exposition et réfutation de la morale de l'intérêt.

5° Exposition et réfutation de la morale du sentiment.

6° Quelles sont les conditions de la responsabilité?

Consulter LA MORALE, par Paul Janet;
LES ÉLÉMENTS DE MORALE, par Franck.

XXI

Existence de Dieu. — Preuves.

Liens de la morale et de la Théodicée. — Démonstration de l'existence de Dieu : preuves morales ; preuves physiques ; preuves métaphysiques. — Appréciation de ces preuves.

Nous nous sommes élevés à l'idée du bien et de la loi morale ; mais cette conception ne suffit point. Elle implique une autre conception sans laquelle le bien et la loi morale seraient logiquement inintelligibles.

Notre raison se refuse à reconnaître le bien absolu en dehors de l'Être souverainement bon, et le devoir ailleurs que dans l'ordre du Législateur souverainement juste et sage, qui est tout à la fois l'auteur et la sanction suprême de la loi.

Ce principe de tout bien et de toute justice, qui éclaire la conscience humaine, qui nous apparaît comme le fondement nécessaire de la morale et dont l'ordre est notre loi (1), nous l'appelons Dieu.

L'étude de Dieu, au moyen de la raison, se nomme Théodicée (2).

DÉMONSTRATION DE L'EXISTENCE DE DIEU.

Il y a deux espèces de démonstrations : l'une qui consiste

---

(1) « Lorsqu'on dit que la loi morale est une loi divine, il faut d'abord entendre par là qu'elle a son principe dans la raison divine, qu'elle est conforme à la divine sagesse, qu'elle est l'expression de l'ordre éternel qui a présidé à toutes ses œuvres et s'est réfléchi particulièrement dans la conscience humaine. Mais il n'en est pas de la nature divine comme de la nature de l'homme. Dans l'homme, sollicitée en sens contraire, par la passion et le devoir, la volonté est souvent en désaccord avec la raison et l'on a pu lui faire dire : « Je fais le mal que je hais, je fuis le bien que j'aime. »
En Dieu, la raison et la volonté sont inséparables. L'Être parfait ne connaît point la passion ni la tentation du mal. Tout ce qui est bon, tout ce qui est juste, tout ce qui est sage, il l'aime, il le veut d'une volonté éternelle comme lui-même. Par conséquent, la loi morale peut et doit être considérée comme l'expression de la volonté divine. »
(FRANCK, *Éléments de morale*.)

(2) L'expression est de Leibnitz (θέος, dieu, et δίκη, justification, ou plaidoyer pour Dieu). — Par extension, on désigne sous le nom de théodicée la connaissance que nous pouvons avoir (sans recourir à une révélation) de Dieu, de la nature, et de ses rapports avec les autres êtres.

La théologie se distingue de la théodicée en ce qu'elle n'est pas purement rationnelle et qu'elle suppose une autorité ou une révélation. Toute religion positive a sa théologie.

à établir une vérité ignorée; l'autre, à éclaircir, à confirmer une vérité déjà connue. C'est dans ce dernier sens qu'il faut entendre la démonstration de l'existence de Dieu. Dieu étant conçu comme le principe suprême, comme la raison d'être de toute créature et de toute vérité, il y aurait contradiction à vouloir le rattacher à un principe supérieur. Dans l'ordre chronologique de l'acquisition de nos idées, la cause nécessaire et infinie ne paraît, il est vrai, qu'une application du principe de causalité (tout phénomène suppose une cause); mais dans l'ordre logique, c'est la cause nécessaire et infinie, c'est le principe suprême, c'est Dieu qui explique tout ce qui est, tout ce qui est intelligible, le contingent et le nécessaire, les vérités premières et le principe de causalité lui-même.

Il n'y a pas d'athée véritable, car il n'y a personne qui admette un phénomène sans cause. On croit être délivré de Dieu, parce qu'on a changé son nom, parce qu'on l'appelle *nature, principe vital, destin;* mais, au fond, c'est toujours Dieu; *mutato nomine, de illo fabula narratur* (1).

Qu'il y ait des philosophes qui professent effrontément et systématiquement l'athéisme, ou qui aboutissent à l'athéisme en vertu des principes psychologiques et moraux qu'ils ont posés; qu'il y ait des hommes, et en grand nombre, qui vivent comme s'il n'y avait pas de Dieu, et qui se laissent aller à toutes les joies et à toutes les iniquités de la terre, sans songer à une justice future; qu'il y ait, en un mot, un athéisme spéculatif et un athéisme pratique, c'est malheureusement ce qu'on ne saurait contester. L'histoire des systèmes et l'expérience de chaque jour sont là, qui nous avertissent que le doute n'est pas permis. Les témérités de la raison et la corruption des mœurs, isolées ou réunies, paraissent inséparables de l'existence et du développement des sociétés humaines.

Mais nous maintenons notre assertion : on a beau nier

---

(1) « Appelez destin, nature, intelligence ou divinité, ce qui fait et gouverne tout ici-bas, n'est-ce pas toujours une souveraine puissance? n'est-ce pas toujours une sagesse infinie? »

SAINT-EVREMONT, *Œuvres mêlées*, t. VI.

Dieu du bout des lèvres, on y croit, on ne peut pas ne point y croire, si l'on a le sens commun. Laissons donc les systématiques et les libertins, et exposons les preuves qui éclaircissent l'idée que nous avons d'un être nécessaire et parfait.

Dieu est, et il n'a pas permis que nous ignorions son existence ; pour le connaître il suffit d'ouvrir les yeux ou d'écouter la voix intérieure qui parle à tous les hommes. « Il serait triste que, pour être sûr de l'existence de Dieu, il fût nécessaire d'être un profond métaphysicien. Il n'y aurait tout au plus qu'une centaine d'esprits bien versés dans cette science ardue du pour et du contre, qui fussent capables d'acquérir cette connaissance, et le reste de la terre croupirait dans une ignorance invincible, abandonné en proie à ses passions brutales.

» Dieu a mis à notre portée tout ce qui est nécessaire pour nos moindres besoins : la certitude de son existence est notre besoin le plus grand ; et il ne nous aurait pas donné assez de secours pour le remplir (1) ? »

Dieu se révèle à toutes les facultés de notre entendement : à nos sens, à notre conscience, à notre raison. Il y a, par conséquent, trois espèces de preuves : 1° Les preuves morales, tirées du témoignage de notre conscience et de celle des autres hommes ; 2° les preuves physiques, tirées du spectacle de l'univers ; 3° les preuves métaphysiques, preuves dites *à priori*, tirées de la raison.

I. — PREUVES MORALES.

1° Le *témoignage unanime* des langues et des peuples atteste l'existence d'un Être suprême. Il n'y a aucune nation athée, car il n'y a aucune nation sans religion, et aucune religion sans Dieu. Que les dogmes admis par un peuple soient plus ou moins obscurs, plus ou moins dignes de respect et de foi, ils sont, partout et toujours, fondés sur une même croyance, sur un même besoin de comprendre la vie

---

(1) Voltaire revient souvent sur cette idée. « Nous ne pouvons, dit-il, rien expliquer et rien établir sans Dieu. » C'est le commentaire de ce vers célèbre :

« Si Dieu n'existait pas, il faudrait l'inventer. »

actuelle et d'espérer une vie meilleure. « *Ex tot gentibus nullum est animal, præter hominem, quod habeat notitiam aliquam Dei; ipsisque in hominibus nulla gens est neque tam immansueta, neque tam fera, quæ non, etiamsi ignoret qualem habere Deum deceat, tamen habendum sciat* (1). »

Je vais plus loin, je soutiens que toutes les religions s'accordent sur un point essentiel, et que le *monothéisme* est universellement admis.

Les principales religions de l'antiquité sont : le *paganisme grec et romain*, le *dualisme de l'Orient* et le *judaïsme*.

Dans le Judaïsme, le fond et l'apparence ne se contredisent pas : c'est le monothéisme pur, la condamnation absolue du *Veau d'or* et des divinités favorables aux passions et aux calculs des hommes.

Un seul Dieu tu adoreras et aimeras parfaitement.

Le Dualisme, où les deux principes du bien et du mal, Ormuz et Ahriman, se disputent le pouvoir, aboutit encore au monothéisme, puisque le principe du bien doit finalement triompher du principe du mal. Il n'y a, en réalité, de dualisme, que lorsqu'il y a égalité parfaite.

Le Paganisme, avec les trente mille dieux dont parle Hésiode, se résout également, si l'on y réfléchit, en un monothéisme effrayant, mais incontestable. Au-dessus de ces milliers de dieux subalternes, nous voyons douze grands dieux ; parmi ces derniers et à leur tête, nous distinguons Jupiter, le père des dieux et des hommes, qui fait trembler l'Olympe par un mouvement de son sourcil ; mais au-dessus de lui apparaît une divinité mystérieuse et terrible, dont tous les dieux et Jupiter lui-même ne font qu'exécuter les décrets immuables : c'est le *destin*, FATUM. Voilà le vrai Dieu, le Dieu unique, puisqu'il commande aux autres : ces derniers ne sont, que l'on me passe cette expression, que les agents employés par lui ; et Jupiter n'est qu'une sorte de premier ministre, remplissant une charge que son père Saturne a occupée avant lui.

Dans les temps modernes, le Christianisme conserve fidèlement la doctrine unitaire de l'Ancien Testament ; et l'Islamisme (qui puise aux mêmes sources et copie, en les dé-

---

(1) Cic. *De legibus*, I.

naturant, la plupart des dogmes chrétiens) a pour formule : *Dieu seul est Dieu, et Mahomet est son prophète.*

En résumé, on trouve partout la croyance en un Dieu, et même en un seul Dieu. Or, si la conscience universelle atteste ce dogme suprême, c'est que chaque conscience individuelle le croit et le tient pour vrai.

2° *La conscience morale* parle au nom d'une loi obligatoire et nous impose des devoirs. Or, ce n'est pas nous qui avons établi cette loi. Si nous en étions les auteurs, elle ne nous contrarierait pas, elle ne serait jamais en opposition avec nos instincts et nos désirs ; nous l'aurions faite conforme à notre intérêt, à nos tendances et à nos passions. Donc, l'existence de cette loi implique un législateur suprême, qui l'a gravée dans nos âmes et qui nous commande de lui obéir (1).

3° *L'espérance et la prière.* Je vis, je souffre, je suis maltraité par les choses et par les hommes ; et, dans ma détresse, lorsque tous m'abandonnent, je me réfugie en l'espérance d'une vie meilleure, je fais un appel mental à un être invisible qui voit tout et qui doit tout juger. *Espérer en une autre existence*, attendre une réparation, invoquer un ami secret et tout-puissant, qu'est-ce donc, sinon croire en Dieu ?

II. — PREUVES PHYSIQUES.

1° Le monde est *contingent*, il est un phénomène ; il a commencé d'être, *donc il a un auteur.*

2° Le monde, agrégation de parties naturellement inertes, est en mouvement ; *donc il a un moteur.*

3° Le monde est beau et harmonieux (κόσμος) ; considérez-le dans son ensemble et dans ses éléments, et vous serez touché de ses admirables proportions. Le spectacle du ciel étincelant d'étoiles, le retour des saisons, la structure

---

(1) « Jusqu'ici tous les livres de morale ont toujours fait appel à certains principes d'ordre métaphysique. Ces principes inspirent l'enseignement oral comme l'enseignement écrit. Les premières leçons de morale données dans la famille, dans les milieux les plus humbles comme dans les plus cultivés, n'ont pas en général d'autre base. Rien n'a encore remplacé le *bon Dieu* dans la bouche d'une mère expliquant à ses enfants ce qui est défendu et ce qui est ordonné ou permis. »

BEAUSSIRE, *la Morale laïque.*

des plantes, des animaux et de l'homme, tout nous dit qu'il y a un *ordonnateur suprême*, un grand géomètre, qui a disposé les choses selon des proportions admirables, et qui a laissé à son œuvre le soin de le glorifier (1).

« Peut-on contempler le ciel et regarder tout ce qui s'y passe, sans voir avec toute l'évidence possible qu'il est gouverné par une suprême, par une divine Intelligence ?

» Quiconque viendrait à former là-dessus quelque doute, pourrait aussi douter s'il y a un soleil : l'un est-il plus visible que l'autre ?

» Est-ce donc être homme que d'attribuer au hasard, et non à une cause intelligente, les mouvements du ciel si certains, le cours des astres si régulier, toutes choses si bien liées ensemble, si bien proportionnées, et conduites avec tant de raison, que notre raison s'y perd elle-même ? Quand nous voyons des machines qui se meuvent artificiellement, une sphère, une horloge et autres semblables, nous ne doutons pas que l'esprit n'ait eu part à ce travail. Douterons-nous que le monde soit dirigé, je ne dis pas simplement par une intelligence, mais par une excellente, par une divine Intelligence, quand nous voyons le ciel se mouvoir avec une prodigieuse vitesse, et faire succéder annuellement l'une à l'autre les diverses saisons qui vivifient, qui conservent tout ? Il n'est pas besoin de disputer ici, il suffit d'ouvrir les yeux pour contempler la beauté de ces merveilles dont nous rapportons l'origine à une Providence divine (2). »

---

(1) « Il n'y a pas plusieurs solutions sur le problème des origines; il n'y en a que deux variées à l'infini.

» L'intention, le libre choix, placés au commencement du monde dans une Cause suprême qui sait ce qu'elle fait et pourquoi elle agit, c'est la solution spiritualiste; c'est aussi celle que repoussent toutes les doctrines qui de près ou de loin se rattachent au naturalisme.

» Qui dit *Nature*, par opposition à Dieu, exclut par là toute idée d'un plan tracé d'avance, toute loi intentionnelle, tout choix, et n'admet que la matière avec ses énergies latentes, d'où sortent successivement, par les transformations les plus incompréhensibles, la vie et la pensée. Un ordre sourd, inconscient jusqu'au jour où l'esprit humain arrive à le penser, se développant obscurément par une nécessité inhérente aux choses, voilà la conception fondamentale d'où tout le reste se déduit. »

(CARO, *l'Idée de Dieu*, ch. IV.)

(2) CIC., *De natura deorum*, lib. 2. Traduction de Martin de Noirlieu.

III. — Preuves métaphysiques ou a priori.

1° *La nécessité d'une cause première*. Tout phénomène suppose une cause ; or, il y a deux espèces de causes : la *cause contingente* et la *cause nécessaire*. La première est un effet par rapport à la seconde. Ce qui n'est que par accident, ce qui aurait pu ne pas être, ce qui a commencé implique quelque chose de nécessaire, d'éternel, de permanent; car on ne saurait concevoir une série infinie d'êtres finis, tour à tour effets et causes. Donc il y a une cause nécessaire et infinie, et c'est cette cause que j'appelle Dieu.

« Parmi les vérités éternelles que je connais, dit Bossuet, une des plus certaines est celle-ci : qu'il y a quelque chose au monde qui existe d'elle-même, par conséquent qui est éternelle et immuable.

» Qu'il y ait un seul moment où rien ne soit, éternellement rien ne sera. Ainsi le néant sera à jamais toute vérité, et rien ne sera vrai que le néant, chose absurde et contradictoire. Il y a donc nécessairement quelque chose qui est avant tous les temps, et de toute éternité (1). »

Leibnitz expose fortement le même argument : « Encore que l'existence de Dieu soit la vérité la plus aisée à prouver par la raison, et que son évidence égale, si je ne me trompe, celle des démonstrations mathématiques, elle demande pourtant de l'attention. Il n'est besoin d'abord que de faire réflexion sur nous-mêmes et sur notre propre existence indubitable. Ainsi, je suppose que *chacun connaît qu'il est quelque chose qui existe actuellement* et qu'ainsi il y a un être réel. S'il y a quelqu'un qui puisse douter de sa propre existence, je déclare que ce n'est pas à lui que je parle. Nous savons encore par une connaissance de simple vue que *le pur néant ne peut point produire un être réel;* d'où il s'ensuit d'une évidence mathématique que *quelque chose a existé*

---

(1) Bossuet, *Traité de la Connaissance de Dieu et de soi-même*, chap. iv. Qu'on n'essaie pas d'expliquer ce qui est par une série infinie de causes contingentes ou de causes secondes. Les *causes secondes* n'ont pas de raison d'être sans la *cause première*.

de toute éternité, puisque tout ce qui a un commencement doit avoir été produit par quelque autre chose. Or, tout être qui tire son existence d'un autre, tire aussi de lui tout ce qu'il a et toutes ses facultés. Donc la source éternelle de tous les êtres, est aussi le principe de toutes leurs puissances, de sorte que *cet être éternel doit être aussi très-puissant* (1). »

2° *Les vérités nécessaires*, que l'intelligence rattache irrésistiblement à un principe nécessaire et éternel comme elles. (PLATON, SAINT AUGUSTIN, SAINT THOMAS.)

« Toutes ces vérités, et toutes celles que j'en déduis par un raisonnement certain, subsistent indépendamment de tous les temps; en quelque temps que je mette un entendement humain, il les connaîtra; mais en les connaissant il les trouvera vérités; il ne les fera pas telles, car ce ne sont pas nos connaissances qui font leurs objets, elles les supposent. Ainsi ces vérités subsistent devant tous les siècles et devant qu'il y ait eu un entendement humain : et quand tout ce qui se fait par les règles de proportions, c'est-à-dire tout ce que je vois dans la nature, serait détruit, excepté moi, ces règles se conserveraient dans ma pensée; et je verrais clairement qu'elles seraient toujours bonnes et toujours véritables, quand moi-même je serais détruit, et qu'il n'y aurait personne qui fût capable de les comprendre.

» Si je cherche maintenant où et en quel sujet elles subsistent éternelles et immuables comme elles sont, je suis obligé d'avouer un être où la *vérité* est éternellement subsistante, et où elle est toujours entendue; et cet être doit être la vérité même, et doit être toute vérité; et c'est de lui que la vérité dérive dans tout ce qui est, et ce qui s'entend hors de lui.

» C'est donc en lui, d'une certaine manière qui m'est incompréhensible, c'est en lui, dis-je, que je vois ces vérités éternelles; et les voir, c'est me tourner à celui qui est immuablement toute vérité, et recevoir ses nouvelles.

» Cet objet éternel, c'est Dieu, éternellement subsis-

(1) *Nouveaux Essais sur l'Entendement*, liv. IV.

tant, éternellement véritable, éternellement la vérité même (1). »

En un mot, Dieu est conçu comme le principe nécessaire de toute vérité : le bien, le beau, le vrai lui-même nous apparaissent comme les rayonnements de la substance infinie et parfaite.

Preuve tirée de l'idée d'un être parfait. (DESCARTES, FÉNELON, BOSSUET.) Être imparfait, je conçois et ne puis pas ne pas concevoir un être parfait, qui possède d'une manière infinie et parfaite ce qu'il y a de bon en moi. D'où me vient cette idée? Elle ne vient pas de moi puisque je suis imparfait. Elle vient d'un être parfait qui l'a mise en moi pour être comme la marque de l'ouvrier empreinte sur son ouvrage (2).

4° Autre preuve *tirée de l'idée de perfection*. (SAINT ANSELME, DESCARTES, MALEBRANCHE, BOSSUET, FÉNELON, LEIBNITZ.) L'idée d'un être parfait comprend nécessairement l'existence de cet être ; or, l'existence fait partie de l'essence de l'être parfait, ou de Dieu ; donc Dieu existe (3). »

5° *Preuves de Newton et de Clarke.* L'esprit conçoit un espace et un temps infinis, c'est-à-dire sans commencement ni fin. Or, l'espace et le temps ne sont pas des substances ; ils sont des propriétés ou des attributs, et partant ils se rapportent à un sujet. Il y a donc un être réel, infini, nécessaire, dont le temps et l'espace sont les attributs. Cet être, c'est Dieu.

APPRÉCIATION DES PREUVES DE L'EXISTENCE DE DIEU.

Ces divers arguments, à quelque ordre qu'ils appartiennent, ne sont que des *applications immédiates* de deux principes rationnels : 1° *tout phénomène suppose une cause;* 2° *toute qualité suppose un sujet.* Mais, je le répète, la démonstration n'est ici qu'un éclaircissement : entendue au-

---

(1) BOSSUET, *Traité de la connaissance de Dieu et de soi-même,* ch. IV.
(2) DESCARTES, *Méditations,* III.
(3) DESCARTES, *id.*

trement (1), elle est défectueuse ; on n'a plus qu'un cercle vicieux, où l'on prouve la question par la question même. Cette explication étant admise, toutes les preuves que nous avons exposées sont excellentes (2), car toutes établissent que l'homme ne peut jeter un regard sur lui-même ou sur les êtres qui l'entourent, sans concevoir immédiatement un auteur suprême, et que les méditations de la raison, comme les données de l'expérience, aboutissent finalement à cette conception et la supposent.

Non-seulement ces preuves sont excellentes, mais encore elles sont appropriées aux esprits divers : aux uns, les preuves tirées de la conscience et du sentiment moral ; aux autres, le témoignage des sens, la trace de l'ouvrier dans l'œuvre, argument saisissant, toujours reproduit avec succès, accessible aux plus humbles comme aux plus grandes intelligences.

« Cet argument, dit Kant, mérite toujours d'être rappelé avec respect. C'est le plus ancien, le plus clair, et celui qui convient le mieux à la raison de la plupart des hommes. Il vivifie l'étude de la nature, en même temps qu'il y puise toujours de nouvelles forces. Il conduit à des fins que l'observation, par elle-même, n'aurait pas découvertes, et il étend nos connaissances actuelles. Ce serait donc vouloir non-seulement nous retirer une consolation, mais tenter l'impossible que de prétendre enlever quelque chose à l'autorité de cette preuve. La raison, incessamment élevée par des arguments si puissants et qui s'accroissent perpétuellement, ne peut être tellement rabaissée par *les incertitudes*

---

(1) La plupart de ceux qui aspirent à démontrer Dieu, et Leibnitz lui-même, ne semblent pas se faire une idée bien exacte du mot *démontrer ;* ils croient démontrer *more geometrico,* c'est-à-dire en rattachant une conséquence à son principe, lorsqu'ils ne font qu'*expliquer :* de là les attaques des sceptiques et les fortes objections de Kant.

(2) Faisons une réserve en ce qui touche l'argument de Clarke. Leibnitz remarque qu'il repose sur la confusion du temps et de l'éternité, et de l'espace et de l'immensité ; cette erreur est grave. Le temps et l'espace ne sont pas des êtres ; ils ne sont non plus les attributs de l'être immuable et un, qui ne saurait être renfermé ni dans le temps ni dans l'espace. Le temps et l'espace ne sont que des rapports de coexistence ou de succession.

d'une spéculation subtile et abstraite, qu'elle ne doive être arrachée à toute irrésolution sophistique comme à un songe, à la vue des merveilles de la nature et de la structure majestueuse du monde, pour parvenir, de grandeur en grandeur, jusques à la grandeur suprême (1). »

A d'autres, aux doctes, à ceux qui se plaisent dans les abstractions et dans les formules sévères, à ceux-là l'argument *à priori* qui, au fond, est l'argument unique, puisque les autres le supposent.

Enfin, ces preuves réunies forment un corps de démonstration solide, inébranlable, et qui n'a jamais été sérieusement attaqué.

Consultez Descartes, *Discours de la méthode*, IVe partie ; Bossuet, *Traité de la connaissance de Dieu et de soi-même*, chap. v ; Fénelon, *Démonstration de l'existence de Dieu*, Ire partie ; Clarke, *Traité de l'existence de Dieu*.

XXII

Principaux attributs de Dieu. — De la Providence. — Réfutation des objections tirées du mal Physique et du mal Moral.

Attributs métaphysiques. — Attributs moraux. — Du plan de l'univers. — De la Providence. — Objections diverses et réponses.

1. — DES PRINCIPAUX ATTRIBUTS DE DIEU.

Dieu est conçu comme *l'être parfait et nécessaire;* tous les attributs que nous comprenons en lui dérivent de cette première conception.

On les divise en deux catégories : les attributs métaphysiques et les attributs moraux.

---

(1) *Critique de la raison pure*, t. II, traduction Tissot.

I. Les attributs *métaphysiques* sont ceux que la raison tire, sans le secours de l'expérience, de la notion de l'être nécessaire et parfait.

1° Dieu est *infini*. La perfection exclut toute idée de bornes ou de limites : or, Dieu est parfait; donc il est infini.

2° Dieu est *éternel*. L'être nécessaire ne peut commencer d'être ni cesser d'être. S'il avait un commencement, il y aurait donc eu un moment où il n'aurait pas été; s'il avait une fin, il y aurait donc un moment où il ne serait plus; par conséquent, il ne serait pas nécessaire. Or, l'éternité est précisément une existence qui n'a pas de bornes; donc Dieu, être nécessaire, est éternel.

3° Dieu est *immense*. L'immensité découle encore de la nécessité. L'être nécessaire ne peut être contenu dans un espace borné; car, s'il en était ainsi, il s'ensuivrait qu'il ne serait pas en dehors de cet espace, et que, par conséquent, il ne serait pas nécessaire. Or, l'immensité n'est autre chose que l'infinitude de la substance; donc Dieu, être nécessaire, est immense.

4° Dieu est *immuable*. Changer, c'est être imparfait. On ne change que pour perdre ou pour gagner : si pour gagner, on n'était donc pas parfait; si pour perdre, on cesse donc de l'être. Lorsque l'Écriture dit : *Dieu se repentit*, elle se sert d'une expression qui, littéralement, n'est pas exacte : Dieu ne se repent point, parce qu'il voit avant d'agir les suites de son dessein.

5° Dieu est *un*. On ne distingue les êtres que par leurs différences : deux individus absolument semblables se confondent. On dira peut-être : deux gouttes d'eau, deux feuilles d'arbre sont absolument semblables, et cependant elles ne se confondent point.

Il n'en est rien : vues de près et avec des instruments délicats, les deux gouttes d'eau, les deux feuilles présentent des différences de volume, de figure et de composition. Mais supposez qu'elles fussent douées des mêmes propriétés, volume, figure, composition, il demeure néanmoins constant qu'elles ont au moins cette différence, à savoir, qu'elles occupent deux points divers de l'espace. Elles se distinguent par la position (1).

Le principe est donc absolu. Deux dieux parfaits et infinis doivent se confondre, comme deux lignes droites qui ont deux points communs. D'une part, il est absurde de dire qu'ils sont inégalement parfaits et infinis. L'infinitude et la perfection n'ont pas de dégrés. D'autre part, les reconnaître comme également parfaits et infinis, c'est (toute différence étant par là même supprimée) les identifier. L'idée de nécessité contient celle d'unité : l'être nécessaire ne serait pas nécessaire, s'il n'était pas unique (2).

II. Les attributs *moraux* sont ceux que l'homme découvre par la considération de sa propre nature. Il a été fait à l'image de son auteur : qu'il entre en son âme, qu'il cherche tout ce qu'il y a de bon et de grand, qu'il élève à la perfection ces excellentes qualités dont il a le germe, et qu'il les attribue à Dieu (3).

« La raison dernière des choses, dit Leibnitz, est appelée Dieu.

(1) Voir la *classification*.
(2) L'unité de l'univers implique un auteur unique. Il y a, dit Voltaire, il y a dans toute la nature une unité de dessein manifeste. Les lois du mouvement et de la pesanteur sont invariables. Il est impossible que deux artisans suprêmes, entièrement contraires l'un à l'autre, aient suivi les mêmes lois. Cela seul, à mon avis, renverse le système manichéen, et l'on n'a pas besoin de gros volumes pour le combattre.
(Œuvres, t. XL.)
(3) « La personnalité divine et la personnalité humaine tiennent l'une à l'autre par des liens étroits. Dieu et l'individu se garantissent mutuellement, si j'ose parler ainsi. Mystère admirable de la Providence! Il a plu à Dieu de créer l'homme à son image, c'est-à-dire d'en faire une personne. Dieu et moi, deux âmes, deux pensées, deux personnes : l'une toute puissante, immense, mais à qui son immensité n'ôte pas cette conscience précise de son être qui constitue la personnalité; l'autre faible et petite, mais qui, malgré sa petitesse, ne se perd pas dans le nombre infini des existences, atome qui vit et qui se connaît, et qui par là garde aussi sa personnalité.
Comment de ces deux personnalités l'une peut-elle se soutenir en face de l'autre? Comment puis-je être devant Dieu et ne pas disparaître dans sa splendeur? Grand mystère; mais je ne puis pas douter que le *moi* de l'homme peut paraître devant le *moi* de Dieu, puisque Dieu m'a permis de l'appeler mon père et d'affirmer dans la même prière sa personne et la mienne. »
(Saint-Marc Girardin, *J.-J. Rousseau, sa vie et ses ouvrages*, t. II.)

» Cette substance simple, primitive, doit renfermer éminemment les perfections contenues dans les substances dérivées ; ainsi elle aura la *puissance*, la *connaissance* et la *volonté* parfaites, c'est-à-dire, elle aura une toute-puissance, une connaissance et une bonté souveraines. Et comme la *justice* généralement n'est autre chose que la bonté conforme à la sagesse, il faut bien qu'il y ait aussi une justice souveraine en Dieu.

» La raison qui a fait exister les choses par lui les fait aussi dépendre de lui en existant et en opérant : et elles reçoivent continuellement de lui ce qui les fait avoir quelque perfection, mais ce qu'il leur reste d'imperfection vient de la limitation essentielle et originale de la créature (1). »

1° Dieu est *infiniment intelligent*. Je suis capable de connaître, je discerne le vrai et le faux, le bien et le mal, le beau et le laid ; je me souviens du passé, je vois le présent, je cherche à deviner l'avenir. Donc Dieu, mon auteur, est intelligent. Mais son entendement est infini : il embrasse d'un seul coup d'œil le passé, le présent et l'avenir. Il lit dans les cœurs et voit les plus secrètes pensées. Sa science est infaillible.

2° Dieu est *infiniment bon*. Je suis capable d'aimer ; je sens que mon cœur est bon, qu'il cherche naturellement le cœur de mes semblables et qu'il est touché d'un amour plus élevé encore, de l'amour du bien. Être aimant, être bon, c'est une noble tendance de ma nature ; donc Dieu, mon auteur, est bon. Mais sa bonté est parfaite, son amour infini, sa miséricorde inépuisable. Ses affections ne changent point comme les miennes, au gré de la passion, du caprice ou de l'intérêt.

Le premier objet de son amour, c'est lui-même ; les créatures ne viennent qu'après. Nous, au contraire, nous devons aimer Dieu plus que nous-mêmes.

3° Dieu est *infiniment juste*. Je suis juste, du moins je veux l'être. Je sens qu'il est beau de rendre à chacun ce qui lui est dû. Donc Dieu, mon auteur, est juste. Mais sa justice est parfaite comme son intelligence. Ce qui me rend

---

(1) LEIBNITZ, *Principes de la nature et de la grâce.*

injuste à mon insu, c'est que, ne voyant que les apparences, je n'atteins pas l'intention, je ne fais que la supposer. De là des erreurs nombreuses et inévitables. Dieu prononce des jugements infaillibles, car il est tout à la fois impartial et clairvoyant.

4° Dieu est *infiniment saint.* Je suis vertueux, lorsque j'ai l'habitude de faire le bien. Or, la vertu suppose un combat entre la passion et le devoir, et la victoire du devoir sur la passion. Cette victoire est chèrement achetée ; la passion a lâché pied, mais elle reviendra à la charge ; il faudra lutter encore et subir un nouveau déchirement intérieur. Qu'est-ce qui arrive ? C'est que la seconde bataille est plus facilement gagnée que la première ; c'est que, sauf quelques revers, plus je lutte, plus la résistance de la passion s'affaiblit, et il arrive un moment où le devoir est le maître, où je n'ai presque plus à combattre (je dis *presque*, car je ne crois pas qu'ici-bas, même après de longues années, il y ait anéantissement de la passion), où l'accomplissement de la loi est doux et facile. Alors je suis parvenu au degré suprême de la vertu ou à la sainteté. — Donc Dieu, mon auteur, est saint. Il n'est point vertueux, puisqu'il n'a pas à combattre ; il est dit le *saint des saints*, parce que, pour lui, voir le bien, le vouloir et l'accomplir sont une seule et même chose.

5° Dieu est *infiniment puissant.* Je suis cause de certains actes ; j'accomplis les résolutions que j'ai prises ; je manifeste au dehors mon intelligence ; en un mot je suis puissant, et j'estime que la puissance est la manifestation et l'extension de l'être. Donc Dieu, mon auteur est puissant. Mais sa puissance est parfaite. Il est capable de réaliser tout ce qu'il a conçu comme possible, il l'a prouvé en faisant le monde.

Cæli enarrant gloriam Domini.

Et n'imaginez pas qu'il ait, comme le génie de l'homme, borné son œuvre à l'arrangement de quelques matériaux préexistants, qu'il ait pris çà et là les pièces d'une vaste machine, dont il réglera et le mouvement et la marche.

Dieu procède autrement : il crée tout, ensemble et parties, *ex nihilo mumdum fecit* (1).

6° Dieu est *infiniment libre*. Je prends une résolution et je sais que j'aurais pu en prendre une autre, je me sens libre. Des êtres placés sur la terre, je suis le seul qui ait le grand et terrible pouvoir de désobéir à la loi : seul, par conséquent, je suis une personne, seul je suis vertueux, seul je serai jugé. Je crois que la liberté est, avec la raison, la plus glorieuse marque de la dignité humaine. Donc Dieu, mon auteur, est libre. Mais sa liberté est parfaite.

Elle diffère de celle de l'homme par deux grands caractères :

1° L'acte libre de Dieu n'est point précédé d'une délibération. « La délibération prouve sans doute la liberté ou le pouvoir de choisir entre les motifs ; mais elle montre en même temps notre faiblesse, car nous ne sommes embarrassés de choisir que faute d'apercevoir rapidement le vrai et de sentir du premier coup le beau et le bien (2). »

2° En Dieu, le pouvoir et la liberté sont égaux. Je veux beaucoup de choses que je ne puis accomplir ; il peut tout ce qu'il veut. Pour lui, vouloir c'est pouvoir. Mais cette liberté et ce pouvoir de Dieu ne s'exercent que dans les limites du contingent. Étant l'être nécessaire et parfait, le principe et la substance de toutes les vérités nécessaires, il ne saurait, sans défectuosité et sans imperfection, aller contre ces mêmes vérités nécessaires. Il irait contre sa nature et userait de sa liberté contre lui-même.

2. — DU PLAN DE L'UNIVERS.

Le plan de l'univers est une pensée divine réalisée par la création. Mais quel est ce plan ? Nous ne le pouvons con-

---

(1) Le christianisme seul a expliqué l'existence du monde d'une façon raisonnable. Les philosophes païens ne s'étaient pas élevés au-delà d'un panthéiste réaliste, dans lequel toute la nature est Dieu, et le phénomène se confond avec la cause, ou d'un dualisme qui, au fond, aboutit au panthéisme. (BAUTAIN, *Philosophie morale*.)

(2) BAUTAIN, *Philosophie morale*.

naître, car nous sommes bornés, et la pensée de Dieu est infinie. Tout ce que nous savons, c'est que l'univers a été créé pour une fin excellente, et que tout tend à cette fin.

Si l'on insiste, si l'on dit : Êtes-vous assuré qu'il y ait un plan ? nous répondrons : voyez l'œuvre, comparez-la aux œuvres humaines les plus belles et les plus harmonieuses, et prononcez. La gloire de l'homme ne consiste point à expliquer le conseil éternel, mais à reconnaître les traces de la suprême sagesse, et à soulever un des coins du voile qui recouvre la création de l'artiste tout-puissant (1).

3. — DE LA PROVIDENCE DIVINE.

On pose une autre question : on demande si Dieu, après avoir créé, veille sur sa création ? s'il y a une divine Providence ? Nous répondons sans hésiter : Dieu ne s'est pas borné à produire une œuvre digne de lui ; il la regarde d'un œil paternel, il la protège, il la conserve. Son action bienveillante se manifeste en tout et partout, dans les plus petites choses comme dans les plus grandes.

> Aux petits des oiseaux, il donne la pâture.

Et il surveille l'accomplissement de ses lois, la course des astres et la conduite du monde moral.

Trois preuves confirment notre croyance :

1° Preuve métaphysique ou *a priori*, *tirée de la notion même de Dieu ou de ses attributs.*

Dieu est infiniment bon ; donc il aime sa créature, comme un père aime son enfant.

Dieu est infiniment intelligent ; donc il connaît les besoins de sa créature.

Dieu est infiniment puissant ; donc il a le pouvoir de lui venir en aide.

Dieu est infiniment juste ; donc il lui distribue équitablement ses dons et son appui.

---

(1) *Reconnaître les traces de Dieu*, voilà le but et le prix de la science. Linnée résume admirablement le résultat de ses recherches, lorsqu'il dit : *Deum sempiternum, a tergo transeuntem, vidi et obstupui.*

Nier la providence, qu'est-ce donc, sinon refuser à Dieu ou la bonté, ou l'intelligence, ou la puissance, ou la justice?

Reconnaître la Providence, qu'est-ce donc, sinon admettre ces quatre grands attributs, sans lesquels Dieu n'est pas Dieu?

2° Preuve physique, *tirée du maintien de l'ordre dans l'univers.*

Au milieu des irrégularités et des désordres apparents, nous remarquons une constance, une harmonie, une régularité merveilleuse, et nous ne la pouvons expliquer que par l'intervention de l'auteur de l'univers. Seul, il a été assez puissant pour créer; seul, il est assez puissant pour conserver son œuvre.

3° Preuve morale, *tirée des enseignements de l'histoire et de la conduite de l'homme.*

L'histoire nous retrace les révolutions des empires, la naissance, le développement et la mort des peuples. Parmi ces grands événements, il en est quelques-uns qui semblent avoir été accomplis par l'homme ou par des causes naturelles; mais il en est d'autres qui sont inintelligibles, sans l'intervention particulière de Dieu. Les contemporains ne les comprennent point, parce que leurs yeux fixés sur le présent ne voient que les hommes et les faits actuels. Mais la postérité, lorsque la suite des événements s'est déroulée, admire leur merveilleux enchaînement, comprend qu'ils ont été conduits par une sagesse supérieure, qui se joue de la courte vue des hommes, et les conduit, sans qu'ils s'en aperçoivent, vers un but mystérieux, comme un pasteur prudent mène son troupeau, à travers les détours de la montagne et, par des chemins qui semblent revenir sur eux-mêmes, à une lointaine et invisible station.

C'est du haut de cette station qu'il faut contempler le chemin parcouru: on s'explique alors les marches rapides, les haltes, les mouvements rétrogrades, les fatigues essuyées, les lassitudes, les colères aveugles, les impatiences, les doutes, et enfin le progrès de l'humanité conduite par le divin pasteur.

Prenons un fait important : l'invasion des Barbares et la ruine du monde romain. Quel profond politique nous dira la raison de cette immense révolution d'où sortit la société chrétienne ? quelles causes purement humaines invoquera-t-il ? quels hommes ? quels événements antérieurs ?

La main de Dieu est là : cela est évident ou il n'y a rien d'évident. La providence a voulu la destruction du monde ancien pour préparer les assises du monde moderne. Les hommes de cet âge, Romains et Barbares, vainqueurs et vaincus, marchaient en aveugles, exécutant à leur insu l'éternelle volonté.

C'est dans cette considération que les grands cataclysmes sociaux trouvent leur raison d'être, et que les hommes vraiment religieux trouvent un motif de confiance et de consolation.

Cependant il est une difficulté qui arrête l'esprit : si Dieu conduit les événements, comment les hommes restent-ils libres? quelle est la part du maître? quelle est la part du serviteur?

Nous retrouvons, sous une autre forme, l'objection tirée de la prescience divine contre la liberté humaine ; nous n'y pouvons répondre qu'en répétant ce que nous avons déjà dit: l'homme est libre, et Dieu gouverne le monde moral.

Il y a deux écueils, c'est de nier la liberté de l'homme sous prétexte de glorifier Dieu, ou de nier la providence divine pour glorifier l'homme. La vérité est au-dessus et en dehors de ces deux théories extrêmes.

La conduite de l'homme vient à l'appui de cette démonstration. Est-il malheureux ou menacé d'un malheur? il prie. Il demande à Dieu de le soulager dans l'affliction, ou de détourner le calice d'amertume que ses lèvres ont effleuré. Il prie : mais qu'est-ce à dire? il croit donc qu'il fléchira son père irrité, ou qu'il se fera entendre de son ami invisible. Il prie, il croit donc que l'oreille du bon Dieu est ouverte à tout vœu sincère, à tout repentir, à toute détresse. Il le croit, et il a raison de le croire. L'expérience le prouve : après avoir prié, nous sentons un soulagement et un bonheur ineffables.

4. — OBJECTIONS CONTRE LA PROVIDENCE.

Il y a deux manières d'attaquer l'existence de Dieu :

La première consiste à nier franchement qu'il puisse y avoir un être infini, à dire qu'un pareil être est incompréhensible, et que la prétendue idée que nous en avons n'est qu'un préjugé engendré par la peur et propagé par l'éducation. *La crainte fit les dieux*, dit Lucrèce; ôtez la crainte, et il n'y a plus de dieux.

La seconde manière consiste à élever des objections contre l'Être suprême, à chercher à le mettre en contradiction avec lui-même.

Nous ne réfuterons pas ceux qui nient Dieu *a priori;* ils s'inscrivent en faux contre la croyance générale de l'humanité et contre leur propre croyance. Nous ne pensons pas qu'un seul athée de bonne foi ait existé, parce que nous ne pensons pas qu'il y ait un homme assez absurde pour admettre un phénomène sans cause.

Quant à ceux qui se plaisent en des difficultés et qui se réjouissent de jeter le trouble dans les âmes, nous devons leur répondre et montrer la vanité de leurs arguments.

D'abord les objections, quelles qu'elles soient, tirées du mal physique ou du mal moral, ne prouvent rien, sinon la faiblesse de notre intelligence et l'impuissance où nous sommes de concilier logiquement l'existence du fini et de l'infini, de l'imparfait et du parfait, du bien et du mal. Problèmes insolubles pour l'homme ! mais, comme le dit Bossuet à propos de la liberté, nous tenons les deux bouts de la chaîne, quoique nous n'apercevions pas les anneaux du milieu.

Sans doute le mal existe, si on entend par le mal, comme on le doit faire dans la circonstance, l'imperfection nécessaire de la créature, la faiblesse de cette créature, la lutte qu'elle est obligée de soutenir pour vivre, la douleur qui accompagne cette lutte.

Mais ce n'est pas là le vrai mal, il est la condition inévitable de tout être qui n'est pas parfait.

Le *Pessimisme* consiste dans la considération exclusive de l'imperfection de l'œuvre divine, et par conséquent de l'homme. Il peut se résumer en deux mots : puisqu'on peut imaginer, et on l'imagine aisément, un monde meilleur, d'où la douleur est absente, le monde où nous vivons est mauvais, et notre condition est déplorable. Mieux vaudrait pour l'homme n'être pas que d'être.

L'*optimisme* consiste dans l'affirmation que *tout est bien,* et dans la négligence systématique du mal et de la douleur.

Leibnitz nous semble avoir tenu un juste compte de l'existence du mal et de la perfection *relative* du monde lorsqu'il dit : « *Dieu est la première raison des choses :* car celles qui sont bornées, comme tout ce que nous voyons et expérimentons, sont contingentes et n'ont rien en elles qui rende leur existence nécessaire, étant manifeste que le temps, l'espace et la matière, unies et uniformes en elles-mêmes, et indifférentes à tout, pouvaient recevoir de tout autres mouvements et figures, et dans un autre ordre.

« Il faut donc chercher *la raison de l'existence du monde,* qui est l'assemblage entier des choses *contingentes,* et il la faut chercher dans *la substance qui porte la raison de son existence avec elle,* et laquelle par conséquent est *nécessaire* et *éternelle.*

» Et c'est la *puissance* de cette substance qui en rend la volonté efficace. La puissance va à *l'être,* la sagesse ou l'entendement *au vrai,* et la volonté *au bien.* Et cette cause intelligente doit être infinie de toutes les manières et absolument parfaite en *puissance,* en *sagesse* et en *bonté,* puisqu'elle va à tout ce qui est possible.

» Son entendement est la source des *essences,* et la volonté est l'origine des *existences* (1).

» Il s'ensuit de la perfection suprême de Dieu, qu'en

---

(1) *Essais sur la bonté de Dieu,* 1re partie.

produisant l'univers il a choisi *le meilleur plan possible*, où il y ait la plus grande variété avec le plus grand ordre, le lieu et le temps le mieux ménagés; *le plus* d'effet produit par les voies les plus simples; *le plus* de puissance, *le plus* de connaissance, *le plus de bonheur et de bonté dans les créatures que l'univers en pouvait admettre*. Car tous les possibles prétendent à l'existence dans l'entendement de Dieu, *à proportion de leurs perfections;* le résultat de de ces prétentions doit être le monde actuel *le plus* parfait qui soit possible.

» Et sans cela il ne serait pas possible de rendre raison pourquoi les choses sont allées plutôt ainsi qu'autrement » (1).

Cette réponse générale étant faite, passons aux objections et voyons si elles n'attestent pas l'ignorance et la mauvaise foi de la créature, plutôt que l'impuissance ou l'injustice du créateur.

OBJECTIONS TIRÉES DU MAL MORAL.

1° Pourquoi Dieu a-t-il fait la créature imparfaite et bornée?

2° Pourquoi, en donnant la liberté à l'homme, a-t-il permis les crimes et les vices?

3° Pourquoi a-t-il distribué ses dons d'une manière si inégale?

4° Pourquoi les bons sont-ils persécutés et les méchants glorifiés?

Elles se résument en ce dilemme : *Ou Dieu pouvait empêcher ces maux, et il ne l'a pas voulu; ou il voulait les empêcher, et il ne l'a pas pu; il est donc méchant ou impuissant.*

Nous répondrons :

1° Que la créature devait *être imparfaite ou n'être pas*. La création du parfait est contradictoire : deux êtres parfaits ne sauraient exister.

N'insistons pas : « Dieu est notre bienfaiteur puisque nous

(1) *Principes de la nature et de la grâce.*

vivons. Notre vie est un bienfait, puisque nous aimons la vie, quelque misérable qu'elle puisse devenir (1). » Avons-nous donc le droit de nous plaindre?

2° Si Dieu avait donné la liberté à l'homme, sans lui accorder la raison qui éclaire la liberté, sans lui dicter ses commandements, sans lui indiquer la voie qu'il doit suivre pour accomplir sa fin, on comprendrait l'objection : ce serait un Dieu malicieux et trompeur. Il ressemblerait au bourreau qui crève les yeux de sa victime et qui lui dit ensuite : Vous avez des jambes, allez et trouvez votre chemin.

Récriminer contre la liberté, c'est un blasphème. N'est-elle pas le plus beau présent que nous ayons reçu? N'est-elle pas ce qui nous distingue des animaux et qui, avec la raison, nous élève à la dignité de personnes? N'est-elle pas notre gloire? Son nom seul a une vertu magique : il fait battre tous les nobles cœurs, il excite les plus ardents enthousiasmes. La servitude, qui est le contraire de la liberté, inspire une aversion profonde, et celui dont on a dit qu'il consent à son esclavage, celui-là est jugé indigne du nom d'homme. Eh quoi! ce qui nous est si cher sur la terre, ce que nous préférons à la fortune, aux honneurs, à la renommée, cette liberté tant souhaitée parmi les hommes, nous la rejetons, nous la dédaignons, nous l'accusons, lorsque nous remontons à son dispensateur!

Mais on insiste sur les excès de la liberté : qu'est-ce à dire? Comprenez-vous au sens humain une liberté sans excès possible? Comprenez-vous le pouvoir de faire le bien séparé du pouvoir de faire le mal?

La vertu et le vice sont les conséquences du bon ou du mauvais usage du libre arbitre : il en est ainsi, il en devait être ainsi, le contraire serait inintelligible.

« La Providence ne veut point le mal que fait l'homme en abusant de la liberté qu'elle lui donne. Elle l'a fait libre, afin qu'il fît non le mal, mais le bien par choix. Elle l'a mis en état de faire ce choix en usant bien des facultés dont

(1) VOLTAIRE, Œuvres, t. XLI.

elle l'a doué ; mais elle a tellement borné ses forces, que l'abus de la liberté qu'elle lui laisse ne peut troubler l'ordre général. Le mal que l'homme fait retombe sur lui sans rien changer au système du monde, sans empêcher que l'espèce humaine elle-même ne se conserve malgré qu'elle en ait. Murmurer de ce que Dieu ne l'empêche pas de faire le mal, c'est murmurer de ce qu'il l'a fait d'une nature excellente, de ce qu'il met à ses actions la moralité qui les ennoblit, de ce qu'il lui donne droit à la vertu (1). »

« 3° Les hommes, objecte-t-on, ne naissent point égaux : aux uns Dieu a donné la force, la beauté, l'esprit ; aux autres, une constitution frêle, un corps difforme, une intelligence étroite ; aux uns tout réussit, et ils ont, comme on dit vulgairement, de la chance ; aux autres, tout semble tourner à mal, leurs vertus mêmes et leurs meilleures intentions.

» A ces inégalités primitives viennent s'ajouter, comme un douleureux complément, les inégalités sociales. La naissance, la fortune, l'éducation établissent entre les divers membres de la grande famille humaine des lignes de démarcation aussi profondes et peut-être plus infranchissables que celles qui ont été tracées par la nature (2). »

La réponse est facile : si la vie actuelle était la vie entière, si cette inégalité était définitive, il n'y aurait rien à répliquer. Mais en est-il ainsi ? N'y a-t-il pas un monde meilleur dans lequel nous irons après notre court passage sur la terre ? Que sont ces quelques jours où les mieux partagés sont encore misérables, sinon une épreuve ? Attendez un peu, et l'équilibre sera rétabli : le Dieu de vérité n'a-t-il pas dit :

« *Les premiers de ce monde seront les derniers dans le royaume de mon Père ?* »

Mais on insiste encore ; on s'indigne des caprices du sort et de certains échecs peu mérités. Nous répondrons : le caractère moral de la vie humaine réside précisément dans

---

(1) J.-J. ROUSSEAU, t. IX.
(2) Voir notre *Examen des principes de la morale sociale*.

cette contradiction accidentelle, plus apparente que réelle, de la volonté et de la puissance humaine. Il est utile, il est bon pour l'homme que, parfois, assez souvent même, ses espérances soient déçues, et que ses plus nobles et ses plus légitimes désirs ne soient pas satisfaits. S'il y avait accord parfait et constant entre le bonheur et la vertu, si toujours la bonne action amenait après elle sa récompense ; si infailliblement la faute recevait ici-bas sa punition, qui n'aurait pas une volonté droite? Qui n'essayerait pas de bien faire? Qui s'égarerait hors du sentier tracé par la conscience? Et la vertu faisant place au calcul, le mérite à l'habileté, que deviendraient le sacrifice, la charité, le patriotisme?

4° A la dernière objection, tirée de l'abaissement des bons et de la glorification des méchants, nous ferons la même réponse : Il y a une justice future où chacun sera traité selon ses œuvres ; les iniques sentences des hommes seront cassées par le Juge infaillible ; la récompense de la vertu est assurée et la peine du crime inévitable.

On se plaint surtout des malheurs qui frappent les bons et de la prospérité des méchants : faible argument, admirablement combattu par M. de Maistre.

« Je n'ai jamais pu comprendre, dit-il, cet argument éternel contre la Providence, tiré du malheur des justes et de la prospérité des méchants. Si l'homme de bien souffrait parce qu'il est homme de bien, et si le méchant prospérait de même parce qu'il est méchant, l'argument serait insoluble ; il tombe à terre, si l'on suppose seulement que le bien et le mal sont distribués indifféremment à tous les hommes. C'est l'impiété qui a d'abord fait grand bruit de cette objection ; la légèreté et la bonhomie l'ont répétée ; mais, en vérité, ce n'est rien. — Je reviens à ma première comparaison : un homme de bien est tué à la guerre ; est-ce une injustice ? — Non, c'est un malheur. S'il a la goutte ou la gravelle, si son ami le trahit, s'il est écrasé par la chute d'un édifice, etc., c'est encore un malheur, mais rien de plus, puisque tous les hommes, sans distinction, sont sujets à ces sortes de disgrâces.

» Ne perdez jamais de vue cette grande vérité : qu'une

loi générale, si elle n'est injuste pour tous, ne saurait l'être pour l'individu. Vous n'avez pas une telle maladie, mais vous pouviez l'avoir; vous l'avez, mais vous pourriez en être exempt. Celui qui a péri dans une bataille pouvait échapper, celui qui revient pouvait y rester. Tous ne sont pas morts, mais tous étaient là pour mourir. Dès lors plus d'injustice : la loi juste n'est point celle qui a son effet sur tous, mais celle qui est faite pour tous : l'effet sur tel ou tel individu n'est plus qu'un accident. Pour trouver des difficultés dans cet ordre de choses, il faut les aimer. Malheureusement on les aime et on les cherche : le cœur humain, continuellement révolté contre l'autorité qui le gêne, fait des contes à l'esprit qui les croit; nous accusons la Providence pour être dispensés de nous accuser nous-mêmes; nous élevons contre elle ces difficultés que nous rougirions d'élever contre un souverain ou un simple administrateur dont nous estimerions la sagesse. Chose étrange ! il nous est plus est aisé d'être juste envers les hommes qu'envers Dieu (1). »

En résumé, la créature est nécessairement imparfaite; la liberté implique la possibilité du vice comme la possibilité de la vertu. Les inégalités et les injustices de la terre sont permises comme moyen d'épreuve et réparées après l'épreuve.

OBJECTIONS TIRÉES DU MAL PHYSIQUE.

1° Pourquoi Dieu a-t-il permis les grands cataclysmes qui bouleversent la terre : les inondations, les éruptions de volcans, les tempêtes, les fléaux divers, tels que la peste, la lèpre, le choléra?

2° Pourquoi a-t-il peuplé la terre d'animaux et de plantes nuisibles?

3° Pourquoi a-t-il envoyé à la créature des maladies si nombreuses, si diverses et si imprévues?

4° Pourquoi nous a-t-il infligé la mort, le pire et le plus redouté de tous les maux?

(1) DE MAISTRE, *Soirées de Saint-Pétersbourg*, t. 1er.

Et l'on reproduit le dilemme déjà cité : *Ou Dieu pouvait empêcher ces maux et il ne l'a pas voulu : ou il voulait les empêcher et il ne l'a pas pu : il est donc méchant ou impuissant.*

Avant de répondre à chaque objection, faisons deux remarques :

En premier lieu, la peste, les perturbations du globe, les maladies, la mort, que sont-elles ? Des maux relatifs ou des maux absolus ? Assurément, nul ne prétendra qu'elles sont des maux absolus ; car, à parler rigoureusement, il n'y a de mal que ce qui est contraire au bien en soi, c'est-à-dire le péché ; et, en outre, connaissons-nous le plan de l'univers, savons-nous si ces maux relatifs ne sont pas des biens ou des conditions du bien ? Et n'avons-nous pas Dieu lui-même pour garant de la bonté de son œuvre (1) ?

En second lieu, les adversaires de la Providence contestent l'ordre et l'harmonie du monde physique. Qu'ils soient donc conséquents, qu'ils nient les sciences physiques ; car les sciences physiques reposent sur des lois, et il ne saurait y avoir de lois là où il y a désordre et trouble (2).

Passons au détail.

1° Pour résoudre l'objection tirée des cataclysmes, je ne dirai pas, comme je ne sais quel optimiste, que les maux qui atteignent quelques-uns sont profitables à tous ; que le choléra diminue une population trop nombreuse ; que l'éruption du volcan, si elle détruit des villes, fertilise les champs qu'elle inonde de ses laves fécondes, etc. Il est malheureusement vrai que, au point de vue de l'utile, le mal de l'un peut-être le bien de l'autre : mais je ne sache pas que ce soit une consolation pour la victime.

Laissons là ces défenses maladroites. La vraie explication et, si j'ose ainsi parler, la justification des cataclysmes,

---

(1) « Croyons dit un éminent moraliste, croyons à la bonté de l'Univers à cause de Dieu, et ne croyons pas à Dieu à cause de la bonté de l'Univers. »

(2) Cette observation n'est pas sans justesse, attendu que la plupart des adversaires de Dieu sont remplis d'admiration pour son œuvre : les médecins, les physiciens, les naturalistes.

c'est qu'ils ont une utilité morale. Ils sont envoyés pour avertir l'homme de sa faiblesse, pour lui donner une leçon salutaire, pour lui montrer enfin qu'il ne doit pas considérer la terre comme sa véritable patrie.

2° Les animaux et les plantes qui, au premier abord, semblent nuisibles, sont, en réalité, des pièces importantes de la création. La science découvre tous les jours des propriétés nouvelles, des vertus merveilleuses qui avaient passé inaperçues. Plus elle progresse, plus elle reconnaît que l'œuvre divine ne contient rien d'inutile ou de superflu.

Et d'ailleurs cette lutte de l'homme avec la nature n'est-elle pas un grand enseignement moral ? n'est-elle pas, dans les petites choses, la pierre de touche de notre résignation et de notre patience ?

3° Les maladies ne prouvent rien contre Dieu. Les unes sont le résultat des excès ou de l'incurie de l'homme, les autres nous sont envoyées comme une épreuve. Nous plaindre des premières, c'est nous plaindre de nous-mêmes ; nous plaindre des autres, c'est méconnaître la sainteté de l'épreuve. Job est sur un fumier ; son corps ne présente qu'une plaie hideuse, et il bénit la main qui le frappe et qui le relèvera bientôt. Soyons comme Job, ayons sa foi et sa patience, et tous les maux imprévus ou immérités nous paraîtront salutaires.

4° Enfin la mort elle-même n'est pas un mal. Elle est l'avénement à la vie réelle, dont cette vie éphémère n'est que le préambule.

Supposez que la vie d'ici-bas, *telle qu'elle est,* n'ait pas de terme, que deviendront le bonheur et la moralité de l'homme ?

Assurément, si l'on demeurait toujours jeune, si l'esprit gardait ses précieuses facultés, si le cœur conservait ses douces illusions, si l'on avait toujours vingt ans, on ne se persuaderait guère qu'il est bon de mourir. Mais, hélas ! il n'en est pas ainsi : le cœur, l'esprit, le corps perdent leur énergie ; la décrépitude arrive, la solitude se fait autour de nous; les affections se brisent ou se perdent dans l'oubli, on nous évite : alors il est bon de mourir!

Gulliver, dans un de ses voyages, rencontre une race d'hommes immortels, condamnés à vivre et maudissant la vie. Tels nous serions, si nous ne mourions point.

Qui serait tenté de l'immortalité dans la décrépitude?

En outre, que deviendrait, dans l'hypothèse, la moralité de l'homme? Une des principales excitations à bien vivre, c'est la possibilité de mourir à chaque instant. L'assurance de ne point mourir serait un encouragement au vice et au désordre.

Le vieillard doit donc mourir. L'heure fatale est un heureux événement pour celui dont la vie fut vertueuse: c'est la délivrance.

Cependant la frayeur de la mort est salutaire. L'homme a une fin à remplir : en présence des obstacles sans nombre dont sa route est semée, il pourrait être tenté de s'arrêter au milieu de sa course; il fallait donc qu'il aimât la vie.

Concluons : les maux, quels qu'ils soient, maux physiques ou maux moraux, sont de simples privations, ou des châtiments, ou des épreuves. Si l'homme ose se constituer le juge de son Dieu, qu'il soit au moins équitable et qu'il prononce avec connaissance de cause.

QUESTIONS ACCESSOIRES

1° Utilité de la connaissance de Dieu pour la connaissance de soi-même.

2° Peut-on concevoir un Dieu impersonnel, c'est-à-dire qui n'ait aucune connaissance de lui-même et aucune connaissance des choses dont il est la raison d'être? Conséquences d'une pareille hypothèse?

3° Montrer que, si l'on rejette la possibilité du miracle, on nie par suite la possibilité de la création, qui, considérée dans ses rapports avec l'éternité, n'est autre chose qu'un miracle.

4° Quelles sont les doctrines qui conduisent *logiquement* à l'athéisme?

5° Quelles sont les idées relatives à Dieu que la philosophie a empruntées au christianisme?

6° Quelle est, si nous consultons l'histoire, l'influence exercée par les grands cataclysmes sur les croyances et les mœurs des peuples?

7° Pourquoi Dieu nous a-t-il laissé ignorer l'heure de notre mort?

8° Quels sont les principaux points de morale et de théodicée où il faut appliquer la cinquième règle de la Méthode?

Consulter Bossuet, *Traité de la connaissance de Dieu et de soi-même*; Leibnitz, *Fragments de Théodicée;* Clarke, *Démonstration de l'existence de Dieu*, II° partie; Fénelon, *Traité de l'existence et des attributs de Dieu;* Bautain, *Philosophie morale.*

XXIII

Morale pratique et subdivisions des devoirs.

Devoirs de stricte justice; devoirs de charité. — Subdivisions de la morale pratique.

Socrate confondait la sagesse et la science. Selon lui (et cette confusion a passé dans la langue : le mot σοφία désigne presque indifféremment la *sagesse* et la *science*), ceux qui connaissent la justice sont justes, et les méchants sont des ignorants qui ne discernent pas le vrai bien du bien apparent ou du mal.

Nous ne saurions accepter cette opinion, qui sacrifie la nature à l'éducation, et la liberté à la raison. Cependant il est certain qu'il y a, entre la moralité et l'éducation, un rapport étroit; que, plus on apprend, plus on se pénètre de la règle du devoir, plus en général on est porté à l'observer, et plus l'on est coupable si on s'en écarte.

Ainsi, il ne suffit pas de savoir qu'il y a une loi, il lui faut obéir ; les actions doivent exprimer les doctrines, et, comme dit Cicéron, la vertu se marque par les actes : *virtus actuosa est.*

Mais, pour obtenir de l'agent moral cette obéissance à la loi, fin dernière de toute vraie philosophie, il est indispensable qu'il connaisse les commandements de la loi.

Or, la conscience est chargée de nous en instruire. C'est elle qui, avant l'action, conseille ou dissuade, et qui, après l'action, blâme ou approuve au nom de la loi ; c'est elle seule qu'il faut consulter ; c'est elle seule qu'il faut croire, surtout si elle a été éclairée, redressée et fortifiée par la parole du Maître (1).

Il est nécessaire, en outre, que l'agent moral sache bien qu'*on ne choisit pas ses devoirs.*

DIVISION DES DEVOIRS.

Les devoirs se divisent en deux catégories :

1° Les devoirs de stricte justice, qui se résument en ce précepte : *Ne fais pas à autrui ce que tu ne voudrais pas qui te fût fait.*

2° Les devoirs de charité et de dévouement, qui se résument dans cet autre précepte : *Fais à autrui ce que tu voudrais qui te fût fait.*

La justice, on le voit, commande de ne pas faire le mal tandis que la charité ordonne de faire le bien. Nous sommes si naturellement portés au mal que c'est déjà un mé-

---

(1) Précisons notre pensée : La conscience, nous l'avons déjà dit, est perfectible. Si nous ne faisons aucun progrès dans la connaissance du bien absolu, nous en pouvons faire, nous en faisons dans l'intelligence de ce qui est conforme ou opposé au bien. Cette éducation, ce progrès de la conscience est un fait incontestable ; et, selon nous, il est dû, presque tout entier, aux enseignements du christianisme. Pour vous en convaincre, comparez la morale du *Traité des Devoirs* et la morale de l'Évangile. Au point de vue purement humain, quelle différence entre ces deux écrits ! Comparez ensuite la morale de l'Evangile et la morale des philosophes rationalistes, qui sont venus après la bonne nouvelle, vous serez frappé des ressemblances. C'est que nos sages, quoiqu'ils ne l'avouent pas, sont imprégnés de l'esprit nouveau ; c'est que toutes les consciences éclairées sont, si j'ose ainsi parler, des consciences chrétiennes.

rite de s'abstenir de l'injustice; mais nous comprenons que la vraie vertu exige davantage et s'élève plus haut.

Tout devoir correspond à un droit. Je *dois* respecter la liberté de mes semblables; ils ont *le droit* d'exiger ce respect; et réciproquement, leur devoir est de ne point porter atteinte à ma personne que j'ai le droit de défendre.

Ainsi, les droits sont limités par les devoirs; et, pour l'individu, le domaine de la liberté d'action est moralement borné par l'obligation où il est de ne pas contrarier l'exercice légitime de la liberté d'autrui.

Cette corrélation du devoir et du droit est évidente, quand la justice est en cause; la loi humaine l'admet formellement, puisqu'elle enjoint, sous la menace d'un châtiment, de rendre à chacun ce qui lui est dû.

Mais, s'il s'agit de la charité et du dévouement, en est-il de même? *Mon devoir* est de donner au pauvre. Le pauvre a-t-il *le droit* d'exiger que je lui vienne en aide? Un homme se noie; *mon devoir* est d'essayer de le sauver, et lui, a-t-il *le droit* d'exiger mon secours?

Ici, et c'est le point important, il y a, comme dans les devoirs de la justice, une relation entre le devoir et le droit. Seulement, le droit n'est pas où on le cherche. Il n'est pas dans le pauvre et dans le naufragé; il est ailleurs, il est en Dieu. Je suis obligé de secourir cet indigent, de tendre la main à ce malheureux qui va périr; voilà *mon devoir*. Mais ni l'un ni l'autre n'ont *le droit* de m'imposer l'accomplissement de la loi; Dieu seul a ce droit. C'est ce qui explique comment Jésus-Christ répète que les amis des pauvres sont ses amis; que le devoir est d'être charitable et que la bienfaisance est la glorieuse charge du riche; mais il ne dit nulle part que les pauvres aient le droit de demander l'aumône comme un créancier demande le payement d'une dette, en menaçant, en usant au besoin de moyens de rigueur. (1)

(1) « L'homme a plus de devoirs qu'il n'a de droits, et tous les devoirs que j'ai envers mon prochain ne sont pas des droits que mon prochain a sur moi. C'est même, si nous y prenons garde, cet excédant des devoirs sur les droits qui maintient ici-bas la société morale. Nous voulons souvent détruire cet ordre établi de Dieu, changer en droits pour nous les devoirs du prochain envers nous. Ainsi l'aumône est un devoir du riche : nous

C'est ce qui explique aussi comment la charité, le pardon des injures, l'amour des ennemis, etc., sont des vertus surnaturelles que les anciens ont à peine pressenties. C'est ce qui explique enfin comment la loi humaine a gardé le silence sur ces devoirs.

Qu'on impose le dévouement, le sacrifice, l'héroïsme, et on leur enlève leur saint caractère. On assimile celui qui donne sa vie ou ses biens à celui qui paye l'impôt réclamé pour les besoins du pays; vous êtes forcé de payer, vous n'avez aucun mérite à le faire. La liberté du sacrifice fait qu'il y a sacrifice; supprimez la liberté, toute vertu disparaît.

En résumé, aux yeux du législateur humain, les devoirs de stricte justice sont et doivent être seuls obligatoires (1). Il ne saurait être permis de troubler ou de ne pas troubler l'ordre, d'être ou de n'être pas, à son gré, meurtrier, voleur ou calomniateur; mais, aux yeux du Législateur divin, les devoirs de charité sont tout aussi obligatoires que les devoirs de justice. Nous sommes tenus, non-seulement de ne pas troubler l'ordre, mais encore de venir en aide à cet ordre, en empêchant que d'autres hommes, conseillés par la misère ou les mauvaises passions, le troublent : telle est la charité. Elle sort de l'immobilité commandée par une philosophie égoïste; elle ne se borne pas à s'abstenir du mal, elle fait le bien; elle ne prend pas part au désordre, et, autant qu'il est en elle, elle le prévient ou en arrête le progrès. Ainsi compris, le devoir a été admirablement formulé dans ce précepte : *agis toujours d'après une règle telle, que tu puisses vouloir qu'elle soit une loi universelle* (2).

---

en faisons le droit du pauvre. Je dois aimer mon prochain comme moi-même; mais le prochain a-t-il le droit de me dire : aime-moi! à cela, je suis tenté de répondre : sois aimable! — L'accomplissement des devoirs est une vertu; mais le prochain n'a pas le droit d'exiger que j'aie de la vertu à son profit. »
  St-Marc Girardin : *J.-J. Rousseau, sa vie et ses ouvrages.*
1. Voir notre *Examen des principes de la morale sociale*, chap. xx.
2. KANT, *Métaphysique des mœurs.*

SUBDIVISIONS DE LA MORALE PRATIQUE.

L'homme peut être considéré sous quatre points de vue :

1° Comme créature, et dans les rapports avec son auteur ;

2° Comme individu, isolément, abstraction faite des autres individus ;

3° Comme membre de la société humaine et dans les rapports avec les autres membres de cette société ;

4° Comme créature, et dans ses rapports avec les autres créatures, animaux, plantes et minéraux.

La morale pratique se divise donc en quatre embranchements, qui sont : la morale *religieuse,* ou devoirs de l'homme envers Dieu ; la morale *individuelle,* ou devoirs de l'homme envers lui-même ; la morale *sociale,* ou devoirs de l'homme envers les autres hommes ; et la morale *réelle,* ou devoirs de l'homme envers les autres êtres de la création.

On le voit, la loi ne se borne pas à commander le bien ; elle enseigne ce qui, dans les diverses circonstances, est conforme au bien. Au fond elle est une, mais ses prescriptions sont multiples !

XXIV

Commandements de la loi.

Devoirs de l'homme envers Dieu : culte intérieur, culte extérieur, culte public. — Devoirs de l'homme envers lui-même.

I. MORALE RELIGIEUSE.

De la conviction invincible qu'il y a un Dieu, auteur de tout ce qui est, principe et sanction de la loi, infiniment bon et infiniment juste, il résulte pour nous un premier ordre de devoirs, qui sont les plus obligatoires de tous, si je puis ainsi parler. L'ensemble de ces devoirs constitue la morale religieuse.

Dieu se suffit à lui-même. Cependant il lui a plu de créer le monde et de me tirer du néant. Il est mon véritable père, mon Père qui est au ciel, comme dit l'Évangile; et mon père de la terre n'est que son représentant.

Si donc j'ai des devoirs à remplir envers celui-ci, si le cœur et la conscience me portent à l'aimer, à lui obéir, à lui témoigner une reconnaissance proportionnée à ses sacrifices et son dévouement, ne faut-il pas en conclure que j'ai également des devoirs à remplir envers Celui qui m'a donné l'être par un pur effet de sa bonté; car souverainement parfait et souverainement libre, non-seulement il pouvait ne pas créer un monde, mais encore il pouvait créer un monde où je ne serais pas.

J'aime mon père, mais il est une créature comme moi. Il est imparfait, sujet à l'erreur, quoique supérieur à moi par son expérience, et surtout par sa priorité dans le dévouement. En l'aimant, j'aime un homme, et il y a même un moment dans la vie où, formé par l'âge, je me sens presque l'égal de celui que j'aime.

Les autres amours de la terre sont de même nature, en ce sens qu'ils sont les amours d'une créature pour une créature, et qu'ils supposent l'imperfection de part et d'autre. Mais Dieu est parfait; lui seul peut remplir mon âme, tout en lui faisant comprendre qu'elle est au-dessous de lui. Je l'aime, mais j'ai le sentiment de mon infériorité : Cet amour et cette humilité constituent l'*adoration*. Dieu seul est adorable.

Dieu est le bien en soi ou la loi suprême. Sa volonté passe avant toutes les autres, et je lui dois être aveuglément soumis. Obéir à Dieu, c'est lui témoigner sa reconnaissance; c'est plus encore, c'est être persuadé que dans sa bonté providentielle il a l'œil attaché sur nous, qu'il nous regarde comme ses enfants, qu'il entend nos prières, qu'il exauce nos vœux légitimes, en un mot, que nos cris de détresse ou de joie montent jusques à lui!

Qui en douterait? Qui ne comprend la sainteté et l'influence bienfaisante de la prière? Suis-je heureux? Quel est l'auteur véritable de mon bonheur, et qui dois-je remercier, si ce n'est Dieu?— Suis-je dans l'infortune, abandonné de mes semblables, pauvre, méprisé, calomnié? qui me reste fidèle? quel est l'unique ami dans le sein duquel je me réfugie? Dieu, toujours Dieu. Les hommes sont inconstants; la vue des douleurs les éloigne : leurs amitiés et leurs sympathies sont fragiles. Dieu est constant; la souffrance l'attire, son amour est inébranlable. Qui de nous n'en a fait maintes fois l'expérience? Qui de nous ne peut dire : J'ai souffert, j'ai prié, je me suis senti consolé?

Adorer Dieu, lui obéir, le prier, voilà les sentiments ou les devoirs qui constituent le *culte intérieur*.

Mais je ne suis pas un pur esprit; j'ai un corps chargé de manifester ce qui se passe dans mon cœur. Mes émotions font explosion au dehors, sinon elles s'affaiblissent par degré et s'éteignent. La prière mentale est bonne sans doute, mais elle n'est pas complète. Je veux que tout mon être parle de mon Auteur et le glorifie; je veux que ma bouche traduise en des sons intelligibles les pensées encore vagues dont mon âme est remplie, et que mes sentiments aient une vie extérieure.

Cette prière des lèvres complète et précise celle du cœur; ce corps humblement incliné rend bien mon adoration; il marque que j'aime le parfait et que j'ai le sentiment de mon imperfection. Voilà le *culte extérieur*, qui développe et fortifie le premier.

Ce n'est pas tout encore. Seul en face de Dieu, je me sens si faible, je trouve une si grande distance entre lui et moi, que mon zèle se refroidit et que je ne suis pas capable de prier longtemps. Il me semble parfois que la prière est inefficace, et que mon humble voix ne peut monter jusqu'à lui. Mais si je me réunis à mes semblables, si nous prions ensemble, je me sens plus fort et plus ardent à prier.

Le concert des créatures libres et raisonnables, louant ou implorant Dieu, l'union des âmes dans un amour commun et dans l'expression de cet amour constitue le *culte public*, complément nécessaire des deux autres.

II. — MORALE INDIVIDUELLE.

Il en est des devoirs contenus dans la morale individuelle, comme des devoirs de charité et de dévouement : le droit, qui correspond à ces devoirs, réside en Dieu, envers qui nous sommes obligés à propos de nous-mêmes.

Or, l'homme est double, il est composé d'une âme et d'un corps ; il y a donc des devoirs relatifs à l'âme et des devoirs relatifs au corps.

Les devoirs relatifs à l'âme ont pour objet l'exercice, l'éducation et la direction des facultés, le soin de notre dignité personnelle.

L'homme est *intelligent :* il doit développer son entendement par l'étude et la méditation. Il arrivera ainsi à se mieux connaître, à se faire une idée plus exacte de celui dont il est l'image, à comprendre clairement sa condition présente et sa fin dernière.

La vérité est l'aliment de l'esprit ; il y aspire naturellement. Secondons cette tendance instinctive : ayons le mensonge en horreur et ne nous laissons pas séduire au sophisme.

L'homme est *sensible*. Mais nous le savons, la sensibilité ou l'amour comprend deux affections profondément distinctes : l'affection pour nous-mêmes et l'affection pour les autres. Restreignons, autant que possible, l'amour de soi et les funestes passions qu'il engendre : *orgueil, vanité, fatuité*. Cultivons, au contraire, étendons, fortifions l'amour d'autrui, qui est le principe des instincts les plus généreux et des plus nobles actions.

L'homme est *libre*. La liberté, ou la possession de soi-même, et la volonté, qui en est la manifestation, constituent sa personnalité et sa dignité morale. Notre devoir est donc de la défendre énergiquement. Tenons-nous en garde contre nos passions et contre les passions des autres ; fuyons la servitude du vice, et soyons persuadés que, lorsque la volupté a pris le dessus, notre âme est atteinte d'un mal incurable. Habituons-nous à vouloir et à demeurer fidèles à nos résolutions. Le caractère prend de la sorte une fermeté (malheureusement trop rare), qui inspire de la confiance et du respect.

Les devoirs relatifs au corps sont une dépendance des précédents. On ne s'occupe pas du corps pour lui-même, mais pour l'âme, à laquelle il est étroitement uni et sur laquelle il exerce une profonde influence.

Ici le précepte est unique : conservez votre corps. De là la tempérance, l'exercice, la propreté, la nourriture modérée, la continence; de là encore la condamnation du suicide.

Ayons toujours en vue la santé de l'âme : *mens sana in corpore sano* (1). Et, s'il y a, par hasard, opposition entre les deux éléments, n'hésitons pas à sacrifier le bien sensible au bien moral.

Notre devoir est de nous perfectionner, dussions-nous immoler une partie de nous-mêmes.

Un moyen pratique d'arriver au perfectionnement, c'est de passer en revue, chaque soir, les actions et les paroles de la journée. Cet examen de conscience nous apprendra si nous avons fait des progrès dans le bien, et ce qu'il nous reste à faire pour convertir nos bonnes résolutions en des habitudes constantes de vertu.

QUESTIONS ACCESSOIRES.

1° Démontrer qu'on ne peut concevoir Dieu comme cause créatrice sans le concevoir comme un être infiniment juste, comme une Providence infiniment bonne, qui veille sans cesse sur son œuvre.

2° De la prière : que devons-nous demander à Dieu ?

3° Impuissance de la religion naturelle à établir un culte extérieur.

4° Y a-t-il des circonstances où il soit permis de mentir?

Consulter FÉNELON, *Lettres sur la religion.*

---

(1) La vertu, dit un célèbre publiciste, est la santé du cœur, comme la santé est la vertu du corps.

XXV

Suite des commandements de la loi morale.

Principes de la morale sociale ou notions préliminaires : la société état naturel de l'homme. — Distinction du droit naturel, du droit civil et du droit politique.

Subdivisions de la morale sociale. — Morale domestique. — Morale civile et politique. — Morale sociale proprement dite. — Morale réelle. — Enumération des devoirs.

LA SOCIÉTÉ EST L'ÉTAT NATUREL DE L'HOMME.

Mécontent des autres et de lui-même, Rousseau a violemment attaqué la condition de l'homme, et s'est efforcé de démontrer cette thèse étrange, déjà soutenue par Hobbes, à savoir que l'homme est né pour vivre comme l'animal dans la solitude et l'isolement, que la société est un état contre nature, ou qu'elle est naturelle à l'espèce humaine comme la décrépitude à l'individu, et qu'il faut des arts, des lois, des gouvernements aux peuples, comme il faut des béquilles aux vieillards.

« Dans l'état primitif, dit-il, n'ayant ni maisons ni cabanes, ni propriété d'aucune espèce, chacun se logeait au hasard et souvent pour une seule nuit. Les mâles et les femelles s'unissaient fortuitement, selon la rencontre, l'occasion et le désir, sans que la parole fût un interprète fort nécessaire des choses qu'ils avaient à se dire ; ils se quittaient avec la même facilité. La mère allaitait d'abord ses enfants pour ses propres besoins ; puis l'habitude les lui ayant rendus chers, elle les nourrissait ensuite pour le leur. Sitôt qu'ils avaient la force de chercher leur pâture, ils ne tardaient pas à quitter leur mère elle-même ; et comme il n'y avait presque point d'autre moyen de se retrouver que de ne pas se perdre de vue, ils en étaient bientôt au point de ne pas même se reconnaître les uns les autres.

» Les hommes, dans cet état, n'ayant entre eux aucune sorte de relation morale ni de devoirs connus, ne pouvaient être ni bons ni méchants, et n'avaient ni vices ni vertus.

» Ils étaient heureux, car ils n'étaient pas dépravés par

la pensée, car l'imagination, qui fait tant de ravages parmi nous, ne parle point à des cœurs sauvages : chacun attend paisiblement l'impulsion de la nature, s'y livre sans choix, avec plus de plaisir que de fureur et, le besoin satisfait, tout le désir est éteint.

» Concluons qu'errant dans les forêts, sans industrie, sans parole, sans domicile, sans guerre et sans liaison, sans nul besoin de ses semblables, comme sans désir de leur nuire, peut-être même sans jamais se reconnaître aucun individuellement, l'homme sauvage, sujet à peu de passions et se suffisant à lui-même, n'avait que les sentiments et les lumières propres à cet état ; qu'il ne sentait que ses vrais besoins, ne regardait que ce qu'il croyait avoir intérêt de voir, et que son intelligence ne faisait pas plus de progrès que sa vanité. Si par hasard il faisait quelque découverte, il pouvait d'autant moins la communiquer qu'il ne connaissait pas même ses enfants. L'art périssait avec l'inventeur. Il n'y avait ni éducation ni progrès ; les générations se multipliaient inutilement ; et chacune partant toujours du même point, les siècles s'écoulaient dans toute la grossièreté des premiers âges ; l'espèce était déjà vieille, et l'homme restait toujours enfant (1). »

Voilà le portrait de l'homme que J.-J. Rousseau nous propose pour modèle ; voilà l'état naturel, tant vanté par le maître et par les disciples, où il n'y a ni rapports constants, ni loi, ni gouvernement, ni famille, ni religion, ni morale, ni éducation, ni arts, ni progrès ; où l'amour n'est qu'un instinct sensuel ; où l'amitié, la piété filiale, la charité, sont des sentiments ignorés ; où il n'y a ni bons ni méchants, ni vice ni vertu et, par suite, aucune notion de l'Être suprême, aucune espérance d'une vie meilleure, où, en un mot, aucun caractère ne sépare l'homme de la bête.

Nous ne ferons qu'une objection : Est-il vrai que la société ne soit pas l'état naturel de l'homme ou ne soit qu'une dégénération ?

Si les assertions de Rousseau sont admises, tout est dit, et il n'y a plus à s'occuper des principes de la société et de

(1) Extraits du *Discours sur l'Inégalité*.

la morale sociale, puisque naturellement il ne doit y avoir ni société ni morale.

Nous passerions outre et laisserions le bon sens et l'expérience répondre pour nous, si la doctrine de l'éloquent sophiste n'avait pas été contagieuse.

Mais comme elle a été et est encore une sorte de lieu commun paradoxal adopté et reproduit par tous les déclamateurs, comme elle est l'idée première du *Contrat social* et de la plupart des systèmes subversifs, il est nécessaire d'en montrer rapidement l'absurdité.

L'homme, à sa naissance, est le plus faible des animaux : il est incapable de changer de lieu, de trouver sa nourriture, de distinguer ce qui lui est bon et ce qui lui est mauvais, de se défendre contre l'attaque des bêtes ou contre les inclémences du ciel et des saisons. L'instinct même, cette impulsion providentielle et infaillible qui tient lieu de tout aux êtres qui ne doivent jamais s'élever à la dignité d'êtres raisonnables, l'instinct est en lui inférieur à celui des autres animaux. L'enfant, sans l'amour et le dévouement de sa mère, mourrait au bout de quelques heures. Abandonné à lui-même, dans les premières années de son adolescence, il ne saurait éviter les dangers qui menacent sa vie ; il périrait bientôt d'inanition, il serait la victime de son imprudence ou la proie des bêtes féroces.

Mais si, d'une part, sa faiblesse naturelle lui rend la société nécessaire, d'autre part et d'une manière plus frappante encore, sa nature morale et intellectuelle répugne à l'isolement. Il est irrésistiblement poussé à rechercher ses semblables, à leur confier ses douleurs et ses joies, à entrer avec eux en communauté de plaisirs et de souffrances, à prier lorsqu'ils prient, et à espérer ce qu'ils espèrent.

De son cœur s'élève incessamment une aspiration d'amour que l'infini seul peut combler, et il périrait à la peine si la société ne le distrayait de ce vide immense qu'il sent en lui, et ne calmait cet inexorable ennui qui, selon la profonde expression de Bossuet, fait le fond de la nature humaine !

Enfin, il veut connaître : inquiet et curieux, il poursuit la vérité avec ardeur, car elle est l'aliment de son âme, comme le pain est l'aliment de son corps.

Et que sait-il par lui-même ? que serait mon intelligence, si elle n'était fécondée par l'intelligence des autres hommes ? que serait ma science, si elle ne comprenait que ce que j'ai pensé, vu et observé ? quelles sont les idées qui m'appartiennent, que j'ai tirées de mon propre fonds et sans un secours étranger ?

Non, soit que je me considère sous le point de vue physique, soit que je me considère sous le point de vue moral, je ne me reconnais pas dans cet animal sauvage que Rousseau appelle l'homme primitif. Tout mon être proteste, je sens que la société est mon état naturel, et que, m'imaginer dans un autre état c'est m'imaginer autre que Dieu ne m'a créé. Je vais plus loin : si cette pauvre créature, incapable d'amour et de foi, si ce prétendu homme primitif avait existé, je révoquerais en doute la justice et la bonté de Dieu, qui n'aurait donné le sublime privilège de le connaître, de l'aimer et de le servir, qu'à l'homme corrompu par le contact de ses semblables, et dégradé par la civilisation.

DE LA LOI POSITIVE.

Le droit positif ou l'ensemble des lois *civiles et politiques* est, logiquement et dans le temps, postérieur au droit naturel, mais il en dérive et en est le complément indispensable.

Il ne suffit pas, en effet, pour assurer l'observation de la loi éternelle, que Dieu l'ait écrite dans nos cœurs et l'ait rendue intelligible à notre raison. Il en faut une expression plus sensible. Il faut une prescription, également accompagnée de menaces et de promesses, dont l'effet soit plus prochain, qui parle plus grossièrement peut-être, mais plus immédiatement à l'instinct de rébellion. Il faut une loi positive.

Consultez les traditions primitives de tous les peuples, et vous verrez qu'elles s'accordent sur ce point, à savoir qu'il n'y eut d'abord qu'une loi, la loi de la conscience, et que la loi civile ou positive lui est postérieure ; vous verrez encore que la coutume a précédé le droit écrit, car la coutume est la forme première et naïve de la loi positive.

CE QUI DISTINGUE LA LOI POSITIVE DE LA LOI NATURELLE.

La loi positive est l'*expression de justice*. Elle a pour but de restreindre la liberté individuelle, en consacrant des droits et en imposant des devoirs, et par suite, d'assurer le maintien de la société.

Comme son divin exemplaire, elle est fondée sur la reconnaissance de la liberté humaine; et l'on pourrait définir la société une assurance mutuelle, formée par la nature, où chacun, pour garantir sa liberté, en donne une partie : l'ensemble de ces parties constitue la loi ou la raison d'être de la société.

Ainsi, loin d'être, lorsqu'elle est juste, une négation de la liberté, la loi en est au contraire la solennelle affirmation (1); elle ne lui pose des bornes que pour la défendre et pour substituer le droit raisonnable de la justice au droit brutal de la force. Ainsi, ceux qui demandent la liberté absolue demandent l'abolition de la loi, et, par conséquent, de la liberté possible (1).

De cette définition, il suit que le fondement de la loi humaine est dans la loi divine, qu'elle doit lui être conforme, qu'elle ne saurait la contredire sans manquer à son but et sans perdre son autorité (2).

Supposez-la contraire : tout homme qui a quelque courage et quelque sentiment de sa dignité ne lui obéira pas, car entre Dieu et les hommes il n'y a pas à hésiter. Si le code commandait le meurtre ou la trahison, je braverais ses ordres, et ne voudrais être ni meurtrier ni traître.

Que la loi blesse mon intérêt en vue de l'intérêt général, je m'y soumets et je serais coupable de lui résister; mais

---

(1) « Hoc (Lex nempe) vinculum est hujus dignitatis, qua fruimur in republica, hoc *fundamentum libertatis*, hic fons æquitatis. Mens, et animus, et consilium, et sententia civitatis, posita est in legibus. Ut corpora nostra sine mente; sic civitas sine lege, suis partibus, ut nervis, ac sanguine, et membris, uti non potest. Legum ministri, magistratus; legum interpretes, judices; legum denique idcirco omnes servi sumus, *ut Liberi esse possimus*. » (Cic., pro *Cluent.*, 58.)

(2) « Est lex, justorum injustorumque distinctio, ad illam antiquissimam et rerum omnium principem expressa naturam, ad quam leges hominum diriguntur, quæ supplicio improbos afficiunt, defendunt ac tuentur bonos. » (Cic., de *Legibus*, II, 5.)

qu'elle contredise ma conscience, qu'elle heurte le droit éternel, je n'écoute plus sa voix et passe outre.

De la définition que nous avons donnée il suit encore que la loi humaine diffère de la loi divine ou naturelle par son étendue, et cette différence se manifeste en deux points essentiels.

En premier lieu, la loi naturelle règle non seulement la liberté morale, mais encore la liberté extérieure, ce qu'il faut vouloir et ce qu'il faut faire.

La loi positive, étant incapable d'atteindre les actes intimes, ne doit pas se mêler des affaires de la conscience : ce serait empiéter sur les droits de Dieu. Elle ne peut que régler la conduite de l'homme, traduisant ses pensées par des actes externes, ou sa liberté civile et politique ; cette dernière varie avec les institutions, les mœurs et la volonté nationale.

En second lieu, la loi divine commande, outre la justice, le dévouement, le sacrifice et l'abnégation de soi-même : elle commande de ne pas se borner à éviter le mal, mais de faire le bien : elle nous dit que nous ne serons pas jugés uniquement d'après la justice, mais aussi et singulièrement d'après la charité, cette prescription supérieure dont l'observance constitue le vrai mérite.

La loi positive ordonne seulement la justice : elle contraint les citoyens au respect des biens, de la vie, de l'honneur et de la foi de leurs semblables ; elle développe en articles ce précepte de morale : fais à autrui ce que tu voudrais qui te fût fait. Elle ne va pas au delà, elle n'enjoint pas à ses sujets de se dévouer, d'être des héros ou des saints.

Comment expliquer ce silence, sinon par l'impuissance où elle est de faire davantage, et aussi par un respect naturel des droits de Dieu et de la liberté humaine. Le législateur équitable doit pousser ce respect jusqu'au scrupule, et n'assigner à notre liberté extérieure que les bornes imposées par les conditions mêmes de la société, c'est-à-dire par les rapports nécessaires des hommes entre eux.

A QUELLES CONDITIONS UNE LOI EST-ELLE BONNE, C'EST-A-DIRE OBLIGATOIRE ET EFFICACE?

« Une loi peut être réputée bonne, quand il y a : 1° certitude dans ce qu'elle intime; 2° justice dans ce qu'elle prescrit; 3° facilité dans son exécution; 4° harmonie entre elle et les institutions politiques; 5° constance à faire naître la vertu parmi les citoyens (1).

Telles sont les conditions que doit remplir la loi positive; si elle ne les remplit pas, elle a une influence fâcheuse ou elle est comme non avenue.

Imaginez une loi dont les ordres ne sont pas clairs et certains, vous introduisez la confusion dans les esprits et l'arbitraire dans les tribunaux.

Imaginez une loi contraire à la justice, vous créez cet antagonisme dont nous parlions naguère, l'antagonisme de la conscience et du code, dont le résultat n'est jamais favorable à ce dernier. La fameuse loi des *suspects* révolta les plus chauds partisans de la légalité et ne fut jamais observée.

Imaginez une loi dont l'exécution est environnée de difficultés, comme celle, par exemple, qui établirait un impôt sur les valeurs mobilières *de toute nature*, et vous serez bientôt forcé de l'abroger; car il y a des valeurs mobilières qu'il est aisé de soustraire au recensement, et ce sont les plus considérables.

Imaginez une loi qui ne soit pas d'accord avec les institutions politiques, et vous vous placez dans cette alternative inévitable, ou d'abolir la loi ou d'abolir les institutions.

Imaginez enfin une loi qui ne tende pas à faire naître la vertu parmi les citoyens, qui ne parle qu'à l'intérêt ou à la crainte, et bientôt vous aurez une société corrompue, un État ébranlé, et l'anarchie en permanence.

Outre ces conditions, il est certains points importants que le législateur ne doit pas perdre de vue : je veux parler du changement et du nombre des lois.

Il ne faut les abroger ou y substituer des dispositions

(1) BACON, *de Augmentis*, etc. Trad. Riaux.

nouvelles qu'avec une extrême prudence, d'abord parce qu'un progrès brusque et intempestif amène toujours des réactions et des ajournements, et ensuite parce que la stabilité et la fermeté de la loi sont des marques qui avertissent de son inviolabilité.

« On perd la vénération pour les lois quand on les voit si souvent changer. C'est alors que les nations semblent chanceler, comme troublées et prises de vin, ainsi que parlent les prophètes. L'esprit de vertige les possède, et leur chute est inévitable. C'est l'état d'un malade inquiet et qui ne sait quel mouvement se donner (1). »

Le seul cas où la loi doive être changée immédiatement, quel que soit le trouble inséparable du changement, c'est lorsqu'elle est injuste, et par conséquent antisociale. Mais hors de là, fût-elle incommode et même insuffisante, ne la modifiez qu'avec réserve et circonspection, non par respect pour elle, mais pour les autres lois qu'on s'accoutumerait bientôt à mépriser et qu'on voudrait changer comme elle.

Quant au nombre des lois, on peut affirmer d'une manière générale que plus il est grand chez un peuple, plus ce peuple est dégénéré. La multiplicité des lois ou des précautions prises prouve la multiplicité des dangers qui menacent la société.

Mais le plus grave inconvénient de la multiplicité des lois, c'est qu'elle fournit des moyens pour les violer impunément. On oppose un article à un autre article du code, et, ne pouvant attaquer ouvertement le législateur, on le prend par la ruse et on le bat avec les armes mêmes qu'il a forgées.

III. — MORALE SOCIALE.

La morale sociale se partage en plusieurs embranchements, qui sont :

La morale domestique, qui traite des devoirs de l'homme considéré comme membre de famille ;

La morale civile et politique, qui traite des devoirs de l'homme considéré comme citoyen ;

---

(1) BOSSUET.

MORALE SOCIALE.

La morale sociale proprement dite, qui traite des devoirs de l'homme envers ses semblables en général.

1° Morale *domestique*. Le fondement de la famille est le mariage, par lequel l'homme et la femme s'unissent pour supporter ensemble le fardeau de la vie, pour avoir des enfants et les élever.

Le mariage est un contrat social, civil et religieux. *Social*, puisqu'il est la première condition et la première forme de la société humaine ; *civil*, puisque, dans chaque pays, la loi positive intervient, qui règle les droits et les devoirs des époux ; *religieux*, puisque l'homme et la femme demandent à Dieu et à la religion de sanctifier leur union.

Le mariage crée des devoirs réciproques et des devoirs spéciaux.

Amour, fidélité aux promesses, indulgence et respect mutuels ; voilà les devoirs *réciproques*.

Secours et protection de la part du plus fort ; soumission et soins domestiques de la part du plus faible ; voilà les devoirs *spéciaux*.

Dieu a béni l'union conjugale ; des enfants naissent, et, par conséquent, de nouveaux devoirs à remplir.

La nature et l'instinct imposent au père et à la mère la douce loi d'aimer ceux qu'ils ont engendrés ; la raison et la religion commandent de les élever avec soin, de leur donner une forte éducation morale, intellectuelle et physique, de s'abstenir de tout mauvais exemple et de toute préférence injuste.

A leur tour, les enfants sont obligés envers leurs parents ; ils doivent les chérir comme les représentants de Dieu sur la terre. Reconnaissance, respect, obéissance en toutes choses, excepté en ce qui est opposé au bien ; soins dévoués de la vieillesse, pieuse indulgence pour leurs défauts ; voilà les principales marques de cet amour.

Insistons sur le respect ; donnons-en des témoignages extérieurs. Vénérons, dans un père de famille, l'image de notre père ; songeons surtout, lorsque nous parlons des femmes, que notre mère serait offensée par un jugement téméraire.

Les frères et sœurs ont des devoirs réciproques : affection, secours mutuels, respect (le respect est inséparable de tout amour vrai), indulgence, désintéressement, qui consiste surtout à ne pas élever des compétitions injustes ou susciter des querelles mesquines à propos de l'héritage paternel.

Mais la famille ne comprend pas seulement le père, la mère, les enfants et les descendants ou parents collatéraux : elle embrasse encore les serviteurs. De là des devoirs nombreux et aussi obligatoires que les précédents. Le serviteur est faible et peu éclairé; le maître lui doit respect, protection, dévouement, conseils, indulgence pour ses défauts; il n'oubliera jamais que le domestique fait partie de la maison, et qu'entendue dans la plus large acception, la maison, c'est la famille.

2° Morale *civile et politique*. L'existence d'une société suppose trois conditions ou principes fondamentaux : 1° Un *corps de lois* qui consacrent des droits, imposent des devoirs et assurent la liberté de tous; 2° un *gouvernement* qui fait exécuter les lois et qui leur est lui-même soumis; 3° une *religion* qui lie les membres de la société par des croyances et des espérances communes, et qui dicte, au nom de Dieu, les devoirs que la loi humaine ne saurait prescrire (1).

Or, la patrie est cette terre, aimée entre toutes, où nous sommes nés, où nous vivons dans une société particulière, sous la protection des mêmes lois et du même gouvernement, et où nous prions Dieu dans la même langue. D'où il suit que les devoirs du citoyen ne sont autres que les devoirs d'un fils, mais d'un fils dont la famille comprend tous les enfants d'une commune patrie.

Nous devons nous soumettre aux lois de notre pays, même lorsqu'elles heurtent nos passions ou nos intérêts les plus chers. La désobéissance ne serait légitime que si la loi positive contredisait la loi éternelle de justice et de charité.

Nous devons respecter les magistrats chargés de l'interpréter ou de la faire exécuter. Quiconque a une portion de l'autorité publique, s'il l'exerce dans des limites légales, est

---

(1) Nous entendons ici le mot *religion* dans son sens le plus large. Il n'y a pas de peuple qui n'ait une ou plusieurs religions. Il ne saurait y en avoir qui n'ait point de religion naturelle, c.-à-d. la foi en Dieu et en la vie future.

un défenseur de l'ordre : l'attaquer, c'est attaquer l'ordre ou l'existence de la société. Il est dérisoire de protester de sa soumission à la loi, lorsqu'on se permet d'outrager ou de railler les hommes dans lesquels la loi s'incarne, pour ainsi dire, et se rend sensible aux peuples.

Nous devons nous dévouer à la gloire et à la défense de notre patrie. Intérêts, biens, vie, parents même, il faut tout sacrifier pour la sauver, si elle est en danger, ou pour faire respecter son honneur, s'il est attaqué. De là le service militaire obligatoire pour tous. Ce devoir, dans aucun cas, ne peut être ni un privilège ni une charge exceptionnelle.

Au jour du péril, nous ne saurions goûter la doctrine qui, sous prétexte que le gouvernement et le pays sont deux choses distinctes, interdit de secourir l'un de peur de consolider l'autre. On ne sert pas son pays uniquement en prenant les armes pour le défendre; on le sert encore en prenant part aux conseils de la nation. Le citoyen, chez un peuple libre, a le droit et le devoir de voter ; s'abstenir est une faute grave et quelquefois irréparable.

Nous devons, et c'est l'obligation la moins bien comprise, imposer silence à la passion qui porte le trouble dans tous les degrés de l'échelle sociale, à cette fatale envie de remplacer, après les avoir renversés, ceux qui sont au-dessus de nous. Ayons la vertu qui complète le respect de l'autorité et l'amour de la patrie; soyons désintéressés, résistons à ce flot ambitieux qui pousse à monter et convertit chaque citoyen en un solliciteur intrigant, auquel tous les moyens sont bons, qui se demande, non pas s'il convient à la place, mais si la place lui convient. Que lui importe la bonne ou mauvaise administration, pourvu qu'il soit administrateur? Que reproche-t-il, le plus souvent, à la hiérarchie sociale, si ce n'est de n'être pas mis à la tête?

3° Morale *sociale proprement dite*. Effaçons les divisions géographiques et politiques; ne tenons compte ni de la couleur, ni des mœurs, ni de la religion des hommes: ne voyons que ce qu'il y a de commun entre eux, c'est-à-dire d'être des hommes ; et nous comprendrons d'abord que tous les hommes sont naturellement égaux, en ce sens qu'ils sont doués de liberté et de raison, et, ensuite, qu'ils sont frères, car ils ont un père commun qui est au ciel.

Ils sont frères et égaux ; qu'ils vivent donc comme des frères et des égaux. C'est là toute la loi, loi complètement exprimée par ces deux admirables formules : *Fais aux autres ce que tu voudrais qui te fût fait par les autres. — Aime tes semblables comme toi-même* (1).

La morale sociale n'est qu'un commentaire du divin précepte, tous les devoirs en découlent : respect de la vie, de la liberté, de la propriété et des croyances de nos semblables ; indulgence, pardon des injures, aide infatigable, charité qui ne demande pas seulement des dons matériels, mais le don de notre cœur (2) ; conseils et appui aux faibles, instruction aux ignorants, franchise et bon vouloir pour tous.

IV. — MORALE RÉELLE.

Dieu, en créant le monde, a réalisé une de ses conceptions infinies. Son œuvre est bonne, quoiqu'il pût la faire meilleure ou même s'abstenir de la faire. Elle est bonne, car elle vient de lui, qui est le principe du bien, car elle exprime, sous une forme imparfaite, l'ordre ou la sagesse parfaite.

Tous les êtres qui peuplent l'univers ont une fin, qui est de concourir à cet ordre. Tous sont donc respectables, quelque degré d'utilité qu'ils paraissent avoir pour l'homme. D'où il suit que ce dernier, la seule des créatures qui semble concevoir l'ordre et les prescriptions qui en découlent, est

---

(1) L'égalité et la fraternité humaines sont, si je ne me trompe, impliquées dans l'ordre évangélique, puisqu'il n'admet pas de différence entre mon devoir envers les autres et le devoir des autres envers moi.

L'illustre Ampère, qui avait le cœur aussi grand que le génie, disait : « Je posséderais tout ce qu'on peut désirer en ce monde pour être heureux, il me manquerait tout, le bonheur d'autrui. »

(2) Il importe de bien s'entendre sur le sens de ce beau mot : *charité*. — Être *charitable*, ce n'est pas donner sans discernement à tous ceux qui tendent la main : c'est venir en aide à quiconque a besoin d'un conseil, c'est offrir un secours au vieillard ou à l'infirme qui ne peut subsister sans assistance, c'est surtout donner du travail à celui qui en cherche. Ce dernier est le vrai pauvre, digne de toute notre compassion ou mieux de toute notre sympathie.

La mendicité est une plaie qu'il faut tâcher de guérir en ne distribuant l'aumône qu'à ceux qui en sont dignes, et surtout l'aumône du travail ; l'aumône donnée sans discernement est une injustice. Rappelons-nous le mot d'un célèbre écrivain : *Les mendiants volent les pauvres.*

obligé d'une certaine manière à l'égard des autres créatures qui ne comprennent pas l'ordre.

Il a des devoirs envers les animaux et les choses, non pas en tant qu'êtres animés ou inanimés, mais en tant que créatures de Dieu. Derrière l'animal, la plante, le végétal, le minéral même, j'aperçois la grande image de leur Auteur; je m'élève alors à l'idée de certains devoirs à remplir envers ceux qui n'ont pas de droits; je me dis, comme naguère à la vue du pauvre qui tend la main : Dieu est là!

Ces nouveaux devoirs se résument en deux mots :

Nous pouvons user des animaux et des choses dans la mesure de nos besoins, et pour tout ce qui est nécessaire à l'accomplissement de notre fin. Mais nous devons respecter les animaux et les choses, lorsque notre conservation ou notre fin ne demandent pas le contraire. Il importe, dans l'usage des animaux, de ne pas oublier qu'ils sont des créatures sensibles, et que si nous sommes quelquefois forcés de leur faire la guerre ou de leur donner la mort, nous n'avons pas le droit de les maltraiter ou de les faire souffrir inutilement (1).

QUESTIONS ACCESSOIRES

1° Quelle est la méthode à suivre pour résoudre les questions litigieuses ?

2° Du suicide. Montrer qu'il est condamné par la loi morale.

3° Du duel. Montrer qu'il est condamné par la loi morale.

4° De l'esclavage. Origine; prétendu droit allégué par ses partisans; conséquences.

5° Du progrès. A quelles conditions est-il possible et durable?

Consulter FÉNELON, *Lettres sur la religion;* JANET, *la famille; la morale.*

(1) La loi des pays les plus civilisés commande de les traiter avec douceur. Les parents, jaloux de bien élever les enfants et d'en faire des hommes bienveillants et justes, ne leur permettront jamais ces jeux cruels, où l'on s'amuse à torturer un insecte ou un animal domestique.

XXVI

Sanction de la loi morale.

Mérite et démérite. — Peines et récompenses diverses.

Observer la loi, c'est *mériter* ou être digne d'une récompense; l'enfreindre, c'est *démériter* ou être digne d'une punition.

Il faut qu'il y ait réellement un prix pour la vertu, et un châtiment pour le crime. S'il n'en était pas ainsi, la loi, destituée de sanction, n'aurait pas d'action efficace.

Sans doute, la loi qui ne s'appuie que sur la force provoque la résistance ou la ruse; sans doute, la meilleure garantie de l'obéissance à la loi, c'est la justice de la loi; mais il est nécessaire qu'il y ait une sanction ou un système de peines et de récompenses. Si l'équité de la loi persuade la raison, la sanction parle à la sensibilité, et ceux qui ne sont pas touchés par la sainteté de l'obligation, sont ou peuvent être touchés par l'idée d'une punition inévitable.

Or il y a ici-bas trois espèces de sanctions, et partant trois espèces de peines et de récompenses.

1° *Les peines et les récompenses de la conscience.* Lorsque nous avons obéi à la loi, c'est-à-dire lorsque nous avons accompli une action méritoire (1), la conscience prononce que nous avons droit, en une certaine mesure, à l'estime et au bonheur, et une joie vive et pure, à nulle autre semblable, inonde notre cœur.

Dans le cas contraire, lorsque nous n'avons pas écouté le conseil intérieur, la conscience déclare que nous méritons, en une certaine mesure, le mépris et le malheur, et

---

(1) Pour qu'une action soit méritoire, trois conditions sont nécessaires : 1° Que l'agent soit intelligent et libre : *Non peccatur nisi assentione*; 2° que l'agent soit désintéressé : *Nulla virtus, nisi gratuita*; 3° que l'agent ait fait un effort.

une douleur cuisante, d'autant plus insupportable qu'on sent l'avoir méritée, déchire notre âme. Ainsi le tribunal intérieur prononce des arrêts inévitables et infaillibles, et donne, par l'estime ou le mépris de soi-même, par la satisfaction morale ou le remords, une première sanction à la loi éternelle.

2° *Les conséquences de nos actes.* L'expérience nous montre, presque toujours, la vertu ou le vice recevant, même sur la terre et dans les suites naturelles de nos actes, une récompense ou une punition.

Généralement, la sobriété, la continence, l'observance de la justice assurent le calme, la santé, la force, le succès. Généralement, l'intempérance, la débauche, l'iniquité traînent après elles un cortège de maux, tels que les maladies, une précoce décrépitude, la pauvreté et le délaissement. La physionomie marque l'état de l'âme : l'homme vertueux a un regard franc et assuré qui témoigne de sa quiétude intérieure; l'homme vicieux trahit par son embarras ou par son impudence le malaise et les agitations de son cœur.

3° *Les peines et les récompenses des hommes.* D'une part, nous sommes soumis aux jugements de l'opinion, qui se prononce avec plus d'équité qu'on ne pense, et qui, finalement, ne se trompe guère ou du moins ne persiste pas dans ses appréciations erronées. Elle distribue la louange et le blâme, l'estime et le mépris, et ses arrêts ne nous trouvent jamais insensibles. D'autre part, nous avons les châtiments de la loi pénale, qui comprennent autant de degrés qu'il y a de nuances dans l'infraction à la justice, et qui embrassent depuis la simple réprimande jusques à la peine capitale; nous avons les récompenses distribuées par l'Etat : honneurs, décorations, places, avancements, etc.

Telle est la sanction publique de la loi.

Reste à apprécier ces diverses sanctions et à examiner si elles ne supposent pas une sanction ultérieure, qui les complète et leur donne un sens. L'étude du problème de la destinée humaine doit nous donner la réponse à cette grave question.

QUESTIONS ACCESSOIRES

1° Utilité morale et sociale du châtiment.
2° De la peine de mort.

XXVII

De la destinée de l'homme. — Preuves de l'immortalité de l'âme.

De la destinée de l'homme sur la terre. — De la destinée ultérieure. — Examen des diverses sanctions de la loi morale. — Preuves de l'immortalité de l'âme : présomptions; arguments décisifs. — De la durée des peines et des récompenses; nécessité de la foi.

Le problème de la destinée humaine comprend deux questions : que dois-je faire dans cette vie ? que dois-je espérer après cette vie ?

Questions graves, et que la philosophie ne peut résoudre (si tant est qu'elle le puisse) que par l'étude approfondie de la nature de l'homme.

On ne contestera pas qu'il y a, entre la fin d'un être et l'organisation de cet être, un rapport étroit, et que, si l'on connaît l'une, on n'est pas éloigné de connaître l'autre. L'existence et la constance de ce rapport sont présupposées par toutes les sciences physiques et naturelles. Le physiologiste cherche tout d'abord quels sont les caractères et les fonctions de l'individu, et lorsqu'il a une idée nette de ces caractères et de ces fonctions, il essaye de déterminer la destination de l'individu ou le rôle qui lui est assigné dans la création.

Quelle est donc la nature de l'homme ?

L'homme, nous l'avons déjà dit, est double; nous trouvons en lui deux hommes ou mieux deux natures distinctes.

D'une part, la *nature sensible* qui aspire uniquement à la satisfaction du besoin actuel, qui hait la douleur et recherche le plaisir, et qui ne voit rien au delà. De l'autre, la *nature rationnelle*, qui s'élève au-dessus des sens et qui conçoit quelque chose de supérieur au contentement de la passion.

Ces deux natures si diverses et, en même temps, si étroitement et si mystérieusement unies, se heurtent et se combattent presque toujours. Elles tendent à des buts différents, de telle sorte que, si on les interroge pour savoir quelle est la fin de l'homme, elles font entendre des réponses contradictoires.

La nature sensible dit : L'homme, c'est moi ; le bonheur ou mon bien, voilà sa fin.

La nature rationnelle dit, au contraire : L'homme véritable n'est pas tout entier dans l'animal passionné ; l'homme véritable a l'intelligence d'un bien supérieur au bien des sens, d'une loi plus élevée que la loi de l'instinct, et sa fin est d'obéir à cette loi ou de se perfectionner, dût-il se faire violence et se renoncer lui-même.

Voilà deux conseils opposés : lequel devons-nous suivre ?

La multitude n'hésite point, et si on consultait la majorité pour se décider, il faudrait imiter la multitude et fermer l'oreille aux suggestions de la nature rationnelle. Mais, en pareille matière, la pluralité des voix n'a pas de valeur. C'est la qualité et non la popularité des conseils qu'il faut examiner. Rendons-nous bien compte de leur importance et de l'impression qu'ils ont produite.

La sensibilité a parlé : elle a recommandé la poursuite du bien du corps, comme la condition unique du bonheur.

Sans m'arrêter à chercher s'il est vrai que le bien des sens puisse nous rendre heureux, je constate ce fait, c'est que le conseil de la sensibilité, quelque agréable qu'il me semble, est destitué de toute autorité. Je comprends que je suis libre de le goûter ou de ne pas le goûter, et que je puis être rebelle sans cesser d'être innocent.

Mais, lorsque la raison me révèle un bien impersonnel, lorsqu'elle le déclare supérieur au bien des sens, lorsqu'elle m'ordonne de vivre conformément à la loi divine, quand bien même je ressentirais des déchirements intérieurs et des douleurs cuisantes; lorsque la raison tient ce langage austère, j'éprouve je ne sais quel sentiment vif et profond que je n'avais pas éprouvé tout à l'heure.

Il se peut que je sois contrarié d'entendre un avis si fâcheux, mais je ne m'avise point de contester l'autorité du conseiller. Il y a plus, je reconnais intérieurement que l'avis, l'ordre même est légitime, et que, si je suis encore libre d'obéir ou de ne pas obéir, ma révolte est un crime.

En un mot, l'homme est toujours *obligé* de suivre les commandements de la raison, et souvent il *doit* résister aux inspirations de la sensibilité; voilà ce qui résulte de l'analyse de sa double nature, et des faits intérieurs dans lesquels les deux éléments se manifestent et entrent en lutte.

La première question est ainsi résolue: *la destinée de l'homme dans la vie actuelle, ce n'est pas de satisfaire ses passions ni même d'être heureux : c'est d'obéir à la loi divine, révélée par la conscience, et de faire le bien ou de se perfectionner.*

DE LA DESTINÉE ULTÉRIEURE.

L'homme, *dans la vie actuelle*, accomplit sa destinée en obéissant à la loi et en s'efforçant de devenir meilleur. Reste à savoir quelle est sa destinée ultérieure ou ce qu'il doit espérer *après cette vie*.

Pour ceux qui n'écoutent que la nature sensible et qui ne voient rien au delà des plaisirs de la passion assouvie, pour ceux-là la nouvelle question n'existe pas. Ils se contentent de la vie actuelle, ils n'attendent pas ou plutôt ils n'ont pas le droit d'attendre une vie meilleure. Ayant supprimé le combat, ils auraient mauvaise grâce à réclamer le prix de la victoire.

Mais pour tous ceux qui ont une plus noble idée de l'homme, de sa nature et de sa raison d'être; pour tous ceux qui, sans nier l'influence des sens, reconnaissent l'existence d'un principe supérieur aux sens; pour tous ceux enfin qui s'efforcent de devenir meilleurs, la nouvelle question est une dépendance de la première, ce qui revient à dire qu'elle est implicitement résolue.

En effet, la loi divine nous impose une lutte perpétuelle. Pour faire le bien, il ne suffit pas de se laisser aller à sa nature, puisqu'il y a en nous, nous l'avons vu, toute une partie de nous-mêmes qui proteste et qu'on doit courageusement sacrifier. Il faut déclarer la guerre au *moi*, à ses instincts pervers et quelquefois à ses penchants les plus doux (de là un déchirement intérieur qui rend le triomphe douloureux); il faut résister à son propre cœur, aux inspirations et aux exemples du monde, à l'isolement, à la moquerie, aux désespoirs qui suivent les échecs immérités, et à la facilité de réussir en abandonnant le droit sentier!

Lutter ainsi pour faire le bien, c'est se créer un mérite; c'est, selon la définition que nous avons donnée, avoir droit au bonheur qui est la récompense de la vertu. Par conséquent, celui qui marche vers la fin marquée par sa nature rationnelle, celui qui se perfectionne peut légitimement espérer d'être heureux.

Mais quand sera-t-il heureux, c'est-à-dire quand sera-t-il récompensé?

Il n'est point heureux sur la terre, puisque sa vie est une lutte perpétuelle; il ne le sera donc que lorsqu'il aura quitté la terre; il y a donc une vie meilleure où la destinée de l'homme s'achève, où, devenu plus parfait par sa fidélité à la loi, il recevra le prix de son obéissance.

Telle est la conception à laquelle nous sommes nécessairement conduits par la simple considération de notre véritable nature; telle est la sublime espérance qui soutient dans les sacrifices de la vie et qui donne un sens à la vertu.

La mort, pour le disciple d'Épicure, c'est la fin dernière. Au delà du tombeau, il n'y a plus rien. A peine quelques jours se sont-ils écoulés que l'on ne trouve plus de traces de ce corps qui était l'homme tout entier.

Mais, pour le philosophe spiritualiste, la mort, c'est l'avénement à la vie réelle; c'est l'heure où les deux hommes se séparent, où le corps, retombant sous les lois générales de la matière auxquelles la vie est une dérogation, se dissout, tandis que l'âme prend son vol vers Dieu.

On objectera peut-être qu'il n'y a aucun lien logiquement nécessaire entre l'existence de la conscience ou de la loi morale et celle d'une vie future; que, sans doute, la loi suppose une sanction, une récompense ou une peine pour celui qui l'a observée ou violée; mais qu'ici-bas cette sanction se trouve, soit dans les plaisirs et les peines de notre conscience elle-même, soit dans les conséquences de nos actes, soit enfin dans les hommes et les institutions sociales, et qu'ainsi notre constitution morale n'implique point l'existence nécessaire d'une vie future.

L'examen successif de ces trois systèmes de peines et de récompenses mettra cette objection à néant.

1° Je ne nie pas les phénomènes moraux qui suivent l'acte. Lorsque nous avons bien ou mal agi, deux phénomènes se produisent dans l'âme : *un jugement et un fait sensible*. Après une bonne action, la raison prononce, et dit : *C'est bien*, et aussitôt mon âme est inondée d'une joie pure et à nulle autre semblable. Après une mauvaise action, la raison prononce, encore, et dit : *C'est mal*, et aussitôt mon âme est déchirée par une douleur vive qu'on appelle remords. Ainsi, d'une part, estime et joie; de l'autre mépris et douleur. Mais ces phénomènes ne se produisent pas toujours ni avec la même énergie. Sans doute, après une première mauvaise action, le remords est cuisant et ne nous laisse aucun repos. Mais imaginez un homme habitué au crime, le remords semble avoir disparu ou ne s'éveille qu'à de longs intervalles. Le scélérat lui-même dort comme un honnête homme; il est endurci au crime, on dirait qu'il n'a plus de conscience. Assurément, il n'en est pas ainsi; mais une profonde et triste modification s'est accomplie dans cette âme criminelle; il n'est point parvenu à étouffer le jugement de la raison, à faire taire le juge intérieur, et à se persuader qu'il n'y a plus ni bien ni mal. Il ne saurait s'estimer, il se sent dégradé.

Mais il est parvenu au résultat le plus avilissant, il s'est abruti ; il n'a plus de remords, il a échappé à la partie sensible de la peine, et c'est celle qui touche le plus le commun des hommes (1).

J'en dirais autant de l'homme de bien. L'émotion morale, quoiqu'elle soit la plus élevée et la plus durable de toutes les émotions, va, suivant les lois de la sensibilité, en s'affaiblissant et disparaît presque complétement. L'habitude lui présente le bien comme naturel, de même que l'habitude présente au méchant le mal comme indifférent. Le jugement subsiste, et l'estime de soi-même que la vertu procure au sage est permanente.

Mais qui oserait soutenir que seul le jugement intérieur est une punition ou une récompense suffisante? Le scélérat n'en tient aucun compte ou du moins en fait bon marché.

L'homme vertueux est fier et heureux de cette estime qui lui est accordée par un juge infaillible et incorruptible; mais, dans certaines circonstances, lorsque le malheur s'acharne après lui (2), lorsque la misère l'accable et l'humilie, lorsqu'il est calomnié et condamné injustement, pensez-vous que ce jugement intérieur lui suffise? n'arrivera-t-il pas un moment où le mot de Brutus s'échappera de ses lèvres : *Vertu, tu n'es qu'un nom!*

2° Mais *les conséquences de nos actes?* Je reconnais que nous trouvons, plus souvent qu'on ne le croit, une récompense ou une peine dans les suites de nos actes; que fréquemment le bonheur accompagne la vertu, et la douleur, le vice : l'intempérance, l'improbité, la violation d'un contrat ou d'un devoir amènent après elles la maladie, la ruine et la misère. Cette assertion, dans sa généralité, est vraie. Mais il y a des exceptions, et elles sont nombreuses. Les

---

(1) Voir le chap. *De l'habitude.*
(2) Et le malheur peut nous atteindre à tout moment. Tel qui a été, dit-on, toujours heureux jusqu'à une certaine heure, est d'autant plus cruellement éprouvé par la cessation de ce bonheur qu'il s'y attendait moins : *in omni adversitate fortunæ, infelicissimum genus est infortunii fuisse felicem.* (Boèce.)

intempérants ne sont pas toujours punis; la maladie n'épargne pas ceux qui mènent une vie réglée, et il y a des hommes qui conservent une fortune mal acquise, et des gens de bien qui, malgré leur prudence, perdent le fruit de leur travail. Or une sanction est imparfaite si elle n'est pas infaillible, et celle-ci est encore moins absolue que la première. Il suffit d'avoir vécu pour le reconnaître.

3° **Mais enfin, dira-t-on, les hommes, par leur mépris ou leur estime, par leurs lois pénales et par leurs prix d'encouragement, récompensent ou punissent. L'opinion et le juge se complètent l'un l'autre, et ne laissent aucun mérite méconnu et aucun crime impuni.**

Je ne nie pas non plus la puissance de la justice humaine. Je ne me joins pas à ces misanthropes qui rient de l'opinion, et révoquent en doute l'honnêteté et la clairvoyance des juges. Mais qui n'a reconnu par sa propre expérience que la justice humaine est souvent injuste, que les hommes se trompent, quelquefois sciemment, qu'ils distribuent leurs prix, leurs châtiments, leur mépris ou leur estime à des personnes qui ne les méritent point. Tous les jours n'apprenons-nous pas qu'un homme a été condamné à tort, que le vrai coupable a été découvert, après avoir laissé juger un innocent? Tous les jours ne sommes-nous pas témoins des changements et des piperies de l'opinion publique?

Je ne fais pas le procès des juges et de l'opinion, je constate un fait réel, fréquent, incontestable. Je ne suis pas surpris que les hommes se trompent, puisqu'ils ne voient que les apparences, puisqu'ils ne sondent pas les cœurs : mais je suis surpris qu'on trouve en eux une sanction suffisante de la loi morale. Je le demande encore une fois, qui consolera cet innocent qui monte sur l'échafaud, ruiné, déshonoré, honni? qui? sa conscience? Je le crois, mais à une seule condition, c'est qu'il soit persuadé qu'il y a une vie future.

Les hommes, dernière sanction de la loi! c'est une dérision! une sanction qui se trompe et si souvent! Aux heures d'épreuve, lorsque vous êtes accablé par les coups de la fortune, que vous avez perdu place et biens sans l'avoir mérité, que la misère vainement quoique vaillamment combattue, vous presse vous et vos enfants, oh! dites-moi qui vous consolera? La solitude se fait autour de vous; plus d'amis :

> Donec eris felix, multos numerabis amicos.
> Tempora si fuerint nubila, solus eris (1).

Rarement des parents qui vous avouent, plus rarement encore des proches qui vous secourent, et le monde, dans son cynique amour du succès, vous jetant à la face cette injure poignante : Il est malheureux, il faut qu'il l'ait mérité! C'est alors que la conscience elle-même est impuissante, ou plutôt elle n'est forte qu'avec l'aide d'une croyance ultérieure qui lui donne un sens et une autorité. Sans la vie future, je ne comprends pas qu'il y ait une action désintéressée, faite avec réflexion, et par conséquent je ne comprends pas l'existence et le langage de la conscience.

PREUVES DE L'IMMORTALITÉ DE L'AME.

Nous croyons deux choses : que l'homme a été placé sur la terre pour se perfectionner; 2° que s'il accomplit la loi, il mérite le bonheur et l'obtiendra plus tard.

Insistons sur ce dernier point; réunissons les preuves que l'expérience et le raisonnement fournissent à l'appui de la survivance de l'âme.

Ces preuves sont : le témoignage unanime; la conduite des hommes, qui témoigne du désir, de l'espérance ou de la crainte d'une autre vie; la spiritualité de l'âme; la bonté et la justice de Dieu; les conséquences de l'hypothèse contraire ou la preuve indirecte.

1° *Le témoignage unanime.* Dans tous les temps, dans tous les lieux, chez les peuples les plus barbares comme chez les peuples les plus civilisés, nous trouvons cette croyance accréditée, à savoir qu'il y a, après cette vie, une autre vie

---

(1) Saint Jean Chrysostome exprime admirablement cette idée dans son homélie sur la *Disgrâce d'Eutrope :* « Où sont maintenant, dit-il au ministre déchu, où sont les hommes qui vous versaient le vin à pleine coupe, qui faisaient écarter devant vous le peuple dans la place publique, qui publiaient vos louanges? ils ont pris la fuite, ils ont renoncé à votre amitié, ils cherchent leur sûreté en augmentant vos périls. »

où les bons seront récompensés et les méchants punis. Les opinions diffèrent, quand il s'agit de déterminer quel sera le genre et quelle sera la durée des peines et des récompenses, mais il y a accord sur le point essentiel : *Il y aura des peines et des récompenses.*

Dans son grossier matérialisme, le musulman imagine une demeure voluptueuse où il jouira des biens qu'il estime les plus précieux. Le païen a l'idée peu précise des Champs-Élysées et du Tartare, le pauvre sauvage a une idée plus vague encore ; mais, je le répète, tous sont persuadés que l'âme ne meurt pas avec le corps.

2° *La conduite des hommes.* Ce mot *immortalité* émeut toutes les âmes et les excite à agir. Le conquérant, le poète, l'historien sont touchés du désir de survivre par la renommée de leurs victoires, de leurs chants, ou de leurs récits. L'humble laboureur, lui-même, qui plante avec amour des arbres qu'il ne verra pas grandir, le simple soldat, qui affronte la mort sur les champs de bataille, ont quelquefois, à leur insu, la même pensée et la même ambition.

Que dis-je ? ce désir éclate dans nos derniers vœux et dans les monuments qu'une pieuse affection élève à la mémoire de ceux qui ont quitté la terre. De là ces tombeaux, ces colonnes, ces épitaphes qui diront à ceux qui ne nous ont pas connus notre passage dans ce monde et notre nom. Nous aspirons tous à une immortalité mortelle ; nous aspirons à plus forte raison à la vraie immortalité. Nous y aspirons, non seulement pour nous-mêmes et pour ceux que nous aimons, mais encore pour ceux que nous admirons.

« En présence de certains morts illustres, on sent plus distinctement les destinées divines de cette intelligence qui traverse la terre pour souffrir et pour se purifier et qu'on appelle l'homme ; et on se dit qu'il est impossible que ceux qui ont été des génies pendant leur vie ne soient pas des âmes après leur mort ! (1) »

Au désir se joint l'espérance, et même cette espérance est, dans certaines circonstances douloureuses, la plus vraie, la plus solide, je puis dire la seule consolation. A cette mère qui vient de perdre son enfant, allez dire bana-

---

(1) V. Hugo, Discours prononcé aux funérailles de Balzac.

lement : « Il devait mourir ! c'est un bonheur pour lui d'avoir échappé aux épreuves et aux douleurs de la vie. » Elle ne vous comprend pas ; ces vagues et banales paroles ne disent rien à son cœur. Mais dites-lui : « Il y a une vie meilleure où vous vous retrouverez, votre fils chéri et vous, et où vous ne serez plus séparés. » Et elle prendra force et courage. Il en est de même, toutes les fois que nous perdons un objet aimé ; notre âme, qui ne veut pas être consolée s'il n'est plus, se sent ravivée s'il existe encore et s'il doit y avoir une prochaine réunion.

Les incrédules, il est vrai, prétendent que cette espérance n'est qu'une vaine illusion qui berce la douleur. — Une illusion ! soit, mais, s'il en est ainsi, expliquez-nous cette crainte de la vie future qui, au moment suprême, gagne les plus braves ?

Tant qu'on est jeune, et même tant qu'on se sent fort, on se persuaderait volontiers que la mort n'est pas faite pour nous. Cependant l'heure inévitable approche, voici les signes précurseurs de l'agonie... Il faut mourir. — Vous, qui avez douté de propos délibéré, qui n'avez été qu'un insolent railleur, lorsqu'il fallait être un chercheur honnête, d'où vient que vous tremblez ?

Je ne demande pas : Pourquoi êtes-vous ennuyé de mourir ? Vous me répondriez : C'est que je n'espère rien. — Je demande : Pourquoi avez-vous peur ? — Pourquoi ? c'est que vous n'êtes pas assuré de l'anéantissement ; c'est que vous redoutez une autre vie, quoique vous ayez vécu comme s'il était certain qu'il n'y en eût pas (1).

3° *La spiritualité de l'âme*. La métaphysique vient aussi fournir sa preuve. Elle démontre que l'âme est distincte du corps ; que la mort n'est qu'une séparation des deux substances, que l'élément matériel se dissout, mais que l'élément spirituel, étant un et identique, ne saurait être décomposé, ni par conséquent mourir.

L'École a exagéré la valeur de cet argument. Les précédentes preuves, selon elle, ne sont que des présomptions ou de vagues pressentiments ; mais celle qui est

---

(1) Cicéron dit à propos d'Épicure : *non quemquam vidi qui magis ea quæ timenda esse negaret, timeret, mortem dico et Deos.*

tirée de la spiritualité de l'âme est tout à fait concluante.

Nous accordons que le témoignage universel, la conduite de l'homme, son désir, son espérance ou sa crainte de l'immortalité ne sont, à rigoureusement parler, que de fortes présomptions en faveur de la vie future, et qu'une démonstration qui ne reposerait que sur de tels faits ou de telles croyances ne serait pas une démonstration suffisante. Cependant nous ne saurions admettre que le dernier argument soit plus décisif.

Lorsqu'on a établi que l'âme est spirituelle, qu'est-on en droit de conclure? — On est en droit de conclure que l'âme est distincte du corps, et que, une et indivisible, elle ne saurait être dissoute comme le corps. En d'autres termes, mourir étant pour le corps une séparation des parties constitutives, la substance spirituelle n'a point à redouter une pareille mort. Or, s'ensuit-il que l'âme ne meure point? s'ensuit-il logiquement qu'elle doive survivre au corps?

Nous ne le pensons point. Dieu, qui fait tout de rien, qui crée l'âme par un acte de sa toute-puissance, ne peut-il détruire l'âme par un autre acte de cette même toute-puissance? Ce deuxième acte serait incompréhensible; mais l'acte créateur ne l'est-il pas?

En second lieu, que l'on accepte cette prétendue conséquence de la spiritualité de l'âme: on a, il est vrai, la survivance de la substance; mais la survivance de la personne humaine reste indémontrée. Et c'est là la grande affaire. Que m'importe d'être immortel en tant que substance, si le souvenir et la conscience périssent? Que signifient la récompense donnée ou la punition infligée à un être qui n'est pas en état de comprendre pourquoi il est puni ou récompensé? Le souvenir n'est-il pas, pour les mauvaises actions, l'accompagnement naturel du châtiment et même une partie du châtiment? Le criminel est doublement affligé: d'abord, parce qu'il subit un supplice mérité, et ensuite, parce qu'en se rappelant sa vie passée, il reconnaît avec désespoir qu'il dépendait de lui de n'être ni coupable ni condamné.

4° *La bonté et la justice de Dieu.* L'existence de Dieu et notre survivance sont deux vérités qui se tiennent, qui s'impliquent l'une l'autre, qui ne peuvent être admises l'une sans l'autre. *S'il y a un Dieu juste et bon, il y a une vie future.* Voilà un argument décisif sur lequel nous ne saurions trop insister.

Dieu, être infiniment bon, nous *doit* une autre existence. En effet, qui a allumé en nous ce désir infini de bonheur, désir que rien ne peut satisfaire, ni les joies du monde, ni l'ambition couronnée, ni même les plaisirs si doux de la famille et de l'amitié? qui a creusé en nous cet abîme sans fond où l'on a beau jeter gloire, honneurs, dignités, fortune, voluptés de tout genre, et qui reste toujours insatiable et béant?

Cœur de l'homme, qui t'a ainsi fait? C'est l'auteur de toutes choses, le Dieu bon, le Dieu sage. Et il n'apaiserait pas cette soif qu'il a allumée? et il nous aurait créés semblables au Tantale de la Fable, avides de ce fruit divin qu'on appelle le bonheur, et avec l'intention de ne jamais nous l'accorder! Oh! alors, nous qui prenions la bête en pitié, envions la destinée de la bête; lorsqu'elle a satisfait ses besoins, elle est heureuse, et je lis dans son œil calme et immobile qu'elle ne souhaite plus rien. Elle n'est pas tourmentée comme nous par cet amour inquiet que l'infini seul peut combler; elle ne sent pas les atteintes de *cet inexorable ennui qui fait le fond de la nature humaine!* (1)

Donc, si Dieu est bon, c'est-à-dire si Dieu existe, nous qui ne sommes pas heureux ici-bas et qui avons reçu de lui le désir d'un bonheur parfait, nous goûterons, *ne fût-ce qu'un instant,* ce bonheur dans une autre vie.

Dieu est infiniment juste; et cependant il a réparti inéga-

---

(1) « C'est précisément cette rigueur de nos destinées, cette tristesse de notre condition, cette douleur de l'existence, qui m'affermissent dans mes pensées d'avenir. Je n'ai jamais rien arrangé et il m'est impossible de rien arranger avec cette vie seule; il me faut l'autre vie pour compléter l'homme, pour achever l'être quelconque qui est l'homme. »
    BALLANCHE, *Lettre à J.-J. Ampère.*

Un professeur distingué, le P. Croibier, formule en termes très-précis cet argument :

« L'âme est telle (de sa nature) qu'elle aspire au bonheur parfait;
» Or, l'âme ne peut aspirer au bonheur parfait que si elle est immortelle;
» Donc, l'âme est (de sa nature) immortelle. »

lement ses dons. Les uns sont beaux, forts, intelligents, riches ou illustres ; les autres, laids, faibles d'esprit et de corps, pauvres et d'une obscure origine. Pour les uns, tout est joie et succès ; pour les autres, tout est sujet de douleur, tout tourne contre eux, et, dans cette grande loterie de la vie humaine, ils ne rencontrent jamais le bon billet.

Pourquoi ces lots inégaux, pourquoi cette source de misères d'un côté et ces joies de l'autre, puisque tous doivent également mourir et être la proie des vers ? Dieu serait juste, et il aurait fait comme les mauvais pères qui donnent tout à quelques-uns de leurs enfants au préjudice des autres ? — Cependant, soit ; pour un moment, admettons les inégalités naturelles et sociales, et tenons qu'elles n'obligent pas Dieu.

Mais, sur la terre, il n'y a pas de justice véritable ; car la justice humaine se trompe souvent. Souvent, et c'est un lieu commun, le bon est persécuté, le méchant glorifié ; souvent l'opinion publique choisit des favoris indignes. Enfin, ni la conscience, ni les conséquences de l'acte, ni les jugements de la terre ne donnent une sanction suffisante à la loi morale. Dieu ne peut être juste, s'il ne met pas chacun en la place qu'il mérite, s'il ne punit pas ou ne récompense pas chacun selon ses actes, s'il ne réforme pas les arrêts iniques des hommes.

Avec la vie future, je comprends l'épreuve ; sans elle, l'épreuve est absurde. Avec la vie future, je comprends que Dieu ait permis les injustices des juges de la terre ; sans elle, je m'indigne, puisqu'il n'y a pas de tribunal de cassation. Avec la vie future, je comprends les inégalités naturelles et sociales, j'ai la ferme persuasion que tous les hommes vertueux seront bien reçus dans la maison de leur père ; sans elle, je serais tenter de blasphémer Dieu lui-même. Enfin, avec la vie future, je comprends l'avertissement de la conscience qui nous menace, non pas de la vindicte humaine, mais de la justice divine ; sans elle, la conscience est comme non avenue. Que dis-je ? la conscience est une contradiction perpétuelle, un ridicule préjugé, un non-sens.

Donc, si Dieu est juste, c'est-à-dire si Dieu existe, cette

vie étant pleine d'inégalités et d'injustices, il doit y en avoir une autre où tout sera réparé.

5° *Conséquences de l'hypothèse contraire.* Supposons que tout finit au tombeau, et qu'il n'y a rien à espérer ni à craindre au delà. Dites-moi sincèrement ce que vous avez à faire ici-bas, passagers d'un jour également mortels, tous condamnés par arrêt fatal à être plongés dans le néant, quels qu'aient été vos actes, vos pensées, vos intentions, vos vertus ou vos crimes, vos renoncements ou votre égoïsme.

Il est facile de deviner la réponse ; tous diront, et même les meilleurs : S'il en est ainsi, jouissons, soyons heureux, notre vie ne dût-elle durer qu'une heure !

Les sophistes l'ont admirablement compris : pour dépraver l'homme, pour l'asservir à ses mauvais instincts, il suffit de détruire ses espérances d'avenir.

Et, en vérité, l'hypothèse admise, qui vous arrêtera ? — Les lois ? vain obstacle ! si vous êtes le plus fort, vous les briserez ; si vous êtes le plus faible, vous les éluderez. — L'intérêt ? Mais si tout finit avec la vie, votre premier, ou plutôt votre unique intérêt, est de vous procurer le bonheur. Les autres intérêts, qui le contrediraient, doivent disparaître devant lui ; et, comme l'arbre qui brise ou tourne tous les obstacles qui s'opposent à l'extension de ses racines, brisons, direz-vous, ou tournons tous les intérêts, toutes les passions, tous les hommes qui s'opposent à notre fin ; car, aller à notre fin est notre devoir, si l'on a un devoir à remplir, lorsqu'on n'a pas de justice à espérer. La conscience ? Mais, nous l'avons maintes fois prouvé, la conscience est un préjugé. Elle avertit, elle juge au nom d'une loi que nous ne connaissons pas et qui n'a plus d'autorité, puisqu'elle n'a pas de sanction. Les mots *bien* et *mal vice* et *vertu*, n'ont plus de signification, ou mieux nous appelons *bien* ce qui est conforme à notre intérêt, et *mal*, ce qui s'y oppose. Nous appelons *vertueux* celui qui satisfait ses appétits, et *vicieux* le maladroit qui ne sait ni jouir ni échapper aux conséquences fâcheuses de ses actes. Alors, plus de règle, car l'intérêt, étant essentiellement variable et personnel, ne saurait être gouverné par des lois absolues ; et enfin plus de morale, car la morale est une règle de conduite.

S'il n'y a plus de morale, il ne saurait y avoir non plus de société. La société repose sur la justice; et la justice, dans l'hypothèse, n'est qu'un vain mot, qu'une loi qui n'est pas une loi, puisque au-dessus d'elle nous concevons l'intérêt.

Or, imaginez une réunion d'hommes où il n'y aurait ni morale, ni croyance en la vie future, ni croyance en un Dieu juste et bon, et vous aurez l'idée d'un nouveau chaos. La force sera le droit; le monde, une arène où, le succès dominant, le plus vigoureux ou le plus rusé sera roi. Une guerre perpétuelle, engendrée par tant de passions et d'intérêts contradictoires, produira d'abord la misère, puis la diminution et enfin la destruction de l'espèce.

Voilà les conséquences, affaiblies plutôt qu'exagérées, de la négation de la vie future. Elles complètent la démonstration qui peut se résumer en ces termes : S'il y a un Dieu juste et bon, si la conscience n'est pas un non-sens, si notre constitution morale est une marque de notre fin, il y a une vie future. Et ces preuves incontestables contre lesquelles je cherche en vain une objection spécieuse, s'ajoutent aux premières, leur communiquent une force qu'elles n'avaient pas, et forment avec elles un faisceau qui résiste à toutes les attaques.

Toutefois, avant de terminer, ne négligeons pas une objection souvent reproduite et qui pourrait nous être adressée : « Si vous accordez une telle importance à la vie future, si vous faites dépendre de l'immortalité de l'âme la morale tout entière, vous substituez la sanction au fondement de la loi. Il s'ensuit que votre morale est une morale intéressée, car elle ne recommande pas de faire le bien pour le bien, mais en vue de la récompense ultérieure. »

Argumenter ainsi, ce serait se méprendre étrangement sur notre pensée. Nous ne faisons pas de la vie future le *fondement* de la loi: nous croyons qu'elle n'en est que la *sanction*. Nous n'estimons pas que les spéculateurs qui n'ont en vue que la récompense divine fassent assez pour l'obtenir ; mais nous sommes convaincu que l'idée de cette récompense, complément logique de la conception du bien, est le soutien du faible, de même que l'idée d'un châtiment ultérieur est l'effroi du méchant. Nous prenons l'homme tel qu'il est, et nous ne connaissons pas le sage du stoïcisme qui est au-dessus des dieux et qui vit combattant pour le bien sans l'espérance d'une vie meilleure. Nous accomplissons les commandements de la loi, non parce que c'est notre intérêt, mais parce que c'est notre devoir. Cependant, au fond, il est bon que notre devoir et notre intérêt soient réunis et conspirent ensemble.

DE LA DURÉE DES PEINES ET DES RÉCOMPENSES.

La philosophie a démontré l'existence d'une vie future. Cette vérité est au-dessus de toutes les attaques des sophistes qui, en cherchant à l'ébranler, reconnaissent qu'elle est enracinée dans les âmes.

Mais suffit-il à ma tranquillité de savoir qu'il y a une vie future, des récompenses et des peines qui attendent ceux qui ont bien ou mal vécu ? La croyance en la justice divine suffit-elle pour tenir en bride les passions humaines ? N'est-il pas indispensable de connaître comment cette justice s'exercera ou quelle sera la durée des peines et des récompenses ?

Qu'on ne dise pas qu'il importe peu de connaître comment et combien de temps s'exercera la justice, si l'on comprend déjà qu'elle doit s'exercer et qu'elle est inévitable.

Tenir un pareil langage, ce serait s'inscrire en faux contre l'expérience de tous les jours. Combien de coupables qui, avant de commettre un crime, en ont calculé la portée et les suites ! ils ont parcouru les degrés de la pénalité et se sont déterminés après. Quel châtiment auront-ils à subir, si leur crime est découvert ? La punition sera-t-elle perpétuelle ou temporaire ? Jouent-ils leur tête ou leur liberté seulement ?

Cette considération exerce une grandre influence, non pas sur celui qui éprouve une première tentation de mal faire, mais sur celui dont la révolte contre la société est permanente et qui, habitué à violer la loi et méprisant la voix de la conscience, n'apprécie plus un acte que par ses conséquences.

Or, qu'il s'agisse du jugement des hommes ou de celui de Dieu, la peine n'est efficace que si elle est complétée par la connaissance de la durée de la peine. Le doute, s'il existe sur ce point, donne lieu à des interprétations arbitraires et presque toujours conformes à nos désirs.

Soyons de bonne foi : lorsqu'une passion violente nous sollicite, le sentiment du devoir perd de son énergie. Nous cherchons à nous persuader que nous sommes moins coupables, qu'il y aura indulgence pour notre faiblesse. Nous allons jusqu'à dire : « Eh bien! soit, je serai puni; mais ma peine sera limitée. » Et rien ne nous arrête. Que dis-je? l'espérance d'un châtiment limité que nous laisse l'incertitude où nous sommes, est saisie avec empressement et nous pousse en quelque sorte à accomplir la faute. Mais l'idée d'un supplice sans fin, d'une torture éternelle nous arrêterait : et cette idée, la philosophie ne saurait l'établir.

Lisez avec attention les livres de la sagesse païenne; laissez de côté les épicuriens et les stoïciens qui, par un accord étrange, nient la vie future, et vous ne trouverez chez tous les philosophes, comme dans les religions de l'antiquité, aucune idée précise sur le sort qui nous attend après la mort. — Pythagore seul a posé la question; mais comment l'a-t-il résolue? Il admet une série d'épreuves, une succession d'existences qui doit durer dix mille ans (1). L'âme passe en différents corps d'hommes et d'animaux, plus ou moins élevés dans la hiérarchie, selon qu'elle a bien ou mal vécu.

A ce système on peut faire deux objections : En premier lieu, on ne conçoit une série d'épreuves qu'autant qu'elles ont un lien entre elles, et ce lien, c'est le souvenir. J'ai mal agi, je meurs et je suis puni de mon inconduite en étant enfermé dans un corps d'un ordre inférieur. Mais, pour que

---

(1) Ce point est contesté; la plupart des pythagoriciens admettent une série indéterminée d'épreuves.

cette punition ait un sens, il faut que je me souvienne de mes actes passés, et que je sache pourquoi je suis puni. Or, la doctrine de la métempsycose ne fait pas mention de la mémoire (1). Pythagore seul, par un privilége particulier, se souvenait de son existence antérieure.

En deuxième lieu, après les dix mille ans, que devenons-nous ? L'épreuve accomplie, quel est notre sort ? La question reste donc tout entière, et notre philosophe ne la résout pas.

La philosophie, dans les temps modernes, a quelquefois posé le problème. Les uns, admettant l'éternité des récompenses, rejettent l'éternité des peines, comme si la créature capable de mériter un prix infini n'était pas capable de mériter une punition sans fin.

D'autres ont repris le système de Pythagore, en essayant, mais sans succès, de le rajeunir.

D'autres enfin ont déclaré que la raison est impuissante à résoudre la question.

C'est également notre conclusion; c'est ainsi que nous arrivons à proclamer la nécessité de la foi qui, selon nous, donne aux enseignements de la raison un complément indispensable. La religion nous instruit, non pas partiellement, mais complétement du sort qui nous attend après la mort : Seule, elle révèle quelle est la sanction définitive et complète de la loi morale.

QUESTIONS ACCESSOIRES

1° Examiner l'opinion des premiers stoïciens qui, sans établir l'immortalité de l'âme, commandent d'obéir à la raison et de détruire les passions.

2° Quelles sont les raisons qui ont porté plusieurs philosophes modernes à reprendre l'hypothèse pythagoricienne sur la migration des âmes.

Consulter SAINT AUGUSTIN, *Soliloques;* BOSSUET, *de la Connaissance de Dieu et de soi-même*, chap. IV; LEIBNITZ, *Pensées.* SAISSET, *Philosophie religieuse;* CARO, *de l'idée de Dieu.*

(1) La vie actuelle n'est-elle pas le premier degré de la série des épreuves? seule réponse possible des pythagoriciens; mais comment le prouver?

QUATRIÈME PARTIE

NOTIONS D'ÉCONOMIE POLITIQUE

I

Définition. — Aperçu historique. — Questions à traiter.

DÉFINITIONS.

L'économie politique, nous l'avons déjà dit, est *la science des lois de la production, de la distribution et de la consommation de la richesse.*

Elle a pour principal objet de *mettre d'accord les intérêts divers, en vue de l'équité et de l'intérêt commun* (1).

Science morale (2), elle a avec la morale proprement dite des liens étroits. La plupart des questions qu'elle traite supposent une connaissance approfondie de nos droits et de nos devoirs : la propriété, le travail, le légitime exercice de l'activité humaine, l'examen et la réfutation des théories qui substituent à l'effort et à l'initiative de l'individu une sorte d'absorption collective, et qui abolissent implicitement la liberté et la propriété personnelles.

APERÇU HISTORIQUE.

L'économie politique est une science récente. « L'éru-

---

(1) Suivant Bastiat, l'économie politique a pour objet l'*homme* considéré au point de vue de ses besoins et des moyens par lesquels il lui est donné d'y pourvoir.

(2) Trouver les meilleures conditions d'existence d'un individu ou d'un peuple, n'est-ce pas contribuer à l'amélioration morale de cet individu et de la société dont il fait partie ?

dition qui en recherche les origines jusque dans les ouvrages d'Aristote ou de Xénophon, pourrait remonter plus loin encore, parce que, depuis le jour où l'homme a commencé à vivre sur la terre, il y a eu du travail dépensé, de la richesse créée et consommée, en un mot des phénomènes économiques et, par suite, des intérêts et des institutions dérivant de ces phénomènes.

« Mais, en vérité, c'est seulement à l'époque où le développement de l'industrie et du commerce a donné aux faits économiques une importance considérable, où la politique a dû compter sérieusement avec eux, et où, d'autre part, le sentiment de l'humanité a induit à rechercher les meilleures conditions d'existence d'une population, que l'observation scientifique s'est portée de ce côté, et que des philosophes se sont appliqués à découvrir les lois générales qui régissent ces phénomènes complexes (1). »

On peut dire que l'économie politique, qui était en germe dans toutes les organisations sociales préexistantes, a pris naissance, en tant que science, au dix-huitième siècle.

Citons les principaux économistes :

Quesnay (né à Méry, Seine-et-Oise, en 1694, mort en 1774) affirme le premier, dans son *Tableau économique*, le grand principe de la liberté du travail ; Dupont de Nemours (né à Paris, en 1739, mort en 1817) expose et développe les idées de Quesnay dans sa *Physiocratie;* de là le nom de *physiocrates*. Toute la richesse, selon eux, est un produit de la nature ou du sol. Ce point de vue est étroit et trop exclusif ; mais l'éternel honneur des physiocrates, c'est d'avoir proclamé l''existence des lois économiques.

Turgot, leur contemporain et ami (né à Paris, en 1727, mort en 1781), est l'auteur de la fameuse *Lettre au Roi*, où il propose de grandes réformes, telles que l'abolition des jurandes, et attaque avec force, en s'inspirant des idées de Gournay (né à Saint-Malo en 1712, mort en 1759), les systèmes prohibitifs, les privilèges et le monopole des corporations.

(1) LEVASSEUR, *De l'enseignement de l'économie politique,* introduction à l'exposé élémentaire de M. Worms.

De l'autre côté du détroit, un grand philosophe, Adam Smith (né en 1723, à Kickaldy, en Écosse, mort en 1790), pose les principes de la science dans un ouvrage dont le titre indique nettement l'objet : *Recherches sur la nature et les causes des richesses des nations*. Ami des physiocrates, de Quesnay et de Turgot, il met à profit leurs idées et agrandit le cercle des études économiques, en faisant une large part à l'industrie manufacturière, aux capitaux, à la division du travail.

Les économistes français du dix-neuvième siècle marchent sur les traces de Smith. Ils complètent ou subdivisent le programme des questions économiques. Ils rectifient quelques-unes des assertions émises sur la propriété et le travail; ils défendent la liberté commerciale et le libre échange, vérités ou principes à peine entrevus par leurs devanciers et dont, grâce à leurs travaux, l'exactitude et la fécondité ne sont plus contestés (1).

La définition que nous avons donnée de l'économie politique contient les questions qui feront l'objet de cette étude rapide :

1° Quels sont les agents producteurs de la richesse ?

2° En quoi consistent et comment s'opèrent la circulation et la distribution des diverses richesses ?

3° Comment la richesse est-elle consommée et quelles sont les formes de la consommation (2) ?

Nous ne ferons que toucher les points essentiels ; pour le détail, nous renvoyons aux traités spéciaux.

———

Consulter, outre les grands traités de Smith et de

---

(1) Il serait trop long d'énumérer tous ceux qui, de nos jours, ont pris part à la vulgarisation de ces vérités. Mentionnons J.-B. Say (né à Lyon en 1807, mort en 1832), auteur d'un *Cours complet d'économie politique*; Frédéric Bastiat (né à Bayonne, en 1801, mort en 1350); ses *Harmonies économiques* sont un chef-d'œuvre d'exposition lumineuse, de bon sens spirituel. Nommons encore d'éminents économistes contemporains : MM. Michel Chevalier, Wolowski, J. Garnier, Levasseur, Baudrillart, etc.

(2) L'énoncé même des questions posées indique l'importance et l'utilité de cette étude. « Il est certain, dit Stanley-Jevons, que *si on n'enseigne pas au peuple une économie politique vraie, il s'en fabriquera une fausse à sa façon.* » De là l'impérieuse nécessité de faire entrer la science économique dans tous les programmes d'enseignement.

J.-B. SAY, les *Éléments de l'économie politique* de Joseph GARNIER; l'*Exposé élémentaire de l'économie politique* de WORMS; le petit *Manuel d'économie politique* d'Otto HUBNER; les *Harmonies politiques* de BASTIAT; l'*Économie politique,* de STANLEY-JEVONS; la *Propriété* de THIERS (1).

II

Production de la richesse.

Besoins de l'homme et fonction de la richesse. — Agents de la production : la matière, le travail, l'épargne, le capital, la propriété.

I. — BESOINS DE L'HOMME.

« Il est peut-être impossible, et, en tous cas, il ne serait pas fort utile de présenter une nomenclature complète et méthodique des besoins de l'homme. Presque tous ceux qui ont une importance réelle sont compris dans l'énumération suivante :

« Alimentation, vêtement, logement, conservation et rétablissement de la santé, locomotion, sécurité, instruction, diversion, sensation du beau (2). »

En d'autres termes, nous avons des besoins matériels et des besoins moraux; tous sont impérieux, tous demandent une satisfaction aussi prompte que possible. Sans prétendre les classer, on peut dire que l'homme ne saurait diriger ses efforts vers la satisfaction de l'ordre le plus noble et le plus élevé qu'après avoir pourvu à ceux qui concernent la conservation et l'entretien de la vie.

« Les besoins ne sont pas une quantité fixe, immuable. Ils ne sont pas stationnaires, mais progressifs par nature. Ce caractère se remarque même dans nos besoins maté-

---

(1) Nos lecteurs s'apercevront bien vite, par le grand nombre d'emprunts que nous avons faits à ces économistes, que ces notions sont moins un exposé doctrinal qu'un résumé, avec citations à l'appui, des théories économiques qui nous ont paru incontestées et incontestables. Si quelque chose nous appartient, c'est le lien qui unit ces fragments.

(2) BASTIAT, *Harmonies économiques*, ch. III.

riels; il devient plus sensible à mesure qu'on s'élève à ces désirs et à ces goûts intellectuels qui distinguent l'homme de la brute (1). »

Tout besoin est un stimulant, tout effort tenté pour le satisfaire est une peine, une souffrance. Nous cherchons à diminuer cette souffrance, mais ne pouvons la supprimer. « Ce serait une illusion de croire que la société, qui est l'association générale des hommes, trouvera jamais le moyen de faire disparaître entièrement la peine de ce monde, c'est-à-dire le stimulant des besoins et les efforts qu'exige leur satisfaction (2). »

FONCTION DE LA RICHESSE.

On entend par *richesse toute chose qui satisfait un de nos besoins physiques ou moraux* : un verre d'eau, un morceau de pain, un journal, un chant font partie de la richesse, puisqu'ils satisfont un de ces besoins.

« La qualité qui rend les choses propres à satisfaire nos besoins se nomme *utilité*.

» Il y a cette différence entre la *richesse* et l'*utilité* que la première désigne les objets dans lesquels réside la qualité exprimée par la seconde (3). » Ainsi, la charrue est pour le cultivateur une *richesse* dont l'*utilité* est de lui faciliter le labour de la terre.

De l'*utilité* d'un objet dépend sa *valeur*, qui varie avec un grand nombre de circonstances, notamment avec le besoin, plus ou moins grand, que l'on a de cet objet, avec sa rareté, avec la difficulté de se le procurer au moyen d'un échange. Il y a, par conséquent, des choses utiles qui n'ont pas de valeur au sens économique, telles que l'air, la lumière, l'électricité, etc., attendu qu'elles ne manquent à personne.

En sorte que la richesse se partage en trois grandes classes : 1° les *richesses naturelles*, réparties entre tous les

---

(1) BASTIAT, *Harmonies économiques*, ch. III.
(2) GARNIER, *Eléments d'économie politique*, ch. 1er.
(3)   Id.   Id.

hommes d'une manière plus ou moins égale. 2° Les *richesses acquises*, obtenues par le travail et l'effort persévérant. L'air est une richesse *naturelle;* le vêtement que vous portez est une richesse *acquise*. 3° Les richesses à la fois *naturelles* et *acquises*, telles que le sol cultivé et les facultés de l'esprit et du corps, développées par l'éducation (1).

II. — AGENTS DE LA PRODUCTION.

« *Produire*, c'est créer de la richesse, c'est donner de l'utilité ou de la valeur aux choses ; c'est encore augmenter celle qu'elles ont déjà (2). »

Mais, à vrai dire, l'homme ne crée rien ; il ne fait que modifier, pour les faire servir à son usage, les choses, sol, plantes, animaux, que la nature a mises à sa disposition. Le progrès dans la production, c'est d'obtenir la richesse avec le moins d'efforts possible (3).

Les agents de la production sont : la matière, le travail, l'épargne, le capital et la propriété.

1° LA MATIÈRE.

Sous ce terme général, nous comprenons non seulement la terre, mais encore les agents naturels, tels que l'air, la lumière, la chaleur, etc. Toutefois, la terre est l'instrument essentiel de la production.

« Notre nourriture croît surtout à la surface de la terre, comme le grain, les pommes de terre, le bétail, le gibier, etc.; nos habits sont surtout faits de coton, de lin, de laine, de peaux, recueillis de la même manière. Les minéraux et les métaux s'obtiennent en creusant des puits et des galeries dans la croûte terrestre. Les rivières, les

---

(1) GARNIER, *Eléments de l'économie politique*, ch. II.
(2) Id.   Id.
Ne perdons pas de vue que l'*utilité* est la qualité des choses propres à satisfaire nos besoins, et la *valeur*, la qualité des choses *utiles* comme moyens d'échange.
(3) Remarque analogue à celle qui a été faite pour les modifications apportées dans les mots, substitution d'une consonne à une autre, suppression de certaines lettres, afin de faciliter la prononciation des mots. Partout et en tout, l'homme cherche le moindre effort.

lacs, les mers sont des sources importantes de richesse; ils nous fournissent des aliments, de l'huile, des os de baleine, des peaux de phoque, etc.

» Nous ne pouvons manufacturer aucun produit sans avoir quelque matière à mettre en œuvre : pour faire une épingle, il nous faut du cuivre, du zinc, de l'étain extraits des mines, et un ruban exige de la soie et des teintures.

» Chaque chose que nous touchons, usons, mangeons ou buvons est faite d'une ou plusieurs substances, et notre premier soin doit être toujours de nous procurer une provision suffisante des divers matériaux utiles (1). »

A la terre et aux agents naturels viennent se joindre, comme matière première, les facultés intellectuelles ou physiques que Dieu nous a données.

2° LE TRAVAIL.

« Dans les champs, les hommes bêchent et labourent, sèment et récoltent; dans les forêts, ils chassent ou abattent péniblement de vieux arbres; sur les mers et les fleuves, ils pêchent ou conduisent au loin des denrées; dans les villages et dans les villes, on forge et on rabote, on file et on tisse, on tamise et on peint, on écrit, on calcule, on coud, on tricote.

» Voilà ce qu'on appelle travailler.

» Il est d'autres personnes encore dont le travail, pour être moins remarqué et pour ne point s'appliquer à la satisfaction de nos besoins les plus immédiats, comme la nourriture, le vêtement, le logement, etc., n'en sont pas moins utiles et même indispensables à tous. Tels sont, par exemple, le travail du législateur, qui fait les lois d'après lesquelles le pays est gouverné; celui du juge qui, en appliquant ces lois, fait régner la justice parmi les hommes; celui de l'avocat qui nous aide de ses conseils et défend nos intérêts quand ils sont injustement menacés. Tel est aussi celui du médecin, dont la science et les soins contribuent

(1) STANLEY-JEVONS, *L'économie politique*, ch. III, édition populaire.

au rétablissement de notre santé, lorsqu'elle vient à s'altérer; celui du maître qui nous instruit, de l'artiste qui éveille en nous les plus nobles sentiments ou nous divertit, et de bien d'autres encore, qui tous méritent d'être récompensés des services qu'ils nous rendent (1). »

Le travail est la condition de l'existence humaine; c'est une obligation imposée aux individus et aux sociétés pour leur conservation et leur développement régulier (2). Cette obligation, cette loi a été méconnue dans l'antiquité, qui regardait le travail comme chose servile; de là l'esclavage, les castes, les guerres permanentes (3).

L'antiquité ne comprenait pas que la vraie grandeur de l'homme consiste dans le libre développement de ses facultés physiques et morales, et que le travail matériel a sa noblesse comme le travail intellectuel. La culture de la terre et les ouvrages manuels étaient regardés comme indignes du citoyen. Caton surveillait avec une sévère attention le travail de ses esclaves, mais il dédaignait d'y prendre la moindre part.

Un grand progrès a été accompli. Non seulement le travail est considéré comme une obligation pour l'homme, mais encore comme une des conditions du bonheur. S'il est modéré, il donne la force et la santé, il rend la vie aimable et l'humeur gaie. L'excès seul produit une souffrance et, par suite, un dégoût qui n'est pas sans quelque ressemblance avec l'ennui produit par l'oisiveté. Mais l'excès dans le travail est un accident ou une exception que l'on peut presque toujours prévenir ou faire cesser.

Entendu au sens économique, le *travail est l'effort accompli pour produire une richesse;* et nous l'avons déjà dit, le but de la science est de diminuer le plus possible cet effort.

Toute production de richesse demande un effort, mais la richesse étant variée, l'effort ou le travail est lui-même varié. Il y a donc autant de sortes de travaux qu'il y a de

---
(1) Otto HUBNER, *Petit manuel d'économie politique*, ch. 1er.
(2) LESCARRET, *Simples notions d'économie politique*, ch. II.
(3) *Id.*

catégories d'objets auxquels le travail peut s'appliquer : agriculture, industries diverses, extraction des métaux et du charbon de terre, construction des machines et des instruments de travail pour chaque métier ou profession, manufactures (1), commerce.

La diminution de l'effort est favorisée par la division du travail et par l'association des travailleurs. Prenons pour exemple la fabrication d'une montre : que cette fabrication soit confiée à un ouvrier, quelles que soient son activité et son application, il lui faudra une année, ou au moins plusieurs mois pour en faire et en ordonner toutes les pièces. Qu'au contraire plusieurs ouvriers se mettent à l'œuvre, chacun faisant sa pièce et, par suite de l'habitude, arrivant à la faire bien et promptement, le travail sera singulièrement abrégé, la main-d'œuvre sera beaucoup mieux rétribuée et le prix de la montre sera infiniment moindre.

Visitez les fabriques de la Franche-Comté et de la Suisse (horlogerie, tourne-broches, mètres en buis ou en acier, etc.), et vous serez frappé des résultats de la division du travail, du bien-être de l'ouvrier et du bon marché de l'œuvre.

Voyez encore une fabrique d'épingles ou d'aiguilles : un seul ouvrier suffirait à peine à produire dans sa journée ce qui est vendu 5 ou 6 centimes; plusieurs ouvriers faisant chacun un travail spécial, arrivent à fabriquer, dans le même temps, cent fois plus et mieux.

La division du travail est, comme la division des sciences, un moyen excellent d'augmenter le savoir ou le savoir-faire de chacun, d'accroître son salaire ou son bien-être et de diminuer sa peine.

4° L'ÉPARGNE.

L'épargne est un acte de prévoyance; elle est non seule-

---

(1) Étymologiquement, une manufacture est un atelier où le travail est fait à la main; mais, depuis la découverte d'instruments qui abrègent et rendent moins fatiguant le travail de l'ouvrier, la plupart des manufactures emploient les machines. Le nom est resté le même, mais la chose est singulièrement modifiée.

ment une richesse, mais un moyen d'accroissement de la richesse acquise ; c'est elle qui engendre le *Capital.*

On la peut définir la *conservation d'une chose actuellement utile,* en vue d'une *utilité ultérieure plus grande que l'utilité présente.*

Il ne faut pas confondre l'épargne avec la parcimonie ou l'avarice. Celui qui ne dépense pas tout le produit de son travail ou tout son revenu ne pourrait être assimilé à celui qui se prive du nécessaire uniquement pour amasser une richesse dont il ne jouira pas plus tard. Epargner ou économiser, c'est penser à l'avenir, après avoir fait la part aux besoins présents.

L'épargne est tout à la fois une vertu et un bon calcul : une vertu, parce qu'il faut faire un effort pour économiser, ne pas se laisser aller à l'attrait du plaisir et du luxe, combattre ses passions et résister aux mauvais exemples ; un bon calcul, parce qu'elle nous met en garde contre les revers de la fortune, parce qu'elle assure le bien-être pour la vieillesse, et aussi parce qu'elle nous permet d'accroître le bien-être de nos enfants, en faisant que l'effort ou le travail soit moindre pour eux qu'il n'a été pour nous.

5° LE CAPITAL (1).

L'épargne crée le capital ; le capital n'est donc qu'un résultat ou mieux qu'une agglomération d'épargnes.

On peut définir le capital : *une richesse acquise et conservée en vue de nous procurer une richesse nouvelle.*

« Sans capital, nous serions fort en peine. L'ingénieux auteur de *Robinson Crusoé* a reculé devant l'idée de nous présenter son héros naufragé sur une île déserte, n'ayant rien, ayant tout à créer de ses mains. Robinson peut tirer des débris du navire des provisions, des vêtements,

---

(1) Dans la langue vulgaire, le mot *capital* désigne uniquement la propriété d'une somme d'argent ; un *capitaliste* est celui qui a beaucoup de capitaux, c.-à-d. qui possède des sommes considérables d'argent enfermées dans ses coffres ou placées à intérêt.

des outils de toute espèce, des armes et des munitions, des animaux domestiques, voire même des livres.

» Mais on a vu de vrais Robinsons réduits à se tirer d'affaire par eux-mêmes, rien qu'avec leur tête et leurs bras; en pareil cas, l'homme qui s'accroche à la vie et qui doit pourvoir seul à ses premiers besoins se fera chasseur, pêcheur, charpentier et maçon; mais, pour mettre à contribution la terre et l'onde, il commencera par se créer des outils, par chercher des matières premières, en un mot, par se faire un petit capital facilitant sa tâche ingrate et compliquée (1), et lui assurant au moins les moyens de vivre, faute de mieux, en attendant un sort plus heureux (2). »

Le capital se compose d'instruments de production, artificiels ou acquis, comprenant :

« Le capital *matériel*, qui embrasse tous les produits : *terre cultivée, provisions, semences, matières premières, machines, outils, bâtiments, animaux domestiques, monnaies*, etc., résultant d'une industrie antérieure.

2° Le capital *moral* : tels que les *clientèles* et les *talents acquis*, inséparables du travail naturel, ce qui donne aux facultés *perfectionnées* de l'homme comme à la terre le double caractère d'instruments *naturels* et d'instruments *acquis* (3). »

On distingue encore le capital *fixe* et le capital *circulant*.

« Le capital fixe consiste en fabriques, machines, outils, navires, chemins de fer, docks, chariots, voitures et autres choses qui durent longtemps, et viennent en aide au travail. Il ne renferme pas cependant toute espèce de propriétés fixes. Les églises, les monuments, les tableaux, les livres, les arbres d'ornement, etc., durent longtemps, mais ils ne sont pas un capital parce qu'ils ne nous aident pas à produire de nouvelles richesses. Ils peuvent faire du bien, donner du plaisir et faire partie de la richesse de

---

(1) *Si ingrate et si compliquée*, qu'on peut difficilement se faire l'idée de ce vrai Robinson.
(2) Habert, *Leçons familières d'économie politique*.
(3) Garnier, *Éléments de l'économie politique*, ch. II.

l'État, mais ils ne sont pas un capital conformément à l'acception du mot.

» Le capital circulant consiste *en nourriture, vêtements, combustible, et autres choses qui sont necessaires pour soutenir les travailleurs occupés à un travail productif*. On l'appelle circulant parce qu'il ne dure pas longtemps.

» Les pommes de terre, les choux, une fois mangés, on doit en cultiver de nouveaux ; les habits s'usent en quelques mois, en un an, il faut en acheter d'autres. Le capital circulant qui existe aujourd'hui dans le pays n'est pas le même qui s'y trouvait il y a deux ans. Le capital fixe au contraire est sensiblement le même : quelques fabriques, peut-être ont été brûlées ou renouvelées, quelques machines ont pu s'user et être remplacées par d'autres, mais ces changements sont relativement faibles, tandis que tout, ou presque tout le capital circulant change en un an ou deux.

» Mais, en réalité, nous ne pouvons distinguer aussi facilement qu'on serait porté à le croire le capital fixe du capital circulant : certains capitaux ne sont ni tout à fait fixes, ni tout à fait circulants. La farine est bientôt mangée, c'est un capital circulant. Un moulin à farine peut durer cinquante ans peut-être, c'est certainement un capital fixe. Mais le sac à farine qui dure dix ans en moyenne est-il un capital circulant ?

« Cela semble difficile à dire. Dans un chemin de fer, la houille et l'huile nécessaires à la locomotive sont usées aussitôt et sont évidemment du capital circulant. Les wagons durent environ dix ans, les locomotives vingt ans et plus, les stations trente ans au moins, il n'y a pas de raison pour qu'avec des soins les ponts, les tunnels et les remblais ne durent pas des centaines d'années. Nous voyons ainsi que le capital est tout à fait une question de temps et nous disons qu'il est d'autant plus fixe qu'il dure ou qu'il continue à être utile plus longtemps, et d'autant plus circulant qu'il est plus vite usé et détruit, et demande ainsi à être plus souvent remplacé (1). »

(1) STANLEY-JEVONS, *l'Economie politique*, ch. V.

VI. — LA PROPRIÉTÉ.

Si l'épargne et le capital reposent sur la conservation volontaire d'une richesse acquise par le travail, ils impliquent nécessairement la liberté de l'agent producteur. Or la liberté, nous l'avons déjà dit, n'est autre chose que la possession de soi-même.

L'idée de propriété ne s'éveille donc, ou mieux ne se précise dans l'entendement humain qu'avec ces deux autres idées : *travail* et *liberté*.

« Chez tous les peuples, quelque grossiers qu'ils soient, on trouve la propriété comme un fait d'abord, et puis comme une idée plus ou moins claire, suivant le degré de civilisation auquel ils sont parvenus, mais toujours invariablement arrêtée. Ainsi le sauvage chasseur a au moins la propriété de son arc, de ses flèches et du gibier qu'il a tué. Le nomade, qui est pasteur, a du moins la propriété de ses tentes et de ses troupeaux. Il n'a pas encore admis celle de la terre, parce qu'il n'a pas encore jugé à propos d'y appliquer ses efforts. Mais l'Arabe qui a élevé de nombreux troupeaux entend bien en être le propriétaire, et vient en échanger les produits contre le blé, qu'un autre Arabe, déjà fixé sur le sol, a fait naître ailleurs. Il mesure exactement la valeur de l'objet qu'il donne contre la valeur de celui qu'on lui cède; il entend bien être le propriétaire de l'un avant le marché, propriétaire du second après. La propriété immobilière n'existe pas encore chez lui. Quelquefois seulement, on le voit pendant deux ou trois mois de l'année se fixer sur des terres qui ne sont à personne, y donner un labour, y jeter du grain, le recueillir, puis s'en aller en d'autres lieux. Mais pendant le temps qu'il a employé à labourer, à ensemencer cette terre, à la moissonner, le nomade entend en être le propriétaire, et il se précipiterait avec ses armes sur celui qui lui en disputerait les fruits. Sa propriété dure en proportion de son travail.

» Peu à peu, cependant, le nomade se fixe et devient

agriculteur, car il est dans le cœur de l'homme d'arriver à avoir son chez lui, comme aux oiseaux d'avoir leurs nids, à certains quadrupèdes d'avoir leurs terriers. Il finit par choisir un territoire, par le distribuer en patrimoines où chaque famille s'établit, travaille, cultive pour elle et sa postérité.

» Alors à la propriété mobilière du nomade succède la propriété immobilière du peuple agriculteur; la seconde propriété naît, et avec elle des lois compliquées, il est vrai, que le temps rend plus justes, plus prévoyantes, mais sans en changer le principe, qu'il faut faire appliquer par des juges et par une force publique. La propriété résultant d'un premier effet de l'instinct devient une convention sociale, car je protège votre propriété pour que vous protégiez la mienne; je la protège, ou de ma personne comme soldat, ou de mon argent comme contribuable, en consacrant une partie de mon revenu à l'entretien d'une force publique.

» Ainsi, à mesure que l'homme se développe il devient plus attaché à ce qu'il possède, plus propriétaire en un mot. A l'état barbare, il l'est à peine, à l'état civilisé, il l'est avec passion. On a dit que l'idée de la propriété s'affaiblissait dans le monde. C'est une erreur de fait. Elle se règle, se précise et s'affermit loin de s'affaiblir. Elle cesse, par exemple, de s'appliquer à ce qui n'est pas susceptible d'être une chose possédée, c'est-à-dire l'homme, et dès ce moment l'esclavage cesse. C'est un progrès dans les idées de justice; ce n'est pas un affaiblissement dans l'idée de la propriété.

» La propriété est donc un fait général, universel, croissant et non décroissant (1). »

En droit, le fondement de la propriété se trouve dans le droit même du producteur sur la chose produite. Et, pour ne parler que de la propriété immobilière, le sol n'est l'œuvre de personne, sinon de la nature ou de Dieu. D'où il résulte que si la force productrice du sol était due exclusivement à la nature, sans l'être, dans aucune me-

(1) THIERS, du *Droit de la propriété*, liv. Ier.

sure, à l'industrie humaine, ou que si l'on pouvait, dans cette force productive, faire la part exacte de la nature et de l'industrie, de la fécondité naturelle du sol et du travail de l'homme, il serait tout à fait contraire à la justice de laisser des individus s'approprier, accaparer le don de la nature, réservé, ce semble, par portions égales, à tous sans distinction (1).

Mais de ce que le fondement de la propriété se trouve dans le travail ou dans le droit du producteur sur la chose produite (2), il ne s'en suit pas que les ouvriers de fabrique, par exemple, puissent revendiquer la propriété des produits auxquels leur activité et leur savoir ont donné le jour. S'ils n'obtiennent qu'un salaire, c'est parce que leur travail n'est pas la seule condition de la production, et qu'ils l'exercent sur des matières premières ou auxiliaires et avec des instruments qu'ils n'ont pas fournis. S'ils mettaient au service de la production toutes les choses qui supposent un travail antérieur, dont les fruits ont été épargnés (capital), ils pourraient à juste titre prétendre à tout le produit, sans avoir à le partager avec qui que ce soit (3).

Du droit de propriété dérivent le droit de transmission de la propriété, avec ses diverses formes: l'échange de la chose possédée, le don, l'hérédité. Il nous semble inutile d'insister sur ce point. Si le produit de mon travail m'appartient, je dois être libre d'en disposer. Supprimer cette liberté, ce serait détruire un des stimulants les plus éner-

---

(1) Cette remarque est la réfutation du célèbre paradoxe de Proudhon : « La propriété est le vol; » d'où cette conclusion logique d'un autre écrivain : « Supprimer la propriété, c'est supprimer le vol. »

(2) WORMS, *Nouveau catéchisme d'économie politique*, liv. II.

(3) S'il était besoin d'insister davantage sur ce droit, nous citerions à l'appui de ce qui vient d'être dit l'existence de la prescription. Au bout de trente années, celui qui a exploité une partie du sol, sans qu'il y eût contrat entre lui et le propriétaire de ce sol, sans que ce dernier ait protesté, le fait même de cette possession par le travail équivaut, dans notre droit positif, à un titre de propriété. Code civil, art. 2262.

D'autres raisons sans doute justifient la prescription, telle que l'utilité qu'il y a à prévenir les contestations sur la propriété et les procès; mais à notre sens, la raison principale est tirée du travail, considéré comme fondement du droit de posséder.

giques de l'activité humaine et porter la plus grave atteinte à l'ordre social.

III

Circulation et distribution des richesses.

L'échange. — La monnaie. — Le crédit. — Le salaire. — L'intérêt.

De ce qui précède, il résulte qu'on peut regarder comme incontestables les propositions suivantes :
1° Que la société est l'état naturel de l'homme, et que chacun de ses membres a besoin du secours de ses semblables pour la satisfaction de ses besoins physiques, intellectuels et moraux ;
2° Que, par conséquent, toute production suppose une collection ou une succession d'efforts ;
3° Que tout producteur est le possesseur de ce qu'il a produit ;
4° Que la richesse acquise est un moyen de se procurer une richesse autre que celle qu'on possède.

C'est cette possibilité, cette nécessité d'acquérir un objet utile, en donnant un autre objet utile d'une valeur égale, qui engendre la circulation des richesses par l'échange.

1° L'ÉCHANGE.

L'échange consiste donc *à donner les choses dont nous n'avons pas ou dont nous avons moins besoin en retour des choses dont nous avons un besoin plus grand*, ou, comme dit Génovési, *à donner le superflu pour le nécessaire* (1).

« L'échange se résume dans les formules suivantes, qui sont à peu près synonymes :

Produits contre *produits* (J.-B. Say) ;

Services contre *services* (Bastiat) ;

Travail contre *travail*.

Ou, plus clairement, dans cette formule qui embrasse les précédentes : *produit, travail* et *services* contre *produit,*

---

(1) STANLEY-JEVONS, *l'Economie politique*, ch. XI.

travail et *services ;* formule qui peut se résumer dans celle-ci : *valeurs* contre *valeurs.*

» C'est un principe incontestable et désormais incontesté dans la science (1) que *tout produit s'achète par un produit.* Et ce qui est vrai pour les individus est vrai pour les nations. La richesse d'un pays devient la richesse des autres pays au moyen de l'échange : nous exportons nos vins, nos eaux-de-vie, nos papiers, etc.; nous importons la houille de l'Angleterre, le coton de l'Amérique, les peaux et les cuirs de Russie, etc. »

Frédéric Bastiat a exposé, dans quelques pages d'un style charmant, la nature et les bienfaits de l'échange ; on nous saura gré de les citer ici.

« Le menuisier de village.

» Prenons un homme appartenant à une classe modeste de la société, un menuisier de village, par exemple, et observons tous les services qu'il rend à la société et tous ceux qu'il en reçoit; nous ne tarderons pas à être frappés de l'énorme disproportion apparente.

» Cet homme passe sa journée à raboter des planches, à fabriquer des tables et des armoires; il se plaint de sa condition et, cependant, que reçoit-il en réalité de cette société, en échange de son travail ?

» D'abord, tous les jours, en se levant, il s'habille, et il n'a personnellement fait aucune des nombreuses pièces de son vêtement. Or, pour que ces vêtements, tout simples qu'ils sont, soient à sa disposition, il faut qu'une énorme quantité de travail, d'industrie, de transports, d'inventions ingénieuses ait été accomplie. Il faut que des Américains aient produit du coton; des Indiens, de l'indigo; des Français, de la laine et du lin, des Brésiliens, du cuir ; que tous ces matériaux aient été transportés en des villes diverses, qu'ils y aient été ouvrés, filés, tissés, teints, etc.

» Ensuite, il déjeune. Pour que le pain qu'il mange lui arrive tous les matins, il faut que des terres aient été

---

(1) GARNIER, *Éléments d'économie politique,* ch. XV.

défrichées, closes, labourées, fumées, ensemencées ; il faut que les récoltes aient été préservées avec soin du pillage ; il faut qu'une certaine sécurité ait régné au milieu d'une innombrable multitude ; il faut que le froment ait été récolté, broyé, pétri et préparé ; il faut que le fer, l'acier, le bois, la pierre aient été convertis, par le travail, en instruments de travail ; que certains hommes se soient emparés de la force des animaux, d'autres du poids d'une chute d'eau, etc. ; toutes choses, dont chacune prise isolément, suppose une masse incalculable de travail mise en jeu, non seulement dans l'espace, mais dans le temps.

» Cet homme ne passera pas sa journée sans employer un peu de sucre, un peu d'huile, sans se servir de quelques ustensiles.

» Il enverra son fils à l'école, pour y recevoir une instruction qui, quoique bornée, n'en suppose pas moins des recherches, des études antérieures, des connaissances dont l'imagination est effrayée.

» Il sort, il trouve une rue pavée et éclairée.

» On lui conteste une propriété : il trouvera des avocats pour défendre ses droits, des juges pour l'y maintenir, des officiers de justice pour faire exécuter la sentence ; toutes choses qui supposent encore des connaissances acquises, par conséquent des lumières et des moyens d'existence.

» Si notre artisan entreprend un voyage, il trouve que, pour lui épargner du temps et diminuer sa peine, d'autres hommes ont aplani, nivelé le sol, comblé des vallées, abaissé des montagnes, joint les rives des fleuves, amoindri tous les frottements, placé des véhicules à roues sur des blocs de grès ou des bandes de fer, dompté les chevaux ou la vapeur, etc.

» Il est impossible de ne pas être frappé de la disproportion, véritablement incommensurable, qui existe entre les satisfactions que cet homme puise dans la société et celles qu'il pourrait se donner, s'il était réduit à ses propres forces. J'ose dire que dans une seule journée il consomme des choses qu'il ne pourrait produire lui-même en dix siècles.

» Ce qui rend le phénomène plus étrange encore, c'est que tous les autres hommes sont dans le même cas que lui.

» Chacun de ceux qui composent la société a absorbé des millions de fois plus qu'il n'aurait pu produire, et cependant ils ne se sont rien dérobé mutuellement. Et si l'on regarde les choses de près, on s'aperçoit que ce menuisier a payé en services tous les services qui lui ont été rendus. S'il tenait ses comptes avec une rigoureuse exactitude, on se convaincrait qu'il n'a rien reçu sans le payer, au moyen de sa modeste industrie; que quiconque a été employé à son service, dans le temps ou dans l'espace, a reçu ou recevra sa rémunération.

» Il faut donc que le mécanisme social soit bien ingénieux, bien puissant, puisqu'il conduit à ce singulier résultat, que chaque homme, même celui que le sort a placé dans la condition la plus humble, a plus de satisfactions en un jour qu'il n'en pourrait produire en plusieurs siècles. »

CONSIDÉRATIONS SUR L'ÉCHANGE

» Nous travaillons pour nous nourrir, vêtir, abriter, éclairer, défendre, instruire les uns les autres. De là les *services* réciproques. Ces services nous les comparons, nous les discutons, nous les évaluons : de là *la valeur*.

» La valeur est le *rapport de deux services échangés*.

» L'idée de *valeur* est entrée dans le monde la première fois qu'un homme ayant dit à son frère : fais ceci pour moi, je ferai cela pour toi, — ils sont tombés d'accord ; car alors pour la première fois on a pu dire : les deux services *se valent*.

» Une foule de circonstances peuvent augmenter l'importance ou la valeur d'un *service*. Nous le trouvons plus ou moins grand, selon qu'il nous est plus ou moins utile, que plus ou moins de personnes sont disposées à nous le rendre, qu'il exige d'elles plus ou moins de travail, de peine, d'habileté, de temps, d'études préalables; qu'il nous en épargne plus ou moins à nous-mêmes.

» Non seulement la valeur dépend de ces circonstances,

mais encore du jugement que nous en portons ; car il peut arriver et il arrive souvent que nous estimons très haut un service, parce que nous le jugeons fort utile, tandis qu'en réalité il nous est nuisible. C'est pour cela que la vanité, l'ignorance, l'erreur ont leur part d'influence sur ce rapport essentiellement élastique et mobile que nous nommons *valeur;* et l'on peut affirmer que l'appréciation des services tend à se rapprocher d'autant plus de la vérité et de la justice absolues que les hommes s'éclairent, se moralisent et se perfectionnent davantage (1). »

La variation de la valeur dépend donc de l'énergie du besoin *réel* ou *factice*, qui provoque la *demande*, et de la quantité de production qui provoque l'*offre*.

2° LA MONNAIE.

« La forme primitive de l'échange, c'est le troc. Deux personnes, dont chacune éprouve un désir et possède l'objet qui peut satisfaire le désir de l'autre, se font cession réciproque, ou bien elles conviennent de travailler séparément chacune à une chose, sauf à partager dans des proportions débattues le produit total. Voilà le *troc*, qui est, comme diraient les socialistes, l'échange, le trafic, le commerce embryonnaire. Nous remarquons deux désirs comme mobiles, deux efforts comme moyens, deux satisfactions comme résultat ou comme consommation de l'évolution entière, et rien ne diffère essentiellement de la même évolution accomplie dans l'isolement, si ce n'est que les désirs et les satisfactions sont demeurés, selon leur nature, intransmissibles, et que les efforts seuls ont été échangés ; en d'autres termes, deux personnes ont travaillé l'une pour l'autre, elles se sont rendues mutuellement service.

» Aussi c'est là que commence véritablement l'économie politique, car c'est là que nous pouvons observer la première apparition de la valeur. Le troc ne s'accomplit qu'à la suite d'une convention, d'un débat ; chacune des

---

(1) BASTIAT, *Harmonies économiques*, V.

parties contractantes se détermine par la considération de son intérêt personnel, chacune d'elles fait un calcul dont la partie est celle-ci : Je troquerai si le troc me fait arriver à la satisfaction de mon désir avec un moindre effort (1). »

Mais le troc présente beaucoup de difficultés et ne se prête qu'à un petit nombre de transactions. De là la nécessité d'un instrument de circulation, d'un mode d'échange plus commode et plus rapide.

Quand le besoin d'un mouvement de circulation se fit sentir, les peuples songèrent d'abord aux objets qui se trouvaient à leur portée, et dont ils faisaient un plus grand cas, un usage plus fréquent (2). Les habitants des pays froids furent amenés à se servir du cuir et de la peau des animaux. Chez les anciens Russes, on employait les peaux de martre et d'écureuil, le vainqueur réclamait souvent son tribut en peaux; plus tard, des morceaux peints de fourrures représentèrent, dans la circulation, des peaux tout entières, et ce ne fut qu'au quinzième siècle que la monnaie de peau tomba en désuétude. Cependant, aujourd'hui encore, la peau de castor sert à mesurer les prix dans la baie d'Hudson, et Maryat nous rapporte qu'au commencement de ce siècle, des peaux étaient acceptées en payement au-delà des montagnes de l'Alleghany.

C'est aux mêmes fins que les Mongols emploient certains gâteaux qu'on tire d'une qualité de thé inférieure, et qui donnent une boisson généralement estimée.

Les coquillages ont depuis les époques les plus reculées fait fonction de menue monnaie en Chine, dans une partie de l'Inde, en Arabie et en Afrique jusqu'aux côtes occidentales (3).

L'usage des métaux, comme instruments d'échange, est beaucoup plus général et remonte à une époque non moins ancienne.

---

(1) BASTIAT, *Harmonies économiques*.
(2) La première monnaie fut, dans certaines contrées, le bétail; argent, en latin, se dit *pecunia*, de *pecus*, troupeau.
(3) WORMS, *Exposé élémentaire de l'économie politique*, liv. II.

On a employé et on emploie encore le fer et le cuivre (menue monnaie), l'or et l'argent. Ces métaux, les derniers surtout, qu'on nomme métaux précieux, ont une valeur réelle, abstraction faite de leur valeur représentative ; l'or et l'argent ont des qualités qui justifient le choix qu'on en a fait : ils sont durs, divisibles, fusibles, aptes à prendre une forme et à recevoir une empreinte, inaltérables à l'air, aisés à transporter, d'une valeur peu variable (1) et reconnue chez tous les peuples.

Mais le transport d'une forte somme d'or et surtout d'argent ne laisse pas de présenter certaines difficultés. De là l'invention du papier-monnaie, des billets de banque, chèques, billets à ordre, traites, etc. Chacun accepte ces billets en échange de marchandises, s'il croit que d'autres personnes les accepteront et qu'ils seront convertis, lorsqu'il le voudra, en monnaie métallique (2).

La valeur du papier-monnaie varie donc avec la confiance qu'inspire celui qui le met en circulation. Un négociant, dont la probité est incontestée, dont l'avoir paraît solidement assis, émet un billet : ce billet est reçu dans le commerce comme ayant, déduction faite de l'intérêt ou de l'escompte, une valeur égale à une somme d'argent s'élevant au même chiffre. Et il en est pour les nations comme pour les individus : la rente, qui représente l'annuité de la dette publique, est chose vénale et monte ou baisse selon le degré de confiance qu'inspire la fortune nationale. Dans tels pays, l'emprunt donne lieu à un intérêt de 7, 8, 10 pour cent, parce qu'il y a ou pourrait y avoir quelque chance de non payement; dans d'autres, l'intérêt est bien plus considérable. En France, la rente s'élève beaucoup au-dessus du pair. Elle a fléchi dans les époques de troubles ou de revers; mais elle s'est bientôt relevée avec la consolidation de l'ordre des choses établi.

---

(1) Nous ne disons pas *invariable,* car le changement de valeur, pour être moins sensible et moins brusque que dans les autres objets, n'est pas moins réel. L'exploitation des mines de Californie a exercé une influence réelle sur la valeur de l'or et de l'argent.

(2) STANLEY-JEVONS, *l'Économie politique,* ch. XII.

3° LE CRÉDIT (1).

La confiance accordée à celui qui emprunte se nomme *crédit;* le crédit croît ou diminue avec le degré plus ou moins grand d'exactitude que l'emprunteur apporte dans le payement de la dette à l'époque fixée pour le payement.

Le crédit est une chose très importante, car, bien employé, *il place la propriété dans les mains de ceux qui la feront le mieux valoir.* Beaucoup de gens qui ont une certaine propriété sont incapables de se mêler d'affaires : les femmes, les enfants, les vieillards, les invalides, etc. Il y a, d'autre part, beaucoup d'hommes habiles et actifs qui pourraient établir des manufactures, exploiter des mines, faire du commerce, s'ils avaient seulement assez d'argent pour acheter les matériaux ou instruments nécessaires, les outils, les machines, les bâtiments, les terrains, etc.

Un homme, pour obtenir du crédit, doit déjà posséder quelque propriété, c'est-à-dire une épargne, et, en outre, une bonne réputation d'honnêteté et de capacité. S'il présente ces garanties, il est presque toujours assuré de se procurer les capitaux nécessaires (2).

Le crédit est indispensable à la mise en œuvre du capital et à l'écoulement rapide des produits. « Si le fabricant de draps ne vendait pas ses draps à crédit au marchand de draps, l'étoffe attendrait dans la manufacture. La confiance accordée met plus vite cette étoffe entre les mains du consommateur. Si un droguiste ne vendait pas à crédit au teinturier, et si le teinturier, en vertu de cette facilité, ne teignait pas à crédit pour le fabricant d'étoffes, celui-ci, faute d'avances, serait peut-être forcé de suspendre sa

---

(1) Différents sens du mot *crédit* : 1° dans les livres de commerce, le *crédit* indique ce qui est dû par la maison, comme *débit* indique ce qu'on lui doit; 2° *avoir un crédit,* c'est autoriser un client à se constituer débiteur pour une somme, à des conditions données; 3° *une lettre de crédit* autorise le porteur à toucher une somme chez un correspondant; 4° *prêter son crédit,* c'est donner sa garantie; 5° *faire crédit,* c'est donner un délai pour le paiement d'une fourniture; 6° enfin, *avoir du crédit,* c'est inspirer confiance. J. GARNIER.

(2) STANLEY-JEVONS, *l'Economie politique,* ch. XIII.

fabrication jusqu'à ce que les produits fussent écoulés ; d'où il résulterait que la portion de son capital, qui est en marchandises à moitié manufacturées, en métiers, en atelier, chômerait en tout ou en partie (1). »

Ainsi, le but du crédit est d'appeler la richesse acquise à concourir à la production d'une richesse nouvelle et de venir en aide au travail présent au moyen de tous les capitaux obtenus par un travail antérieur.

« Les institutions de crédit ont pour objet de rendre les propriétés de toute nature facilement échangeables, si bien que toute propriété réelle, mobilière ou immobilière, puisse être offerte, comme un gage certain, presque à l'égal de la monnaie métallique (2). »

Par ce qui précède, on peut se rendre compte de l'utilité des banques. Le possesseur d'un petit capital, incapable de le faire valoir au moyen d'une industrie ou d'un commerce, et ne pouvant trouver quelqu'un qui le fasse valoir à sa place, en lui garantissant le remboursement et les intérêts, s'adresse au banquier. Celui-ci lui dit : Confiez-moi votre capital, dont je vous payerai un intérêt annuel, et que je vous rendrai à une époque fixée par vous-même. Je le prêterai à mon tour à quelqu'un qui soit capable de le faire fructifier; si je suis trompé, c'est moi seul qui perdrai.

Un artisan, un commerçant, un industriel a besoin d'une somme d'argent pour entreprendre une affaire. Au lieu de chercher un prêteur parmi des personnes qui ne le connaissent pas et de courir le risque d'un refus humiliant, il s'adresse au banquier qui lui dit : J'ai observé votre conduite, je sais de quelle estime vous jouissez. J'ai confiance en votre honnêteté et en votre intelligence, et je vous prête le capital dont vous avez besoin, à condition que vous m'en payerez l'intérêt et que vous me le rembourserez à l'époque convenue (3).

Le banquier ne se borne donc pas à prêter des capitaux

(1) J.-B. Say, *Cours d'économie politique*.
(2) J. Garnier, *Eléments d'économie politique*, ch. xiv.
(3) Otto Hubner, *Petit manuel d'économie politique*, ch. xii.

a ceux qui en ont besoin ; il emprunte les capitaux disponibles qui sans lui resteraient peut-être sans emploi. Cette double opération repose sur le crédit ou sur la confiance qu'inspire au banquier-prêteur l'emprunteur qui s'adresse à lui, et sur celle que lui-même, devenu emprunteur, inspire à ceux qui lui prêtent leurs capitaux.

IV. — L'INTÉRÊT ET LE SALAIRE.

L'échange, la monnaie et le crédit, conditions de l'échange, sont les agents essentiels de la circulation et de la distribution des richesses.

Une nouvelle question se présente à nous : *Quelle est la part qui revient à chacun dans une production quelconque de richesse ?*

Les agents naturels, qui sont comme le fond commun de tous les hommes, ne deviennent propriété individuelle que par cette prise de possession qu'on appelle le travail ; d'où il suit que nous avons à rechercher ce qui est dû au travail antérieur, représenté par une portion du sol ou un capital, et ce qui est dû au travail ultérieur opérant sur ce capital.

Il est évident que, lorsque le possesseur d'un capital l'exploite seul, il n'y a pas de répartition à faire : toute la production ou la richesse acquise lui appartient. Ainsi, le petit propriétaire qui cultive un champ de médiocre étendue, et qui n'a recours ni à l'argent ni au travail d'autrui, possède légitimement et n'a à partager avec personne le fruit de son travail personnel. Ainsi encore, le menuisier qui a acquis les matériaux utiles à la confection d'une table, outils et bois, et qui fait la table, sans aucune aide, est le possesseur incontesté de ce meuble.

Mais cette condition de propriétaire producteur sans secours aucun est tout à fait exceptionnelle. Presque toujours, soit pour exploiter un capital, soit pour faire un travail quelconque, l'homme a besoin des services de ses semblables.

Or, ces services demandent une rémunération.

Lorsque le service rendu est le prêt d'un capital, la rémunération s'appelle *intérêt ;* lorsqu'il consiste dans une somme de travail, elle s'appelle *salaire.*

DE L'INTÉRÊT. — L'intérêt ou loyer du capital est *ce que l'on est convenu de payer pour l'usage de ce capital.* Si ce capital est une somme d'argent, l'intérêt doit être proportionné au chiffre de cette somme et à la durée du prêt, et aussi aux risques courus.

On ne peut donc déterminer d'une manière absolue quel doit être le rapport du capital à l'intérêt ; la fixation de ce rapport dépend des circonstances que nous venons d'énumérer ; elle dépend aussi de la plus ou moins grande abondance des capitaux, de l'offre et de la demande, du milieu, de la facilité de l'écoulement des produits. A proprement parler, la détermination du taux de l'intérêt est et doit être le résultat de l'entente *libre* du prêteur et de l'emprunteur.

Lorsque le capital est une terre dont le propriétaire confie la culture à un autre, ce dernier sert au propriétaire un intérêt ou une rente. Cet intérêt, c'est ou une somme d'argent, ou une partie des fruits récoltés sur le sol.

Dans le premier cas, qui est la *ferme* proprement dite, il y a un bail par lequel le propriétaire cède au fermier, pour une durée déterminée (ordinairement 3, 6, 9 ans) son domaine ou son champ, moyennant une redevance annuelle, payable à des époques déterminées.

Dans le second cas, qu'on nomme généralement *métayage*, le propriétaire livre au colon son domaine ou son champ pour être cultivé par lui, avec cette condition que les produits ou les récoltes seront partagés (ordinairement par moitié) entre les deux contractants (1). Ce dernier mode d'exploitation est particulièrement en usage dans l'ouest et une partie du centre de la France. Mais il tend à disparaître, et il ne le faut pas regretter : le fermage est un stimulant au travail et, par suite, à la probité, bien autrement puissant que le *métayage.*

(1) La durée ordinaire de ce contrat est une année. Il continue de plein droit si l'un des deux contractants ne fait pas connaître à l'autre, six mois à l'avance, l'intention de le rompre.

Du SALAIRE. — Le salaire est soumis aux mêmes fluctuations que l'intérêt, la valeur du service rendu variant avec le genre de travail, le zèle, l'habileté ou la force des travailleurs. On doit tenir compte, en outre, de la concurrence et, comme pour l'intérêt du capital, de la demande et de l'offre, du chômage, etc.

Adam Smith attribue à cinq circonstances principales les différences que l'on constate dans le salaire attribué aux différents travaux : 1° L'attrait ou la répugnance que l'on éprouve pour certaines occupations; 2° la durée et la difficulté de l'apprentissage et la dépense de temps ou d'argent qu'il suppose; 3° la permanence ou la non-permanence de l'occupation; 4° la confiance qu'inspire la conduite et le zèle du travailleur; 5° l'incertitude du succès dans le travail auquel on se livre.

« Les mêmes causes servent à expliquer toutes les autres variations du salaire, suivant que l'on considère le travail des champs ou le travail des villes, le travail des petits ateliers ou le travail des manufactures, le travail dans un pays depuis longtemps exploité ou dans une colonie nouvelle, par un temps d'abondance, de moyenne cherté ou de disette, et suivant les saisons.

» En général, les salaires sont plus élevés dans les *villes* que dans les *campagnes*. Les capitaux sont plus accumulés dans les villes. On y fait une demande plus considérable de travail, et le prix de celui-ci s'élève toutes les fois que la population ne s'accroît pas plus vite que la demande de travail. Au contraire, les capitaux ne pénètrent que plus difficilement dans les campagnes éloignées, et il en résulte l'effet inverse : d'où l'émigration des populations agricoles dans les villes, émigration qui ne sera combattue que par une élévation des salaires des ouvriers ruraux, qui elle-même sera le résultat de l'application d'un plus grand capital et d'une industrie plus intelligente à l'exploitation du sol.

» C'est également à cause du manque de bras dans une colonie nouvelle, dans un territoire nouveau ou nouvellement ouvert aux échanges et à la civilisation, que le prix courant du travail s'élève jusqu'à ce que l'émigration et la fécondité du principe de population aient amené l'équilibre avec les autres pays. Il est toutefois une condition indispensable : la *sécurité*, sans laquelle l'industrie ne peut avoir qu'une existence éphémère.

» C'est encore le besoin d'hommes qui fait augmenter les salaires dans une *industrie nouvelle*. Les ouvriers sont détournés des emplois qu'ils occupaient par l'attrait d'un salaire élevé, et celui-ci ne diminue que lorsque l'accroissement des familles acclimatées autour de cette industrie permet aux entrepreneurs de réduire le prix du travail au taux de celui des autres industries produisant dans des conditions analogues, ou les y force.

» L'*abondance* ou la *disette* des récoltes agissent très puissamment sur le taux des salaires. Aux époques d'abondance, les vivres étant à plus bas prix, le salaire permet au travailleur d'acheter tout ce qui lui est nécessaire. D'un autre côté, les entrepreneurs agricoles, trouvant plus avantageux de faire consommer une partie de la récolte, organisent des travaux et font encore renchérir le prix courant du travail. Tout concourt à rendre le sort de l'ouvrier plus prospère. Si cet état continuait, l'ouvrier prendrait des habitudes de propreté, d'aisance et de repos, et il avancerait d'un degré sur l'échelle de la civilisation. Les salaires étant élevés, tous les travailleurs qui forment la base de la pyramide sociale achètent des produits de l'industrie ; partout les commandes activent les fabriques, partout la prospérité se fait sentir, et les salaires augmentent encore par la concurrence que se font les maîtres. Aux époques de disette, on remarque les effets contraires. L'ouvrier, avec le même salaire, achète moins de vivres. Les cultivateurs préfèrent porter le blé au marché ; les ouvriers n'ayant aucun excédent disponible se privent de tous les produits des manufactures chez lesquelles l'activité se ralentit ; enfin le travail diminue, le nombre des ouvriers disponibles augmente, les salaires subissent des rabais énormes (1). »

(1) J. GARNIER, *Eléments de l'économie politique,* ch. xx.

En résumé, la loi des salaires n'est autre que la formule des oscillations de la valeur en général (1).

Elle peut s'énoncer ainsi :

Les salaires s'élèvent ou s'abaissent en raison inverse du nombre des ouvriers qui se présentent pour faire un travail et en raison directe de la quantité de travail disponible.

IV

Consommation de la richesse.

Consommations productives et improductives. — La question du luxe. — Dépenses de l'Etat. — L'impôt. — Le budget. — L'emprunt.

I. — DE LA CONSOMMATION.

La production a pour but *la consommation*, c'est-à-dire *l'usage des produits*. Si le producteur ne consomme pas lui-même le produit qu'il a créé, il consomme le produit qu'il a reçu en échange (2).

La consommation est *improductive* ou *stérile*, selon l'expression de J.-B. Say, lorsqu'elle a *pour unique objet la satisfaction d'un besoin*. Ce n'est pas qu'à rigoureusement parler, une consommation qui donne satisfaction à un besoin soit improductive ou stérile, puisque cette satisfaction est un bien réel ; mais elle est improductive, parce qu'en dehors du besoin satisfait, elle n'engendre pas une nouvelle production.

La consommation est *productive* ou *reproductive*, lorsqu'*elle fait usage d'une richesse acquise pour créer une richesse plus grande.*

Le charbon brûlé pour l'entretien d'une forge, le bois brûlé pour la cuisson du pain, l'argent pour le salaire des ouvriers d'une usine ou d'un atelier, le papier pour la rédaction d'un mémoire ou la composition d'une œuvre d'i-

---

(1) J. GARNIER, *id*. — Cobden explique en quelques mots les variations du salaire : *Quand deux ouvriers courent après un maître, les salaires baissent ; ils haussent quand deux maîtres courent après un ouvrier.*

(2) J. GARNIER, *id*., ch. XXVI.

magination ou de science, etc., sont des consommations productives d'objets d'une valeur plus considérable que la valeur des objets consommés.

Il y a une troisième sorte de consommation qui tient des deux précédentes, en ce sens que, si elle profite au producteur, elle ne sert nullement au bien-être physique et moral du consommateur.

Je veux parler de la consommation superflue ou du luxe.

II. — DU LUXE.

Le luxe *est la satisfaction de besoins factices.*

La question du luxe a donné naissance à deux théories opposées : l'une qui proscrit toute dépense n'ayant pas pour objet de se procurer le strict nécessaire; l'autre qui affirme que la dépense privée ou publique ne peut jamais être excessive.

La première théorie conduit au régime de Diogène : un tonneau pour habitation et du brouet pour nourriture, et propose à l'espèce humaine une manière de vivre qui n'est évidemment ni dans sa nature ni dans les lois de son développement. L'autre conduit à la ruine des fortunes privées (1) et de la fortune publique, par le développement des besoins factices, et par cela même insatiables, de vanité, d'ostentation, de représentation, qui engendrent l'immoralité dans les affaires privées ou publiques, la poursuite effrénée des gains anormaux ou des emplois du gouvernement (2).

Les partisans des dépenses sans limites mettent en avant l'intérêt des populations et s'appuient sur ce sophisme, que *le luxe fait aller le commerce.*

Sans doute, le luxe fait travailler certaines catégories d'ouvriers ; mais l'épargne en fait travailler un bien plus grand nombre d'autres. Le capital qu'on ne dissipe pas

---

(1) « Ceux qui achètent le superflu, dit Francklin, finissent par vendre le nécessaire. » Il n'est pas de meilleure définition de la ruine produite par le luxe.

(2) J. GARNIER, *Eléments d'économie politique,* ch. XXVI.

pour satisfaire ses fantaisies ou sa vanité peut servir à alimenter des industries utiles. Si l'on réduit le chiffre de ceux qui consacrent leur travail à des futilités, on augmente le nombre de ceux qui s'occupent de la production d'objets vraiment utiles ou donnant satisfaction à des besoins réels.

« Les défenseurs du luxe systématique pourraient-ils expliquer comment l'industrie du monteur de diamants doit exciter plus vivement notre sollicitude que l'industrie de ceux qui élèvent des moutons, qui laminent de la tôle, qui cuisent de la brique, qui fabriquent des outils, des aliments, des vêtements pour d'autres producteurs? Tout l'avantage n'est-il pas du côté de cette consommation, productive par excellence, et ne vaut-il pas mieux habiller trois ouvriers, comme dit J.-B. Say, que de faire avec la même somme le galon d'un laquais?

» En résumé, le luxe, résultat de l'aisance et du travail, marchant de pair avec l'épargne et la formation du capital, est un signe de prospérité; mais, lorsqu'il est factice, causé par la vanité des familles, les entraînements de la mode ou des préjugés, par les excitations et les exemples des administrations publiques qui prétendent activer de la sorte le commerce et l'industrie, il est regrettable à tous égards, parce qu'il amène les suites énoncées ci-dessus (1). »

Mais comment empêcher le développement du luxe? Nous ne croyons pas à l'efficacité des lois somptuaires. Elles ne font qu'aiguillonner le désir de paraître et ne sont pas observées, parce qu'il n'est pas au pouvoir du législateur de limiter la consommation (2).

C'est aux gouvernants, à ceux qui, par leur fortune ou par leur position sociale exercent une influence, qu'il appartient, non pas de supprimer la vanité humaine, qui est indestructible, mais de faire qu'elle n'aille pas au delà de

(1) J. Garnier, id.
(2) Et puis, comment déterminer exactement où commence le luxe? La possession d'une bibliothèque choisie, de beaux tableaux, d'œuvres d'art est un besoin impérieux pour quelques-uns; d'autres ne les recherchent que pour la montre; pour les premiers, c'est du nécessaire, pour les derniers, c'est du superflu.

certaines limites, en donnant l'exemple d'une sage économie, en montrant dans tous leurs actes qu'ils prisent *l'être* plus que *le paraître*. Il dépend d'eux de modifier ou de corriger en partie les mœurs publiques en corrigeant leurs propres mœurs : l'exemple, on l'oublie trop souvent, est comme la lumière, il descend et ne monte pas (1). Si le goût du luxe s'est répandu dans les masses, ce ne sont pas les masses qui sont coupables, elles n'ont fait que suivre l'impulsion donnée. N'en doutez pas, elles suivraient, plus lentement peut-être, l'exemple contraire, et le bien-être conquis aux dépens du luxe ne serait pas un médiocre stimulant.

III. — DES DÉPENSES DE L'ÉTAT. LE BUDGET.

La qualité du consommateur ne change pas la nature des consommations (2). L'État, comme les invividus, peut faire un bon ou mauvais usage de sa richesse; comme eux, il peut être économe ou prodigue (3), chercher l'*être* ou le *paraître*. Toutes ses dépenses, si elles sont bien entendues, sont productives, car elles assurent aux citoyens la sécurité, c'est-à-dire la jouissance paisible de ce qu'ils ont acquis par leur travail ou par l'hérédité, la liberté de leurs croyances et de leurs actes, dans les limites établies par les lois, en un mot, leur existence physique, intellectuelle et morale.

Le budget de l'Etat est, comme celui d'un ménage, *la*

---

(1) « Les mœurs se font en haut, » dit Charron, de là la responsabilité plus grande de ceux qui sont *en haut*.

(2) J. GARNIER, *id.*, ch. XXVII.

(3) « Consommer pour consommer, dépenser par système, réclamer un service pour l'avantage de lui accorder un salaire, anéantir une chose pour avoir l'occasion de la payer, dit J.-B. Say (qui paraît avoir pressenti un régime dont l'influence désastreuse a été plus grande et plus durable que ses adversaires mêmes ne le supposaient), est une extravagance de la part d'un gouvernement comme d'un particulier et n'est pas plus excusable chez celui qui gouverne l'Etat que chez le chef de toute autre entreprise. Un gouvernement dissipateur est même bien plus coupable qu'un particulier : *celui-ci consomme les produits qui lui appartiennent, tandis qu'un gouvernement n'est pas propriétaire, il n'est qu'administrateur de la fortune publique.* » (Cours d'économie politique.)

détermination du revenu, de la dépense nécessaire et de l'épargne à faire, pendant une certaine durée de temps, qui est ordinairement d'une année.

Le budget est variable avec les besoins de la nation et avec les recettes prévues. Il doit être nettement établi, de telle sorte que les représentants de la nation (en France, la Chambre des députés et le Sénat) soient bien fixés sur les diverses dépenses et recettes, et sur le chiffre total de la dépense et de la recette. Il doit comprendre, en outre, la part de l'économie, laquelle est destinée à amortir tout ou partie de la dette publique, lorsque l'État a une dette, et à satisfaire des besoins nouveaux, qui peuvent se produire à l'improviste, tels que la défense du pays, la nécessité de pourvoir au déficit de la récolte ou de réparer immédiatement une grande perte occasionnée par un accident, etc.

IV. — L'IMPOT ET L'EMPRUNT.

Le revenu d'un État, nous ne disons pas la richesse d'une nation, a pour source l'impôt.

L'impôt est, dit un économiste, *la contribution prélevée par le souverain* (peuple ou prince) *sur les citoyens, selon certaines conditions et principalement selon leur fortune.*

On peut assimiler les citoyens aux personnes qui, moyennant une certaine redevance annuelle, s'assurent contre les risques de l'incendie. L'État est la Compagnie qui nous garantit toute sécurité ; l'impôt que nous donnons est la prime d'assurance.

L'impôt est, selon Adam Smith, soumis à quatre règles :

1° La part contributive de chaque citoyen doit être mesurée à ses facultés, mieux vaudrait dire à son revenu, si la détermination exacte du revenu pouvait se faire exactement, sans vexation pour les individus et sans dommage pour la richesse publique.

2° Cette part contributive doit être bien définie et non arbitraire, de manière qu'il n'y ait place ni pour les extorsions ni pour la corruption du fisc ou des agents chargés de percevoir l'impôt (1). »

3° Cette part contributive doit être perçue à l'époque et suivant le mode qui convient le mieux aux contribuables.

4° L'impôt doit être perçu de la manière la plus économique, et entrer aussi intégralement que possible dans la caisse de l'État.

Ainsi, *justice, certitude, commodité, économie*, voilà les conditions d'un impôt sagement établi. Sismondi ajoute plusieurs conditions qui ont leur importance :

1° L'impôt ne doit pas empiéter sur cette partie du revenu qui est réclamée par les premiers besoins. Si cette partie était entravée, force serait au contribuable, ne pouvant plus vivre avec son revenu réduit, de prendre sur son capital, ce qui amènerait la décroissance graduelle de ce même capital et, au bout d'un certain temps, l'indigence (2).

Les impôts sont *directs* ou *indirects*.

Les contributions directes sont celles qui sont réclamées nominativement à tels ou tels individus, en vertu de titres administratifs appelés *rôles*. Les unes sont perçues au profit du trésor public, à savoir, l'impôt foncier, l'impôt sur les maisons en construction, l'impôt sur les transmissions par voie de succession et de donation, l'impôt sur les transmissions à titre onéreux, l'impôt personnel mobilier, l'impôt des portes et fenêtres, l'impôt des patentes, l'impôt des chevaux et voitures, l'impôt du timbre. Les autres impôts sont perçus au profit des départements, tels qu'un certain nombre de centimes additionnels au principal. D'autres enfin sont perçus au profit des communes, tels que les prestations pour les chemins vicinaux, l'impôt sur les chiens, et, comme pour les départements, des centimes additionnels.

Les contributions indirectes sont : les impôts sur les

---

(1) WORMS, *Exposé élémentaire de l'économie politique*, consommation des richesses.
(2) WORMS, *id.*

boissons, le vin, le cidre, la bière et les spiritueux ; l'impôt sur les tabacs ; l'impôt sur les marchandises importées (droits de douane), etc.

Il faut se tenir en garde contre l'exagération des impôts indirects ; elle fournit un appât irrésistible à la fraude, à la contrebande, au mépris enfin de la loi (1).

Si l'impôt ne suffit pas, si une cause imprévue de dépense se produit, l'Etat a recours à l'emprunt. Une guerre, l'établissement de forts destinés à protéger la frontière, la construction de grandes lignes ferrées, etc., exigent des dépenses qui ne se pourraient faire avec le revenu annuel. L'emprunt doit être motivé par une nécessité réelle et ne pas dépasser, tant pour le remboursement du capital que pour le service des intérêts, les ressources annuelles fournies par l'impôt et l'excédent probable de la recette sur la dépense.

QUESTIONS ACCESSOIRES.

1° Montrer l'influence de l'hérédité sur le travail.

2° Exposer les principes sur lesquels repose le *communisme ;* faire voir ce que seraient le travail et la liberté dans une société communiste.

3° Démontrer que l'impôt doit être proportionnel et non progressif.

---

(1) Worms, *id.*

CINQUIÈME PARTIE

NOTIONS D'HISTOIRE
DE LA
PHILOSOPHIE
ET
ANALYSE DES AUTEURS

I

Définition; utilité de l'histoire de la Philosophie. — Méthode à suivre dans cette étude. — Grandes divisions. — Systèmes principaux.

Nous avons défini la philosophie : *l'étude de l'homme considéré comme être pensant, et de ses rapports avec la nature et Dieu.*

Nous pouvons définir l'histoire de la philosophie : *l'histoire de l'esprit humain allant à la recherche de la vérité, c'est-à-dire essayant de se connaître et de connaître les rapports qui l'unissent à la nature et à Dieu.*

Partie de l'histoire générale de l'humanité, l'histoire de la philosophie éclaire, explique et complète les autres parties de cette histoire. La pensée humaine modifie les faits et subit l'influence des faits. Nier cette action réciproque, c'est se condamner à ne pas comprendre la plupart des événements et les grandes révolutions. Il est impossible, par exemple, de connaître et de raconter exactement le XVIIIe siècle, si l'on ne se rend pas compte de la philosophie de cette époque et des aspirations diverses qu'elle a produites ou favorisées. Parmi les auteurs de la Révolution française, il faut mettre en première ligne le sensualisme : c'est à sa funeste influence qu'on doit attribuer une grande partie des fautes ou des excès qui ont failli compromettre les plus nobles et les plus légitimes conquêtes de nos pères.

L'étude de l'histoire de la philosophie est très utile. Elle enrichit l'expérience ; elle éclaire la voie qui conduit à la vérité. Par le récit des erreurs ou des illusions de ceux qui nous ont précédés, elle nous inspire une juste défiance de nous-mêmes. Nous devenons plus modestes et plus circonspects, lorsque nous voyons que des hommes de génie se sont complétement égarés ou n'ont rencontré que des vérités partielles au lieu d'atteindre la vérité universelle à laquelle ils aspiraient ; nous devenons aussi plus indulgents pour nos adversaires ou nos contradicteurs, en considérant qu'il n'est aucune doctrine, aucun point de la science qui n'ait soulevé de graves et longues discussions, des controverses passionnées, où trop souvent les injures ont été et sont regardées comme de bons arguments. Nous apprenons enfin à aimer, et pour nous et pour les autres, cette indépendance de l'esprit (condition de toute recherche scientifique) qui consiste à s'affranchir de la tyrannie des systèmes et à ne reconnaître, pour les vérités purement humaines, qu'un seul maître, qu'un seul guide tout à fait digne de confiance, la raison.

Mais quelle méthode suivrons-nous dans cette étude ? Car la méthode, dit un judicieux écrivain, n'est pas moins nécessaire à l'histoire de la science qu'à la science elle-même.

Trois méthodes se présentent à nous : 1° la méthode *Ethnographique,* ou histoire philosophique d'une nation prise à part ; 2° la méthode *Systématique,* ou histoire d'un système pris à part ; 3° la méthode *Chronologique,* ou tableau simultané du développement de la pensée chez divers peuples, à une même époque.

Il est facile de voir que les deux premières méthodes présentent de graves inconvénients. Comment exposer la philosophie d'un peuple ou les vicissitudes d'un système, en faisant abstraction de la philosophie des autres peuples ou des divers systèmes qui ont précédé, accompagné ou modifié la pensée du peuple ou la doctrine qu'on essaye d'étudier séparément ? Tout se tient dans la philosophie comme dans les faits ; c'est une longue chaîne dont les anneaux sont indissolublement unis.

Suivre l'ordre des temps, prendre les systèmes quand ils se présentent, les abandonner quand ils s'évanouissent un instant pour faire place à d'autres, et revenir à eux lorsqu'ils reparaissent à la suite de réactions successives, voilà la méthode la moins arbitraire et, par suite, la plus sûre. C'est celle que nous suivrons.

L'histoire de la philosophie se partage, comme l'histoire ordinaire, en trois grandes périodes : 1° histoire *Ancienne* (de 600 avant J.-C. au vIII° siècle de notre ère) ; 2° histoire du *Moyen âge* (depuis le vIII° siècle jusqu'au xvII°, c'est-à-dire jusqu'à Bacon et Descartes) ; 3° histoire *Moderne* (depuis le xvII° siècle jusqu'à nos jours).

Mais avant d'aborder cette étude, il importe de se faire une idée générale des principaux systèmes de philosophie. Si l'on néglige les nuances, ces systèmes se réduisent à trois :

1° Le *Sensualisme*, qui reconnaît que l'homme est composé d'une âme et d'un corps, mais qui fait une plus large part au corps. Lorsque le Sensualisme en vient au point de supprimer l'âme pour ne s'attacher qu'à l'élément matériel, il se nomme *Matérialisme*.

2° Le *Spiritualisme*, qui reconnaît, comme le précédent, que l'homme est composé d'une âme et d'un corps, mais qui fait une plus large part à l'âme ou à l'esprit. Lorsque le Spiritualisme est exagéré, lorsqu'il arrive à nier l'existence du corps ou à n'en pas tenir suffisamment compte, il s'appelle *Idéalisme*. Lorsque l'Idéalisme néglige les facultés réelles de l'homme pour en imaginer de nouvelles, il s'appelle *Mysticisme*.

3° Le *Scepticisme*, qui se produit presque toujours à la suite des excès du Sensualisme et du Spiritualisme, qui les bat en brèche en les opposant l'un à l'autre, et qui conclut au doute absolu.

On ne peut dire d'aucune époque ni d'aucune nation qu'elle a été complétement sensualiste, spiritualiste ou sceptique ; on donne seulement à telle ou telle période le nom du système qui domine, ou de la tendance générale.

QUESTIONS ACCESSOIRES

1° Démontrer que l'étude de l'histoire de la philosophie et la critique des systèmes supposent un ensemble d'idées précises et exactes sur les principaux points traités par la philosophie.

2° Démontrer que, sans cet ensemble d'idés précises et exactes, l'étude de l'histoire de la philosophie conduit presque toujours au scepticisme.

II

La philosophie avant Socrate.

Subdivisions de l'histoire de la philosophie ancienne : trois périodes. — La philosophie avant Socrate. — Méthodes. — École Ionienne, école Italique, école Éléate, école Atomistique. — Sophistes ; leurs services involontaires.

L'histoire de la philosophie ancienne peut être subdivisée en trois périodes : 1° philosophie avant Socrate, ou naissance de la philosophie (1) ; 2° philosophie de Socrate et de ses disciples, ou splendeur de la philosophie ancienne ; 3° décadence de la philosophie ancienne.

Première période : *Philosophie avant Socrate.*

Avant d'aborder ce rapide exposé, nous devons faire connaître quelle a été, ou mieux quelle devait être la méthode des premiers chercheurs. Il importe de se rendre bien compte de leur situation intellectuelle.

Placé au milieu de l'univers dont il n'occupe qu'un point et où il ne demeure qu'un instant, l'homme est saisi d'un immense étonnement. Il s'oublie d'abord dans la contemplation du monde, et, désireux de deviner la raison du

---

(1) Nous ne parlons pas de ce que l'on appelle la philosophie orientale, et pour deux motifs : le premier, c'est que toute philosophie, en Orient et particulièrement dans l'Inde, est tout à la fois une philosophie et une religion, un mélange confus de doctrines enseignées au nom de la raison et de doctrines enseignées au nom de la foi ; le second, c'est que nos connaissances en ce qui touche les divers systèmes de l'Orient sont encore trop incomplètes pour prendre place dans la science.

grand spectacle qui s'offre à ses regards, il ne songe pas au spectateur. Il vit hors de lui-même, interrogeant les éléments, calculant les rapports des choses, cherchant la cause infinie avec l'impatiente curiosité d'un enfant. Or, quelle marche suit-il pour arriver à son but? L'observation? Il veut la vérité, il la veut tout entière et d'un seul coup : l'observation est lente et successive. Il aura donc recours à un moyen plus expéditif et plus facile, à l'hypothèse. Au lieu d'observer, il inventera. Il essayera ensuite de se persuader que son imagination est la réalité même; il y parviendra peut-être. Mais non: sa raison, un instant séduite ou endormie, s'éveille, détruit cette conception éphémère, et se met à la recherche d'une nouvelle solution. Enfin, de solution en solution, de tentative en tentative, après une longue marche, l'homme se retrouve au point de départ, et il s'arrête triste et pensif. Il a découvert, non pas ce qu'il cherchait, mais ce qu'il devait inévitablement trouver; il a découvert l'impuissance de ses hypothèses et la faiblesse de son esprit. Désespéré de tant d'efforts en apparence inutiles, il se replie sur lui-même, il se demande avec Socrate pourquoi il a été placé ici-bas, ce qu'il est, où il va, d'où il vient.

En résumé, la méthode suivie par les premiers philosophes est tout à la fois hypothétique et ontologique : *hypothétique*, car ils imaginent au lieu d'observer (remarquons ici que l'hypothèse n'est et ne peut être que particlle); *ontologique*, car ils prennent leur point de départ en dehors de l'homme, dans l'être extérieur, dans le monde ou dans Dieu.

Il y a quatre écoles (1) :

1° École *Ionienne*. — Caractères communs: l'éternité de la matière admise par tous les philosophes ioniens; un ou plusieurs éléments formateurs (l'eau, la terre, l'air, le feu).

Dissemblances : Thalès de Milet (600), Anaximandre, Diogène d'Apollonie sont *panthéistes* (2); Anaximène et

(1) Le mot *école* est impropre, car il n'y a alors, surtout dans l'Ionic, que des travaux individuels, fragmentaires, à peine liés entre eux par une communauté de tendances générales.
(2) Le Panthéisme est la doctrine qui exprime expressément ou logi-

Héraclite sont *athées* (1); Anaxagore, Phérécyde, Archelaüs sont *déistes* (2).

Tendance générale : sensualisme.

2° École *Italique* ou *Pythagoricienne*. — Elle fut fondée à Crotone par Pythagore de Samos (584) (3).

Tendance idéaliste, réalisation des abstractions : tout est ramené au nombre. « Le nombre est l'essence ou le principe premier de toutes choses. »

La *Monade*, ou l'unité, ou l'*un* premier, engendre tous les nombres, puisque tous se forment par sa répétition. Elle est simple, parfaite, active, car tout dérive d'elle. La *Dyade* est produite, composée; elle est la matière, le principe passif.

L'âme est une émanation de l'unité ou de Dieu, un fragment de la grande âme du monde. La vertu, c'est l'harmonie de l'âme; le vice, c'est l'âme divisée, pour ainsi dire, et dominée par la matière.

Les principales vertus sont la justice, la sobriété, la frugalité, l'abstinence et la fidélité à la parole donnée. Le fragment que nous avons du poëme intitulé *Vers d'or* et attribué à Pythagore contient une série de préceptes excellents. Le Philosophe de Samos recommande de faire à la fin de chaque journée une sorte d'examen de conscience : *Ne t'endors pas avant d'avoir passé en revue toutes tes actions; apprécie-les l'une après l'autre; si tu as mal agi, aie de la honte; si tu as bien agi, aie de la joie.*

Ici nous trouvons le dogme de la métempsycose : l'âme n'est enfermée dans le corps que pour un temps; elle passe successivement dans plusieurs corps, comme un

---

quement que tout est Dieu. Le signe auquel on reconnaît une philosophie panthéiste, c'est qu'elle n'admet qu'une seule substance. On arrive au panthéisme de deux manières, en n'admettant pas un être créateur distinct du monde et de la matière (panthéisme matérialiste), ou en supprimant le monde et la matière (panthéisme idéaliste).

(1) A rigoureusement parler, l'Athéisme est une forme de panthéisme.

(2) Le Déisme est l'opposé de l'Athéisme. L'un reconnaît une cause première, parfaite, intelligente, raison d'être du monde; l'autre nie l'existence de cette cause.

(3) Pythagore substitua le nom de philosophes au titre de sages qu'avaient pris ses devanciers.

voyageur qui s'arrête dans plusieurs hôtelleries. Le meurtrier, le menteur, le débauché, subissent des transformations honteuses. L'homme juste, après diverses migrations, est rappelé dans la patrie céleste où réside l'Etre un et incorruptible.

Pythagore se glorifiait d'un privilége particulier : il se souvenait, disait-il, des corps qu'il avait habités avant d'être Pythagore. Il réprouvait le sacrifice des bêtes.

3° École *Éléate*. — Xénophane de Colophon (570), Parménide et Zénon d'Elée, Melissus de Samos, etc.

Doctrine : L'Etre est *un ;* hors de lui il n'y a rien. Négation du corps, du monde, voire même de l'âme humaine. (Panthéisme idéaliste.) Tout, excepté l'Etre un, n'est qu'une apparence.

4° Ecole *Atomistique*. — Leucippe d'Abdère (500), Démocrite, son disciple.

Doctrine : Les corps sont formés par la réunion des atomes. Les atomes sont infinis, éternels, indivisibles, impénétrables. Leur rencontre a produit tout ce qui est.

L'âme est un agrégat d'atomes plus subtils que ceux qui constituent les autres corps. Elle ne voit pas les objets, mais leurs images, Εἴδωλα.

Le but de la vie est le bonheur, et l'art de trouver le bonheur est l'objet de la morale.

Il n'y a pas de Dieu. Démocrite apostrophe ainsi Jupiter :

> O Jupiter, car de toi rien sinon
> Je ne connais seulement que le nom (1).

Sophistes. — Du choc de ces divers systèmes naquit le scepticisme ou le doute universel. Les Sophistes (Gorgias de Leontium, Protagoras d'Abdère, Prodicus de Céos, etc.) eurent le triste honneur de l'enseigner les premiers et de lui donner sa formule définitive : Il n'y a pas de vérité absolue; il n'y a que des vérités relatives.

« Rien n'existe, disait Gorgias ; y eût-il quelque chose, cette chose ne pourrait être connue par l'homme ; l'homme connût-il quelque chose, il ne pourrait l'enseigner. »

(1) PLUTARQUE.

Cependant, mais bien à leur insu, les sceptiques (*sceptiques ou sophistes* sont deux mots presque synonymes) ont rendu quelques services à la science dont ils niaient l'existence et même la possibilité ; ils ont fait ressortir la faiblesse et les contradictions des doctrines professées avant Socrate, et ont ainsi frayé la voie au grand réformateur.

III

Splendeur la philosophie ancienne

Socrate : sa vie et sa doctrine. — Ses disciples : Platon et l'Académie ; analyse du Gorgias. — Aristote et le Lycée : école de Mégare ; école Cynique ; école Cyrénaïque.

Fils d'un sculpteur nommé Sophronisque et d'une sage-femme appelée Phénarète, Socrate naquit au bourg d'Alopèce, près d'Athènes, en 469.

Il montra de bonne heure un goût prononcé pour les études philosophiques, et suivit plusieurs maîtres. Les Ioniens et les Eléates lui firent prendre en dégoût ce qu'on a appelé depuis la spéculation pure. Les sophistes lui enseignèrent l'art de discuter et lui fournirent les armes dont il devait se servir plus tard pour les battre.

Socrate n'a rien écrit. Toute sa philosophie est dans sa vie et dans les conversations recueillies par ses disciples.

Esprit vif, railleur, dédaigneux des superstitions, attaquant sans relâche les préjugés vulgaires, il aimait la langue et la société du peuple. Rencontrait-il un artisan, il lui parlait d'abord de son métier ; puis, peu à peu, il l'amenait à dire son mot sur les sujets les plus élevés. Il se plaisait, dit Xénophon, dans cet enfantement des esprits et se comparait volontiers à sa mère Phénarète, la sage-femme. Sa malicieuse bonhomie attirait à lui les personnes de sens de toutes les conditions ; mais la guerre impitoyable qu'il faisait à la sottise humaine, sa vertu, sa sagesse, sa supériorité lui créèrent beaucoup d'ennemis.

Aristophane, usant de toute la licence accordée à la comédie grecque, attaqua Socrate avec amertume et le livra dans ses *Nuées* à la risée populaire. Un prêtre obscur, un rhéteur et un mauvais poëte (Anytus, Lycon et Mélitus) achevèrent l'œuvre commencée par le grand comique. Ils accusèrent Socrate des crimes suivants : « Il viole la sainteté des lois en niant l'existence des Dieux reconnus par la République, et en mettant de nouveaux dieux à leur place ; il corrompt ainsi la jeunesse ; il ne peut expier ces crimes que par la mort. » (Diog. Laërce.)

Socrate dédaigna de se défendre. Les juges furent un instant indécis ; mais l'attitude ferme et un peu moqueuse de l'accusé les ayant irrités, ils prononcèrent une sentence de mort. Socrate but la ciguë, l'an 400 av. J.-C.

La sagesse de Socrate, et c'est là un trait caractéristique, n'est pas le résultat d'un heureux instinct, d'une nature portée d'elle-même au bien ; c'est la sagesse d'une âme forte, qui lutte contre ses mauvais penchants, et qui remporte une victoire d'autant plus glorieuse que l'ennemi est plus puissant. A quelqu'un qui lui disait : « Il me semble, ô Socrate, voir sur ton visage les traces de l'ivrognerie, de la débauche et de beaucoup d'autres vices, » il répondit : « Tu as raison ; j'étais porté à l'ivrognerie et aux vices dont tu parles, mais j'ai triomphé de mes méchants instincts. » On comprend qu'un tel homme exerçât un grand ascendant sur les autres par son exemple et ses préceptes : Qui vit bien peut ordonner de bien vivre.

La doctrine de Socrate, nous l'avons déjà dit, ne fut pas consignée en des traités didactiques. C'est à Platon, à Xénophon, à ce dernier surtout, qu'il faut demander quelle était la pensée de leur maître sur les divers points de la science.

Résumons cette pensée en quelques mots :

1° Socrate a substitué à l'antique définition de la philosophie une définition plus modeste et plus vraie. Elle n'est plus la science des choses divines et humaines ; elle est la science de l'homme, et particulièrement de l'homme envisagé comme être moral.

Avant Socrate, dit très-bien Cicéron, la philosophie est dans les nuages ; il la tourne vers la réalité, il la fait descendre du ciel sur la terre. Le γνῶθι σεαυτόν n'était qu'une maxime émise un peu au hasard par un de ses devanciers, Socrate en fit une méthode. *Se connaître soi-même*, voilà le fondement de la sagesse. Quand on se connaît bien, on a le sentiment de son ignorance et de sa faiblesse, mais on comprend aussi la puissance et la noble destinée de l'âme humaine.

La méthode de Socrate repose sur deux procédés : *L'ironie*, qui réfute l'erreur par la réduction à l'absurde, et la *maïeutique*, qui conduit l'esprit à la découverte, ou mieux à la reconnaissance de la vérité (voir la théorie platonicienne des idées), au moyen d'une série de questions et de réponses. Savoir interroger et répondre, c'est-à-dire savoir faire éclore les idées, *c'est être dialecticien*.

2° L'âme est libre. C'est un être divin qui participe de son auteur par sa force invincible et sa raison, d'où il suit qu'elle est immortelle.

3° Le véritable mal de l'âme est l'ignorance. Il n'y a pas de méchants sur la terre ; il n'y a que des ignorants. L'homme aspire fatalement au bien et choisit toujours ce qui lui paraît être le meilleur. A ce point de vue, la volonté n'est pas libre ; elle est une dépendance de l'intelligence, ou, pour parler plus exactement, elle se confond avec l'intelligence. Sagesse et science sont donc synonymes.

4° Le but de la vie est la sagesse ou la vertu. La vertu seule conduit au bonheur. Vertu essentielle, la sagesse embrasse et résume les vertus particulières, qui sont : *le courage, la tempérance, la justice et la piété*.

5° La justice, fondement de la société, est l'observation de la loi, qui suppose elle-même la connaissance de la loi. Eternelle, immuable, obligatoire, la vraie loi est naturelle : elle n'est autre chose que la raison elle-même. C'est Dieu qui l'a établie, c'est Dieu qui nous ordonne de lui obéir. Les lois humaines, écrites ou non écrites, doivent être faites à l'image de cette loi suprême.

Violer la loi est un des plus grands malheurs qui puissent arriver à un homme; mais échapper au châtiment qu'on a mérité est un malheur plus grand encore.

6° Le vrai sage ne fait que peu de cas de l'opinion ; il consulte avant tout sa conscience, qui n'est qu'une inspiration divine [1].

7° Il y a un Dieu, et un seul Dieu, qui est immatériel, éternel, infini. « Telle est la grandeur de cet être suprême qu'il voit tout d'un seul regard, qu'il entend tout, qu'il est partout, qu'il porte en même temps tous ses soins sur toutes les parties de l'univers [2]. »

Notre âme, bien qu'elle soit immortelle, n'est qu'une faible et imparfaite image de la divinité. Attribuer à celle-ci les passions humaines, c'est la méconnaître.

ÉCOLES SORTIES DE L'ENSEIGNEMENT DE SOCRATE

1° *École Académique* [3] : Platon (430-437).

Le plus illustre des disciples de Socrate, celui qui exprima avec le plus d'éclat la pensée du maître, mais en y ajoutant des développements et des aperçus qui lui appartiennent en propre, c'est Platon [4].

Admirable écrivain, délicat observateur des phénomènes de l'âme et des lois qui la gouvernent, sublime moraliste, Platon, dit un Père de l'Eglise, s'est élevé aussi haut que peut s'élever la raison humaine livrée à ses propres forces, et a donné aux hommes le plus grand enseignement qu'ils aient reçu avant la *bonne nouvelle*.

Il distingue nettement l'âme *rationnelle*, c'est-à-dire l'âme véritable, des principes physiques et des instincts auxquels ses devanciers et quelques-uns de ses successeurs

---

(1) Cette inspiration divine, c'est le *démon* familier que consultait Socrate.

(2) *Mémoires sur Socrate*, I, IV, 60. — « En parlant ainsi, ajoute Xénophon, Socrate me semblait engager ses disciples à ne rien faire d'impie, d'injuste, de honteux, non-seulement en présence des hommes, mais même dans la solitude, puisqu'il leur persuadait qu'aucune de leurs actions ne pouvait échapper aux dieux. »

(3) Cette école tire son nom du jardin d'Académus où Platon enseignait. Les principaux disciples de Platon sont : Speusippe, Xénocrate, Polémon, etc.

(4) Son véritable nom était Aristoclès; on lui donna celui de Platon à cause d'un vice de conformation.

ont donné les noms d'*âme végétative* et d'*âme sensitive*.

L'âme rationnelle, émanation de l'âme divine, est immatérielle et invisible. Elle connaît, juge et raisonne ; elle atteint le vrai ; en un mot, elle pense. La pensée est une sorte d'entretien de l'âme avec elle-même.

Il y a deux degrés dans la connaissance : l'une qui vient des sens et ne mérite pas, à rigoureusement parler, le nom de connaissance, car elle ne comprend que de simples *opinions* et manque de certitude, de fixité, de clarté ; elle ne nous donne que ce qui *paraît être*. L'autre, qui a rapport à l'*essence* des choses, constitue éminemment la *science* et nous montre ce *qui doit être*.

L'essence des choses, c'est l'*Idée*. Les Idées sont donc les principes de toute science. Nous trouvons ici cette grande théorie des idées, qui est, selon l'expression d'un critique contemporain, le fondement, le faîte et le centre de la philosophie platonicienne [1].

Les idées sont absolues, universelles, nécessaires ; leur connaissance constitue la science parfaite, qui suppose la contemplation de la vérité suprême ; mais la connaissance de l'être en qui sont tous les types n'est point donnée à l'homme pendant cette vie. « C'est à l'heure de la mort que l'âme du sage s'ouvre aux vérités les plus élevées » (Phédon).

A la théorie des Idées se rattachent les doctrines morales de Platon : l'unité du bien, du beau et du vrai, la croyance en un Dieu juste et bon, la vertu regardée comme la condition du bonheur, et la plus grande ressemblance de l'homme avec Dieu comme le signe de la plus grande vertu, l'immortalité de l'âme, les récompenses et les châtiments de la vie future [2].

Pour Platon comme pour Socrate, la *science* et la *sagesse*, la connaissance de ce qui est bien et la pratique du bien, sont inséparables. Le propre de la sagesse est de produire l'unité dans l'âme humaine, et chacune des vertus qui con-

---

(1) Voir pour la théorie des *Idées*, l'appendice historique de l'origine des idées, ch. x, et l'analyse du *Phédon*.

(2) Les principaux ouvrages de Platon sont : *le Phédon, le Gorgias, le Phèdre, le Timée, la République, les Lois*, etc. Ils sont écrits sous la forme de dialogues.

tituent ou accompagnent la sagesse, concourt à cette fin.

La loi est la raison elle-même ; elle émane de Dieu.

Platon insiste sur la loi pénale qui a pour objet l'amendement du coupable.

Lorsqu'on a eu le malheur de souiller son âme par des pensées ou des actions honteuses, l'unique moyen de se relever, dit-il, et de se réhabiliter à ses propres yeux, c'est l'expiation ou la peine subie avec courage, résignation et repentir.

« Si l'on a commis une injustice soi-même, il faut aller se présenter au lieu où l'on recevra au plus tôt la correction convenable, et s'empresser de se rendre auprès du juge, comme auprès d'un médecin, de peur que la maladie de l'injustice venant à séjourner dans l'âme n'y engendre une corruption secrète et ne la rende incurable... En sorte que, si la faute qu'on a faite mérite des coups de fouet, on se présente pour les recevoir ; si les fers, on tend les mains aux chaînes ; si une amende, on la paie ; si le bannissement, on s'y condamne ; si la mort, on la subit ; qu'on soit le premier à déposer contre soi-même et ses proches ; qu'on ne s'épargne pas, et que, pour cela, on mette en œuvre la rhétorique, afin que, par la manifestation de ses crimes, on parvienne à être délivré du plus grand des maux, de l'injustice [1]. »

Platon ne sépare point la politique de la morale. L'homme digne de gouverner la république, c'est le sage, qui aspire à établir dans la société l'unité qu'il a réalisée dans sa vie et dans ses actes. Pour atteindre cet idéal, Platon n'hésite pas à sacrifier l'individu à l'Etat, à supprimer ou altérer profondément la propriété personnelle et la famille.

La meilleure forme de gouvernement étant celle où le pouvoir est confié aux meilleurs, il repousse la république démagogique. Il regarde le plus grand nombre comme une force aveugle et brutale, qui doit être soumise à l'autorité de la raison et de la sagesse, et par suite à l'autorité de quelques hommes d'élite : aristocratie de la vertu.

---

(1) Gorgias (trad. de Grou).

Le *Gorgias* et le *Phédon* résument admirablement ces théories et sont une excellente réfutation de la sophistique grecque.

ANALYSE DU GORGIAS.

PREMIÈRE PARTIE.

Le Gorgias comprend deux parties : la première, où Socrate, répondant tour à tour à Gorgias et à Polus, disciple de Gorgias, prouve à l'un qu'il ne sait pas bien en quoi consiste l'art professé par lui, ou la rhéorique, et montre à l'autre l'inutilité de cet art ; et la seconde, où Socrate réfute Calliclès, qui a voulu établir que les hommes de quelque valeur doivent rechercher, avant tout, le pouvoir et la fortune, et que l'excellence de la rhétorique consiste précisément en ce qu'elle peut procurer ces deux choses.

La rhétorique, selon Gorgias, est l'art de persuader. Elle s'étend à tout. L'orateur persuade les juges comme le peuple, les malades comme les gens bien portants ; il excelle surtout dans les questions où l'on traite du juste et de l'injuste.

Mais, répond Socrate, si la rhétorique se borne à la persuasion, quelle est cette persuasion ? Est-ce celle qui produit la croyance, laquelle peut être vraie ou fausse ; ou bien est-ce celle qui produit la science, laquelle est toujours vraie ? Si la rhétorique ne fait naître que la simple croyance, la croyance aveugle et destituée de science, n'est-elle pas le plus dangereux des arts ? Elle peut égarer le peuple et le pousser aux plus grandes folies.

Il faut, réplique Gorgias, user de la rhétorique comme on use des autres exercices. Un lutteur initié à tous les secrets du pugilat ne doit point frapper ses amis ni ses proches, et, s'il le faisait, on ne saurait accuser pour cela ni ses maîtres, ni son art. De même, si quelqu'un possédant le talent oratoire abuse de cette faculté pour commettre une action

---

(1) Quoique ces deux dialogues ne soient plus compris dans le programme officiel, nous avons cru devoir en donner l'analyse comme complément du rapide exposé qui précède.

injuste, on n'est pas en droit pour cela de haïr et bannir le maître qui l'a formé ; c'est le disciple qui abuse de son art qu'il est juste de haïr, de chasser et de faire mourir.

Socrate tire de ce qui vient d'être dit une conséquence à laquelle Gorgias n'avait pas songé. L'orateur, en parlant du juste ou de l'injuste, se trouve dans cette alternative : ou il ignore en quoi consiste la justice, et alors quel est cet art qui enseigne à un ignorant le moyen de persuader des ignorants comme lui ? ou il sait en quoi consiste la justice, soit qu'il l'ait appris d'un maître ou de toute autre manière, et alors il est un homme juste (1), ne voulant que ce qui est conforme à la justice et défendant tout ce qui lui est contraire ? Dans ce dernier cas, l'orateur fera toujours un bon usage de son art, ce qui est opposé aux assertions de Gorgias. Ce dernier n'a-t-il pas dit, en effet, que l'orateur pouvait abuser de son art ?

Voilà Gorgias convaincu d'ignorance en ce qui touche l'objet qu'il professe. Alors Polus prend la parole ; son maître a mal défendu la rhétorique et n'a pas suffisamment montré ce qui en fait l'excellence.

Socrate lui ayant laissé le choix entre interroger et répondre, il demande à son contradicteur quel est son sentiment sur la rhétorique.

Voici le résumé de la spirituelle réponse de Socrate : La rhétorique n'est point un art, mais une routine qui a pour fin unique de procurer du plaisir. Il est facile de le prouver : L'homme est composé d'une âme et d'un corps. Les arts se divisent donc en deux classes : 1° ceux qui ont pour objet la santé du corps, à savoir la gymnastique et la médecine ; 2° ceux qui ont pour objet la santé de l'âme, à savoir la législation et la justice. — A ces quatre arts véritables, la flatterie a opposé quatre arts trompeurs qui ont l'apparence des premiers.

Sous la médecine s'est glissée la cuisine, qui ne cherche qu'à flatter le goût, et qui détruit la santé que la médecine

---

(1) L'erreur commune à Socrate et à presque tous ses disciples, c'est de confondre la science et la sagesse, la théorie et la pratique.

est chargée de conserver. Sous la gymnastique s'est glissée la toilette, qui procure une beauté empruntée et détruit la beauté naturelle que donne la gymnastique.

De même, sous la législation s'est glissée la sophistique, et sous la justice la rhétorique ; en sorte que la sophistique est à la législation ce que la toilette est à la gymnastique, et que la rhétorique est à la justice ce que la cuisine est à la médecine. — Mais la rhétorique, dit Polus, donne pouvoir et influence.

Le pouvoir que la rhétorique donne aux orateurs, répond Socrate, vous fait illusion ; vous le regardez comme un art véritable, l'art de maîtriser le peuple ; mais ce pouvoir n'est pas réel, pas plus que celui des tyrans. Comme le tyran, l'orateur ne fait pas ce qu'il veut.

En effet, les hommes ne veulent pas ce qu'ils font, mais la chose en vue de laquelle ils agissent. On ne prend pas un remède pour le plaisir de le prendre, mais pour être guéri. On ne veut pas le vol, le meurtre, l'exil pour eux-mêmes, on les veut pour arriver à son but, au bien qu'on croit pouvoir atteindre. Ainsi, l'orateur et le tyran font souvent tout le contraire de ce qu'ils veulent en vue d'un avantage qu'ils croient pouvoir obtenir ; car il n'y a ni puissance, ni volonté véritable, lorsqu'on veut et qu'on doit vouloir le bien et qu'on fait le mal. — D'où il résulte que le pouvoir de l'orateur, comme celui du tyran, n'est pas digne d'envie. Il est injuste et illusoire.

Polus se récrie ; Socrate continue, et prouve ce qu'il a avancé. Il montre successivement qu'il est plus fâcheux de commettre une injustice que de la souffrir, parce que l'injustice est une chose plus laide et plus mauvaise pour celui qui la commet que pour celui qui la souffre, et que c'est le plus triste service qu'on puisse rendre à un coupable que de le soustraire au châtiment qu'il mérite. — Pour celui qui a commis une mauvaise action, le plus grand bien est de recevoir une peine proportionnée à sa faute et d'être ainsi délivré de l'injustice. A quoi sert donc la rhétorique, si elle ne sert pas à guérir les hommes de leur perversité ?

Polus est forcé de se rendre aux arguments de Socrate.

DEUXIÈME PARTIE.

A Polus succède Calliclès. Selon Calliclès, Gorgias et Polus ont été battus parce qu'ils se sont laissé dominer par une fausse honte et ont accordé à leur contradicteur ce qu'ils ne devaient pas lui accorder. Il n'est point vrai, comme semble le reconnaître ce dernier, qu'il soit plus honteux de commettre une injustice que de la recevoir. Ce qui est honteux et digne d'un lâche ou d'un esclave, c'est de subir une injure ou d'essuyer un affront.

Il faut bien distinguer ce qui est selon la loi et ce qui est selon la nature. La loi est une institution imaginée par les faibles et le plus grand nombre contre les forts. La nature est opposée à la loi ; elle veut que les meilleurs aient le pouvoir, la richesse et les voluptés qu'ils procurent. Il en est ainsi chez les animaux, il doit en être de même chez nous. Un homme de sens et de courage brise ces liens qui l'enlacent : mœurs, lois, usages, conventions, et se fait à lui-même sa destinée et sa loi.

Voici la réponse de Socrate : Si le plus fort, le plus puissant et le meilleur (1) sont la même chose, comme l'insinue Calliclès, il s'ensuivra que le plus grand nombre, qui fait les lois et qui est le plus puissant, selon la nature, est aussi le meilleur, et que ses lois sont les meilleures possibles. Si donc le plus grand nombre déclare que la justice réside dans l'égalité, il faut reconnaître que l'injustice est l'action la plus honteuse non seulement selon la loi, mais encore selon la nature.

Mais s'il n'est pas vrai que les meilleurs soient les plus forts, il est nécessaire que l'on entende par *meilleurs* les plus sages, et que ce soient eux qui commandent, comme étant les plus habiles et les plus prudents.

Calliclès réplique que les meilleurs sont, selon lui, les hommes capables de grands desseins, hardis, donnant libre carrière à leurs passions, laissant la justice, la tem-

(1) En grec, le mot κρείττων a ces trois significations.

pérance et les autres vertus à la multitude, qui, faute de pouvoir satisfaire ses désirs, a inventé la modération.

Socrate n'a pas de peine à montrer (dans une argumentation souvent trop subtile) qu'il n'y a rien de plus misérable que la vie de l'homme asservi à ses passions; que le plaisir et le bien sont profondément distincts; que la volupté est le désordre de l'âme ; que ce vice amène après lui son châtiment, châtiment inévitable, si tardif qu'il soit. Le vrai orateur ne doit donc pas imiter les flatteurs du peuple, qui font appel à ses passions (Miltiade, Thémistocle, Périclès), sa mission est d'inspirer à tous le goût de la justice et de la tempérance.

Le Phédon.

« Si je ne croyais, dit Socrate, trouver dans l'autre monde des dieux bons et sages et des hommes meilleurs que ceux d'ici-bas, j'aurais tort de n'être pas fâché de mourir. Mais sachez bien que j'espère me réunir bientôt à des hommes justes, sans pouvoir l'affirmer entièrement. Mais quant à trouver de bons maîtres auprès des dieux, c'est ce que j'affirme... autant qu'on peut affirmer des choses de cette nature... » — Ce qui revient à dire qu'il y a en nous un principe qui se reconnaît et se proclame supérieur à l'organisation corporelle, et conséquemment capable de lui survivre, principe qui, dégagé de son enveloppe extérieure, rendu à lui-même, se réunit au principe éternel et universel dont il est une émanation. — Alors que devient-il? retient-il la conscience de lui-même? peut-il connaître le plaisir et la peine? soutient-il des rapports avec les autres principes semblables à lui? Enfin, quelle destinée lui est réservée? voilà un grand et nouveau problème *qu'on ne peut résoudre affirmativement d'une manière absolue, et sur lequel la philosophie est à peu près réduite à la probabilité* (1).

En effet, si le principe intellectuel, pris substantiellement, est à l'abri de la mort, il ne s'ensuit pas que le

(1) Voir notre Introduction : *Des limites de la philosophie.*

Moi, qui n'est pas la substance et qui n'en peut être qu'une forme sublime, participe aussi de son immortalité; et la raison, dans ses recherches les plus profondes, dans ses intuitions les plus vives et les plus intimes, peut bien nous faire connaître l'essence du principe qui nous constitue et sa forme actuelle avec les conditions réelles de sa manifestation et de son développement; mais sans pouvoir nous révéler certainement ni les formes que ce principe a pu revêtir déjà, ni celles que lui garde l'impénétrable avenir.

Tel est en résumé tout le système du Phédon. Il repose sur la distinction sévère et profonde qui sépare le domaine de la raison de celui de la foi, la certitude de l'espérance. De là deux parties dans le Phédon : la première, qui embrasse les trois quarts du Dialogue (1), présente une chaîne de raisonnements et d'analyses que ne désavouerait pas la rigueur moderne ; et la deuxième, qui est remplie de probabilités, de vraisemblances et de symboles (2).

Nous insisterons, dans cette analyse, sur la première partie dans laquelle cette question est traitée : Y a-t-il dans l'homme quelque principe ou élément qui soit essentiellement distinct du corps et qui lui survive?

ANALYSE DU PHÉDON.

L'importance des questions et le moment solennel où elles sont agitées donnent un intérêt tout particulier à ce dialogue : Socrate doit mourir le jour même ; il le sait et, avant de boire la ciguë, il s'entretient avec ses disciples de la vie future et des raisons que nous avons d'y croire. Il parle avec un calme et une sérénité d'âme admirables. L'approche de la dernière heure ne l'effraie pas ; il est per-

---

(1) Platon expose ses doctrines sous la forme du dialogue. Socrate, dans ces entretiens, est l'interprète de son illustre disciple qui, lui-même, modifie sensiblement les idées de son maître, ce qui faisait dire à celui-ci : Que de choses ce jeune homme me prête auxquelles je n'avais pas songé!

(2) Ce résumé est extrait du travail de M. Cousin (Œuvres de Platon, traduction avec introductions).

suadé qu'il va se réunir à Dieu et à des hommes meilleurs que ceux d'ici-bas.

Ses disciples lui demandant les motifs d'un pareil espoir, et Criton lui disant qu'il doit parler le moins possible pour ne se pas trop échauffer et ne pas empêcher l'effet du poison (c'est le conseil de l'homme qui doit donner la ciguë), Socrate répond : « Laisse dire cet homme ; qu'il prépare assez de ciguë pour m'en donner deux ou trois fois, s'il est besoin. » Et l'entretien s'engage comme dans les jardins de l'Académie, comme si le Sage n'allait pas mourir dans un instant.

C'est la plus grande scène de la vie païenne. Il faut lire le *Phédon*, pour bien sentir la beauté et l'élévation du caractère de Socrate.

Bornons-nous à résumer les points essentiels de cette admirable discussion :

1° La nature de l'homme est double ; il est composé d'une âme et d'un corps.

Il y a deux sortes de plaisirs, les plaisirs des sens et ceux de la raison.

Pour bien vivre, il faut se détacher du corps et de ses plaisirs et ne s'attacher qu'à l'âme et à la vertu. Voilà la lutte. Il est vraisemblable qu'après la mort cette lutte cessant, l'âme contemplera aisément la vérité dans toute sa pureté. La mort est donc l'affranchissement de l'âme, et le grand but de la philosophie est de s'exercer à mourir. Toutes les fois qu'on voit un homme se fâcher et reculer quand il est sur le point de quitter la vie actuelle, c'est une marque sûre que c'est un homme qui n'aime pas la sagesse, mais le corps et, avec le corps, les honneurs et les richesses.

2° Les contraires naissent des contraires ; la vie naît de la mort, la mort naît de la vie ; les vivants sont engendrés par les morts et les morts par les vivants, de même que le sommeil produit le réveil, et le réveil le sommeil.

Si donc tout ce qui a reçu la vie venait à mourir complètement, sans revivre, tout finirait et il n'y aurait plus rien qui vécût.

Il est donc certain qu'il y a un retour de la mort à la vie, que les vivants naissent des morts, que les âmes des hommes vivent après la mort.

3° Ce qui précède est une suite de cet autre principe : *Apprendre n'est que se ressouvenir*. Les vérités connues en cette vie ne sont que des réminiscences d'une vie antérieure. Nous avons perdu ces connaissances au moment où nous sommes nés (ou mieux, nés de nouveau). Nous les retrouvons par le ministère des sens. Donc, nos âmes existaient avant de paraître sous cette forme humaine ; elles étaient sans corps, et elles savaient. « Le beau, le bon et toutes les essences de ce genre existent véritablement ; et si nous rapportons nos sensations à ces notions primitives, il faut absolument que ces essences existent et que notre âme ait existé avant notre naissance. »

4° L'âme est immortelle, parce qu'elle est indécomposable, et elle est indécomposable, parce qu'elle n'a pas de parties. Le corps étant un assemblage de parties se peut dissoudre, et se dissout. — La distinction, voire même l'opposition de l'âme et du corps, se manifeste dans la lutte entre les passions engendrées par le corps, et les facultés de penser et de vouloir qui n'appartiennent qu'à l'âme.

Qu'arrive-t-il après la mort ? Si l'âme sort pure de ses liens, si elle n'entraîne rien du corps avec elle, elle se rend vers ce qui est semblable à elle, c'est-à-dire vers ce qui est immatériel, divin, immortel et sage, elle entre en possession du bonheur véritable, elle passe l'éternité avec les dieux.

Mais si elle sort du corps impure et souillée, chargée de ses liens, appesantie, elle est de nouveau entraînée vers le monde visible et matériel, entre dans les corps d'animaux qui ont les vices et les bassesses de son état antérieur, et vit de nouveau sur la terre (1).

5° Peut-être, dit l'un des interlocuteurs, l'âme et le corps sont-ils comme une lyre : l'âme étant l'harmonie de la lyre, et le corps la lyre elle-même. La lyre brisée, l'harmonie meurt avec elle.

Mais l'objection n'est que spécieuse : l'harmonie n'existe

(1) Doctrine de la métempsycose.

qu'après la lyre, tandis que l'âme est avant le corps. L'harmonie a des degrés ; l'âme est l'âme, et nulle âme n'existe plus qu'une autre.

6° On accorde que l'âme survit au corps ; mais qui peut affirmer que l'âme, après avoir usé plusieurs corps, ne périt pas en quittant le dernier, et que cette mort de l'âme n'est pas un anéantissement?

Pour répondre à cette question, il faut connaître les lois de la vie et de la mort, de la naissance et de la corruption, et s'élever aux causes premières ou aux *Idées*.

« Toute philosophie qui se renferme dans les phénomènes apparents du monde extérieur se condamne à n'atteindre jamais ni les causes ni les principes. La Physique, par exemple, croit faire merveille d'expliquer la situation dans laquelle je suis assis, par la disposition des os et la tension des muscles, n'oubliant rien dans le détail minutieux de ses laborieuses et superficielles observations, si ce n'est le principe réel, la cause première du phénomène, la détermination de ma volonté. La physique se perd dans une multitude de petites causes qui ne sont pas des causes, et prend pour une chimère la grande cause qui fait et vivifie tout.

» La cause suprême, c'est l'intelligence ; les vrais principes, ce sont les *Idées*. L'*Idée* est, dans chaque chose, l'élément intérieur, essentiel qui, s'ajoutant à la matière, l'organise et lui donne sa forme. L'*Idée*, ne venant pas du dehors, ne peut être saisie par les sens ni par le raisonnement. Le caractère de la perception de l'*Idée*, c'est qu'elle est immédiate, simple, indécomposable. Par exemple, c'est l'*Idée* seule du beau qui fait que toute chose belle est belle, et non pas tel ou tel arrangement des parties, tel ou tel accord des formes ; car indépendamment de tout arrangement, de toute composition, chaque partie ou chaque forme pouvait être déjà belle et le serait encore, la disposition étant changée. La beauté d'une chose se reconnaît à l'impossibilité immédiate où nous sommes de ne pas la trouver belle, c'est-à-dire de ne pas être frappé par l'*Idée* du beau qui s'y rencontre. On ne saurait expliquer autrement la perception du beau. Il en est de même du *bien*, du *juste*, de l'é-

tendue et de la *grandeur*, de la *quantité* et du *nombre*, etc.

» Les *Idées*, les *Principes* et les *Causes*, bien que tombant accidentellement dans le temps et l'espace, par leur rapport aux choses qu'elles animent et qu'elles constituent, sont essentiellement étrangères aux révolutions de l'espace et du temps : elles ne connaissent ni commencement ni fin pour elles-mêmes, et sont éternelles et incorruptibles.

» Mais le caractère propre d'un vrai *principe*, d'une vraie *cause*, c'est d'exclure son contraire et le contraire de ses conséquences directes.

» Or, l'âme est le principe et la cause de la vie ; donc elle exclut le contraire de ce qu'elle constitue, lequel contraire est la mort ; donc enfin, elle n'a rien à craindre de la mort, et l'exclut éternellement (1). »

Les amis de Socrate sont convaincus par cette démonstration ; l'un d'eux cependant ne peut dissimuler qu'il lui reste un doute.

Nous croyons que ce doute est fondé, et que l'admirable discussion à laquelle nous venons d'assister n'est pas suivie d'une conclusion entièrement satisfaisante. Le grand et décisif argument en faveur de l'immortalité de l'âme n'est pas tiré de la nature de l'âme, mais de la bonté et de la justice de Dieu (2).

La deuxième partie du Phédon ne se peut résumer. La discussion fait place à l'imagination, à la rêverie, à la légende. On est mal à l'aise pour interpréter cette mythologie et pour discerner ce qui appartient en propre à Platon de ce qu'il emprunte aux symboles et aux allégories d'origine étrangère.

Voici quelles sont, selon M. Cousin, les idées qui semblent contenues dans ces fables : 1° Le jugement des âmes après la mort ; 2° Un système de punitions graduées qui est en même temps un système d'expiation et de purification ; 3° Le retour des âmes à la vie sous des formes plus ou moins parfaites.

---

(1) Nous avons emprunté presque textuellement cette exposition de la *Théorie des idées* à l'argument de Phédon. Voir la traduction de Platon par Cousin.

(2) Voir le chap. XXI, *De la destinée de l'homme.*

2° *École Péripatéticienne*[1] : Aristote (384-322).

Aristote écouta pendant vingt ans les leçons de Platon. Mais, comme on l'a remarqué, on dirait qu'il prit à tâche de penser autrement que son maître. Ce qui ne peut être contesté, c'est que ces deux grands philosophes ont suivi des voies très-diverses et qu'ils semblent personnifier deux tendances opposées.

Aristote combat la théorie des *idées*. A ses yeux, c'est une pure hypothèse, que rien ne justifie et qui, dans ses conséquences, conduit à l'absurde [2]. Il condamne cette dialectique platonicienne, si habile à réfuter, mais si incapable de rien démontrer. Pour lui, il ne saurait se payer d'illusions; il veut des principes incontestables et des conclusions bien déduites. Il s'attache donc à la démonstration et il en donne la théorie dans son *Organon*.

Cependant Aristote se rapproche de son maître en plus d'un point; il distingue comme lui l'âme *sensitive*, qu'il appelle la forme du corps organisé, ψυχή, et l'âme raisonnable, c'est-à-dire la véritable âme, νοῦς. Il distingue encore les vérités générales qui sont données par la raison et les vérités particulières qui nous sont fournies par les sens. Il insiste surtout sur les conditions de l'existence, qui sont la possibilité ou la puissance et l'acte; et même, à proprement parler, c'est l'acte qui constitue l'être.

Il y a quatre principes ou causes de ce qui est : 1° la matière; 2° la forme; 3° la cause motrice ou efficiente; 4° la cause finale.

La cause motrice, c'est Dieu : mais le Dieu d'Aristote, s'il meut le monde, est lui-même immobile; s'il se connaît lui-même, il ignore son œuvre, il n'a aucune idée de ce monde mû par lui. Partant, plus de relations morales de l'homme à Dieu, plus de providence, et logiquement plus de récompenses ou de punitions divines.

La morale d'Aristote est en harmonie avec sa métaphy-

---

(1) De περι-πατέω, se promener : Aristote développait ses doctrines en se promenant.
(2) Voir le résumé de cette critique dans le *Traité des facultés de l'âme*, de M. Garnier, t. III, p. 207.

sique. L'utile est distingué de l'honnête ; mais le bien moral consiste plutôt dans la conciliation de l'utile et de l'honnête que dans la recherche de ce dernier. Être prudent, garder la mesure en tout, rien de trop, voilà la sagesse.

Aristote dira bien que « le droit se fonde sur l'égalité ; que la justice est le respect du droit, et que le droit est antérieur aux lois positives et leur sert de base. » (*Politique*, v). Mais il ne craindra pas d'établir sa cité sur le principe de l'utilité générale, d'admettre qu'il y a des tyrannies nécessaires, des inégalités avantageuses, et partant légitimes. C'est ainsi qu'il justifiera l'esclavage.

En politique, Aristote incline, comme Platon, à l'absorption de l'individu par l'Etat, tout en essayant de faire une part plus large à la propriété personnelle et à la famille. Sur ces derniers points, il se sépare de son maître. Il se sépare également de lui par ses idées sur la meilleure forme de gouvernement : point d'oligarchie, point de monarchie absolue, point de démocratie pure ; mais une sorte de gouvernement constitutionnel qui réunit les trois grands éléments sociaux : *la liberté, la fortune* et *le mérite*, et, en les conciliant, produit *l'ordre* (1).

Les principaux disciples d'Aristote (2) sont Théophraste, Aristoxène, Héraclide, Straton, etc.

3° *École de Mégare :* Euclide et Eubulide. Subtilités et sophismes. — *École d'Élis :* Phédon d'Élis. — *École d'Érétrie :* Ménédème d'Érétrie.

Nous ne citons que pour mention ces écoles peu connues et dont le trait commun est un amour excessif pour les disputes de mots et les vaines arguties (3).

(1) Consulter particulièrement, pour tout ce qui touche Socrate, Platon et Aristote, l'*Histoire de la philosophie* de M. Fouillée.
(2) Aristote est un génie encyclopédique. Ses principaux ouvrages sont la *Physique*, la *Métaphysique*, la *Morale*, l'*Organon*, l'*Histoire naturelle*.
(3) Le grand art est de poser et de faire accepter un principe spécieux dont on tire ensuite des conséquences absurdes. On dira, par exemple :

Tout ce qui est rare est cher.

L'Interlocuteur donne son assentiment un peu à la légère.
On reprend :

Or, un bon cheval à bon marché est rare ;
Donc, un bon cheval à bon marché est cher.

4° *École Cynique* (1) Antisthènes (428), Diogène (414), Ménippe, Cratès. Ce dernier prépara avec Zénon, son disciple, la transition du Cynisme au Stoïcisme.

Cette école est exclusivement morale ; point de système complet.

Sa doctrine se résume en deux mots : rien n'est beau que la vertu ; rien n'est laid que le vice ; le reste est indifférent. Mépris des convenances, réduction des besoins au strict nécessaire.

5° *École Cyrénaïque :* Aristippe de Cyrène (450).

Cette école est, comme la précédente, exclusivement morale ; mais la doctrine des Cyrénaïques est l'opposé de celle des Cyniques.

Le bonheur est la fin de la vie ; mais l'homme étant sujet à une foule de maux ne saurait obtenir le vrai bonheur, le bonheur durable. Il se doit donc contenter du seul bien qui soit à sa portée, c'est-à-dire, de la volupté présente, sans se préoccuper du passé ni de l'avenir.

La volupté consiste dans un mouvement agréable que l'âme communique aux sens. — Une action n'est bonne ou mauvaise qu'autant qu'elle produit du plaisir ou de la peine (Edonisme).

IV

Décadence de la philosophie ancienne.

École Épicurienne : Doctrine morale. — École stoïcienne : Doctrine morale. — Scepticisme : Motifs de douter.

1° L'Épicurisme n'est autre chose que la doctrine Cyrénaïque développée et systématisée.

Épicure, né à Gargettium dans l'Attique, en 341, est le

---

(1) Selon les uns, les Cyniques étaient ainsi appelés parce qu'ils vivaient à la façon des animaux (χύων, chien); selon les autres, ils tirent leur nom du Cynosarge, qui était leur lieu de réunion.

fondateur de l'école qui exerça la plus grande et la plus fâcheuse influence sur les destinées de la Grèce.

Doctrine : Psychologie, logique (canonique) et physique matérialistes.

L'âme est corporelle; la source de toute connaissance est la sensation. Les sens ne nous trompent jamais ; ils sont la mesure de la vérité ; en dehors de la perception sensible, il n'y a que des illusions ou des rêves. Les dieux qu'adore le vulgaire ont pris naissance dans une imagination en délire.

Le monde est produit par les atomes. Les atomes, infinis et éternels, possédant en eux-mêmes le mouvement, forment par leur rencontre tout ce qui est. C'est la théorie de Démocrite. Épicure n'y ajoute qu'un correctif : ayant remarqué que, si les atomes se meuvent suivant les lignes parallèles, ils ne sauraient se rencontrer, il admet une légère déviation qu'on appelle *clinamen* (1).

Le but de la vie est le bonheur. La sagesse consiste, en premier lieu, à éviter la douleur, et, en second lieu, à rechercher la félicité, et singulièrement la félicité présente, parce que c'est la seule certaine.

Les plaisirs de l'âme étant plus calmes et plus durables, il les faut préférer aux autres plaisirs. Soyons vertueux par égoïsme; c'est un bon calcul (2).

Métrodore de Chio, un des successeurs d'Épicure, admet la fin enseignée par le maître, mais il rejette le moyen indiqué pour y arriver. Il place tout le bonheur dans la bonne chère, ἐν τῷ γαστρί, et il est dans son droit.

2º Le Stoïcisme n'est autre chose que la doctrine Cynique développée et systématisée.

Les principaux Stoïciens sont : Zénon de Cittium (né en 362), Cléanthe, Chrysippe, Panétius, Posidonius, le maître de Cicéron.

N'insistons pas sur leurs doctrines psychologiques et lo-

---

(1) Voir notre édition du *Traité de l'existence de Dieu*, Iʳᵉ partie, ch. III.
(2) Franklin dit ingénieusement : « Si les fripons savaient l'avantage qu'il y a à être honnête homme, ils seraient honnêtes gens, ne fût-ce que par friponnerie. »

giques qui, par une étrange contradiction avec leur morale, sont éminemment sensualistes. C'est à eux, et non à Aristote qu'il faut attribuer le fameux axiome : *Nihil est in intellectu quod non fuerit prius in sensu.*

Leur physique leur appartient plus en propre. Selon eux, l'univers entier n'est qu'un vaste corps organisé dont la divinité est l'âme. Cette âme anime tous les êtres, elle est la source de la vie, le principe raisonnable et éternel, ou mieux, c'est la nature elle-même, non la nature passive, sujette à mille modifications, mais la nature féconde, active, puissante, législatrice.

A cette conception de la matière passive et de la force active, agissant suivant des lois générales et constantes, se rattache la théorie des causes. « Rien ne se fait sans cause, dit Zénon : il est un enchaînement infini de causes et de faits qui embrasse tous les êtres existants, comme tout le domaine du temps et de l'éternité. » Ainsi le présent renferme le germe de l'avenir, comme le passé a été le germe du présent (*rationes seminales*). Cet ordre, cette raison éternelle et universelle, en vertu de laquelle ce qui arrive a dû arriver, c'est le Destin des stoïciens (*fatum*), la nécessité qui préside à tout.

Mais, puisque tout est soumis à l'ordre ou à la raison, l'homme ne peut se soustraire à la loi universelle.

Le principe de la morale est donc de vivre conformément à la nature, c'est-à-dire à la raison.

Or, les actions sont conformes à la raison ou ne le sont pas : point de degrés dans le bien ou le mal. Tout ce qui n'est ni bien ni mal est indifférent. — Poursuivre le bien en faisant la guerre à toutes les passions, ces ennemies de la liberté et de la raison humaines, arriver à l'insensibilité (ἀπάθεια), tel doit être le mot d'ordre pour tous ceux qui aspirent à la sagesse. Combattre pour le bien, s'abstenir des actions qui n'ont aucun rapport avec le bien, supporter tous les maux que le destin nous envoie, telle doit être la vie du sage (1). Que s'il désespère de triompher,

(1) Marc-Aurèle substituera plus tard à la patience austère des premiers stoïciens une sorte de résignation attendrie : « Il faut, dit-il, vivre con-

il peut quitter la lutte et se donner la mort (Caton d'Utique).

On le voit, le Portique est surtout une école morale, où se sont, pour ainsi dire, réfugiées les grandes âmes *qui eurent le malheur d'habiter un corps* au temps de la Grèce déchue ou de Rome dégénérée.

3° *Scepticisme ou Pyrrhonisme et nouvelle Académie :* Les principaux sceptiques sont Pyrrhon d'Elis (340), OEnésidème de Gnosse, et Sextus Empiricus, l'historien du système (hypot. Pyrrh).

La formule du pyrrhonisme est : *ni ceci, ni cela, pas plus l'un que l'autre.*

Pyrrhon avait donné dix motifs de douter; Agrippa, un des disciples d'OEnésidème, les réduisit à cinq : 1° la discordance des opinions; 2° la nécessité pour toute preuve d'être prouvée elle-même; 3° la relativité de toutes nos perceptions; 4° le caractère hypothétique de tout système et de toute opinion; 5° l'impossibilité d'éviter le cercle vicieux.

Dans ce doute universel, comment vivre? Il faut être impassible et se guider d'après les apparences et les usages reçus.

A côté de ce scepticisme, qui dit franchement ce qu'il est et ce qu'il veut, se place un scepticisme plus timide dans l'expression, mais au fond aussi général et aussi absolu. Nous voulons parler de la doctrine de la Nouvelle Académie ou *du Probabilisme.*

Les chefs de la Nouvelle Académie sont Arcésilas (308) et Carnéade (225).

Substituer la vraisemblance, τὸ πιθανόν, à la vérité, la probabilité à la certitude, l'apparence à la réalité, voilà le but avoué de ces philosophes; nier l'existence de toute chose, voilà la conséquence logique de leur système.

formément à la nature le peu de temps qui nous a été accordé; et, quand l'heure de la retraite sonne, se retirer paisiblement et avec douceur, comme une olive mûre qui en tombant bénit la terre qui l'a portée, et rend grâce à l'arbre qui l'a produite. » (*Pensées*, liv. IV, 54.)

QUESTIONS ACCESSOIRES

1° Apprécier la doctrine morale du stoïcisme.

2° Indiquer les points de doctrine communs aux stoïciens et aux épicuriens.

3° Indiquer les points communs aux épicuriens et aux sceptiques (morale et vie pratique).

V

Suite de la décadence de la philosophie ancienne.

Philosophie romaine; son caractère. — Cicéron. — Sénèque. — Écoles Juives et Gnostiques. — Ecole d'Alexandrie.

Si l'on pouvait définir la philosophie de tout un peuple, on définirait celle des Romains : un vaste éclectisme avec une inclination marquée vers la pratique. « La vertu, dit Cicéron, n'est rien si elle n'est active. Son activité la plus glorieuse consiste à gouverner l'État et à réaliser, non en paroles, mais en actions les doctrines qu'on entend retentir dans les écoles. »

A part cette tendance, la philosophie romaine a peu ou point d'originalité. C'est une imitation de la philosophie grecque, et l'on peut répéter ici le mot d'Horace : *Græcia capta ferum victorem cepit*.

Faisons une place à part à Cicéron (1) (106-43 avant J.-C.) qui contribua puissamment à l'éducation philosophique de ses concitoyens. Sa doctrine est une sorte d'éclectisme ; peu ou point d'originalité. Il traduit, imite ou commente les philosophes grecs. Pour la morale, il est le disciple des stoïciens dont il tempère l'excessive sévérité ; pour la logique, il est le disciple de Carnéade et le continuateur de la nouvelle Académie.

Avant et après Cicéron, nous trouvons quelques philosophes dont les écrits méritent d'être étudiés :

---

(1) Les principaux ouvrages de Cicéron sont les *Traités des devoirs des Lois, de la République, des biens et des maux*, etc.

Lucrèce (95 av. J.-C.) auteur d'un admirable poëme sur *la nature des choses*, où il expose et défend la doctrine d'Epicure.

Sénèque (né à Cordoue l'an 2 de J.-C., mort en 56) auteur des *lettres à Lucilius*, des traités *des bienfaits*, de *la colère*, de *la clémence*, etc. Précepteur de Néron, il racheta par une mort courageuse les fautes et les inconséquences de sa vie.

Sénèque est plutôt un moraliste stoïcien, qui aspire à diriger les consciences qu'un philosophe dogmatique, prétendant à formuler un système en principes logiquement enchaînés les uns aux autres. Il ne tient pas école, « il exerce un certain patronage philosophique sur une certaine clientèle d'amis, de connaissances, d'étrangers qu'il dirige parfois lui-même, qu'il surveille de près ou de loin, et qui souvent profitent de sa sollicitude sans savoir qu'ils en sont l'objet.

« De là vient que la plupart de ses livres ne sont que des œuvres de circonstance, appropriées à l'état moral des personnes, qui lui confiaient leurs doutes, leurs inquiétudes, leurs défaillances. Les traités sur *la tranquillité de l'âme*, sur la *brièveté de la vie*, sur *la constance du sage*, n'ont pas d'autre origine. Les livres sur *la colère*, sur *la providence*, sur *la vie heureuse*, paraissent aussi n'avoir été que de longues réponses à des consultations philosophiques.

« Le traité de *la clémence* écrit dans les premières années de Néron, et adressé à ce prince, prouve que Sénèque avait pris au sérieux son rôle de gouverneur, qu'il n'était pas seulement un précepteur, mais un directeur moral, et qu'il avait fait à sa manière, avant Fénelon, pour l'instruction de son redoutable élève, l'*examen de conscience sur les devoirs de la royauté*.

« Cet esprit de propagande qui anime Sénèque éclate dans les *lettres à Lucilius*. Il se plaît à communiquer la vérité; il n'étudie que pour se mettre en état d'enseigner; et si on lui offrait, dit-il, la sagesse, à la condition de la garder pour lui-même, il n'en voudrait pas. Il se donne la tâche de recommander la vertu à tous les hommes, et de poursuivre le vice sans relâche, dût son zèle paraître indiscret. Si les particuliers ne veulent pas accepter ses conseils, il parlera en public, dans l'espoir que ses leçons finiront par être entendues; en un mot, il s'engage à prêcher le bien avec la persévérance que montrent les hommes à pratiquer le mal (1). »

Épictète (1ᵉʳ siècle de l'ère chrétienne), connu par le Manuel qui porte son nom.

Marc Aurèle, auteur du beau livre des *Pensées*.

Le stoïcisme, nous l'avons déjà dit, fut à Rome comme en Grèce le refuge des grandes âmes qui répugnaient à l'adoration de la matière. A ce point de vue, les Traités de Sénèque et particulièrement ses Lettres à Lucilius ont un grand intérêt.

ÉCOLES MYSTIQUES.

A partir du 1ᵉʳ siècle de l'ère chrétienne, la décadence de la philosophie est rapide. Le mysticisme avec ses exagérations envahit une société qui a perdu tout à la fois et la croyance religieuse et le goût des recherches scientifiques.

Un mot sur les principales écoles : 1° *École juive* : Philon d'Alexandrie (30 av. J.-C.). — Il proclame le néant des connaissances sensibles. Selon lui, il n'y a qu'un seul être qui ait la science, c'est Dieu. La matière et Dieu existent de toute éternité (2).

2° *Écoles Gnostiques* (3). L'*intuition*, suivant les uns, une *révélation traditionnelle*, suivant les autres, complète l'enseignement des Livres Saints.

La matière, le créateur et le sauveur sont les trois principes du monde.

3° *École d'Alexandrie ou Néo-platonisme.*

Ammonius Saccas (IIIᵉ siècle après J.-C.), Plotin (205), Porphyre, Jamblique, Julien l'Apostat (331), Proclus (412).

La Théodicée est la partie vraiment originale du système Néo-Platonicien. Le Dieu de Plotin est une trinité : il est *un*, d'une unité absolue; il est le principe *intelligent :* il

---

(1) Martha, *Les Moralistes sous l'empire romain*.
(2) Admettre la coexistence éternelle de la matière et de Dieu, c'est professer le Panthéisme.
(3) Sous ce titre d'*Écoles gnostiques* on comprend les *Valentiniens*, les *Serpentiniens*, les *Caïnites*, les *Manichéens*. On peut y joindre les philosophes cabalistiques.

est le principe *créateur*. — Mais, comme on l'a fort bien remarqué, l'unité absolue est incompatible avec l'intelligence et la puissance, et la Trinité Alexandrine est un assemblage d'éléments ou de points de vue contradictoires.

Les Néo-Platoniciens ne semblent pas s'en apercevoir et font de leur métaphysique le fondement de leur psychologie. Au-dessus de la connaisance sensible, au-dessus de la raison et des vérités premières, ils placent un procédé, au moyen duquel l'âme humaine se fait semblable à Dieu et se confond avec lui dans une mystérieuse unité, c'est l'*extase*.

La philosophie ancienne finit avec le Néo-platonisme. En 529, l'empereur Justinien ordonne la clôture des écoles païennes.

Consulter Diogène Laerce, *Vie des philosophes ;* Cicéron, *de Finibus ;* Ravaisson, *Essai sur la métaphysique d'Aristote ;* Fénelon, *Traité de l'existence de Dieu ;* Fouillée, *Histoire de la philosophie.*

VI
Transition de la Philosophie ancienne à la Philosophie du moyen âge.

Pères de l'Eglise : Saint Justin, Tertullien, saint Augustin, Boèce, etc.

L'ancienne philosophie a cessé d'exister, parce qu'elle n'avait plus de raison d'être : le vieux monde tombait en ruines. Instruments de la volonté de Dieu, accomplissant à leur insu une mission providentielle, détruisant tout, hommes, institutions et munuments, substituant à une race profondément dégradée par les excès de la civilisation une race jeune, vivace, ignorante et grossière, il est vrai, mais capable des grandes croyances et des grands dévouements, les Barbares rendaient possible la plus radicale des révolutions, la seule durable, la seule absolument bonne qui se soit produite parmi les hommes, la révolution chrétienne.

Le Christianisme explique à l'homme le mystère de sa destinée; il lui enseigne son origine, sa fin, et les moyens d'arriver à cette fin. Au point de vue purement humain, il est la plus sublime et la plus vraie des philosophies, car il n'est jamais opposé à la raison *raisonnable*, c'est-à-dire se reconnaissant faible et bornée, et sentant le besoin d'une raison supérieure qui l'éclaire et la complète.

La morale chrétienne est l'expression d'un dogme révélé. Regarder cette morale comme un produit de la raison humaine perfectionnée, c'est mentir à l'évidence. La fraternité, l'oubli des injures, l'amour des ennemis et la *charité*, la glorification des humbles, le mépris des biens d'ici-bas, l'*assurance* d'une autre vie et d'une justice parfaite, voilà les grandes vérités que le christianisme a enseignées le premier ou mises en lumière. La sagesse humaine ne les savait pas, ou si elle en avait entrevu quelques-unes, elle les proposait comme des maximes isolées, belles sans doute, mais sans lien, sans autorité et sans sanction.

Mais, dira-t-on, la Révélation a donc rendu toute philosophie impossible? il n'y aura donc plus de libre recherche ni de progrès? Point du tout. L'homme a cherché et cherchera toujours la vérité avec les seules lumières de son intelligence; il créera sans cesse des systèmes et des philosophies. C'est son droit et peut-être son devoir. Nous croyons qu'il accroîtra la somme de ses connaissances, qu'il pénétrera plus avant dans le secret de sa propre nature et des rapports qui unissent les créatures entre elles. Mais, quoi qu'il fasse, sa pensée portera l'ineffaçable empreinte de son éducation chrétienne. La morale est faite. Tel est épicurien ou panthéiste en théorie, qui recule devant les conséquences pratiques de son système et se pique d'être aussi honnête homme que ses contradicteurs. La doctrine ordonne qu'il soit égoïste, il veut être dévoué; la doctrine commande qu'il abdique toute personnalité et toute liberté, et il défend énergiquement sa personne et son indépendance. Père, il ne confierait point le soin de son fils à un de ses disciples ; citoyen, il flétrirait le gouvernement qui permettrait dans ses écoles l'enseignement d'une morale autre que la morale de l'Évangile.

La philosophie dans l'antiquité païenne a eu, pour ainsi dire, une fonction qu'elle ne saurait avoir dans le moyen âge et dans les temps modernes : elle était chargée de corriger les enseignements de la religion (1). Les leçons de Socrate, de Platon, de Zénon, voire même celles d'Épicure, combattent les exemples donnés par Vénus, Mercure et Jupiter. Le Portique est un sanctuaire plus digne de respect que le temple de Bacchus.

C'est par ces considérations diverses qu'on peut expliquer, selon nous, le sommeil de la pensée philosophique dans la période de transition qui sépare l'histoire ancienne du moyen âge. Pendant ces années d'agitation et de transformation, les seuls philosophes qui méritent d'être mentionnés sont des Pères de l'Église.

Citons les plus illustres.

Saint Justin (mort en 167) chercha à rattacher la sagesse des Grecs à la sagesse Mosaïque. « La philosophie, dit-il, est un très-grand bien. Elle est agréable à Dieu, parce qu'elle nous conduit à lui. Quoique la doctrine de Platon, comme celle des stoïciens, comme celle qui est contenue dans les ouvrages des historiens et des poëtes, ne soit pas entièrement conforme à celle de l'Évangile, elle a cependant avec elle une sorte d'affinité, et ce qui a été dit de bon et de juste appartient d'avance au Christianisme. Les écrivains, qui étaient privés de sa lumière, ont pu entrevoir parfois les vérités qu'il enseigne, à l'aide de cette raison divine placée en nous dès notre naissance. Cette raison est une sorte de germe que le Christianisme devait faire fructifier... — Tous ceux qui ont cru conformément à cette raison, sont chrétiens, alors même qu'ils n'ont pas eu la connaissance du vrai Dieu. Tout ce que les

---

(1) Cicéron est peut-être celui qui a le mieux compris le rôle de la philosophie. Il s'écrie quelque part : « O philosophia, unus dies, bene actus et ex præceptis tuis, immortalitati peccanti anteponendus est ! »

philosophes et les législateurs ont connu de vrai et de sage, dans quelque temps que ce soit, provient d'un pressentiment de nos propres doctrines. Mais ils n'ont pu pénétrer ni enseigner ce qui appartient à cette raison supérieure qui est le Verbe de Dieu ; de là, leurs erreurs et leurs contradictions. » (*Apolog.* 11.)

Clément d'Alexandrie, (mort en 217) montre les liens qui unissent la raison et la foi. « La science, dit-il, est une démonstration de ce qu'on a appris par la foi. La philosophie prépare à la foi, sur laquelle est fondée la science. » (*Stromates*, livre Ier.)

Origène et saint Grégoire de Nysse partagent les mêmes sentiments. — Saint Augustin (354-431) (1) est moins explicite ; cependant il distingue deux ordres de connaissances, et comprend que, sans la foi en la raison, il ne saurait y avoir de foi en la Révélation (2).

Mais Tertullien, Arnobe, saint Irénée, Lactance se montrent plus sévères à l'endroit de la raison et des libres recherches : « Téméraire interprète de la nature, cette philosophie, dit Tertullien (*De præscriptione*), a égaré les esprits (3). »

Citons encore : Synésius, évêque de Ptolémaïs (451), qui essaya de concilier le Néo-Platonisme et les idées chrétiennes ; Boèce, le ministre et la victime de Théodoric (526), l'auteur des *Consolations de la philosophie* et de plu-

---

(1) Les *Soliloques*, les *Confessions*, la *Cité de Dieu*, le *Traité sur le probabilisme* (Nouvelle académie), etc., sont les principaux ouvrages de saint Augustin.

(2) Voici une admirable maxime de saint Augustin : *In necessariis unitas, in dubiis libertas, in omnibus charitas.*

(3) Ainsi, on remarque dès les premiers siècles du Christianisme, les deux tendances diverses qui se sont manifestées depuis, et même de nos jours : la tendance à la conciliation, c'est-à-dire la religion donnant la main à la philosophie et l'invitant à l'examen : *sit rationabile obsequium vestrum;* et la tendance exclusiviste (condamnée par l'Eglise) de ceux qui crient à l'homme : « Croyez, mais n'essayez pas de vous rendre raison de votre foi ! » Nous avons déjà exprimé notre pensée sur ce point (voir notre Introduction) ; nous savons jusqu'où peut aller l'abus de l'esprit d'examen, et cependant nous estimons que la religion chrétienne est si bien, c'est-à-dire si divinement établie, qu'elle n'a rien à redouter d'un examen sérieux et sincère. Montrer trop de frayeur de la critique, c'est, à un certain point de vue, renier sa foi.

sieurs écrits sur Aristote ; Cassiodore et Claudius Mamert, dont les livres furent très-répandus dans les écoles du moyen âge.

VII

Philosophie du moyen âge ou scolastique.

Trois périodes : 1° du VIIIe au XIIe siècle; 2° du XIIe au XVe siècle ; 3° du XVe au XVIIe siècle. — Querelle des réalistes et des nominaux. — Renaissance.

Marquons en quelques mots le caractère général de la Scolastique (1) (de *scolæ*, écoles) : le fond est fourni par le Christianisme (2); la forme est empruntée à Aristote. Surveillée par l'autorité, emprisonnée dans les formules péripatéticiennes, la pensée lutte longtemps contre les pouvoirs qui la tiennent en tutelle, et ne parvient à s'émanciper qu'après huit siècles d'efforts.

Trois périodes : 1° du VIIIe au XIIe siècle; 2° du XIIe au XVe siècle ; 3° du XVe à la fin du XVIe. — Dans la première, la philosophie est soumise à la théologie (*ancilla theologiæ*) ; dans la seconde, elles tendent à se séparer ; dans la troisième, la séparation s'accomplit.

PREMIÈRE PÉRIODE.

Pendant le temps qui s'écoula entre la chute de la philosophie grecque et la Renaissance, les cloîtres servirent d'asile aux lettres. On y recueillait les manuscrits, on les multipliait par des copies ; on y enseignait les sept arts libéraux, *la grammaire, la dialectique, la rhétorique, la musique, l'arithmétique, la géométrie* et *l'astronomie*. Cassio-

---

(1) Depuis quelques années de grands travaux ont été faits sur la scolastique. Déjà Leibnitz avait entrevu que « des trésors pouvaient être ensevelis dans le chaos impur de la barbarie philosophique. »
(2) Les livres saints, les Pères de l'Église et particulièrement saint Augustin.

dore les énumère dans ces deux vers, dont le premier comprend ce qu'on appelait le *Trivium*, et le second ce qu'on appelait le *Quadrivium :*

Gram. loquitur; Dia. vera docet; Rhet. verba colorat;
Mus. canit, Ar. numerat; Geo. ponderat; Ast. colit astra.

Les principaux philosophes de cette période sont :

Le moine Alcuin, d'York (mort en 804). Appelé par Charlemagne, il aida ce grand homme dans la création des écoles palatines. Il définit la philosophie : « Naturarum inquisitio, rerum humanarum divinarumque cognitio, quantum homini possibile est æstimare. »

— Jean Scot Érigène, ainsi appelé d'Érin (Irlande), sa patrie (mort en 886). Son principal ouvrage est un traité intitulé : *De prædestinatione et gratia.* On y lit cette phrase remarquable : « Conficitur inde veram esse philosophiam veram religionem, conversimque veram religionem esse veram philosophiam. »

— Raban-Maur, archevêque de Mayence (mort en 856), auteur de nombreux ouvrages. Il enseignait que « les universaux, c'est-à-dire les genres et les espèces, ne sont que des conceptions de l'esprit, et qu'ils n'ont de réalité que dans les individus, où l'esprit les recueille par voie de comparaison et d'abstraction. »

— Roscelin, de Compiègne (mort en 1122), auquel on fait remonter la querelle des *Réalistes* et des *Nominaux.*

— Guillaume de Champeaux, évêque de Châlons (mort en 1120), qui prit parti pour le réalisme et fut le maître d'Abailard.

— Abailard (mort en 1142), que ses malheurs, son éloquence et l'éclat de son enseignement ont rendu célèbre. Sa hardiesse allait jusqu'à l'hérésie. Il fut traduit devant le concile de Sens, en 1440, et condamné. Il mourut peu de temps après sa rétractation (1).

Abailard reconnaissait que notre raison a des limites

---

(1) Saint Bernard résume ainsi les hérésies d'Abailard : « Quum de Trinitate loquitur, sapit Arium; quum de gratia, Pelagium; quum de Christo, Nestorium.

qu'elle ne peut franchir sans présomption ; mais il répétait souvent qu'elle avait son domaine propre : « In omnibus his quæ ratione discuti possunt non esse necessarium auctoritatis judicium. » — Essayant de créer un système intermédiaire entre le Nominalisme et le Réalisme, il imagina le *Conceptualisme*.

— Pierre le Lombard, évêque de Paris (mort en 1166), prit parti pour le Réalisme. Il composa un recueil de *Sentences* (d'où son surnom de *Magister sententiarum*), qui résume les sentiments des Pères sur le dogme.

— Saint Anselme de Cantorbéry (mort en 1109), est le plus grand métaphysicien de cette époque. Ses principaux ouvrages sont le *Monologium*, le *Proslogium*, le traité *De fide Trinitatis*. « La foi, dit-il dans le Monologium, occupe dans les choses religieuses le même rang que l'expérience dans les choses naturelles : il faut savoir qu'une chose est avant d'examiner ce qu'elle est, pourquoi elle est ; et de même que la raison s'égare dans l'étude de la nature, si elle ne s'appuie sur l'expérience, de même elle s'égare dans l'étude de la religion, si elle ne s'appuie sur la foi. »

Le Proslogium contient la fameuse preuve de l'existence de Dieu à laquelle saint Anselme a donné son nom : « Convincitur insipiens esse in intellectu aliquid Bonum, quo majus cogitari nequit, quia hoc cum audit, intelligit ; et quidquid intelligitur utique in intellectu est. — At certe id quo majus cogitari nequit non potest esse in intellectu solo : si enim id quo majus cogitari non potest in solo intellectu foret, aliquid majus cogitari posset. — Ergo existit, etc. »

SECONDE PÉRIODE.

Les Écoles n'ont guère connu jusqu'au XII° siècle que l'*Organon*. Mais, à partir de cette époque, les relations entre l'Orient et l'Occident s'étendent ; un grand nombre d'ouvrages se répandent en Europe, les écrits de Platon et d'Aristote sont étudiés et commentés, les philosophes arabes propagent hors de l'Espagne leur science et leur système (1).

(1) Citons, parmi ces derniers, Algazel qui essaya (cinq cents ans avant

Les principaux philosophes de cette période sont :

—Alexandre de Hales (m. en 1245), *doctor irrefragabilis*. Sa *Somme de théologie* n'est que le développement du livre de Pierre le Lombard.

—Albert le Grand, évêque de Ratisbonne (m. en 1280), plus érudit qu'original, auteur de volumineuses compilations. On lui attribue divers ouvrages de Magie et d'Alchimie.

—Saint Bonaventure (m. en 1274), *doctor seraphicus*, évêque d'Albano, disciple d'Alexandre de Hales, mystique. Son principal ouvrage est intitulé : *De reductione artium ad Theologiam*.

—Saint Thomas d'Aquin (m. en 1274), *doctor angelicus*, un des plus grands génies qui aient existé. Sa *Somme de théologie*, trop peu consultée par les philosophes modernes, est un traité complet de théodicée et de morale théorique. Il y montre, suivant l'expression de Bossuet, une profondeur d'esprit *effrayante* unie à un admirable bon sens.

— Jean ou Duns Scot (m. en 1305), *doctor subtilis*, grand dialecticien, souvent opposé à saint Thomas. De là les scotistes et les thomistes. Leur principal dissentiment porte sur la nature du bien. Selon Scot, le bien et la loi morale dérivent de la volonté de Dieu ; selon saint Thomas, le bien est l'essence même de Dieu, et non le produit de sa volonté : « Quamvis omne quod Deus vult justum sit, non tamen ex hoc justum dicitur quod Deus illud velit » (1).

TROISIÈME PÉRIODE.

Les principaux philosophes de cette période sont :

—Le moine anglais Roger Bacon (m. en 1292), *doctor admirabilis :* il pressentit la réforme accomplie par son illustre homonyme. Mais comme on l'a fort bien dit, il eut le malheur de venir trop tôt. Son principal ouvrage est intitulé : *Opus magnum*.

—Raymond Lulle (m. en 1347), *doctor illuminatus*, es-

Pascal et Huet) d'établir la foi sur la ruine de la raison ; Avicenne et Averrhoës, célèbres commentateurs d'Aristote.

(1) Voir, sur ce point, le chap. XXI (*de l'Existence de Dieu*), note de la p. 277.

prit encyclopédique, porté vers les chimères, curieux de pénétrer des mystères impénétrables, inventeur d'une sorte de machine à raisonner, au moyen de laquelle on pouvait résoudre toutes sortes de questions, Ars magna.

— Guillaume d'Occam (m. en 1347), *doctor invincibilis*, célèbre par le rôle qu'il joua dans la querelle de Philippe le Bel et de Boniface VIII.

— Jean Buridan (m. en 1360), élève du précédent, connu par ses arguments contre le libre arbitre.

— Charlier de Gerson (m. en 1429), *doctor christianissimus*, chancelier de l'Université, mystique. Ses principaux ouvrages ont pour titres : *Theologia mystica ; de Parvulis ad Deum ducendis ; Imitatio Christi* (1).

QUERELLE DES RÉALISTES ET DES NOMINAUX.

Essayons de résumer cette fameuse querelle qui est, pour ainsi dire, un épisode de l'interminable lutte du spiritualisme et du sensualisme.

Dans son Introduction à l'Organon, un néo-platonicien, Porphyre, avait dit à propos des *universaux* (idées générales) : « Je ne chercherai point si les genres et les espèces existent par eux-mêmes ou seulement dans l'intelligence, ni, dans le cas où ils existeraient par eux-mêmes, s'ils sont corporels ou incorporels, ni s'ils existent séparés des objets sensibles ou dans ces objets en en faisant partie. »

Cette phrase fut, au moyen âge, l'occasion d'un grand débat. Roscelin prétendit que les idées générales sont de pures abstractions formées par l'esprit à la suite d'une comparaison. Ces idées générales n'ont pas d'existence hors de l'esprit, ce ne sont que des mots, *flatus vocis.* — Mais s'il en est ainsi, s'il n'y a de réalité que dans les individus ou dans les particularités, que deviennent la plupart des unités, que devient l'unité de la Trinité? Saint Anselme

---

(1) On dispute encore pour savoir quel est l'auteur de l'*Imitation*. A défaut de preuves historiques, il y a, en faveur de Gerson, la meilleure des preuves : celle qui est tirée du style et des idées de ses autres ouvrages.

vit les conséquences d'une pareille assertion et combattit énergiquement le Nominalisme de Roscelin. Roscelin effrayé se rétracta.

Guillaume de Champeaux soutint la thèse opposée. Selon lui, les idées générales ont seules une véritable existence ; les individus n'existent que parce qu'ils participent aux genres et aux espèces. L'essence est la même dans tous, les accidents seuls varient.

Abailard intervint dans le débat. Il allégua contre les Réalistes que, si le genre est l'essence de l'individu, et s'il est tout entier dans chaque individu, il s'ensuit que, lorsque Platon est à Rome et Socrate à Athènes, la substance de l'un et de l'autre est en même temps à Rome et à Athènes et par conséquent en deux lieux à la fois. Il soutint contre les Nominalistes que les genres et les espèces ne sont pas de purs mots, car de purs mots ne sont rien, et les genres et les espèces sont quelque chose de très-réel.

Que sont-ils donc? Ils sont des *conceptions* de l'esprit et, à ce titre, ils ont une existence réelle dans l'entendement humain.

Les adversaires d'Abailard montrèrent que le *Conceptualisme* n'était au fond qu'une variété du Nominalisme. Duns Scot et saint Thomas, opposés sur la plupart des autres questions agitées de leur temps, défendirent le Réalisme, qui fut de nouveau attaqué plus tard par Guillaume d'Occam (1).

RENAISSANCE.

Sous ce titre général de Renaissance, nous désignons le mouvement intellectuel qui se produisit à la fin du XVIᵉ siè-

---

(1) L'école Réaliste a tort et raison. Elle a raison d'admettre la réalité des vrais genres, tels que l'*humanité ou le genre humain*; elle a tort, lorsqu'elle confond avec les vrais genres de pures abstractions, comme la *couleur* séparée du corps coloré.

La réalité est double : l'humanité n'est que dans les individus et par les individus ; mais aussi les individus n'existent et ne se ressemblent que par l'unité de l'humanité qui, dans ses traits essentiels, est en eux. Le genre n'absorbe pas l'individu, ni l'individu le genre ; l'unité et la multiplicité coexistent.

cle. La prise de Constantinople et l'émigration des savants grecs, qui en fut la suite naturelle, exercèrent une profonde influence sur la civilisation européenne. Il y eut comme un *renouveau* de la philosophie ancienne. A voir l'ardeur de tous, l'enthousiasme pour Platon ou pour Aristote, on se croirait transporté au temps d'Alexandre.

Marsile Ficin (mort en 1460) fonde une *académie* à Florence, et traduit les œuvres de Platon et de Plotin. Jean Pic de la Mirandole (mort en 1494) se rend à Rome avec 700 thèses *De omni re scibili*, et propose de payer les frais du voyage à quiconque voudra entrer lice. Pierre Ramus, le savant professeur du collége de France, publie un pamphlet contre Aristote (*Animadversiones Aristotelicæ*), où il montre plus de passion que de sagacité (1). Francesco Patrizzi, Jordano Bruno, en Italie, embrassent la doctrine platonicienne, mais en y apportant des développements que le maître n'aurait peut-être pas acceptés.

De leur côté, les péripatéticiens rivalisent d'ardeur, et dénaturent, en l'exagérant, la doctrine d'Aristote. Pierre Pomponat (mort en 1525) combat l'immortalité de l'âme, Campanella (mort en 1639) essaye une grande réforme sociale dans sa *Cité du soleil;* Lucilio Vanini, commentateur de la *Métaphysique*, est accusé d'athéisme et brûlé à Toulouse, en 1619.

Tous les systèmes ont leurs représentants. Jean Reuchlin, Cornélius Agrippa, Paracelse, Jacques Boehm se laissent aller à tous les excès du mysticisme. Ce dernier a écrit un ouvrage intitulé *Aurora*, où il raconte ses entretiens avec Dieu. Un seul trait suffira pour donner une idée des folles imaginations de cet illuminé : Dieu lui enseigne quel est le principe de toutes choses. Ce principe, c'est le *sel de nitre!*

Michel de Montaigne (mort en 1592), l'auteur de ces *Essais* où la bonhomie (plus apparente que réelle) et le charme de l'écrivain font oublier la faiblesse et l'outrecuidance du sys-

---

(1) Sa hardiesse causa sa mort. Il fut tué, à l'instigation des péripatéticiens, dans la nuit de la Saint-Barthélemy.

tème ; La Boétie, son ami ; Pierre Charron, le Portugais Sanchez (1), sont les pyrrhoniens de cette époque. Un bouffon de génie résume toutes les hardiesses et toutes les folies du siècle dans un livre *qu'on ne saurait ni trop louer ni trop blâmer*.

VIII

Philosophie moderne.

Révolution philosophique : Bacon et Descartes. — Résumé du *Novum organum*.

Une révolution religieuse précède et prépare la révolution philosophique opérée par Bacon et Descartes. Luther et Mélanchton, Zwingle et Calvin, et, avant eux, Érasme, l'auteur de l'*Éloge de la folie*, proclament hautement, mais en les exagérant, les droits de la raison. Leurs principes impliquent logiquement la négation de toute Église, de toute unité de foi (2), et par suite l'indépendance absolue de la pensée humaine. Je dis *logiquement*, parce que, dans la pratique, Luther et Calvin furent les moins tolérants des hommes, et qu'après avoir nié l'autorité traditionnelle, ils essayèrent de lui substituer l'autorité du sens individuel.

Nous n'avons pas à apprécier ici l'œuvre de la Réforme ; nous nous bornerons à constater un fait important, c'est que la libre spéculation, dans les choses qui ne sont pas de la foi, a été admise à la suite de la Réforme et par ses adversaires eux-mêmes.

(1) Auteur d'un ouvrage qui a pour titre : *Quod nihil scitur*.
(2) Les Catholiques et les Protestants s'accordent à reconnaître que la vérité se trouve dans les Livres saints ; mais voici la différence qui les sépare : les Protestants enseignent que chacun est libre de faire sa foi, c'est-à-dire d'interpréter avec sa raison la parole divine ; les Catholiques, au contraire, croient que Dieu a institué une autorité chargée de garder, d'interpréter et d'expliquer sa parole : cette autorité, c'est l'Église.

BACON.

François Bacon, né le 22 janvier 1561, à Londres, était fils de Nicolas Bacon, garde des sceaux sous la reine Élisabeth. Il fut créé successivement baron de Vérulam, vicomte de Saint-Alban et chancelier d'Angleterre. On connaît ses fautes, sa disgrâce, et sa condamnation. Avocat ambitieux, il avait accusé son ami le comte d'Essex; il fut lui-même accusé de s'être laissé corrompre dans l'exercice de la justice. Il mourut dans la retraite, le 9 août 1629.

Bacon est un grand écrivain; son style vif et imagé a plus de précision et non moins de charme que le style des philosophes orientaux. — Dès l'âge de 16 ans, il avait conçu le plan d'un vaste ouvrage qui devait comprendre tous ses écrits philosophiques : c'est l'*Instauratio magna*. Il ne put accomplir la tâche qu'il s'était proposée; mais il publia deux parties de son travail (le *De augmentis scientiarum* et le *Novum organum*), qui suffisent pour nous donner une idée de son système et de son génie (1).

RÉSUMÉ DU NOVUM ORGANUM.

Cet ouvrage est divisé en deux livres.

Dans la première partie du premier livre (*pars destruens*), Bacon énumère les erreurs ou *Idoles* (εἴδωλον, simulacre, apparence) qui s'opposent au progrès de la science. Ce sont : 1° les idoles de la tribu, communes à l'espèce humaine (*idola tribus*); 2° les erreurs individuelles (*idola specus*); 3° les erreurs nées du langage et des rapports des hommes entre eux (*idola fori*); 4° les erreurs qui sont dues à l'enseignement, aux divers systèmes philosophiques qu'il compare à des représentations théâtrales (*idola theatri*).

Toute philosophie pèche ou par ses fondements ou par l'objet de ses études, ou par sa doctrine touchant la certitude. Les doctrines connues jusqu'à ce jour sont ou sophis-

---

(1) Dire le *système* de Bacon est peut-être inexact. Bacon a fait quelque chose de mieux que d'imaginer un nouveau système; il a posé les principes de la méthode expérimentale.

tiques, ou empiriques, ou superstitieuses. Les premières s'appuient sur des principes faux; les secondes sur des observations partielles ou des hypothèses; les autres confondent le domaine de la raison et de la révélation. Dans toutes on remarque l'imperfection de la méthode.

Ignorance, dédain des observations, respect aveugle pour les temps anciens, que l'on regarde comme la vieillesse et qu'on devrait plutôt regarder comme l'enfance du monde, mauvaise foi, faiblesse de l'esprit humain, telles sont les causes du peu de progrès des sciences. C'est surtout la légèreté de l'homme qu'il faut combattre, et c'est du plomb et non des ailes qu'il faut ajouter à l'esprit humain.

Dans la deuxième partie de ce livre (*pars ædificans*), Bacon annonce qu'il va proposer une méthode nouvelle. Il réfute d'avance les objections qui pourraient lui être faites. Il se borne, dit-il, à indiquer la machine dont on doit se servir; c'est au temps à en montrer les bons résultats, et le temps a répondu à son espérance.

Dans le IIe livre, il traite de la science. La science a deux buts : l'un pratique, l'autre spéculatif. Le premier est d'augmenter le pouvoir de l'homme sur les choses; le second est de savoir interpréter les lois ou les formes de la nature. — Or, la pratique et la spéculation sont étroitement unies, car pour obtenir quelque empire sur les choses et sur la nature il faut connaître leurs lois.

L'interprétation de la nature se divise également en deux parties : l'art de tirer de l'expérience des vérités générales, et l'art de tirer de nouvelles expériences des vérités déjà connues.

Pour tirer de l'expérience les vérités générales, il faut secourir les sens, la mémoire et la raison. L'attention aide les sens dans leurs observations; les tables de comparaisons (tables de *présence*, d'*absence*, de *degrés*) aident la mémoire; la raison est accrue et fortifiée par les connaissances que donne une induction légitime.

Ensuite Bacon recommande l'observation, l'expérimentation, l'analogie et surtout l'induction. Il indique ou entrevoit les règles de ces procédés. Newton les précisera plus tard et complétera l'œuvre du père de la philosophie expérimentale.

DESCARTES.

René Descartes, né à la Haye, en Touraine, le 31 mars 1596, fut élevé au collége des Jésuites de La Flèche (1604-1612), où il se fit remarquer par la vivacité de son esprit et la solidité de son jugement.

Les années qui suivirent sa sortie du collége furent consacrées à l'étude du monde et des sciences mathématiques. Il passa plusieurs années à Rennes et à Paris, servit sous le prince Maurice de Nassau et sous Tilly, général des armées bavaroises ; fit plusieurs voyages en Allemagne, en Hollande, en Italie et en France (1612-1629) ; puis il se retira en Hollande pour se livrer au plaisir de songer, comme il dit quelque part. Il y demeura de 1629 à 1649. C'est durant cette période qu'il composa ses principaux ouvrages (1). En 1649, il céda aux instances de la reine Christine qui l'avait prié de lui donner des leçons de philosophie, et se rendit en Suède, où le dérangement de ses habitudes et l'âpreté du climat altérèrent sa santé. Il mourut à Stockholm, le 11 février 1650.

Descartes est le père de la philosophie moderne. Pour bien comprendre sa doctrine, les diverses influences exercées par elle, les admirations et les colères qui l'ont accueillie à sa naissance, les alternatives de faveur et de dédain qui ont accompagné son développement, les jugements contradictoires dont elle est encore l'objet, il faut se garder de confondre deux choses profondément distinctes : 1° La *première* doctrine de Descartes, qui est contenue dans le *Discours de la méthode* et dans les *Méditations métaphysiques;* 2° les *modifications* qu'il y a introduites à son insu ou sur les instances de ses adversaires.

(1) Descartes fut tout à la fois mathématicien, physicien et astronome ; ses œuvres philosophiques sont : le *Discours de la méthode*, les *Méditations* et les *Réponses aux objections*, les *Principes de la Philosophie*, le *Traité des Passions* et les *Règles pour la Direction de l'esprit.*

Les mathématiques reposent sur un petit nombre de définitions et d'axiomes, ou vérités générales, auxquelles se rattache, par voie de déduction, une série indéfinie de vérités particulières. Cette méthode est dite *a priori*, parce qu'elle exclut l'expérience et n'opère que sur des données abstraites. Elle est sûre et précise : de principes évidents on tire des conséquences également évidentes ; sur des fondements inébranlables on bâtit un édifice d'une solidité à toute épreuve. La science progresse, certaine et incontestée. Les découvertes se succèdent sans interruption ; l'œuvre individuelle, après avoir été contrôlée, prend sa place dans l'œuvre collective et jouit des mêmes immunités. Qui révoqua jamais en doute les propositions démontrées par Euclide ? et qui s'est avisé de contester les propositions démontrées par ceux qui sont venus après lui ?

La philosophie nous présente un tout autre spectacle. Rien de fixe ni de certain. Les opinions sont innombrables ; les systèmes, semblables à des châteaux de cartes, naissent, meurent, sont remplacés par d'autres, puis renaissent encore pour s'évanouir de nouveau. Frêles monuments construits par le préjugé ou la passion, et battus en brèche par une passion ou un préjugé opposé, ils tombent tour à tour dans la poussière, à la grande joie des sceptiques.

Demandez à Descartes l'explication de cette fragilité et de cette mobilité des philosophies ; le grand géomètre vous répondra qu'elle est le résultat des mauvaises méthodes, de la prévention et de la précipitation, de la foi aux sens et aux apparences qui trompent l'entendement. Tout lui paraît douteux, non parce que tout est faux, mais parce que rien n'est le fruit d'une science légitime. — L'unique moyen de restaurer les autres sciences et de leur donner, pour ainsi dire, la vitalité qu'elles n'ont jamais eue, c'est d'appliquer à leur étude la méthode des mathématiques, de traiter les choses concrètes et sensibles, voire même la réalité vivante et inaccessible aux yeux du corps, l'âme de l'homme, comme les idées abstraites et les pures conceptions de l'entendement.

Descartes donne les règles de cette méthode, et il ajoute : « ces longues chaînes de raisons, toutes simples et faciles, dont les géomètres ont coutume de se servir pour parvenir à leurs plus difficiles démonstrations, m'avaient donné occasion de m'imaginer que *toutes les choses qui peuvent tomber sous la connaissance des hommes* s'entresuivent en même façon, et que, pourvu seulement qu'on s'abstienne d'en recevoir aucune pour vraie qui ne le soit, et qu'on garde toujours l'ordre qu'il faut *pour les déduire* les unes des autres, il n'y en peut avoir de si éloignées auxquelles enfin on ne parvienne, ni de si cachées qu'on ne découvre... — Mais ce qui me contentait le plus de cette méthode était que par elle j'étais assuré d'user en tout de ma raison, sinon parfaitement, au moins le mieux qu'il fût en mon pouvoir : outre que je sentais en la pratiquant, que mon esprit s'accoutumait peu à peu à concevoir plus nettement et plus distinctement les objets ; et que, ne l'ayant point assujéti à aucune matière particulière, je me promettais de l'appliquer aussi utilement aux difficultés *des autres sciences* que j'avais fait à celles de l'algèbre. »

Ainsi, point de méprise possible : les sciences ne seront réformées que par l'application de la méthode des sciences mathématiques. L'évidence, et l'évidence *rationnelle* seule, sera le critérium de la vérité. On feindra de douter de tout, on rejettera toutes les connaissances données par l'expérience ou le témoignage ; on s'abstiendra de croire tant qu'on n'aura pas trouvé quelque chose d'incontestable, c'est-à-dire, qui soit éclairé par cette lumière irrésistible. Ce doute universel conduit lui-même à l'affirmation cherchée, à l'*aliquid inconcussum*, objet de tous nos vœux : « Aussitôt après que je pris garde que, pendant que je voulais ainsi penser que tout était faux, il fallait nécessairement que moi qui le pensais fusse quelque chose ; et remarquant que cette vérité, *je pense, donc je suis*, était si ferme et si assurée, que toutes les plus extravagantes suppositions des sceptiques n'étaient pas capables de l'ébranler, je jugeai que je pouvais la recevoir sans scrupule pour le premier principe de la philosophie que je cherchais. »

Mais que suis-je? une substance qui pense, indépendante des choses matérielles, distincte du corps, et même plus aisée à connaître que lui.

Toutefois le doute est une marque d'imperfection. D'où me vient l'idée de perfection que celle d'imperfection suppose? Ce ne peut être ni de moi ni du néant; c'est donc d'une nature véritablement plus parfaite que moi et qui a en elle toutes les perfections dont j'ai quelque idée (première preuve de l'existence de Dieu).

Puisque je suis imparfait et que je connais quelques perfections que je n'ai pas, il faut nécessairement qu'il y ait un être plus parfait duquel je dépends et duquel j'ai acquis tout ce que je possède (2ᵉ preuve).

Et si j'examine attentivement l'idée que j'ai d'un être parfait, je trouve que l'existence y est comprise en même façon qu'il est compris en celle d'un triangle que ses trois angles sont égaux à deux droits (3ᵉ preuve).

A l'existence de Dieu se rattache celle des corps, laquelle serait constamment douteuse pour nous sans la foi que nous avons en la véracité divine. Et cette conclusion n'est point un cercle vicieux, comme on le croit généralement; elle est tout à fait dans la logique du système. Il ne faut pas perdre de vue qu'il n'y a d'évidence que l'évidence légitime rationnelle, et que les corps en sont destitués. « Nous ne devons jamais nous laisser persuader qu'à l'*évidence de notre raison*, et non point de notre imagination *ni de nos sens.* »

La grande contradiction de Descartes n'est pas là. Elle se trouve dans la créance qu'il accorde d'abord au principe de l'évidence, auquel il substitue plus tard le principe de la perfection et de la véracité divines. Je m'explique. Dans la deuxième partie du *Discours,* il dit expressément : « le premier précepte de ma méthode était de ne recevoir jamais aucune chose pour vraie que je ne la connusse évidemment être telle, etc. » — Dans la troisième partie, il dit encore : « après cela je considérai en général ce qui est requis à une proposition pour être vraie et certaine... je jugeai que je pouvais prendre pour *règle générale* que les choses que nous concevons fort clairement et fort distinctement sont toutes vraies, mais qu'il y a seulement quelques difficultés à bien remarquer quelles sont celles que nous concevons distinctement. » — Et voilà qu'il ajoute imprudemment : « Cela même que j'ai tantôt pris pour une règle, à savoir que les choses que nous concevons très-clairement et très-distinctement sont toutes vraies, *n'est assuré qu'à cause que Dieu est ou existe, et qu'il est un être parfait*, et que tout ce qui est en nous vient de lui. »

Le paralogisme saute aux yeux : d'une part, nous ne sommes certains de l'existence de Dieu, que parce que l'idée de Dieu est évidente; d'autre part, nous ne devons croire à l'évidence que parce qu'elle a pour caution un Dieu parfait, véridique et bon. Le même paralogisme se retrouve dans les *Méditations* (1), dans les *Principes de la philosophie* (2), dans les *Règles pour la direction de l'esprit* (3).

Pressé par les objections de ses adversaires, qui signalaient les écueils de la méthode *a priori* et particulièrement son impuissance à établir l'existence du moi, Descartes est amené à expliquer en le modifiant le critérium de la vérité, et à donner un sens nouveau, un sens acceptable et accepté, au *cogito ergo sum*.

On dit à Descartes : Vous ne faites qu'une pétition de principe; votre *je pense, donc je suis* n'est et ne peut être que la conclusion de ce principe : *tout ce qui pense existe.*

D'une abstraction, de l'existence de la pensée, vous n'avez pas le droit de déduire un fait concret, l'existence du moi pensant.

Descartes répond : « Quand nous apercevons que nous sommes des choses qui pensent, c'est une première notion qui n'est tirée d'aucun syllogisme : et lorsque quelqu'un dit : *je pense, donc je suis, ou j'existe*, il ne conclut pas son existence de sa pensée comme par la force de quelque syllogisme, mais comme une chose connue de soi : il la voit par une simple inspection de l'esprit : comme il paraît de

---

(1) III° Méditation, 6. IV, med. 7-14.
(2) *Principes de la Philosophie*, 1re partie, 31-38.
(3) *Regulæ ad directionem ingenii*, 85-88.

ce que s'il la déduisait d'un syllogisme, il aurait dû auparavant connaître cette majeure : *tout ce qui pense est ou existe*. Mais au contraire elle lui est enseignée de ce qu'il sent en lui-même qu'il ne se peut pas faire qu'il pense s'il n'existe. Car c'est le propre de notre esprit de former les propositions générales de la connaissance des particulières (1). »

On lui dit encore : « Il n'est point vrai que la certitude des autres connaissances dépende de la connaissance de Dieu. L'athée connaît clairement et distinctement que les trois angles d'un triangle sont égaux à deux droits, quoique néanmoins il soit fort éloigné de croire l'existence de Dieu, puisqu'il la nie tout à fait. »

Il répond : « qu'un athée puisse connaître clairement que les trois angles d'un triangle sont égaux à deux droits, je ne le nie pas ; mais je maintiens seulement qu'il n'en a pas une vraie science, car il ne peut pas être certain de n'être pas déçu dans les choses qui lui semblent très-évidentes. — J'accorde que la vérité des axiomes qui se font recevoir clairement et distinctement à notre esprit, est claire et manifeste par elle-même ; je l'accorde pour tout le temps qu'ils sont clairement et distinctement compris, parce que notre âme est de telle nature qu'elle ne peut refuser de se rendre à ce qu'elle comprend distinctement. Mais parce que nous nous souvenons souvent des conclusions que nous avons tirées de telles prémisses, sans faire attention aux prémisses mêmes, je dis alors que sans la connaissance de Dieu nous pourrions feindre qu'elles sont incertaines (2). »

Mais cette distinction subtile est loin de nous satisfaire. Nous ne saurions admettre que la connaissance des principes est vraie et certaine, sans qu'il soit besoin de la caution divine, et que cette caution est indispensable quand il s'agit de la connaissance des conclusions tirées de ces mêmes principes. La certitude des vérités déduites est

---

(1) Réponses aux secondes objections, 22.
(2) Réponses aux secondes objections ; lettre à M. Régius.

fondée sur la certitude des vérités premières, et aussi légitime qu'elle. Nier l'une, n'est-ce pas nier l'autre?

Reste la certitude de l'existence des corps. Elle repose, selon Descartes, sur la perfection et la véracité divines. Je ne sache pas que ses adversaires l'aient beaucoup pressé sur ce point. Descartes, qui avait abandonné la théorie exclusive de l'évidence *rationnelle*, et qui avait reconnu la légitimité de l'information de la conscience, n'aurait pas plus hésité, j'imagine, à admettre l'autorité des sens. Déjà, dans la cinquième et la sixième partie du discours, il se rapproche de Bacon; il sent l'insuffisance de la méthode *a priori* pour l'étude des questions de physique, il appelle à son aide l'expérience, l'observation et l'induction. « Je n'ai pas cru, dit-il, qu'il fût possible à l'esprit humain de distinguer les formes ou espèces de corps qui sont sur la terre d'une infinité d'autres qui pourraient y être, si c'eût été le vouloir de Dieu de les y mettre; ni, par conséquent, de les rapporter à notre usage, si ce n'est qu'on vienne *au-devant des causes par les effets*, et qu'on se serve de *plusieurs expériences particulières.* »

Il veut que la science ne néglige pas le côté pratique pour ne s'occuper que de spéculations plus ou moins ingénieuses; il convie les bons esprits à contribuer *aux expériences* qu'il faudrait faire pour augmenter la somme des connaissances déjà acquises. En un mot, il comprend l'insuffisance de la méthode *a priori* pour l'étude et l'explication des phénomènes du monde physique, et n'hésite pas à en faire l'aveu.

Il y a donc, dans la Philosophie cartésienne (1), deux phases distinctes, deux courants d'idées divers, deux méthodes profondément différentes. Plusieurs disciples de Descartes, regardant comme non avenues les objections faites à la *première* doctrine, et les heureuses modifications qu'elles ont provoquées dans les principes de leur maître, sont restés fidèles à la méthode *a priori :* de là, le panthéisme de Spinosa, la théorie des *causes occasionnelles* et

---

(1) De *Cartesius*, Descartes.

de la vision en Dieu de Malebranche, l'*harmonie préétablie* de Leibnitz ; de là, certains systèmes contemporains qui ne sont, comme les précédents, que des formes variées de ce qu'on a appelé le *cartésianisme immodéré*. — D'autres, plus clairvoyants et plus sages, rejetant les exagérations, les théories exclusives, les hypothèses aventureuses, admettent aussi les principes du maître, mais avec les amendements introduits à la suite d'une longue et utile controverse. Tels sont Arnauld, Fénelon, Bossuet. Bossuet surtout qui, le premier, a essayé dans son traité *de la connaissance de Dieu et de soi-même*, d'appliquer l'observation à l'étude de l'âme humaine. Pour ces grands hommes comme pour les plus éminents penseurs de notre époque, la vraie philosophie, auxiliaire des autres sciences, se concilie admirablement avec le respect des vérités révélées.

Ce qu'il y a d'incontesté et de durable dans la doctrine de Descartes se résume en deux points : 1° il ne faut se fier qu'à l'évidence, et il y a autant d'évidences que de moyens de connaître ; 2° l'existence de l'âme est tout aussi certaine que celle du corps.

Les quatre règles du *Discours de la méthode* sont d'une application générale et conviennent à tous les ordres de sciences : il suffit d'y changer quelques mots et de les prendre au pied de la lettre, sans se préoccuper des vues systématiques qui, dans les premiers ouvrages de Descartes, altèrent leur vrai caractère et restreignent imprudemment leur universalité.

I. Ne recevoir jamais une chose pour vraie qu'on ne la connaisse évidemment être telle (1) ; c'est-à-dire éviter soi-

---

(1) L'Evidence est le *criterium* ou la marque distinctive de la vérité : partant plus d'autorité dans les points qui sont accessibles à notre entendement ; plus de foi aveugle au maître, ce maître fût-il Aristote ou Platon, fût-il Descartes lui-même ; plus de préjugés traditionnels touchant les grandes questions qui intéressent l'humanité ; liberté pleine et entière, l'examen partout où on a le droit d'examiner. Voilà tout à la fois le fondement de la Logique cartésienne et le point de départ de la philosophie moderne. Les plus grands esprits du xviii° siècle admettent ces principes et s'en font les propagateurs. Arnauld et Nicole les introduisent à **Port-Royal**, Malebranche à l'Oratoire, Bossuet et Fénelon dans les écrits

gneusement la précipitation et la prévention, et ne comprendre rien de plus en nos jugements que ce qui se présentera si clairement et si distinctement à notre esprit, que nous n'ayons aucune occasion de le mettre en doute.

II. Diviser chacune des difficultés en autant de parcelles que possible et qu'il est requis pour les mieux résoudre.

III. Conduire ses pensées par ordre, en commençant par les *objets les plus aisés à connaître* pour monter peu à peu aux plus difficiles (1).

IV. Faire partout des dénombrements si entiers et des revues si générales que l'on soit assuré de ne rien omettre.

Ainsi exprimées, ces règles déterminent en quelques formules rapides la méthode qui convient à tout ordre de sciences, et circonscrivent en de justes bornes l'indépendance que réclame l'esprit humain et à laquelle il a droit.

IX

Philosophie sensualiste au XVIIᵉ siècle.

Hobbes : Ses principes de droit civil et politique. — Gassendi : Essai de conciliation entre le Christianisme et l'Épicurisme. — Locke : Psychologie du sensualisme.

Le sensualisme, dans ses principes essentiels et ses conséquences immédiates, n'a pas fait un pas depuis Épicure. C'est une impasse dont on ne peut sortir.

Dans cette revue des philosophes qui professent la doctrine des sens, et qu'on regarde, à tort ou raison, comme les disciples de Bacon (2), nous nous bornons à indiquer les

---

consacrés à l'éducation des princes, Labruyère et Mᵐᵉ de Sévigné dans le monde et à la cour.

(1) Descartes dit « : en commençant par les objets *les plus simples*, etc., pour monter peu à peu comme par degrés jusqu'à la connaissance *des plus composés.* » Très-souvent *le plus simple* est loin d'être *le plus aisé.*

(2) Les hommes de génie qui ont eu le grand et redoutable honneur de fonder une école ou de donner leur nom à une doctrine, étaient loin de prévoir les métamorphoses que devait subir leur pensée, et les étranges

développements qui appartiennent en propre à chacun d'eux.

— Thomas Hobbes (né à Malmesbury en 1588, m. en 1679) a écrit plusieurs ouvrages qui eurent un grand retentissement; ce sont : le *De Cive*, le *Leviathan* (c'est sous ce nom qu'il désigne le pouvoir populaire), le *De Corpore*, le *De Homine*, etc. C'est encore lui qui, avec Ben-Johnson, traduisit en latin les œuvres de Bacon.

Ses principes de droit civil et politique, le seul point original de sa doctrine, sont exposés dans les deux premiers traités.

théories auxquelles donnerait lieu une proposition qu'ils avaient émise un peu au hasard peut-être, une phrase, un mot de leurs écrits. Ils ne savaient pas que leurs tendances (dont ils ne se rendaient pas toujours bien compte) seraient un jour exagérées, dénaturées, transformées en systèmes, et qu'on leur attribuerait une grande part dans la responsabilité de ces systèmes. — Naturaliste et physicien, Bacon est porté, par la tendance de son esprit autant que par ses études antérieures, à préférer la science de la nature aux spéculations métaphysiques, l'observation sensible aux conceptions rationnelles; il avoue son penchant, il ne résiste pas à la tentation de railler un peu ces profonds penseurs qui consument leur temps à tisser des *toiles d'araignées*, ces songe-creux qui se perdent dans les nuages et passent sans voir les merveilles de la terre et des cieux. Voilà Bacon pris en flagrant délit de sensualisme; il sera bon gré mal gré le maître d'une foule de disciples qu'il aurait certainement désavoués, s'il eût pu les connaître. Hobbes, Locke, Condillac se mettront à couvert sous son nom; le matérialisme dira effrontément qu'il n'a fait qu'appliquer la méthode de l'auteur du *Novum organum*.

Même remarque pour Descartes. Il a exprimé, çà et là, je ne sais quelles malencontreuses assertions sur la substance : il sera regardé comme le père de Spinosa et des panthéistes modernes; toutes les erreurs d'Outre-Rhin ne seront que les conséquences d'un *Cartésianisme immodéré*.

Attribuer ainsi à un seul la responsabilité, qui doit être partagée par tous, est le fait d'une critique étroite et injuste. Cependant il y a quelque chose d'utile dans cette exagération même : c'est une leçon donnée aux grands hommes à venir. L'histoire de leurs devanciers les avertit d'être prudents, de bien peser leurs paroles et de se persuader que rien de ce qui vient d'eux n'est indifférent. Leurs devoirs sont autres que ceux du vulgaire, ou du moins sont plus obligatoires, si j'ose ainsi parler. Un des hommes de la foule dit ou imprime une sottise, émet une opinion fausse ou hasardée; le mal n'est pas bien grand : qui l'écoute ou qui le lit? Ses erreurs, comme ses vices, meurent avec lui. (C'est le mot de Massillon.) — N'insistons pas trop. Pourquoi ne faire la leçon qu'à quelques-uns? Est-il bien exact de dire que les grands génies ont seuls charge d'âmes? Il faut recommander la même réserve à tous les écrivains, dussent-ils tous se regarder comme des hommes de génie. Mais le véritable homme de génie exerce autour de lui et après lui une influence dont nul, ni lui ni les autres, ne peut calculer la portée ou la durée.

1° La crainte a créé la société. La crainte que les hommes ont les uns des autres résulte de leur égalité naturelle et de leur tendance réciproque à se nuire. « Æquales sunt, dit-il, quia æqualia contra se invicem possunt. »

2° La nature ayant donné originellement à chaque homme un droit sur toutes choses, il s'ensuit qu'avant la réunion des hommes en société, leur état était la guerre. Cette guerre, fatale à l'espèce et à l'individu, dure autant que l'état de nature; aussi les sauvages d'Amérique sont-ils toujours en guerre.

3° La réunion des hommes en société s'effectue par la contrainte ou par le libre consentement ; c'est ce qu'on appelle le pacte social.

4° La loi naturelle pratique pour tous les hommes, comme pour toutes les autres sociétés, c'est la conservation de la paix.

5° Le gouvernement le meilleur est celui qui assure le mieux cette paix; par conséquent, la monarchie absolue est la meilleure des constitutions. — Elle est forte, donc elle est juste. (La force fait le droit.)

6° Le souverain n'est pas soumis aux lois sociales, car il est l'État (1), et l'Etat n'est obligé à rien envers lui-même ni envers les citoyens (2).

— Pierre Gassendi (3) (né près de Digne en 1592, mort en 1655), « le plus érudit des philosophes et le plus philosophe des érudits » (Tenneman), le spirituel contradicteur de Descartes, l'ami du P. Mersenne (4), a entrepris de concilier le Christianisme et l'Epicurisme. Ses deux grands ouvrages, le *Syntagma philosophiæ Epicuri* et le *Syntagma philoso-*

---

(1) L'Etat c'est moi, disait Louis XIV.
(2) A cette politique sensualiste, on peut faire une objection, qui ne laisse pas d'avoir quelque justesse : si le souverain, usant de son pouvoir légitime, pousse le peuple à bout, et que le peuple renverse le souverain, n'y aura-t-il pas exercice d'un pouvoir également légitime ? Si le peuple est le plus fort, n'a-t-il pas raison ? puisque la force fait le droit, le droit est mobile comme la force.
(3) Gassend, en latin *Gassendus*, dont le génitif est devenu le nom du philosophe, par suite de l'habitude de dire *Opera Gassendi*.
(4) Le P. Mersenne était le confident et le correspondant de Descartes.

phicum, renferment l'exposé du système et la défense de la morale d'Epicure.

Gassendi n'accepte pas toutes les opinions de son maître. Il reconnaît l'existence d'un Dieu créateur qui aime et protége son œuvre; il admet la liberté de l'action créatrice. Aux épicuriens de son temps, qui disent : Pourquoi Dieu n'a-t-il pas fait le monde avant l'époque où il le produisit réellement? il répond avec beaucoup de sens et d'esprit : « Si on voulait admettre que la création s'est effectuée avant l'époque où elle eut réellement lieu, le rapport entre elle et l'éternité serait cause qu'on pourrait sans cesse renouveler la même question. Il faut donc croire que Dieu a créé l'univers dans l'instant de l'éternité où il lui plut de le faire; et s'il ne le créa ni avant ni après cette époque, on doit penser que c'est par une raison incompréhensible pour nous et connue seulement de la sagesse infinie. »

Mais après avoir soutenu cette théorie si éminemment spiritualiste et chrétienne, Gassendi énonce, sur le but et la règle de la vie, les doctrines les plus contradictoires. « La vertu, dit-il, ne peut pas être le souverain bien, puisqu'elle paraît n'être qu'un moyen d'arriver à un but plus élevé, au bonheur. — L'essence du vrai bonheur consiste dans la tranquillité de l'âme et l'indolence du corps. Le bien suprême est celui qui dure le plus, et qui n'est suivi ni de repentir ni de conséquences fâcheuses. »

Bernier, le célèbre voyageur, fit l'apologie de Gassendi; Sorbière, son biographe, le défendit également. Molière fut son ami.

— Jean Locke (né à Wrington en 1632, mort en 1704) est le psychologue de l'école sensualiste. Son *Essai sur l'entendement humain*, publié en 1690, eut un grand succès.

Selon Locke, la sensation et la réflexion sont les deux sources de toute connaissance. La sensation fournit le fond que modifient les opérations intellectuelles, la comparaison, l'abstraction, le raisonnement, etc., lesquelles opérations ne sont connues qu'à l'aide de la réflexion ou de la conscience. Pas de conceptions *a priori*, pas de principes universels et nécessaires, pas de raison; c'est l'empirisme avec toutes ses conséquences ou plutôt avec toutes ses négations (que Locke n'a pas même entrevues) : négation de la substance, négation du bien en soi, négation de la liberté. Par une heureuse contradiction qui prouve que Locke valait mieux que son système, l'auteur de l'*Essai* admet l'existence d'un Dieu juste et bon, d'une âme spirituelle, d'un jugement ultérieur (1).

X
Philosophie spiritualiste au XVIIe siècle.

Cartésiens : (Spinosa), Malebranche, Leibnitz, Arnauld, Bossuet, Fénelon, Pascal.

Le Cartésianisme fut embrassé avec ardeur par les plus nobles esprits du xviie siècle. Laissons de côté Régis, le commentateur de Descartes, Clerselier, son ami et son correspondant, Geulinx, qui imagina le premier le système des *Causes occasionnelles,* Clauberg et nombre d'autres, et hâtons-nous d'arriver aux grands cartésiens, à ces hommes de génie et de foi qui crurent et enseignèrent, à l'exemple de leur maître, que la raison a son domaine légitime, et que la religion n'a rien à redouter des perfectionnements de la pensée humaine.

Un mot d'abord sur Spinosa.

Le Juif Baruch ou Benoist Spinosa (né à Amsterdam en 1632, mort en 1677) est le père du panthéisme moderne (2). Appliquant dans toute sa rigueur la première méthode de Descartes, il formula un système construit à la manière des géomètres.

Ce système peut être résumé dans ces trois principes :

(1) Les œuvres de Locke sont aujourd'hui peu lues; cependant « aucun philosophe, dit un historien, n'a eu plus d'influence sur le xviiie siècle. En métaphysique, son *essai sur l'entendement* inspirera Condillac; en religion son *traité du Christianisme raisonnable* et ses *lettres sur la tolérance* seront l'Évangile des libres-penseurs; en pédagogie, son livre sur *l'éducation des enfants* provoquera l'*Émile* de Rousseau; son *Essai sur le Gouvernement civil* inspirera Montesquieux et Rousseau.» A. FOUILLÉE, *Hist. de la philo.ophie.*
(2) Le principe fondamental du panthéisme, nous l'avons déjà dit, c'est l'unité de substance. A ce caractère, il faut en joindre un autre, qui est commun à tous les panthéistes, c'est la suppression de la conscience et de la personnalité humaines.

1° Il n'y a qu'une seule substance, qui est Dieu : substance infinie et parfaite. 2° Des attributs de Dieu nous ne connaissons que l'*étendue* et la *pensée*. 3° Toute existence, toute chose individuelle, toute réalité apparente n'est qu'un mode ou une collection des modes de la pensée ou de l'étendue divine.

Les principaux ouvrages de Spinosa sont intitulés, et ici les titres sont très-significatifs : *Renati Descartis principia more geometrico demonstrata : — Ethica ordine geometrico demonstrata.*

— Nicolas Malebranche (né à Paris en 1638, mort en 1715), père de l'Oratoire, grand métaphysicien, écrivain admirable. Il lut un jour le *Traité de l'homme* de Descartes, et abandonna toute autre étude pour se livrer à la philosophie. Ses principaux ouvrages sont la *Recherche de la Vérité* et les *Méditations chrétiennes et métaphysiques.*

La *Recherche* est divisée en six livres : le Ier est consacré aux erreurs des sens ; le IIe, à celles de l'imagination ; le IIIe, à celles de l'entendement ; le IVe, à celles qui naissent des inclinations ou des mouvements naturels de l'esprit ; le Ve, à celles qui sont provoquées par les passions ; le VIe, au développement de la méthode générale ou des règles qu'on doit observer dans la recherche de la vérité.

« La *Recherche de la vérité*, dit un célèbre écrivain, contient sur l'homme, sur les inclinations et les passions, sur les diverses facultés de l'entendement, sur les causes de nos erreurs, une foule d'observations d'une délicatesse et souvent d'une profondeur admirable, qui mettent Malebranche parmi les plus grands connaisseurs de la nature humaine. Mais il abandonne bientôt la réflexion pour le raisonnement mathématique, et rejette l'autorité de la conscience qui seule donne et soutient le principe *je pense, donc je suis*, atteste et garantit la certitude de la liberté... — La conscience une fois mise de côté, la porte est ouverte aux principes les plus contraires à l'expérience et au sens commun (1) : la *vision en Dieu* et les *causes occasionnelles.* »

(1) Cousin, *Histoire de la philosophie.*

Nous *voyons tout* en Dieu et Dieu *fait tout* en nous. Voilà le résumé de la doctrine de Malebranche (1). Au fond, la théorie de la vision en Dieu n'est qu'une réminiscence de la théorie platonicienne des idées. Sa théorie de l'activité conduit logiquement au panthéisme.

— Leibnitz, Godefroy-Guillaume (né à Leipsick en 1646, mort en 1716), génie universel et dont la profondeur égale l'étendue, historien, mathématicien, philosophe.

Il faut distinguer deux hommes dans Leibnitz : le critique, qui a réfuté complétement le sensualisme dans les *Nouveaux essais sur l'entendement* (2), et le philosophe dogmatique, qui a essayé d'expliquer la nature des êtres et de justifier la Providence divine (Théodicée, Monadologie).

La défense de Dieu est soutenue tout entière dans le développement de ces deux propositions : 1° Dieu, être infiniment bon et infiniment sage, a dû créer un monde ; 2° de tous les mondes possibles, Dieu a choisi et créé le meilleur (Optimisme).

Son système des *Monades* se résume également en deux propositions : 1° Il y a des substances simples, indivisibles, éléments de tout ce qui est, et qu'on appelle *monades*. 2° Toute monade est essentiellement active et capable de perception. Mais certaines monades, outre la perception, ont la conscience de la perception et la capacité de réfléchir sur les diverses perceptions, et sont des *âmes*. D'autres, plus parfaites, joignent à la perfection et à la réflexion une faculté supérieure que l'on nomme raison : elles sont des *esprits*.

Qu'est-ce donc que l'homme ? C'est l'union momentanée d'une Monade de l'ordre le moins élevé, appelé *corps*, et d'une Monade de l'ordre le plus élevé appelée *esprit*. L'harmonie de deux substances, *distinctes et indépendantes*, est *préétablie*. Elles sont comme deux horloges qui sonnent la même heure au même instant sans avoir d'influence l'une sur l'autre.

---

(1) Ce qui a fait dire à un plaisant : « Lui qui voit tout en Dieu n'y voit pas qu'il est fou. »

(2) Leibnitz corrige heureusement l'axiome sensualiste : *Nihil est in intellectu quod non fuerit prius in sensu* — **PRÆTER INTELLECTUM.**

446 PHILOSOPHIE SPIRITUALISTE AU XVIIe SIÈCLE.

L'artiste suprême a réglé cet accord, qui est la loi en vertu de laquelle les deux Monades sont agrégées (1).

— Bossuet, évêque de Meaux, (né à Dijon en 1627, mort en 1714). Ses principaux ouvrages philosophiques sont : les traités de *la Connaissance de Dieu et de soi-même*, du *Libre arbitre* et *de la Concupiscence*, et la *Logique* récemment publiée. Ils furent écrits pour l'éducation du Dauphin.

— François de Salignac de La Mothe-Fénelon, archevêque de Cambrai, précepteur du duc de Bourgogne, naquit en 1651 dans le Périgord, et mourut en 1715. Outre le traité *de l'Existence et des attributs de Dieu*, il a composé des *Lettres sur la métaphysique* et une *réfutation du système de Malebranche*.

— Mentionnons les deux auteurs de la logique de Port-Royal (2), Antoine Arnauld né à Paris en 1612, mort en exil à Liége en 1694 ; et Pierre Nicole, né à Chartres en 1625, mort en 1695, qui rédigea les *discours* et les additions de la logique. Nicole est connu, en outre, par ses *Essais de morale*.

Arnauld s'est élevé, dans son traité *des vraies et des fausses idées*, avec autant de sens que de vigueur, contre la fameuse hypothèse des *idées-images*, espèce *d'êtres représentatifs*, que l'École Sensualiste place entre l'âme et les corps. Il a en vue la *vision en Dieu* de Malebranche. Ce dernier partant de l'hypothèse généralement admise, soutient que nous ne percevons pas les corps eux-mêmes, mais que nous voyons en Dieu les idées des corps.

Citons encore Blaise Pascal, né à Clermont-Ferrand en 1623, m. en 1660, l'un des plus beaux génies que la France ait produits, grand écrivain, grand physicien, grand géomètre, auteur des *Pensées* et des *Provinciales*. Pascal représente ce qu'on pourrait appeler le Cartésianisme involontaire. Quoique très-défiant à l'endroit de la raison et trop désireux de se passer d'elle dans l'établissement des fonde-

---

(1) Christian Wolff (m. en 1754), disciple de Leibnitz, formula en un système la doctrine de son maître.
(2) L'abbaye de Port-Royal fut occupée au commencement du XVIIe siècle par de pieux solitaires qui ont publié un grand nombre d'ouvrages de polémique religieuse et d'éducation.

ments de la foi, il a marqué avec une grande précision les limites de l'autorité. S'il a perdu de vue que les motifs de toute croyance sont fournis par l'entendement, il n'a pas méconnu la puissance de ce même entendement dans les sciences purement humaines. Nous en trouvons la preuve dans plusieurs passages de ses *Pensées*.

XI
Philosophie du XVIIIe siècle.

Sensualisme : Ses principaux représentants. — Scepticisme. Condillac, Berkeley, Hume.

Gassendi et Locke furent les maîtres de la philosophie du xviiie siècle. Le système qu'ils enseignaient était celui qui convenait le mieux aux dispositions morales de l'époque. N'oublions pas que nous sommes en pleine régence, à la veille du règne de Louis XV, à peu d'années de distance de la Révolution française.

Allié naturel de tous les scepticismes, adversaire de la théologie positive, goûté des masses, à la portée des intelligences les plus médiocres, ne reconnaissant sous le nom de *nature* ou de *Hasard* qu'un Dieu aveugle et indifférent, qui règne et ne gouverne pas, le Sensualisme est un merveilleux instrument d'anarchie dont les démolisseurs ont reconnu en tout temps l'utilité et la puissance.

Énumérons les principaux philosophes sensualistes.

Condillac (Étienne Bonnot, abbé de), né à Grenoble en 1715, mort en 1780, précepteur du prince de Parme, pour lequel il écrivit la collection connue sous le nom de Cours d'études. L'*Essai sur l'origine des connaissances humaines*, le *Traité des sensations* et le *Traité des animaux* contiennent sa doctrine. — D'abord, il ne fait que reproduire les idées de Locke et admet la double autorité des sens et de la conscience. Puis, supprimant la conscience qui n'est, dit-il, que la sensation se sentant elle-même, il ramène (*Traité des sensations*) tout aux sens. Il imagine une statue, organisée à l'intérieur comme un homme, mais vide d'idées et de sensations. Présentez une rose à la statue, et la statue pense, et l'entendement se constitue ; de la Sensation naissent successivement l'Attention, la Comparaison, le Jugement, la Réflexion, et parallèlement, le Désir et la Volonté.

— Collins (mort en 1729), auteur d'un *Essai sur l'usage de la raison* et d'un *Traité sur la liberté de penser*.

— Mandeville (mort en 1735), auteur d'un poëme intitulé *la Fable des abeilles* et de *Recherches sur l'origine de la vertu morale*. Selon lui, les passions sont aussi utiles que les vertus à l'Etat et à l'individu. La vertu n'est qu'une variété de l'orgueil.

— Lamettrie (mort en 1751); Helvétius (mort en 1771), auteur d'un livre intitulé *De l'esprit;* d'Holbach (mort en 1789), auteur du *Système de la nature*, dans lequel il essaie d'établir sur des bases philosophiques la morale de l'intérêt, l'athéisme et le fatalisme.

— Charles Bonnet (mort en 1793), naturaliste distingué, a le même point de départ, mais se fait remarquer par des aspirations plus élevées.

— D'Alembert (mort en 1783), Voltaire (mort en 1778), Diderot (mort en 1784), fondateurs de l'Encyclopédie (1), professent la doctrine sensualiste sans en admettre les dernières conséquences. « On ne fonde rien et on n'améliore rien avec l'athéisme, » dit Voltaire.

SCEPTIQUES (2)

Berkeley, évêque de Cloyne (mort en 1753), auteur d'un livre intitulé : *Principes des connaissances humaines*, nie

(1) L'Encyclopédie est le premier esssai qui ait été tenté d'un résumé des connaissances humaines. Le recueil rédigé sous la direction de Diderot et de d'Alembert contient de fort bons articles; mais la tendance générale ne saurait être approuvée. On dirait une série de pamphlets contre l'Etat et les Religions.

(2) Le scepticisme philosophique avait eu ses représentants au xvii⁰ siècle : Huet, évêque d'Avranches (m. en 1721), auteur du *Traité de la faiblesse de l'esprit humain*, essaya d'établir la foi sur les ruines de la raison (voir notre chapitre sur le *scepticisme*). — Lamothe-le-Vayer (m. en 1672), et Bayle (1647-1706), l'auteur du *Dictionnaire historique et critique*, professent le Pyrrhonisme sans arrière-pensée dogmatique ou religieuse.

l'existence de toute substance autre que l'âme et Dieu.

« La philosophie la plus répandue admettait, nous l'avons déjà dit, que l'esprit ne percevait pas les objets eux-mêmes mais les *êtres représentatifs*, selon l'expression d'Arnauld. Locke affirmait que l'âme ne communique pas avec les objets eux-mêmes. Malebranche et Leibnitz expliquaient les phénomènes de la perception, l'un par des idées en Dieu, l'autre, par des idées dans l'âme; il était clair qu'on ne pouvait admettre plus longtemps l'existence d'un monde matériel que personne n'avait vu, qu'on ne pouvait même pas voir, et qui, s'il eût existé, n'aurait servi à rien.

« Berkeley déclara donc que le monde matériel n'existait pas, qu'il n'y avait de réel que l'âme de l'homme et Dieu qui était la cause de nos idées. Il fut tellement persuadé de cette opinion qu'il la regarda comme universelle et populaire. Personne, suivant lui, ne croit plus à l'existence des corps; quand nous en parlons, nous ne sommes pas plus dupes de notre langage que de ces phrases où nous disons que le soleil se lève où se couche, quoique nous sachions bien qu'il est immobile. Ainsi, l'âme, les idées, qui sont des modifications de l'âme, et Dieu, qui est la cause de ces modifications, voilà l'univers (1). »

David Hume, célèbre historien et philosophe anglais (mort en 1776), auteur d'un *Traité de la nature humaine*, et d'*Essais moraux, politiques et littéraires*, tire les conséquences de l'idéalisme de Berkeley et conclut au doute universel.

« Si l'âme a des sentiments et des perceptions sans objets extérieurs, si elle croit mouvoir un corps, quoiqu'elle ne le meuve pas, si l'idée des corps ne prouve pas l'existence des corps, comment l'idée de Dieu prouverait-elle l'existence de Dieu?—mais, dites-vous, j'existe et je ne me suis pas donné l'être, il faut donc que je l'aie reçu d'autrui.—Le raisonnement est une idée : cette idée n'est pas plus évidente que celle de la lumière et des corps. Vous rejetez l'existence

(1) Extrait du *Traité des facultés de l'âme*, de M. Garnier, liv. VI, ch. IV.

des corps et de la lumière, attendez-vous à ce que d'autres rejettent l'existence de Dieu. Et vous ne serez pas au bout de toutes ces nouveautés. Vous existez, dites-vous? comment le savez-vous? par une idée? mais une idée, selon vous, ne prouve pas l'existence de l'objet auquel elle s'applique; vous ne pouvez donc même pas affirmer votre propre existence, mais seulement l'idée de votre existence.

« Voilà donc où vous en êtes réduit : vous avez creusé un abîme dans lequel se sont ensevelies toutes les existences : les corps, Dieu, votre âme elle-même, et sur ce néant il ne surnage que l'*idée*, être incompréhensible, sans objet auquel il s'applique, sans sujet dans lequel il réside, image qui ne représente aucune chose, fantôme qui n'apparaît à personne, être et néant, tout et rien, folie et contradiction (1). »

XII

Suite de la philosophie du XVIIIe siècle.

Spiritualisme. — Philosophie Allemande : Kant, Fichte, Schelling, Hegel, Schopenhauer. — Philosophie écossaise : Reid, Beattie, Stewart.

Au XVIIIe siècle, le Spiritualisme est la philosophie de la minorité ; encore le trouvons-nous plutôt à l'état d'aspiration qu'à l'état de système.

Bornons-nous à citer ceux qui *protestèrent* contre la tendance de l'époque :

Isaac Newton (mort en 1727), auteur des *Regulæ philo-*

---

(1) *Id.* — *id.* M. Garnier ajoute : « David Hume parvenait à ces conclusions en partant des théories spéculatives généralement admises de son temps ; mais comme il arrive à tous les sceptiques, c'est-à-dire à tous ceux qui veulent nier des principes évidents d'eux-mêmes, il se frappait bientôt de contradiction... — Dans son *Essai sur la philosophie sceptique*, il laisse échapper ces mots : « Le grand destructeur du Pyrrhonisme, c'est l'action, c'est la vie commune. » — La réponse la plus forte aux objections du scepticisme, c'est de demander au sceptique dans quelle vue il les propose : il sera arrêté tout court ; car il ne peut espérer de les faire adopter, et s'il y réussissait, quel bien en résulterait-il pour l'humanité? La fin du monde. *La nature prévaudra toujours contre les objections des sceptiques.* »

sophandi; Samuel Clarke (mort en 1729), auteur d'un *Traité de l'existence de Dieu;* J.-J. Rousseau (mort en 1778), qui essaya de substituer le *Sentimentalisme* au sensualisme; le P. André (mort en 1754), auteur d'un *Essai sur le beau;* le P. Buffier (mort en 1737), le précurseur des Écossais, auteur d'un traité sur les *premières vérités;* Hutcheson (mort en 1747); Adam Smith (mort en 1790), qui fondent la morale sur le *Sentiment* en général ou sur la *Sympathie;* Turgot (mort en 1781), ministre de Louis XVI, qui écrivit dans l'*Encyclopédie* (1) l'article intitulé *De l'existence;* Condorcet (1743-1794) qui, malgré son admiration pour Locke et Condillac dont il croit être le disciple, a des aspirations spiritualistes éloquemment exprimées dans son *Esquisse des progrès de l'esprit humain,* où il essaie de démontrer la perfectibilité indéfinie de l'homme.

L'empirisme a été combattu, à la fin du xviiie siècle, par deux grandes Écoles, l'École allemande et l'École écossaise.

PHILOSOPHIE ALLEMANDE

Emmanuel Kant, né en 1724, ne quitta jamais sa ville natale. Il professa, durant plusieurs années, la philosophie à l'université de Kœnigsberg, et publia successivement la *Critique de la raison pure,* en 1781, la *Critique de la raison pratique,* en 1788, la *Critique du jugement,* la *Religion dans les limites du jugement,* etc. Il mourut en 1804. Ses *leçons de métaphysique* ne furent imprimées que dix-sept ans plus tard.

Le système de Kant est désigné sous les noms de *Criticisme* et d'*Idéalisme subjectif.* C'est une réaction énergique contre les deux doctrines opposées qui se partageaient alors les esprits : la Philosophie dogmatique de Wolf (2) et le Scepticisme de Hume.

« Kant est par-dessus tout idéaliste. Il fait à l'empirisme (qui a engendré le scepticisme de Hume) une guerre à ou-

---

(1) Très-divers dans leurs tendances, les auteurs de l'Encyclopédie s'accordent pour reconnaître que l'humanité est perfectible, et que le devoir de chacun est de contribuer, autant qu'il est en lui, au progrès de tous.

C'est une pensée grande et vraie; mais on a quelque peine à concilier la possibilité du progrès avec les doctrines matérialistes ou sceptiques professées par la plupart des encyclopédistes.

(2) Wolf, nous l'avons déjà dit, a exposé et systématisé les doctrines de Leibnitz.

trance ; il lutte intrépidement contre toutes les tendances de son siècle; il ne recherche et n'estime dans la conscience humaine que l'élément rationnel.

« Il aspire à la *raison pure*, et lorsqu'il est en possession de cette raison pure, par une première et étrange contradiction, il la déclare impuissante à connaître les êtres, à atteindre jusqu'à la réalité et à l'existence. Et pourquoi? parce que la raison pure, toute pure qu'elle est, réside en un sujet déterminé et particulier qui, ayant sa nature propre et ses lois, la marque ainsi de son caractère, la rend *subjective*, comme parle le philosophe allemand, et lui ôte toute valeur hors de l'enceinte de la pensée ; d'où il résulte que Dieu, l'âme (1), la liberté, le temps, l'espace ne sont que des formes de la raison, des idées que la raison projette en quelque façon hors d'elle par l'énergie dont elle est douée, énergie admirable en elle-même, mais qui n'enfante que des illusions. Kant voudrait-il donc que la raison, pour posséder une puissance véritablement *objective* fût à ce point impersonnelle qu'elle ne fît pas son apparition dans un sujet particulier? Mais vouloir que la raison cesse entièrement d'être subjective, c'est demander une chose impossible à Dieu même.

» Nous voilà donc retombés, ce semble, dans un radical et irrémédiable scepticisme. Pas du tout; par une généreuse contradiction, cette même raison pure, qui s'avoue incapable de certitude en métaphysique, se prétend tout à coup fort capable en morale d'arriver certainement à la liberté, à l'âme et à Dieu. C'est le devoir qui opère ce prodige (2).»

En d'autres termes, la raison *pratique* donne la certitude qui avait échappé à la raison *pure* et atteint l'absolu (3).

Tout ce qui est relatif aux sens, comme tout ce qui est matière de raisonnements, est chose contestable et contestée : le devoir seul s'impose avec une certitude *catégorique*, selon l'expression de Kant.

---

(1) Il est impossible, selon Kant, de démontrer l'existence de l'âme conçue comme une substance simple et identique.

(2) Cousin, *Hist. de la Philosophie*.

(3) La raison *pure* arrive seulement à concevoir la totalité des phénomènes, c'est-à-dire une sorte d'absolu contingent; mais elle ne s'élève pas à l'absolu nécessaire, qui est le seul et véritable absolu.

« Mais pourquoi le devoir a-t-il à ses yeux cette nouvelle et féconde certitude? poussez à bout les analyses de Kant sur ce grand sujet, ne soyez pas dupe des mots, et vous reconnaîtrez qu'enfin de compte la certitude du devoir repose sur le témoignage de la conscience.

» Mais toute cette doctrine compliquée et artificielle se brise devant ce dilemme : ou la conscience est sans valeur ici, ou ailleurs on n'avait pas le droit de la rejeter (1). »
En d'autres termes, si la *subjectivité* de nos idées implique notre impuissance à atteindre la réalité ; l'idée du devoir ne saurait faire exception, et nous sommes condamnés au scepticisme universel.

La contradiction est manifeste; n'y insistons pas.

Cette sublime conception du devoir, qui nous élève au-dessus du doute, illumine, pour ainsi dire, la philosophie de Kant. L'auteur de la *Critique de la raison pure* et *de la raison pratique* est le plus grand des moralistes modernes. Aucun philosophe, pas même Platon, n'a parlé en termes plus élevés et plus convaincus de l'harmonie de la vertu et du bonheur, et n'a donné une formule plus précise du devoir : *agis toujours d'après une règle telle, que tu puisses vouloir qu'elle soit une règle universelle.*

On regrette de ne pas retrouver au même degré, dans ses disciples ou ses successeurs, ce noble souci de la science morale, couronnement et pierre de touche de la science théorique. « Je ne fais, disait Royer-Collard, aucun cas d'une philosophie qui n'aspire pas à rendre l'homme meilleur. »

La *Critique de la raison pure* est le point de départ de la nouvelle philosophie allemande.

Cette philosophie, fleuve large et sombre qui paraît profond parce que ses eaux sont troublées, se partage en deux courants, *l'Idéalisme subjectif* et *l'Idéalisme objectif*, lesquels se mêlent souvent ensemble et se réunissent finalement pour aller se perdre dans le *Nihilisme*.

L'Idéalisme *subjectif* est représenté par Fichte (1762-1814), Jacobi (1743-1819), Reinhold (1758-1823).

Nous ne pouvons atteindre l'absolu. Les vérités *à priori*,

(1) Cousin, *Hist. de la philosophie.*

qui nous semblent nécessaires et universelles, ne sont que des formes de la pensée : la pensée est tout.

— Fichte, auteur de la *Doctrine de la science*, de la *Destination de l'homme* et de la *Méthode pour arriver à la vie bienheureuse*, tire les conséquences logiques du Subjectivisme. Si nous ne percevons que ce qui apparaît, et non ce qui est, et si nous ne pouvons conclure de l'apparence à la réalité, il n'y a rien en dehors du *moi*. Le moi est la mesure de la science et de la vérité. Dieu et le Monde sont des créations de la pensée humaine ; mais Dieu, l'idéal, l'impersonnel, *l'être qui doit être*, est supérieur au réel, au personnel, au moi, *qui pouvait ne pas être*.

Le moi *humain*, en dernière analyse, n'est qu'un mode du moi *divin*, qui l'absorbe.

L'Idéalisme *objectif* est professé par Schelling (1775-1854) et Hegel (1770-1831).

— Schelling, auteur de la *Philosophie de la nature* et du *Système* de l'Idéalisme *transcendantal*, fait dériver le moi et le non-moi d'un principe supérieur, qui est l'Être, un, absolu, impersonnel, devant qui toutes les différences s'effacent et en qui tous les contraires s'identifient. Nous ne nous élevons pas à lui par un travail de l'esprit ; nous l'apercevons dans une sorte de vision spontanée.

La science et l'art sont comme deux moments successifs de cette vision. La science ne fait qu'entrevoir l'être ; l'art le conçoit plus directement et nous donne une idée plus claire de l'unité suprême où les contraires, l'apparence et la réalité, la nature et l'intelligence se fondent et se concilient harmonieusement. L'histoire n'est que le tableau des évolutions de l'être un et absolu (1).

— Hegel (auteur de la *Phénoménologie de l'esprit*, de la *Logique*, de la *Philosophie du droit*, etc.), va plus loin que Schelling. Schelling admettait un principe supérieur à la nature et à la pensée, *l'un absolu ;* Hegel identifie l'absolu

---

(1) Schelling modifia plus tard sa doctrine pour combattre l'Hégélianisme. Dans cette nouvelle évolution, la morale est placée au-dessus de l'art. Principe des choses, fondement de la morale, la volonté, libre et universelle, est absolue ; et le devoir de l'individu est de ne vouloir rien qui ne soit voulu par la volonté universelle.

et la pensée, le réel et le rationnel, le phénomène et le concept, le *devenir* et *l'être;* en d'autres termes, il n'y a qu'une chose absolue, le *devenir*.

« Mais n'est-ce point là, dira-t-on, identifier les contraires : absolu et relatif, liberté et nécessité, idéal et réel? — oui, sans doute, répond Hegel; l'identité des contraires est précisément le secret du progrès universel, le secret de la pensée et de la vie. Penser, c'est nier des idées différentes et, en définitive, concilier des contraires; vivre, c'est passer d'un contraire à l'autre par une action qui domine les deux. Tout progrès est une évolution, un devenir, un mouvement, et tout mouvement, comme l'ont montré Héraclite et Platon, est une contradiction réalisée » (1).

Hegel précise sa pensée par la distinction des deux Logiques. « L'une, toute relative, est soumise au principe de contradiction : *une chose ne peut-être elle-même et son contraire;* c'est la Logique inférieure de l'entendement, qui travaille sur des abstractions. L'autre logique, la Logique absolue, celle de la raison et de la réalité, qui n'est pas seulement un jeu d'abstractions, mais un actif développement de la vie, est supérieure au principe de contradiction et repose sur l'identité même des contraires » (2).

La conclusion de cette logique est la conclusion du physique et du moral, de la fatalité et de la liberté, de l'être et du non-être dans l'éternel devenir.

— Schopenhauer (1788-1860) (3) a dit le dernier mot de l'Idéalisme allemand. Prenant place entre Kant et Fichte et ramenant le concept de la *volonté* au concept de la *force,* il confond la volonté avec la force et rejette le libre arbitre; par suite, il supprime le devoir.

Le devoir supprimé, la vie est chose absurde. S'écoulant dans un monde détestable, elle n'est pour l'homme parmi les hommes qu'une série ininterrompue de douleurs et une lutte sans trêve. De là le désir d'en être délivré, l'aspiration à l'anéantissement, qui est notre fin suprême. Mais en atten-

---
(1) Fouillée, *Hist. de la Phil.,* ch. x.
(2)   Id.   id.
(3) Auteur d'un ouvrage intitulé: *Le Monde considéré comme volonté et représentation.*

dant cette fin si ardemment souhaitée, et dont on ne saurait hâter l'heure (pourquoi ?), il faut que l'homme ait pitié de ses semblables et qu'il s'associe à leurs peines et à leurs joies. La pitié est donc la loi morale, et la sanction de cette loi morale est le Nirvâna des Bouddhistes (1).

PHILOSOPHIE ÉCOSSAISE

L'École Écossaise, contemporaine de l'École allemande, a un tout autre esprit.

Les philosophes d'outre-Rhin se plaisent dans les abstractions et dans les rêves logiques, et professent un grand dédain pour le sens commun (2).

Les philosophes Écossais, au contraire, se défient un peu trop peut-être des conceptions métaphysiques et ne s'engagent pas volontiers hors du domaine de l'observation intime.

Ils ont poursuivi et atteint, en grande partie, un triple but :

1° Réfuter la théorie des images ou de la représentation (3).

---

(1) Maupertuis (né à Saint-Malo, en 1698; mort à Bâle en 1759), auteur d'un *Essai de philosophie morale*, a devancé Schopenhauer dans la conception pessimiste de la vie. Si l'on compare les biens et les maux (comparaison qui s'effectue au moyen de ce qu'il appelle la prudence), on est amené à conclure que la somme des maux l'emporte de beaucoup sur celle des biens, et que mieux vaudrait n'être pas né.

Toutefois, Maupertuis ne regarde pas l'anéantissement comme la fin dernière de l'homme ; il incline plutôt vers la croyance en l'immortalité de l'âme, qui lui semble fondée sur l'idée de justice.

De nos jours, un grand esprit, qui fut tout à la fois poète et moraliste, Giacomo Léopardi (né à Recanati, en 1798, mort à Naples, en 1837), s'est fait l'éloquent interprète de la doctrine de l'*infélicité*. On peut dire que la douleur a été sa muse. « L'âme humaine est créée pour être grande et malheureuse. » — « Le plus heureux est de ne pas vivre. » — « L'homme est bien sot de prolonger ses jours : qu'il trouve auparavant l'art de vivre heureux. » — « L'ennui n'est que le sentiment de l'infélicité et le désir du bonheur. » — « Quand finira l'infélicité ? quand tout finira. » Telles sont les principales conclusions des dialogues de Léopardi.

(Voir l'*Essai sur les idées philosophiques et l'inspiration poétique de Léopardi*, par M. F.-A. Aulard.)

(2) Remarquons que, s'ils font *spéculativement* bon marché de l'expérience et de la réalité, ils sont loin de les négliger dans la vie pratique. C'est un trait caractéristique du génie national.

(2) Voir la *Théorie des Images*, ch. III, p. 41-42. Rappelons qu'Arnauld avait déjà combattu cette théorie dans son traité *Des vraies et des fausses idées*.

2° Réfuter, par suite, le Scepticisme de Hume.

3° Ramener la philosophie au bon sens, au sens commun.

Les principaux représentants de cette noble et sage école sont:

Thomas Reid, né à Strachan en 1710, professeur de philosophie à l'université de Glascow, mort en 1796. Ses principaux ouvrages sont les *Recherches sur l'entendement humain* et les *Essais sur les facultés de l'esprit humain*.

— Jacques Beattie (1735-1803), professeur de morale à Aberdeen, auteur d'un remarquable *Essai sur la vérité* où il expose la théorie du *sens commun*, faculté cognitive et critérium du vrai.

— Dugald Stewart (1753-1828), élève de Reid et professeur de morale à Edimbourg. Il développe et modifie en quelques points la doctrine de son maître. Ses principaux ouvrages sont: les *Essais philosophiques*, les *Eléments de la philosophie de l'esprit humain*, et une *Esquisse de la philosophie morale*.

Nous ne saurions trop recommander la lecture de ces excellents traités où l'entendement humain est étudié sans parti pris, avec l'unique désir de trouver la vérité. Ils nous donnent le goût de l'exatitude et, si j'ose ainsi parler, de la probité dans les choses de l'esprit. Nous devenons insensibles — ce qui est déjà un premier et notable progrès — aux épigrammes assez peu spirituelles dont on poursuit la philosophie du sens commun.

Elle est, dit-on, superficielle et étroite. Entendons-nous: Si la profondeur consiste à exprimer sous des formules abstraites et dans une langue souvent inintelligible, des idées qui répugnent parfois au bon sens, Reid et ses disciples sont loin d'être des penseurs profonds, et la critique Allemande est fondée à dire que les philosophes Ecossais n'étaient que de petits esprits, sans portée, sans originalité. Mais si, au contraire, la marque de la profondeur est la justesse des vues et la sûreté du jugement, il n'y a pas d'école qui soit plus digne de notre étude, de notre estime, de notre admiration même, que l'école de Reid. C'est elle qui a vulgarisé la méthode psychologique ; c'est elle qui, la première, a appliqué cette méthode avec une sincérité, une scrupuleuse attention que nul avant Reid, et nul après lui, si ce n'est l'illustre Jouffroy, n'a surpassée ni même égalée : c'est elle enfin qui, de l'autre côté du détroit, continue, un peu timidement peut-être, la tradition cartésienne.

XIII

Philosophie française du XIX° siècle.

École spiritualiste : Maine de Biran. — Royer-Collard. — Cousin. — Jouffroy.

Cette tradition cartésienne n'a pas été interrompue en France.

Citons ses principaux représentants dans la première moitié de ce siècle :

Maine de Biran (1766-1824). Il pratique et recommande la vraie méthode psychologique, dont l'instrument est la réflexion ; il insiste sur le fait qui lui paraît le plus important, la conscience du pouvoir volontaire, ou du *moi* cause de ses actes et essaye de rattacher l'intelligence à la volonté.

La volonté, selon lui, passe par trois phases ou vies et va sans cesse se développant : dans la vie *animale*, la volonté existe, mais nous en avons peu ou point connaissance ; l'instinct et les passions dominent. Dans la vie *humaine* proprement dite, la personnalité se constitue avec les manifestations de la force libre et consciente. Enfin, dans la troisième vie, *vie de l'esprit*, l'âme se soustrait au pouvoir de l'instinct et de la passion, se tourne vers Dieu et aspire à s'absorber en lui.

— Royer-Collard (1763-1845). Distrait de la philosophie par les préoccupations de la vie politique, il a peu écrit. Les fragments qui résument une partie de ses leçons ont été insérés dans la traduction des œuvres de Reid, publiée par Jouffroy. Il s'est attaché particulièrement à déterminer les deux faits d'espèces différentes qui se produisent en nous, quand nos sens s'ouvrent sur le monde extérieur : la sensation et la perception. Il a insisté sur la distinction des qualités premières et des qualités secondes de la matière. Il a enfin indiqué d'une manière précise les lois de l'induction.

— Victor Cousin (1792-1867) est le chef de l'école éclectique. Habile écrivain, ayant quelques-unes des qualités de ses maîtres du dix-septième siècle, comme il les appelle, il ne laisse pas d'être un peu déclamatoire à l'exemple de J.-J. Rousseau. On sent parfois que l'émotion vraie qui accompagne une conviction profonde lui fait défaut et qu'il s'échauffe pour se persuader lui-même.

L'idée fondamentale de son système est celle-ci : la vérité a été dite sur les principales questions qui intéressent l'homme, en tant qu'être moral et pensant ; mais aucun philosophe ne l'a exprimée tout entière. Elle est contenue, çà et là, dans les écrits de ceux qui les ont agitées avant nous, mêlée à beaucoup d'erreurs, plus ou moins mise en évidence. L'objet de la philosophie éclectique est de faire ce triage et d'en donner un exposé lumineux.

Chaque âge, chaque penseur apportera sa pierre pour la construction du monument : la philosophie ancienne et particulièrement Platon, la scolastique, la philosophie moderne et surtout Descartes et Leibnitz, la philosophie anglaise et, en première ligne, l'école écossaise, enfin la philosophie allemande. L'histoire, aidée du sens commun, éclairera la conscience, et la conscience servira à contrôler l'histoire et le sens commun.

Cousin a-t-il réalisé ce grand dessein qui présente plus d'une difficulté et dont la pensée première donne lieu à plus d'une objection ? Poser la question, c'est y répondre. Pour discerner la part de vérité contenue dans chaque système, il aurait fallu avoir un système qui servît de critérium ou de pierre de touche, et Cousin cherchait dans ses excursions parmi les doctrines d'autrui la doctrine qui devait être la sienne. Finalement, il n'en eut pas ; car on ne saurait donner le nom de doctrine à cet assemblage incohérent d'emprunts faits de toutes parts et dont la réunion a causé aux contemporains plus d'une surprise et valu au chef des éclectiques plus d'un mécompte et d'assez vives controverses au sein même de l'école.

Le mérite incontestable de Cousin, c'est d'avoir donné l'exemple des recherches historiques, exemple suivi par un assez grand nombre de jeunes disciples laborieux et distingués. Grâce à ces recherches, à ces études rétrospectives, on connaît mieux l'histoire de la pensée humaine, et on a une idée plus exacte de la méthode à suivre dans la recherche de la vérité.

Il faut reconnaître, en outre, que Cousin a montré dans plusieurs de ses écrits un véritable génie critique. La réfutation de Locke et de l'empirisme est sans réplique.

— Jouffroy, Théodore (1796-1842), est peut-être le plus grand psychologue qui ait existé. Disciple de Maine de Biran, de Cousin et des Ecossais, il a un sens philosophique plus pénétrant et plus exact que ses maîtres. Son mémoire *sur la légitimité de la distinction de la psychologie et de la physiologie* est un chef-d'œuvre d'analyse. La préface qu'il a mise en tête de la traduction de Reid contient une large exposition de la méthode d'observation et d'expérimentation appliquée à la science de l'esprit. Le *Cours de droit naturel*, tout incomplet qu'il est, est certainement l'ouvrage le plus utile à consulter sur les systèmes qui concluent implicitement ou explicitement à la négation de la liberté et du devoir. On pourra reproduire en termes moins clairs, moins compréhensibles, sous prétexte de nouveauté, les mêmes théories, on n'en fera jamais mieux sentir les côtés faibles et les conséquences désastreuses.

L'œuvre est restée inachevée. Ce beau livre n'a pas de conclusion. On ne saurait dire si le temps a manqué à l'auteur, ou s'il a été empêché par la crainte de se laisser aller au doute, vers lequel il inclinait, et de ne pouvoir éviter la contradiction de Kant (1).

Mentionnons, parmi les disciples de Jouffroy et de Cousin, Adolphe Garnier, auteur d'un grand traité sur les facultés de l'âme; Emile Saisset, auteur de remarquables études sur la théodicée; Damiron, Bautain (2).

XIV

Suite de la Philosophie française du XIXᵉ siècle. — Conclusion.

Ecole sensualiste : Cabanis, Destutt de Tracy, Laromiguière. — Les Phrénologistes : Lavater, Gall, Spurzheim. — L'Ecole positiviste : Auguste Comte.

Le spiritualisme a dominé, dans la philosophie française, pendant la première moitié de ce siècle; mais il a eu en face de lui, comme il arrive toujours, son adversaire naturel, le sensualisme.

La doctrine empirique est fatalement stationnaire.

Affirmer que toute connaissance dérive de l'observation interne ou externe, et incliner, comme Condillac et ses disciples, vers cette dernière, à l'exclusion du sens intime, c'est se condamner à rester emprisonné dans le lit de Procuste.

Nous comprenons très bien le propos délibéré de négliger l'observation interne, quoiqu'elle soit non pas la seule utile, mais la plus utile pour la connaissance de l'homme. En effet, toutes les notions étant des faits de conscience, on rencontre des notions importunes qui, sans être produites par la conscience, sont attestées par elle. L'idée du

(1) Kant, nous l'avons déjà dit, n'accorde qu'une valeur subjective à tous nos concepts, sauf au concept moral.
(2) On pourrait rattacher à l'école spiritualiste Joseph de Maistre (1754-1821), tde Bonald (1754-1840) et Lamennais; mais ces écrivains célèbres, les deux premiers surtout, sont plutôt des théologiens que des philosophes. La doctrine de l'*Essai sur l'indifférence* a été exposée dans le chapitre intitulé : *Scepticisme théologique*.

principe de causalité, par exemple : Je puis bien nier *systématiquement* son existence et son caractère nécessaire ; mais je suis obligé d'affirmer *expérimentalement* que cette idée est dans mon entendement et qu'il n'est pas en mon pouvoir de faire qu'elle n'y soit pas. Même remarque pour les idées de substance, de Dieu, etc.

Je rejette ces idées comme ne correspondant à rien de réel, comme des *chimères métaphysiques,* mais de quel droit? Ne peut-on pas m'objecter que d'autres idées qui me sont chères, les idées relatives à mon corps et aux corps dont je suis entouré, ne sont également que des chimères? Car, il ne faut jamais l'oublier, la condition de la connaissance, qu'elle soit vraie ou fausse, c'est la conscience. Supprimez cette condition, il n'y a plus rien d'intelligible ni de connu.

Les principaux philosophes sensualistes sont :

Cabanis (1757-1808), auteur d'un ouvrage intitulé : *rapports du physique et du moral de l'homme.* Selon lui, la sensibilité, l'intelligence et la volonté résident dans les nerfs. « L'homme n'est un être moral que parce qu'il est sensible ; il n'est sensible que parce qu'il a des nerfs : les nerfs, voilà tout l'homme (1). »

— Destutt de Tracy (1754-1836), auteur des *Éléments d'idéologie,* qui sont ce qu'on pourrait appeler la métaphysique d'une école qui prétend n'en point avoir. Toute volition n'est, selon lui, qu'un résultat de la faculté de sentir. On sent un souvenir, on sent un rapport, on sent une détermination, etc.

— Volney (1757-1820) est le moraliste de l'École. La loi de l'homme est de *se conserver ;* son devoir est de se conformer à cette loi. Nos actes sont bons ou mauvais, selon qu'ils sont utiles ou nuisibles à notre conservation. Les fautes ou les crimes punis par la justice humaine méritent leur châtiment, parce qu'ils compromettent notre existence : voilà le résumé du *Catéchisme de la loi naturelle.*

— Laromiguière (1756-1837), auteur des *Éléments de philosophie,* a essayé de faire une part à l'activité intel-

---

(1) Damiron, *Hist. de la philosophie au XIX⁰ siècle.*

lectuelle en modifiant la généalogie des facultés de l'âme exposée par Condillac. Selon Condillac, la faculté génératrice des facultés est la sensibilité; selon Laromiguière, c'est l'attention opérant sur les données de la sensation. La comparaison et le raisonnement qui se rattachent à l'attention découvrent les rapports des idées: rapports simples, comparaison; rapports complexes, raisonnement. Mais comment l'attention peut-elle naître de la sensation? C'est ce que Laromiguière ne parvient pas à établir.

— Lavater (né à Zurich en 1741, mort en 1801) a tenté, après plusieurs essais de philosophie mystique, de déterminer le caractère et les facultés de l'homme par l'examen de la physionomie. Ses *fragments physiognomoniques* sont un singulier mélange d'observations fines et judicieuses et de folles inductions. Selon lui, l'organe de la sagacité et de la prévision est le nez.

— Gall (1758-1828) et Spurzheim (1776-1834), célèbres médecins d'origine allemande, essayèrent un peu plus tard, à l'imitation de Lavater, de démontrer que les facultés sensibles, intellectuelles et volontaires sont localisées dans les protubérances du crâne (1).

La phrénologie, comme la physiognomonie eut un moment de vogue, une sorte de popularité mêlée de ridicule.

ÉCOLE POSITIVISTE.

Le cours de philosophie professé à la Faculté des lettres de Paris, dans les dernières années de la Restauration, eut un immense succès. L'auditoire qui se pressait autour de la chaire, était avide de progrès et de liberté. On lui démontrait, avec non moins de raison que d'éloquence, que le matérialisme implique la négation de la liberté et du progrès.

On raconte qu'enthousiasmé de la leçon qu'il venait d'entendre, un jeune ami de Broussais (2) osa lui dire un

(1) Voir le chap. *De la spiritualité de l'âme.*
(2) Broussais (1772-1838), disciple de Bichat et de Cabanis, et sur la fin de sa vie propagateur des idées de Gall, regarde l'âme comme une sécrétion du cerveau.

jour : « Maître, l'âme est en dehors et au-dessus des organes. Cousin vient de porter le dernier coup à la sécrétion ! »

Le vieux médecin, se levant, le congédia d'un geste brusque : « Sachez, lui dit-il, que la physiologie est immortelle, et qu'il n'y a pas d'autre philosophie. On pourra changer le nom, mais la chose restera. »

La dernière partie de la prédiction de Broussais s'est réalisée peu de temps après sa mort.

L'École Positiviste n'est qu'une continuation de l'École sensualiste, bien que ses soutenants s'en défendent avec insistance (1).

Auguste Comte (1798-1857), élève de l'École polytechnique, en est le chef. Il fut d'abord le disciple de Saint-Simon, puis il s'en sépara et embrassa avec ardeur quelques-unes des idées de Cabanis.

Sa doctrine est contenue dans le *Cours de philosophie positive* (6 volumes qui ont paru de 1826 à 1842) et rendue plus accessible au lecteur dans les expositions d'Émile Littré (1801-1880), intitulées *Auguste Comte et la philosophie positive*, et la *Préface d'un disciple* aux *Principes de philosophie positive*.

« Le monde est constitué par la *matière* et par les *forces de la matière* : la matière dont l'origine et l'essence sont inaccessibles; les forces qui sont immanentes à la matière. Au delà de ces deux termes, matière et force, la science positive ne connaît rien (2). »

La matière et ses forces étant tout, les faits qui s'y rapportent sont les seuls qui puissent constituer une science. Tout le reste, métaphysique, théologie, psychologie, n'a rien de scientifique ; d'où il suit que l'expérience sensible est l'unique instrument de la connaissance.

« Ni spiritualiste ni matérialiste, la philosophie positive écarte donc de la science générale les débats que la science

---

(1) « C'est une opinion généralement accréditée parmi les métaphysiciens et même parmi quelques-uns de ceux qui cultivent les sciences spéciales, qu'en combattant le matérialisme on combat du même coup la philosophie positive. L'erreur est grande... » (*Préface d'un disciple*, p. 38.) Il sera facile de s'assurer par l'exposé exact qui suit si c'est une erreur.

(2) *Préface d'un disciple*, p. 11.

particulière a depuis longtemps et à son grand profit rejetés » (1) ; elle n'a souci ni des *causes premières* ni des *causes finales*.

Son caractère fondamental « est de regarder tous les phénomènes comme assujettis à des *lois* (2) naturelles invariables, dont la découverte précise et la réduction au moindre nombre possible sont le but de tous nos efforts... Dans nos explications positives, même les plus parfaites, nous n'avons nullement la prétention d'exposer les *causes* génératrices des phénomènes, puisque nous ne ferions jamais alors que reculer la difficulté, mais seulement d'analyser avec exactitude les circonstances de leur production et de les rattacher les unes aux autres par des relations de succession et de similitude (3). »

Ainsi suppression de la recherche des causes, de la substance, de l'absolu, maintien de la recherche des lois : cette exclusion et cette affirmation *non justifiées* résument le positivisme.

L'histoire est invoquée à l'appui du système.

La *loi* du développement intellectuel est celle-ci : « Chacune de nos conceptions principales, chaque branche de nos connaissances, passe successivement par trois états théoriques différents : l'état *théologique*, ou fictif; l'état *métaphysique*, ou abstrait; l'état *scientifique*, ou positif...
« De là, trois sortes de philosophies, ou de systèmes généraux, qui s'excluent mutuellement. La première est le point de départ nécessaire de l'intelligence humaine; la troisième, son état fixe et définitif; la seconde est uniquement destinée à servir de transition (4). »

« Cette révolution générale de l'esprit humain peut d'ailleurs être aisément constatée, en considérant le développement de l'intelligence individuelle.

« Le point de départ étant *nécessairement le même dans*

---

(1) *Préface d'un disciple,* p. 40.
(2) Nous nous bornons à exposer. Il serait aisé de démontrer que l'idée de loi ne vient pas de l'expérience, qui ne peut donner que des faits, et non pas tous les faits.
(3) *Principes de philosophie positive,* p. 98-99.
(4) *Id.,* p. 88 et suivantes.

l'éducation de l'individu que dans celle de l'espèce (?), les deux phases principales de la première doivent représenter les époques fondamentales de la seconde.

» Or, chacun de nous, en contemplant sa propre histoire, ne se souvient-il pas qu'il a été successivement, quant à ses notions les plus importantes, *théologien* dans son enfance, *métaphysicien* dans sa jeunesse, et *physicien* dans sa virilité?

» Cette vérification est facile aujourd'hui pour tous les hommes *au niveau de leur siècle* (1). »

En un mot, l'homme fait ne regarde plus que comme des chimères les idées de cause première et de cause finale qui le préoccupaient dans son enfance. Descartes, Leibnitz et Kant sont restés perpétuellement enfants!

S'il n'y a plus d'absolu, il n'y a plus de devoir. Ce qu'on appelle de ce nom n'est qu'une tendance « qui nous porte vers autrui et que Comte appelle *altruisme*. L'homme est partagé entre les instincts égoïstes et les instincts *altruistes;* la prépondérance de ces derniers, qui résulte fatalement de l'éducation et de la science, constitue la moralité (2). »

Le Positivisme compte un certain nombre de représentants dans la philosophie anglaise contemporaine (3).

Consulter Ritter, *Histoire de la philosophie moderne;* Cousin, *Histoire de la philosophie;* Fouillée, *Histoire de la philosophie;* Bouillier, *Histoire du Cartésianisme.*

CONCLUSION

Voici les principaux résultats de cette rapide étude :
1° La Philosophie réfute le doute systématique, en dé-

---

(1) *Principes de la philosophie positive*, p. 91-92.
(2) Fouillee, Hist. de la philosophie, ch. ix, iii.
(3) Nous n'avons compris dans cet exposé aucun des philosophes vivants, parce qu'ils n'ont probablement pas dit leur dernier mot. Un des plus éminents, M. Spencer, flotte encore entre plusieurs doctrines contraires.

terminant le critérium de la vérité et les conditions de la certitude (Descartes).

2° La Philosophie met en lumière les éléments de notre nature (*sensibilité, intelligence, volonté*), et les principes sur lesquels repose la moralité humaine.

3° La Philosophie démontre la distinction de l'âme et du corps, la spiritualité de l'âme, fondée sur l'activité, l'unité et l'identité du principe pensant.

4° La Philosophie, c'est-à-dire la raison humaine livrée à elle-même ne peut expliquer l'origine des choses.

Deux sortes d'erreurs : 1° *Mécanisme fataliste :* la Nature, mot vide de sens si la nature n'est pas Dieu, ou le Hasard, mot également vide de sens, sont regardés comme les principes de tout (Démocrite, Épicure, Zénon, etc.); 2° *Dualisme*, et par suite panthéisme : coexistence ou coéternité de Dieu et de la Matière (Platon, Aristote, etc.).

Le Christianisme seul, et avec lui la Philosophie qu'il a inspirée (soit qu'elle reconnaisse ce qu'elle lui doit, soit qu'elle feigne de ne lui devoir rien), enseigne un Dieu vraiment Dieu, qui a fait tout de rien, qui a créé, mais qui pouvait ne pas créer.

5° La Philosophie prouve la survivance de l'âme c'est-à-dire la nécessité d'une autre vie où chacun reçoit la récompense ou la punition qu'il mérite; mais elle ne peut déterminer ni la nature ni la durée de cette récompense ou de cette punition.

ANALYSE
DES
AUTEURS PHILOSOPHIQUES
Prescrits par le plan d'études de 1880

AUTEURS FRANÇAIS

I

DESCARTES

Discours de la méthode (1).

Si ce discours semble trop long pour être lu en une fois, on pourra, dit Descartes, le distinguer en six parties.

En la première, on trouvera diverses considérations touchant les sciences ;

En la seconde, les principales règles de la méthode que l'auteur a cherchée ;

En la troisième, quelques-unes de celles de la morale qu'il a tirée de cette méthode ;

En la quatrième, les raisons par lesquelles il prouve l'existence de Dieu et de l'âme humaine, qui sont les fondements de sa métaphysique ;

En la cinquième, l'ordre des questions de physique qu'il a cherchées, et particulièrement l'explication des mouvements du cœur et de quelques autres difficultés qui appartiennent à la médecine ; puis, aussi, la différence qui est entre notre âme et celle des bêtes ;

Et, en la dernière, quelles choses il croit être requises

---

(1) Le titre complet est : *Discours de la Méthode pour bien conduire sa raison et chercher la vérité dans les sciences.*

Le *Discours* a été écrit en français par Descartes. Il fut imprimé d'abord à Leyde en 1637, in-4º. L'auteur avait 41 ans. — Cette analyse, comme celles qui suivent, est, en grande partie, composée de citations textuelles.

DISCOURS DE LA MÉTHODE.

pour aller plus avant en la recherche de la nature qu'il n'a été, et quelles raisons l'ont fait écrire.

PREMIÈRE PARTIE.

CONSIDÉRATIONS TOUCHANT LES SCIENCES.

Le bon sens est la chose du monde la mieux partagée, car chacun pense en être si bien pourvu, que ceux même qui sont les plus difficiles à contenter en toute autre chose n'ont point coutume d'en désirer plus qu'ils n'en ont. En quoi il n'est pas vraisemblable que tous se trompent : mais plutôt cela témoigne que la puissance de bien juger et de distinguer le vrai d'avec le faux, qui est proprement ce qu'on nomme le bon sens ou la raison, est naturellement égale dans tous les hommes.

Ainsi, la diversité de nos opinions ne vient pas de ce que les uns sont plus raisonnables que les autres, mais seulement de ce que nous conduisons nos pensées par diverses voies, et ne considérons pas les mêmes choses. Car ce n'est pas assez d'avoir l'esprit bon, le principal est de l'appliquer bien.

Pour moi, je n'ai jamais présumé que mon esprit fût en rien plus parfait que celui du commun ; même j'ai souvent souhaité d'avoir la pensée aussi prompte, ou l'imagination aussi nette et distincte, ou la mémoire aussi ample ou aussi présente, que quelques autres.

Mais je ne craindrai pas de dire que je pense avoir eu beaucoup d'heur de m'être rencontré dès ma jeunesse en certains chemins qui m'ont conduit à des considérations et à des maximes dont j'ai formé une méthode par laquelle il me semble que j'ai moyen d'augmenter par degrés ma connaissance, et de l'élever peu à peu au plus haut degré auquel la médiocrité de mon esprit et la courte durée de ma vie permettront d'atteindre.

J'en ai déjà de tels fruits, que j'ai une extrême satisfaction des progrès que je pense avoir déjà faits en la recherche de la vérité, et que je conçois de grandes espérances pour l'avenir.

Il se peut faire que je me trompe; néanmoins je serai bien aise de faire voir en ce Discours quels sont les chemins que j'ai suivis, et d'y représenter ma vie comme en un tableau, afin que chacun puisse en juger.

Mon dessein n'est pas d'enseigner ici la méthode que chacun doit suivre pour bien conduire sa raison, mais seulement de faire voir en quelle sorte j'ai tâché de conduire la mienne.

J'ai été nourri aux lettres dès mon enfance, et, pour ce qu'on me persuadait que par leur moyen on pouvait acquérir une connaissance claire et assurée de tout ce qui serait utile à la vie, j'avais un extrême désir de les apprendre. Mais sitôt que j'eus achevé tout le cours d'études, au bout duquel on a coutume d'être reçu au rang des doctes, je changeai entièrement d'opinion. Car je me trouvais embarrassé de tant de doutes et d'erreurs, qu'il me semblait n'avoir fait aucun profit, en tâchant de m'instruire, sinon que j'avais découvert de plus en plus mon ignorance.

Comme j'avais étudié en l'une des plus célèbres écoles de l'Europe, et que j'avais appris tout ce que les autres y apprenaient; comme j'avais beaucoup lu, et que je ne voyais point qu'on m'estimât inférieur à mes condisciples, le doute où j'étais me fit prendre la liberté de juger par moi de tous les autres, et de penser qu'il n'y avait aucune doctrine dans le monde qui fût telle qu'on m'avait auparavant fait espérer.

Je ne laissais pas toutefois d'estimer les exercices auxquels on s'occupe dans les écoles.

Il est bon d'avoir examiné toutes les sciences, même les plus superstitieuses et les plus fausses, afin de connaître leur juste valeur et de se garder d'en être trompé.

Mais je croyais avoir déjà donné assez de temps aux langues, et même à la lecture des livres anciens, et à leurs histoires, et à leurs fables, et aux autres études; c'est pourquoi, sitôt que l'âge me permit de sortir de la sujétion de mes précepteurs, je quittai entièrement l'étude des lettres et, me résolvant de ne chercher plus d'autre science que celle qui se pourrait trouver en moi, ou bien dans le grand livre du monde, j'employai le reste de ma jeunesse à voyager, à voir des cours et des armées, à fréquenter des gens de diverses humeurs et conditions, à recueillir diverses expériences, à m'éprouver moi-même dans les rencontres que la fortune me proposait, et partout à faire telle réflexion sur les choses qui se présentaient que j'en pusse tirer quelque profit. Car j'avais toujours un extrême désir d'apprendre à distinguer le vrai d'avec le faux, pour voir clair en mes actions, et marcher avec assurance en cette vie.

Mais, ayant remarqué parmi les hommes autant de diversité que j'en avais trouvé auparavant entre les philosophes, et voyant que plusieurs choses, bien qu'elles nous semblent fort extravagantes et ridicules, ne laissent pas d'être approuvées par d'autres grands peuples, j'appris à ne rien croire trop fermement de ce qui m'avait été persuadé par l'exemple et par la coutume; et je pris la résolution d'étudier aussi en moi-même, et d'employer toutes les forces de mon esprit à choisir les chemins que je devais suivre.

DEUXIÈME PARTIE.

PRINCIPALES RÈGLES DE LA MÉTHODE.

J'étais alors en Allemagne, pendant l'hiver, arrêté en un quartier où ne trouvant aucune conversation qui me divertît, et n'ayant d'ailleurs, par bonheur, aucuns soins ni passions qui me troublassent, je demeurais tout le jour enfermé seul dans mon poêle, où j'avais tout le loisir de m'entretenir de mes pensées.

Une de mes premières pensées fut que je m'avisai de considérer que souvent il n'y a pas tant de perfection dans les ouvrages composés de plusieurs pièces, et faits de la main de divers maîtres, qu'en ceux auxquels un seul a travaillé. Ainsi voit-on que les bâtiments qu'un seul architecte a entrepris et achevés ont coutume d'être plus beaux et mieux ordonnés que ceux que plusieurs ont tâché de raccommoder, en faisant servir de vieilles murailles qui avaient été bâties à d'autres fins.

Je me persuadai que, pour toutes les opinions que j'avais reçues jusqu'alors en ma créance, je ne pouvais mieux faire que d'entreprendre une bonne fois de les en ôter, afin d'y en remettre par après ou d'autres meilleures, ou bien les mêmes, lorsque je les aurais ajustées au niveau de la raison. Et je crus fermement que par ce moyen je réussirais à conduire ma vie beaucoup mieux que si je ne bâtissais que sur de vieux fondements.

Ce travail me paraissait rempli de difficultés, mais elles n'étaient point sans remède, ni comparables à celles qui se trouvent en la réformation des moindres choses qui touchent le public.

D'ailleurs, je n'ai jamais approuvé ces humeurs brouillonnes et inquiètes qui ont toujours en l'idée quelque nouvelle réformation des affaires publiques; et jamais mon dessein ne s'est étendu plus avant que de tâcher à réformer mes propres pensées, et de bâtir dans un fond qui est tout à moi.

Mais, comme un homme qui marche seul et dans les ténèbres, je me résolus d'aller si lentement et d'user de tant de circonspection en toutes choses, que, si je n'avançais que fort peu, je me garderais bien au moins de tomber.

Frappé des inconvénients de la logique, qui sert plutôt à parler sans jugement des choses qu'on ignore, qu'à les apprendre, et de ceux que présente l'analyse des anciens et l'analyse des modernes qui, assujetties à certaines formes ou à certaines règles, ne servent point à cultiver l'esprit, je cherchai quelque autre méthode qui, comprenant les avantages de ces trois, fût exempte de leurs défauts.

Et, au lieu de ce grand nombre de préceptes dont la logique est composée, je crus que j'aurais assez des quatre suivants, pourvu que je prisse une ferme et constante résolution de ne manquer pas une seule fois à les observer.

Le premier était de ne recevoir jamais aucune chose pour vraie que je ne la connusse évidemment être telle; c'est-à-dire d'éviter soigneusement la précipitation et la prévention, et de ne comprendre rien de plus en mes jugements que ce qui se présenterait si clairement et si distinctement à mon esprit, que je n'eusse aucune occasion de le mettre en doute.

Le second, de diviser chacune des difficultés que j'examinerais, en autant de parcelles qu'il se pourrait, et qu'il serait requis pour les mieux résoudre.

Le troisième, de conduire par ordre mes pensées, en commençant par les objets les plus simples et les plus aisés à connaître, pour monter peu à peu, comme par degrés, jusqu'à la connaissance des plus composés, et supposant même de l'ordre entre ceux qui ne se précèdent point naturellement les uns les autres.

Et le dernier, de faire partout des dénombrements si entiers et des revues si générales, que je fusse assuré de ne rien omettre.

Ce qui me contentait le plus de cette méthode était que par elle j'étais assuré d'user en tout de ma raison, sinon parfaitement, au moins le mieux qui fût en mon pouvoir. Mais je compris que je ne devais entreprendre de venir à bout de mon entreprise que je n'eusse atteint un âge bien plus mûr que celui de vingt-trois ans que j'avais alors, et que je n'eusse auparavant employé beaucoup de temps à m'y préparer.

TROISIÈME PARTIE.

QUELQUES RÈGLES DE LA MORALE TIRÉES DE CETTE MÉTHODE.

Mais comme ce n'est pas assez, avant de commencer à rebâtir le logis où on demeure, que de l'abattre, et de faire provision de matériaux et d'architectes, ou s'exercer soi-même à l'architecture, et, outre cela, d'en avoir soigneusement tracé le dessin, mais qu'il faut aussi s'être pourvu de quelque autre où on puisse commodément loger pendant le temps qu'on y travaillera ; ainsi, afin que je ne demeurasse point irrésolu en mes actions, pendant que la raison m'obligerait de l'être en mes jugements, et que je ne laissasse pas de vivre dès lors le plus heureusement que je pourrais, je me formai une morale par provision, qui ne consistait qu'en trois ou quatre maximes dont je veux bien vous faire part.

La *première* était d'obéir aux lois et aux coutumes de mon pays, retenant constamment la religion en laquelle Dieu m'a fait la grâce d'être instruit dès mon enfance, et me gouvernant en toutes choses suivant les opinions les plus modérées.

La *seconde* était d'être le plus ferme et le plus résolu en mes actions que je pouvais, et de ne pas suivre moins constamment les opinions les plus douteuses, lorsque je m'y serais une fois déterminé, que si elles eussent été très-assurées. Ce qui me délivra de tous les repentirs et de tous les remords qui ont coutume d'agiter les esprits faibles et chancelants.

La *troisième* était de tâcher toujours plutôt à me vaincre que la fortune, et à changer mes désirs que l'ordre du monde, et généralement de m'accoutumer à croire qu'il n'y a rien qui soit entièrement en notre pouvoir que nos pensées. Mais j'avoue qu'il est besoin d'un long exercice pour s'accoutumer à regarder de ce biais toutes les choses; et je crois que c'est principalement en ceci que consistait le secret de ces philosophes qui ont pu autrefois se soustraire à l'empire de la fortune.

Enfin (*quatrième* maxime), ayant passé en revue les diverses occupations qu'ont les hommes en cette vie, pour tâcher à faire choix de la meilleure, je pensai que je ne pouvais mieux que de continuer en celle-là même où je me trouvais, c'est-à-dire que d'employer toute ma vie à cultiver ma raison, et m'avancer autant que je le pouvais en la connaissance de la vérité, suivant la méthode que je m'étais prescrite.

Après m'être ainsi assuré de ces maximes, et les avoir mises à part avec les vérités de la foi, qui ont toujours été les premières en ma créance, je jugeai que pour tout le reste de mes opinions je pouvais librement entreprendre de m'en défaire. Je me remis à voyager, et en toutes les neuf années suivantes je ne fis autre chose que rouler çà et là dans le monde, tâchant d'être spectateur plutôt qu'acteur en toutes les comédies qui s'y jouent. Toutefois, ces neuf années s'écoulèrent avant que j'eusse pris aucun parti touchant les difficultés qui ont coutume d'être disputées entre les doctes, ni commencé à chercher les fondements d'aucune philosophie plus certaine que la vulgaire. C'est alors que je me retirai en un pays où je pusse vivre dans la solitude et dans la méditation.

QUATRIÈME PARTIE.

RAISONS QUI PROUVENT L'EXISTENCE DE DIEU ET DE L'AME HUMAINE, OU FONDEMENT DE LA MÉTAPHYSIQUE.

J'avais remarqué que, pour les mœurs, il est besoin quelquefois de suivre des opinions qu'on sait être fort incertaines, tout de même que si elles étaient indubitables ; mais je pensai que, pour la recherche de la vérité, il fallait que je fisse tout le contraire, et que je rejetasse comme absolument faux tout ce en quoi je pourrais imaginer le moindre doute, afin de voir s'il ne resterait point après cela quelque chose en ma créance qui fût entièrement indubitable.

Ainsi, à cause que les sens nous trompent quelquefois, je voulais supposer qu'il n'y avait aucune chose qui fût telle qu'ils nous la font imaginer ; et, parce qu'il y a des hommes qui se méprennent en raisonnant, même touchant les plus simples matières de géométrie, et y font des paralogismes, jugeant que j'étais sujet à faillir autant qu'un autre, je rejetai comme fausses toutes les raisons que j'avais prises auparavant pour démonstrations ; et enfin, je me résolus de feindre que toutes choses qui m'étaient jamais entrées en l'esprit étaient non plus vraies que les illusions de mes songes.

Mais aussitôt après je pris garde que, pendant que je voulais ainsi penser que tout était faux, il fallait nécessairement que moi qui le pensais fusse quelque chose ; et remarquant que cette vérité : *je pense, donc je suis*, était si ferme et si assurée, que toutes les plus extravagantes suppositions des sceptiques n'étaient pas capables de l'ébranler, je jugeai que je pouvais la recevoir sans scrupule pour le premier principe de la philosophie que je cherchais.

Puis, examinant avec attention ce que j'étais, et voyant que je pouvais feindre que je n'avais aucun corps, sans feindre pour cela que je n'étais pas, et que, si j'eusse cessé de penser, je n'avais aucune raison de croire en mon existence, je connus de là que j'étais une substance dont l'essence est de penser, et qui ne dépend d'aucune chose matérielle; en sorte que ce moi ou l'âme, distinct du corps, est plus aisé à connaître que lui.

Après cela, ayant remarqué qu'il n'y a rien du tout en ceci *je pense, donc je suis,* qui m'assure que je dis la vérité, sinon que je vois très-clairement que pour penser il faut être, je jugeai que je pouvais prendre pour règle générale que les choses que nous concevons fort clairement et fort distinctement sont toutes vraies, mais qu'il y a seulement quelque difficulté à bien remarquer quelles sont celles que nous concevons distinctement.

Ensuite de quoi, faisant réflexion sur ce que je doutais et que par conséquent mon être n'était pas parfait, et considérant que j'avais la pensée d'un être plus parfait que moi, je connus que cette pensée ne pouvait venir ni de moi ni du néant, mais qu'elle avait été mise en moi par une nature plus parfaite que je n'étais, c'est-à-dire par Dieu (1re preuve).

Mais puisque je suis imparfait et que je connais quelques perfections que je n'ai pas, il faut nécessairement qu'il y ait un être plus parfait, duquel je dépends et duquel j'ai acquis tout ce que je possède (2e preuve).

Ensuite, examinant l'idée que j'avais d'un être parfait, je trouvai que l'existence y était comprise en même façon qu'il est compris en celle d'un triangle que ses trois angles sont égaux à deux droits (3e preuve).

Et, contrairement à la maxime reçue par la plupart, qu'il n'y a rien dans l'entendement qui n'ait été premièrement dans le sens, je pensai que les idées de l'âme et de Dieu ne viennent ni des sens ni de l'imagination.

La certitude de l'existence de Dieu et de l'âme nous donne seule l'assurance des autres connaissances. La règle que j'ai tantôt posée, à savoir que les choses que nous concevons très-clairement et très-distinctement sont toutes vraies, n'est assurée qu'à cause que Dieu existe et qu'il est un être parfait, et que tout ce qui est en nous vient de lui. Il en est de même de l'existence des corps.

CINQUIÈME PARTIE.

ORDRE DES QUESTIONS DE PHYSIQUE.

Dans cette cinquième partie, Descartes indique les vérités que l'on peut déduire des vérités précédentes, et l'ordre dans lequel il faut les chercher. Voici l'énoncé des questions à traiter : *Étude de la lumière, du soleil, des cieux, de la terre et de l'homme.* Les lois du monde, selon notre philosophe, ont une nécessité fondée sur la perfection divine. La matière est naturellement distincte de l'esprit, l'âme est indépendante du corps; et comme on ne voit pas de causes qui la détruisent, on est naturellement porté à la croire immortelle.

SIXIÈME PARTIE.

QUELLES CHOSES SONT REQUISES POUR ALLER PLUS AVANT DANS LA RECHERCHE DE LA NATURE.

Descartes avait achevé le traité qui contient toutes les choses dont il est parlé dans la partie précédente, lorsqu'il apprit la condamnation de Galilée ; il se décida alors à ne le point publier. — Après avoir donné cette explication au lecteur, il s'applique à déterminer quel doit être le caractère de la science.

Il faut abandonner les questions purement spéculatives, s'appliquer à celles qui ont une utilité pratique, étudier l'action du feu, de l'air, de l'eau, des astres et des cieux, s'attacher à la recherche des inventions mécaniques, et surtout aux moyens de procurer la santé du corps et, par suite, celle de l'esprit. Il importe de trouver les premières causes de ce qui est et de marquer les effets généraux ou particuliers de ces causes; mais, avant tout, il importe d'avoir une méthode pour déterminer à quelle cause appartient tel ou tel effet.

Puis, revenant à ce qui le touche personnellement, Descartes déclare qu'il couchera par écrit ses découvertes, mais qu'elles ne paraîtront qu'après sa mort. Les objections et oppositions ne lui paraissent pas très-utiles, non plus que le concours des autres. S'il a publié une partie de ses découvertes, c'est moins en vue d'une vaine gloire que pour donner un exemple de la méthode qu'il a suivie. Il consacrera les dernières années de sa vie à l'étude de la médecine. Son unique désir est de n'être pas troublé dans sa retraite; « et, ajoute-t-il, je me tiendrai toujours plus obligé à ceux par la faveur desquels je jouirai sans empêchement de mon loisir, que je ne le serai à ceux qui m'offriraient les plus honorables emplois de la terre. »

MÉDITATIONS (1).

EN QUOI LA DOCTRINE CONTENUE DANS LES MÉDITATIONS DIFFÈRE DE CELLE DU DISCOURS DE LA MÉTHODE.

Les Méditations parurent en 1641. Écrites en latin, elles furent traduites six ans plus tard par un ami de Descartes, le duc de Luynes. Cette version fut revue par l'auteur, qui modifia un peu le texte, lequel, grâce à ces corrections, peut être regardé comme l'expression complète de sa pensée.

Descartes avait admis dans le Discours de la méthode, l'évidence comme le critérium de la vérité, dans les Méditations, ce critérium ne le satisfait plus. Il lui paraît nécessaire de s'assurer que Dieu ne le trompe pas. Il fait donc reposer la certitude, non plus sur l'évidence, mais

---

(1) Le titre exact est : *Méditations touchant la philosophie première, dans lesquelles on prouve clairement l'existence de Dieu et la distinction réelle entre l'âme et le corps de l'homme.*

sur l'existence et la véracité divine. C'est une imagination malheureuse qui déjà se trouve en germe dans la quatrième partie du Discours de la méthode. Il semble oublier que le critérium de l'évidence étant rejeté, il n'y a plus de certitude, et que l'existence même de Dieu, en tant que notion de l'entendement, présuppose cette évidence à laquelle on la veut substituer.

Il serait malaisé de se faire une idée de l'évolution qui s'est opérée dans l'esprit de Descartes, si on se borne à lire la première méditation. Nous croyons donc utile de reproduire ici l'abrégé qu'il en a fait lui-même.

ABRÉGÉ.

« Dans la première (1), je mets en avant les raisons pour lesquelles nous pouvons douter généralement de toutes choses, et particulièrement des choses matérielles, au moins tant que nous n'aurons point d'autres fondements dans les sciences que ceux que nous avons eus jusqu'à présent. Or, bien que l'utilité d'un doute si général ne paraisse pas d'abord, elle est toutefois en cela très-grande, qu'il nous délivre de toutes sortes de préjugés, et nous prépare un chemin très-facile pour accoutumer notre esprit à se détacher des sens ; et enfin en ce qu'il fait qu'il n'est pas possible que nous puissions jamais plus douter des choses que nous découvrirons par après être véritables.

» Dans la seconde (2), l'esprit, qui, usant de sa propre liberté, suppose que toutes les choses ne sont point, de l'existence desquelles il a le moindre doute, reconnaît qu'il est absolument impossible que cependant il n'existe pas lui-même. Ce qui est aussi d'une très-grande utilité, d'autant que par ce moyen il fait aisément distinction des choses qui lui appartiennent, c'est-à-dire à la nature intellectuelle, et de celles qui appartiennent au corps.

» Mais parce qu'il peut arriver que quelques-uns atten-

---

(1) Titre de la Iʳᵉ méditation : *Des choses que l'on peut révoquer en doute.*

(2) Titre de la IIᵉ méditation : *De la nature de l'esprit humain, et qu'il est plus aisé à connaître que le corps.*

dront de moi en ce lieu-là des raisons pour prouver l'immortalité de l'âme, j'estime les devoir ici avertir qu'ayant tâché de ne rien écrire dans tout ce traité dont je n'eusse des démonstrations très-exactes, je me suis vu obligé de suivre un ordre semblable à celui dont se servent les géomètres, qui est celui d'avancer premièrement toutes les choses desquelles dépend la proposition que l'on cherche avant que d'en rien conclure.

» Or, la première et principale chose qui est requise pour bien connaître l'immortalité de l'âme est d'en former une conception claire et nette, et entièrement distincte de toutes les conceptions que l'on peut avoir du corps ; ce qui a été fait en ce lieu-là. Il est requis, outre cela, de savoir que toutes les choses que nous concevons clairement et distinctement sont vraies, de la façon que nous les concevons; ce qui n'a pu être prouvé avant la quatrième Méditation. De plus, il faut avoir une conception distincte de la nature corporelle, laquelle se forme partie dans cette seconde, et partie dans la cinquième et sixième Méditation. Et enfin l'on doit conclure de tout cela que les choses que l'on conçoit clairement et distinctement être des substances diverses, ainsi que l'on conçoit l'esprit et le corps, sont en effet des substances réellement distinctes les unes des autres, et c'est ce que l'on conclut dans la sixième Méditation ; ce qui se confirme encore, dans cette même Méditation, de ce que nous ne concevons aucun corps que comme divisible, au lieu que l'esprit ou l'âme de l'homme ne se peut concevoir que comme indivisible : car, en effet, nous ne saurions concevoir la moitié d'aucune âme, comme nous pouvons faire du plus petit de tous les corps; en sorte que l'on reconnaît que leurs natures ne sont pas seulement diverses, mais même en quelque façon contraires. Or, je n'ai pas traité plus avant de cette manière dans cet écrit, tant parce que cela suffit pour montrer assez clairement que de la corruption du corps la mort de l'âme ne s'ensuit pas, et ainsi, pour donner aux hommes l'espérance d'une seconde vie après la mort ; comme aussi parce que les prémisses desquelles on peut conclure l'immortalité de l'âme dépendent de l'explication de toute la physique : premièrement, pour savoir que généralement toutes les substances, c'est-à-dire toutes les choses qui ne peuvent exister sans être créées de Dieu, sont de leur nature incorruptibles, et qu'elles ne peuvent jamais cesser d'être, si Dieu même, en leur déniant son concours, ne les réduit au néant ; et ensuite pour remarquer que le corps pris en général est une substance, c'est pourquoi aussi il ne périt point ; mais que le corps humain, en tant qu'il diffère des autres corps, n'est composé que d'une certaine configuration de membres et d'autres semblables accidents, là où l'âme humaine n'est point ainsi composée d'aucuns accidents, mais est une pure substance. Car encore que tous ces accidents se changent : par exemple, encore qu'elle conçoive de certaines choses, qu'elle en veuille d'autres et qu'elle en sente d'autres, etc., l'âme pourtant ne devient point autre ; au lieu que le corps humain devient une autre chose, de cela seul que la figure de quelques-unes de ses parties se trouve changée ; d'où il s'ensuit que le corps humain peut bien facilement périr, mais que l'esprit ou l'âme de l'homme (ce que je ne distingue point) est immortelle de sa nature.

» Dans la troisième (1) Méditation, j'ai, ce me semble, expliqué assez au long le principal argument dont je me sers pour prouver l'existence de Dieu. Mais néanmoins, parce que je n'ai point voulu me servir en ce lieu-là d'aucunes comparaisons tirées des choses corporelles, afin d'éloigner autant que je pourrais les esprits des lecteurs de l'usage et du commerce des sens, peut-être est-il resté beaucoup d'obscurités (lesquelles, comme j'espère, seront entièrement éclaircies dans les réponses que j'ai faites aux objections qui m'ont depuis été proposées), comme entre autres celle-ci : comment l'idée d'un Être souverainement parfait, laquelle se trouve en nous, contient tant de réalité objective, c'est-à-dire participe par représentation à tant de degrés d'être et de perfection, qu'elle doit venir d'une Cause souverainement parfaite ? Ce que j'ai éclairci

---

(1) Titre de la IIIe méditation : *De Dieu ; qu'il existe.*

dans ces réponses par la comparaison d'une machine fort ingénieuse et artificielle, dont l'idée se rencontre dans l'esprit de quelque ouvrier ; car, comme l'artifice objectif de cette idée doit avoir quelque cause, savoir, ou c'est la science de cet ouvrier, ou celle de quelque autre de qui il ait reçu cette idée, de même il est impossible que l'idée de Dieu, qui est en nous, n'ait pas Dieu même pour sa cause.

» Dans la quatrième (1), il est prouvé que toutes les choses que nous concevons fort clairement et fort distinctement sont toutes vraies ; et ensemble est expliqué en quoi consiste la nature de l'erreur ou fausseté : ce qui doit nécessairement être su, tant pour confirmer les vérités précédentes que pour mieux entendre celles qui suivent. Mais cependant il est à remarquer que je ne traite nullement en ce lieu-là du péché, c'est-à-dire de l'erreur qui se commet dans la poursuite du bien et du mal, mais seulement de celle qui arrive dans le jugement et le discernement du vrai et du faux : et que je n'entends point y parler des choses qui appartiennent à la foi ou à la conduite de la vie, mais seulement de celles qui regardent les vérités spéculatives, et qui peuvent être connues par l'aide de la lumière naturelle.

» Dans la cinquième Méditation (1), outre que la nature corporelle prise en général y est expliquée, l'existence de Dieu y est encore démontrée par une nouvelle raison, dans laquelle néanmoins peut-être s'y rencontrera-t-il aussi quelques difficultés, mais on en verra la solution dans les réponses aux objections qui m'ont été faites ; et, de plus, je fais voir de quelle façon il est véritable que la certitude même des démonstrations géométriques dépend de la connaissance de Dieu.

» Enfin dans la sixième (3), je distingue l'action de l'entendement d'avec celle de l'imagination : les marques de cette

---

(1) Titre de la IVe méditation : *Du vrai et du faux.*
(2) Titre de la Ve méditation : *De l'essence des choses matérielles, et pour la seconde fois de l'existence de Dieu.*
(3) Titre de la VIe méditation : *De l'existence des choses matérielles et de la distinction réelle entre l'âme et le corps humain.*

distinction y sont décrites ; j'y montre que l'âme de l'homme est réellement distincte du corps, et toutefois qu'elle lui est si étroitement conjointe et unie qu'elle ne compose que comme une même chose avec lui. Toutes les erreurs qui procèdent des sens y sont exposées, avec les moyens de les éviter, et enfin j'y apporte toutes les raisons desquelles on peut conclure l'existence des choses matérielles. Non que je les juge fort utiles pour prouver ce qu'elles prouvent, à savoir qu'il y a un monde, que les hommes ont des corps, et autres choses semblables qui n'ont jamais été mises en doute par aucun homme de bon sens, mais parce qu'en les considérant de près l'on vient à connaître qu'elles ne sont pas si fermes ni si évidentes que celles qui nous conduisent à la connaissance de Dieu et de notre âme : en sorte que celles-ci sont les plus certaines et les plus évidentes qui puissent tomber en la connaissance de l'esprit humain, et c'est tout ce que j'ai eu dessein de prouver dans ces six Méditations : ce qui fait que j'omets ici beaucoup d'autres questions, dont j'ai parlé par occasion dans ce traité.

Consulter les *Œuvres Philosophiques* de DESCARTES (Edition Adolphe Garnier).

II

LEIBNITZ

Monadologie (1).

La Monade est une substance *simple* qui entre dans les composés. Elle n'a par conséquent ni étendue, ni figure, ni divisibilité. Puisque la Monade est simple, c'est-à-dire n'ayant pas de parties, elle n'a point de dissolution à craindre; elle ne saurait commencer ni finir que tout d'un coup; en d'autres termes, elle ne saurait commencer que par création, et finir que par annihilation, au lieu que ce qui est composé commence ou finit par parties.

Il n'est pas non plus possible d'expliquer qu'une Monade change ou soit altérée par une cause extérieure, puisqu'il n'y a changement ou altération venant du dehors que dans les composés.

Cependant les Monades ont des qualités, car si elles n'en avaient pas elles ne seraient pas des êtres et seraient *indistinguables* l'une de l'autre. En outre, elles sont sujettes au changement, mais au changement produit par une cause interne, attendu qu'une cause externe, comme nous venons de le dire, ne saurait influer dans leur intérieur.

Mais il faut aussi qu'outre le principe du changement il y ait un détail de ce qui change. Ce détail doit envelopper une multitude dans l'unité ou dans le simple; car tout changement naturel se faisant par degrés, quelque chose change et quelque chose reste; par conséquent il y a dans la substance simple une pluralité d'affections et de rapports.

Le changement est ce qu'on appelle *perception*, lequel a pour principe *l'appétition*.

On pourrait donner le nom d'*Entéléchie* à toutes les sub-

---

(1) Voir sur Leibnitz, *Notions d'histoire de la Philosophie*. La Monadologie, publiée en 1714, résume toute la philosophie de Leibnitz.

stances simples ou Monades créées, car elles ont en elles une certaine perfection; il y a une *suffisance* (αὐτάρκεια) qui les rend sources de leurs actions internes.

Mais parmi ces Monades créées, les unes ont une perception plus distincte accompagnée de conscience et de mémoire, ce sont les âmes proprement dites.

La connaissance des vérités nécessaires et éternelles est ce qui nous distingue des simples animaux et nous fait avoir la *raison* et les sciences, en nous élevant à la connaissance de nous-mêmes et de Dieu; c'est ce qu'on appelle en nous *âme raisonnable* ou *esprit*.

A la connaissance des vérités nécessaires se rattachent les actes reflexifs, qui nous font penser à ce qui s'appelle *moi*, et nous fournissent les objets principaux de nos raisonnements.

Nos raisonnements sont fondés sur deux grands principes : le principe de *la contradiction* et le principe de *la raison suffisante*.

Il y a aussi deux sortes de vérités : celles de raisonnement et celles de fait; les premières sont *nécessaires* et leur opposé est impossible, les deuxièmes sont *contingentes* et leur opposé est possible.

La raison des vérités nécessaires se découvre par l'analyse.

La raison des vérités contingentes se trouve hors de la série des contingences, dans une substance nécessaire, qui est ce que nous appelons Dieu, en qui toutes choses existent virtuellement.

Dieu est absolument parfait. C'est de lui que les créatures tiennent leurs perfections ; leurs imperfections résultent des bornes de leur nature.

Deux preuves de l'existence de Dieu : l'une *à priori :* L'être nécessaire existe, s'il est possible; or il est possible, donc il existe. L'autre *a posteriori :* Puisque les êtres contingents existent, ils ne sauraient avoir leur raison dernière ou suffisante, que dans l'être nécessaire, qui a la raison de son existence en lui-même.

Les vérités éternelles dépendent, non de la volonté de

Dieu mais de son entendement, dont elles sont l'objet interne. Les vérités contingentes dépendent au contraire de la volonté divine dont la détermination est provoquée par le principe de la *convenance* ou le *choix du meilleur*.

Les Monades créées sont des productions de l'Être suprême et, pour ainsi dire, des fulgurations continuelles de la divinité.

Il y a en Dieu la *puissance*, qui est la source de tout, la *connaissance*, qui contient le détail des idées, et enfin la *volonté*, qui fait les changements ou productions selon le principe du meilleur.

Puissance, connaissance et volonté qui répondent à ce qui fait le sujet et la base des Monades créées, à savoir la faculté *perceptive* et la faculté *appétitive*. Mais les attributs sont en Dieu absolument infinis et parfaits, et ne sont dans les Monades créées que des imitations à mesure qu'il y a de la perfection.

La créature *agit* au dehors, en tant qu'elle a de la perfection et *pâtit* en tant qu'elle est imparfaite.

L'action réciproque des Monades est RÉGLÉE de manière à produire le meilleur des mondes possibles (c'est ce que Leibnitz appelle l'*harmonie préétablie*).

Cet ordre fait que chaque substance est un miroir où se réfléchit l'univers.

L'homme est la réunion de deux Monades: l'âme et le corps.

Il n'y a point d'âme sans corps, excepté Dieu. L'accord entre les mouvements du corps et ceux de l'âme résulte de l'harmonie universelle. L'âme est *représentative* de l'univers, et il y a une liaison entre ses perceptions et le monde extérieur; mais les corps existent comme si, par impossible, il n'y avait pas d'âmes, et les âmes agissent, comme s'il n'y avait pas de corps, et tous deux agissent comme si l'un influait sur l'autre.

Il faut distinguer les âmes en général et les âmes *raisonnables* ou *esprits* (parmi lesquelles il faut ranger l'âme humaine). Les âmes en général sont des miroirs vivants ou images de l'univers des créatures; les âmes raisonnables ou esprits sont encore des images de la Divinité même, ou de l'auteur même de la nature, capables de connaître le système de l'univers et d'en imiter quelque chose, chaque esprit étant comme une petite divinité dans son département.

L'assemblage de tous les *esprits* compose la cité de Dieu, c'est-à-dire le plus parfait état qui soit possible sous le plus parfait des monarques.

Cette cité de Dieu est un monde moral dans le monde naturel. C'est le plus beau des ouvrages de Dieu et qui témoigne particulièrement de sa bonté.

Une harmonie parfaite existe entre les deux mondes, entre le règne physique de la nature et le règne moral de la grâce, c'est-à-dire entre Dieu considéré comme architecte de la machine de l'univers et Dieu considéré comme monarque de la cité divine des esprits.

Sous le gouvernement parfait, il ne saurait y avoir de bonne action sans récompense, point de mauvaise sans châtiment, et tout doit réussir au bien des bons, c'est-à-dire de ceux qui ne sont point des mécontents dans ce grand état et qui se fient à la Providence, après avoir fait leur devoir.

Consulter l'ÉDITION DE LEIBNITZ de M. JANET, et l'article *Leibnitz* dans le *Dictionnaire des sciences philosophiques.*

AUTEURS LATINS

I

CICÉRON

Traité des Lois

Le *Traité des Lois* parut deux ans après la *République* (52 avant J.-C.).

La *République* de Cicéron, comme celle de Platon, a pour objet la recherche de la plus parfaite forme de gouvernement. Sa conclusion est que la constitution de Rome est préférable à toutes les autres. Le *Traité des Lois* est l'exposé des meilleures lois, et particulièrement des lois romaines (1).

Des cinq ou peut-être des six livres dont se composait cet ouvrage, nous n'avons que les trois premiers.

Livre Ier

Ce livre contient deux parties : dans la première, Cicéron montre que l'origine du droit est dans la divinité. Dans la deuxième, il établit que le droit existe par lui-même, dans la nature, et réfute les épicuriens en prouvant que le droit ou le juste ne s'explique ni par l'intérêt ni par l'opinion.

Ire PARTIE (I-IX). — La loi est la raison suprême *communiquée* à notre nature, qui ordonne et qui défend. (Le mot *Loi* pour les Grecs signifie la *détermination de ce qui revient à chacun* ; pour Cicéron, le *choix ou le discernement*.)

Elle est le fondement du droit.

Examinée attentivement, cette loi nous apparaît comme

---

(1) Le deuxième traité est le complément naturel du premier : « Puisque vous avez écrit un livre sur la meilleure forme de république, dit Atticus, il me semble logique que vous en donniez un sur les lois. Je vois que c'est ainsi qu'a fait votre Platon, que vous aimez et mettez avant tous les autres. » *De Legibus*, liv. I, v.

le lien qui unit l'homme à Dieu ; c'est par elle que nous sommes en société avec l'esprit divin.

Là où il y a communauté de loi, il y a communauté de droit, et ceux que lie une telle communauté, doivent être regardés comme des enfants de la même cité, surtout s'ils obéissent aux mêmes volontés et aux mêmes puissances. Or, ils obéissent à la *céleste ordonnance*, au divin esprit, au Dieu tout-puissant ; de sorte que tout cet univers doit être considéré comme une société commune aux dieux et aux hommes.

Ainsi, la *céleste ordonnance* ou la loi suprême et Dieu sont une seule et même chose.

Pour l'homme, reconnaître Dieu, c'est reconnaître et se rappeler, en quelque sorte, d'où il est venu ; c'est avoir une notion de son origine et de sa fin ou de sa loi.

IIe PARTIE (IX-XXIII). — Si l'homme a une ressemblance avec Dieu, les hommes ont des traits communs : une âme active, des sens, un corps d'une forme commode et convenable à l'esprit qui l'anime, une tendance à regarder le ciel, première famille et ancienne demeure de l'homme, une physionomie expressive, etc.; en outre, ils ont la raison, la parole, certains penchants, tels que la bienveillance et l'amour du plaisir.

De ces similitudes résulte cette conception que, « si conformant leur jugement à la nature, les hommes *pensaient* comme dit le poète, *que rien d'humain ne leur est étranger*, le droit serait également respecté par tous ; car à tous ceux à qui la nature a donné la raison, la droite raison a été donnée, et par conséquent la loi, qui n'est que la droite raison, en tant qu'elle commande ou défend ; et si la loi, le droit. Or, tous ont la raison, donc le droit a été donné à tous. »

Cicéron prouve ensuite que le *droit* n'est fondé ni sur l'intérêt, ni sur une convention humaine, et qu'il faut obéir à la loi uniquement parce qu'elle est juste et non par crainte des châtiments.

« Il n'y a, dit-il, aucun bien que celui qui mérite d'être loué par sa propre nature. Écartons ces flatteurs qui, esclaves de de leurs sens, pèsent au poids du plaisir ou de la douleur ce qu'ils doivent rechercher ou fuir dans cette vie. »

Nous devons détester le vice parce qu'il est le vice. « Si la peine ou la crainte du châtiment, et non la laideur du vice, détourne d'une vie injuste et criminelle, personne n'est injuste; seulement les méchants calculent mal. » Suit un admirable parallèle de la conduite que les méchants et les gens honnêtes tiendront dans les mêmes circonstances.

Une autre absurdité, et plus grande encore, c'est de tenir pour juste tout ce qui est réglé par les institutions ou par les lois des peuples. Il faudrait alors regarder comme justes les lois des tyrans, comme celle qui fut rendue par l'*Interroi* (1) : « Que le dictateur pourrait tuer impunément le citoyen qu'il lui plairait sans lui faire son procès. »

Rejetons de telles doctrines. Il n'existe qu'une loi, c'est la droite raison. Qu'elle soit écrite ou non, quiconque l'ignore ou la viole est injuste. Si la justice consistait dans l'observation des lois écrites, tout devrait se mesurer à l'utilité. Celui qui croirait qu'il lui est profitable d'enfreindre ou de briser les lois, les enfreindrait ou les briserait.

La justice est donc absolument nulle, si elle n'est pas dans la nature : *fondée sur un intérêt, un autre intérêt la détruit.*

Bien plus, si la nature ne doit pas confirmer le droit, c'en est fait de toutes les vertus. Que deviennent la libéralité, l'amour de la patrie, la piété, le noble désir de servir autrui ou de reconnaître un bienfait ? car toutes ces vertus naissent de notre penchant naturel à aimer les hommes, lequel est le fondement du droit (2).

« Si les volontés des peuples, les décrets des chefs de l'Etat, les sentences des juges fondaient le droit, le vol se-

---

(1) Valérius Flaccus fut nommé *interroi* par le sénat après la *deuxième* entrée de Sylla à Rome. La loi Valéria ratifiait tous les actes du dictateur. C'est de cette loi que Cicéron disait qu'elle était *la loi la plus injuste de toutes les lois, la moins semblable à une loi.*

(2) La démonstration n'est pas très rigoureuse. Il doit y avoir une lacune dans le texte.

rait de droit ; l'adultère, les faux testaments seraient de droit dès qu'on aurait l'appui des suffrages ou des votes de la multitude.

Nous n'avons donc qu'une règle pour distinguer une bonne loi d'une mauvaise : la *nature*.

« D'autre part, si la vertu, en général, s'appuyait sur l'opinion, il en serait de même des vertus particulières. Ce qui est louable est bien, et a nécessairement en soi ce qui le fait louer ; car le bien lui-même n'est pas dans l'opinion, qui n'a rien de constant, mais dans la nature ou la raison qui est immuable.

En résumé, le juste et l'honnête sont désirables par eux-mêmes ; car si la vertu est recherchée pour des raisons extérieures, il faut qu'il y ait quelque chose de meilleur qu'elle. Est-ce donc l'argent ? est-ce la beauté, les honneurs, la santé ? toutes choses qui, lorsqu'on les possède, paraissent bien petites, et dont la durée est incertaine. Est-ce enfin, j'ai honte de le dire, la volupté ? Mais c'est à la mépriser, à la rejeter que se reconnaît la vertu.

II

SÉNÈQUE

De la vie heureuse.

Les épicuriens et les stoïciens s'accordent sur ce point, c'est que, pour être heureux, l'homme doit vivre conformément à la nature. Mais qu'est-ce que vivre conformément à la nature ?

Pour le savoir, ne consultons pas la multitude. Lorsqu'il s'agit de la vie heureuse, il n'y a pas lieu comme pour le partage des voix, de répondre : « Ce côté paraît le plus nombreux. » Car les choses humaines ne vont pas si bien, que ce qui est le mieux plaise au plus grand nombre : l'argument du pire, c'est l'autorité de la foule.

J'ai une lumière meilleure et plus sûre pour discerner le vrai du faux. Tout ce que la multitude admire ou recherche a un éclat extérieur, mais au fond est misérable. Sans m'asservir à l'opinion du plus grand nombre non plus qu'à l'opinion de tel ou tel maître du stoïcisme, je cherche le bonheur dans la nature des choses ; c'est elle qui sera ma loi et mon exemple.

Or, voici ce qu'elle m'enseigne : *le souverain bien est une âme qui méprise le hasard, et fait sa joie de la vertu;* ou bien encore : *l'homme heureux est celui pour lequel il n'existe rien de bon, rien de mauvais, qu'une bonne ou mauvaise âme,* qui pratique l'honnête, qui se contente de la vertu, que le hasard ne saurait ni élever ni abattre, qui ne connaît pas de plus grand bien que celui qu'il peut se donner lui-même, pour qui la vraie volupté est le mépris des voluptés.

En un mot, ce qui fait la vie heureuse, c'est une âme libre, élevée, intrépide et inébranlable, placée au-dessus de toute crainte, de tout désir, pour qui le seul bien est l'honnête, le seul mal le déshonnête. Tout le reste n'est qu'un vil ramassis de choses, qui n'ôte rien à la vie heureuse, n'y ajoute rien, vient et s'en va, sans accroître ni diminuer le souverain bien. Elle ne connaît pas la triste et cruelle servitude à laquelle est asservie une âme possédée tour à tour par les plaisirs et les douleurs.

Qu'on n'objecte pas que les pierres sont également insensibles à la crainte et à la tristesse, ainsi que les bêtes; personne ne les appelle heureuses, parce qu'elles n'ont pas l'intelligence du bonheur. La vie véritablement heureuse est donc celle qui a pour base immuable un jugement sûr et droit (1).

« Mais l'âme aussi, dit l'épicurien, doit avoir ses plaisirs. » — Soit ; et quels plaisirs ? sans doute de céder à la débauche et de se gorger de tout ce qui peut charmer les sens ! quoi de plus misérable !

La vertu et le plaisir ne sont pas inséparables; s'il en

(1) Vivre conformément à la nature pour les stoïciens, c'est vivre conformément à la raison.

était ainsi, nous ne verrions pas certaines choses être agréables et non honnêtes, et certaines autres être très honnêtes, mais pénibles et ne s'obtenant que par la douleur.

D'ailleurs, certains hommes sont malheureux, non par défaut de plaisir, mais à cause même du plaisir; ce qui n'arriverait pas si à la vertu était toujours lié le plaisir, dont la vertu manque souvent et dont elle n'a jamais besoin.

On remarque que le plaisir existe également et chez les bons et chez les méchants; que les hommes infâmes se plaisent autant à leur turpitude que les gens honnêtes aux belles actions. C'est pour cela que les anciens nous prescrivent de suivre la vie la meilleure, et non la plus agréable, afin que le plaisir soit le compagnon et non le guide d'une volonté saine et droite.

C'est la nature qui doit être notre guide, c'est elle que consulte la raison.

Qu'est-ce que vivre selon la nature? C'est conserver soigneusement et sans crainte, comme choses fugitives et données pour un jour, les avantages du corps et les biens extérieurs; mais ce n'est pas nous y soumettre en esclaves et nous laisser maîtriser par ce qui vient du dehors.

— « Mais toi aussi, dit l'épicurien, tu ne cultives la vertu que parce que tu en espères quelque plaisir. » —

D'abord, si la vertu doit procurer le plaisir, il ne s'ensuit pas que ce soit à cause de lui qu'on la recherche. Ce n'est pas le plaisir seul qu'elle procure, c'est le plaisir outre d'autres biens. Dans un champ qui a été labouré pour la moisson, quelques fleurs naissent parmi les grains; cependant, quoique ces brins d'herbes réjouissent la vue, ce n'est pas pour eux qu'on a pris tant de peine : c'est autre chose que voulait le semeur; celle-là est venue par surcroît. Ainsi le plaisir n'est pas la récompense, le but de la vertu, mais l'accessoire.

— « Tu feins, répond l'épicurien, de ne pas m'entendre. Je nie qu'on puisse vivre agréablement sans l'alliance du plaisir et de la vertu. » —

Il est aisé de répondre : La recherche du plaisir ne sied pas à la vertu et ne se peut concilier avec elle. Ainsi la tempérance qui est une vertu, porte une atteinte au souverain bien d'Epicure, puisqu'elle diminue le plaisir en lui assignant des limites.

Sans doute, les préceptes d'Epicure semblent droits; mais ces préceptes *n'ont qu'une vertu cachée; ce qui corrompt est à découvert*. La loi que nous imposons à la vertu, il l'impose au plaisir. Il lui ordonne d'obéir à la nature; mais *ce qui est assez pour la nature est peu pour la débauche*.

Qu'arrive-t-il ? c'est que celui qui nomme bonheur une lâche oisiveté et les jouissances alternatives de la gourmandise et de la luxure, cherche un bon garant pour une mauvaise cause; et en se dirigeant du côté où l'attire un nom séduisant, il suit le plaisir, non tel qu'on le lui enseigne, mais tel qu'il l'apporte avec lui; et dès qu'il commence à croire ses vices conformes aux préceptes, il s'y abandonne, mais non avec timidité ou en cachette; il fait de la débauche à visage découvert.

— « Mais enfin, dit l'épicurien, qui empêche de réunir en un seul tout la vertu et le plaisir, et d'arranger le souverain bien de telle manière qu'il soit à la fois l'honnête et l'agréable? » —

Il ne peut exister une partie de l'honnête qui ne soit l'honnête; et le souverain bien n'aura pas toute sa pureté, s'il voit en lui quelque chose qui diffère de ce qui est le meilleur. Le contentement même qui naît de la vertu, n'est pas une partie du bien absolu; il est une conséquence et non un complément du bien.

C'est uniquement dans la vertu que réside le bonheur. Pratiquons l'antique précepte : *Suis Dieu*. Supportons les conditions de la mortalité et ne nous laissons pas troubler par les choses qu'il n'est pas en notre pouvoir d'éviter. Obéir à Dieu, voilà la liberté. Lui ressembler, voilà la vertu.

Si quelqu'un de ces aboyeurs qui attaquent la philosophie, s'en vient dire selon leur coutume (1) : « Pourquoi parles-tu mieux que tu ne vis ? » — Je répondrai :

Je ne suis pas sage, et, pour alimenter ta malveillance, je ne le serai pas. Ce que j'exige de moi, ce n'est pas d'être égal aux hommes les meilleurs, mais d'être meilleur que les mauvais ; il me suffit de retrancher chaque jour quelque chose à mes vices et de gourmander mes erreurs.

Les philosophes ne font pas toujours ce qu'ils disent ; cela est vrai. Ils font cependant beaucoup en ce qu'ils disent, en ce que leur esprit conçoit l'honnête. Si leurs actions s'accordaient avec leurs discours, rien n'égalerait leur bonheur. En attendant il n'y a pas lieu de mépriser de bonnes paroles et des cœurs pleins de bonnes pensées. Poursuivre de salutaires pensées, dût-on rester en deçà du but, est digne d'éloges.

La richesse est, du reste, une plus grande épreuve pour la vertu que la pauvreté. Le pauvre n'a qu'à ne pas se laisser abattre, le riche a une libre carrière pour la pratique de toutes les vertus. Il faut savoir supporter la mauvaise santé, mais préférer la bonne ; de même pour la fortune.

La fin du traité n'est que le développement de cette pensée, ou mieux la défense de Sénèque lui-même. Ajoutons que si le précepteur de Néron eut de grandes richesses et se complut dans le luxe, il sut les quitter sans se plaindre et mourut courageusement.

(1) C'était le reproche adressé non sans justesse au stoïcien Sénèque, il y est plus sensible qu'il ne feint de l'être ; l'accusation n'est pas affaiblie par lui et le morceau ne laisse pas d'être piquant. Sa réponse, il le faut reconnaître, trahit son embarras.

AUTEURS GRECS

I

PLATON
Traité de la République.

Le sujet de la *République* est la recherche du meilleur des gouvernements possibles, celui où règne la justice, où la vertu a le premier rang, où le pouvoir est confié aux plus dignes. « La politique de Platon est l'image agrandie de sa morale. Il ne voit aucune différence entre l'individu et l'Etat ; car, ne faut-il pas reconnaître que le caractère et les mœurs d'un Etat sont dans chacun des individus qui le composent (1) ? »

Mais, comme on l'a remarqué, si la théorie morale qui sert de fondement à sa politique est admirable, sa politique contredit la morale et n'est qu'une utopie, fort heureusement irréalisable, qui porte les plus graves atteintes à la famille et à la liberté humaines : la promiscuité substituée au mariage, la mort des enfants mal constitués ou vicieux, la consécration de l'esclavage, etc.

La *République* est divisée en dix livres. Le huitième contient l'exposé des diverses sortes de gouvernement et des transformations qu'elles subissent.

ANALYSE DU VIII° LIVRE.

Il y a cinq espèces de gouvernements : l'Aristocratie, la Timarchie ou Timocratie, l'Oligarchie, la Démocratie et la Tyrannie. Il y a, par conséquent, cinq caractères ou états de l'âme qui leur répondent.

« L'âme bien ordonnée est celle où la raison domine,

---

(1) L. FOCHIER, *Introduction à l'Edition du VIII° livre de la République*, p. 15.

l'État bien gouverné est celui où le pouvoir est aux mains des sages. A mesure que la raison d'une part, et les sages de l'autre, perdront de leur empire, l'injustice ira croissant dans l'État comme dans les âmes (1). »

Les transformations du gouvernement s'expliquent donc par les transformations morales des individus.

La forme la plus parfaite est le gouvernement aristocratique, qui est bon et juste, parce que le pouvoir est confié aux citoyens honnêtes et justes (2).

Comment s'opère le passage de la première forme à la seconde, c'est-à-dire de l'*Aristocratie* à la *Timocratie* (3) ? Par la non observation des lois, notamment des lois relatives à la génération, par les imperfections des enfants nés d'unions formées à contretemps, par l'antagonisme des races entre elles (races d'or et d'argent d'une part, races de fer et d'airain de l'autre), enfin par l'accord succédant à la lutte entre les guerriers et les magistrats qui s'entendent pour partager les terres et les maisons et faire du reste des citoyens leurs esclaves, chargés du soin de leurs demeures et de leurs terres.

La Timocratie conservera de l'Aristocratie le respect pour les magistrats, l'aversion des guerriers pour l'agriculture, les arts mécaniques et les autres professions lucratives, l'habitude des repas en commun, les exercices gymnastiques et militaires. Mais on élèvera au pouvoir des hommes violents, cupides, adorateurs de l'or et de l'argent, avares de leur avoir, prodigues du bien d'autrui, cherchant à satisfaire leurs passions en secret.

Le passage de la Timocratie à l'Oligarchie s'opère d'une manière analogue. La cupidité cause la perte de la Timocratie. Le premier effet des richesses accumulées dans les coffres de chaque particulier est de le pousser à faire des

(1) L. Fochier, *Introduction à l'Edition du VIIIe livre de la République*, p. 31-32.
(2) L'état qui approche le plus de l'idéal est, pour Platon, l'état aristocratique, et l'organisation politique qu'il semble proposer comme modèle, c'est le communisme de Lacédémone.
(3) La Timocratie ou Timarchie est une forme ou mieux une dégénérescence du gouvernement *aristocratique* ; dans celui-ci, les meilleurs et les plus dignes ont le pouvoir ; dans la timarchie, ce sont les plus riches.

dépenses de luxe pour lui et pour sa femme, et par conséquent à méconnaître et à éluder la loi. L'exemple est contagieux, l'amour du luxe stimule la cupidité, et l'estime qu'on a pour la vertu baisse à mesure que croît l'estime de la richesse. Enfin, les citoyens, d'ambitieux et d'intrigants qu'ils étaient, finissent par devenir avares et cupides. La richesse étant seule en honneur, celui-là seul qui est riche, paraît digne du pouvoir. On fixe par une loi les conditions d'y arriver et ces conditions se résument dans la quotité du revenu. Cette loi passe par la force et par les armes, et le gouvernement oligarchique est établi. Le premier vice de ce gouvernement, dit Platon, c'est qu'on a égard dans le choix des gouvernants, non à l'aptitude, mais à la fortune. C'est comme si l'on excluait de la conduite d'un navire un pilote capable et pauvre, pour prendre un pilote riche et inexpérimenté.

Le second vice, c'est l'antagonisme créé entre les riches et les pauvres. Le troisième, c'est la liberté d'acquérir ou d'aliéner ses biens uniquement en vue de son profit.

On remarque les mêmes vices dans l'individu, dans l'homme oligarchique.

Voici maintenant comment on passe de l'*Oligarchie* à la *Démocratie :* le besoin de la dépense et du luxe appauvrit un grand nombre de citoyens et forme un corps de gens pourvus d'aiguillons, les uns accablés de dettes, les autres notés d'infamie, quelques-uns ruinés à la fois de biens et d'honneur, en état permanent d'hostilité contre ceux qui se sont enrichis des débris de leur fortune et contre le reste des citoyens, et n'aspirant qu'à exciter quelque révolution dans le gouvernement. Ceux qui se sont enrichis persévèrent dans leur usure et multiplient l'engeance des frelons et des pauvres.

De là les séditions et les guerres intestines, l'appel au secours de l'étranger fait par les riches et les pauvres. La Démocratie s'établit lorsque les pauvres victorieux, ayant massacré ou chassé les riches, se partagent les charges et l'administration.

Tout le monde est libre dans cet État. A première vue,

c'est une condition excellente, un gouvernement très agréable, où personne n'est le maître, dont la variété est charmante et où l'égalité règne. Mais la licence succède bientôt à la liberté.

De même que, sous l'empire de la passion, un désir succède à un autre et que l'âme de l'homme n'a plus de règle, et vit, pour ainsi dire, au jour le jour, marchant à sa perte ; de même la Démocratie, ayant un désir insatiable de liberté, se détruit elle-même et rend la *Tyrannie* nécessaire. Gouverné par de mauvais échansons, qui lui versent la liberté toute pure, et le font boire jusqu'à l'ivresse, l'État démocratique est dévoré par une soif de plus en plus ardente, et, si les gouvernants ne lui donnent pas toute la liberté qu'il veut, il les accuse et les châtie comme des traîtres qui aspirent à l'oligarchie.

Le désordre est partout : les maîtres craignent et ménagent leurs disciples qui se moquent d'eux ; les jeunes gens sont sans respect pour les vieillards, qui eux-mêmes s'étudient à copier la jeunesse. Les esclaves se croient aussi libres que ceux qui les ont achetés.

Le fléau qui a perdu l'Oligarchie va grandissant et pousse à la *Tyrannie*. Alors se rencontre le protecteur du peuple, qui, sous prétexte de satisfaire les désirs du peuple, s'empare du pouvoir et substitue la servitude la plus dure et la plus amère à une liberté excessive et désordonnée. Mais il ne se montre pas au début ce qu'il est : dans les premiers jours de sa domination, il sourit gracieusement à tous ceux qu'il rencontre, proteste qu'il n'aspire pas à la tyrannie, fait de belles promesses à tous et à chacun, promet le bien-être au peuple, car avant d'être un monstre de scélératesse (1), il a la douceur et la tendresse d'un père.

Ainsi les mêmes causes amènent la chute de l'Aristocratie, de la Timarchie, de l'Oligarchie et de la Démocratie (2) : la corruption et l'oubli croissant de la justice.

(1) Voir, pour le portrait du tyran, le livre IX de la *République*.
(2) L'erreur de Platon, c'est l'assimilation de l'État à l'individu ; de là son dédain pour la démocratie. Comme on l'a fait remarquer avec beaucoup

II

ARISTOTE

VIIIᵉ livre de la morale à Nicomaque (1).

L'amitié, selon Aristote, n'est pas l'amitié comme nous l'entendons. Elle est beaucoup plus étendue, elle comprend presque toutes les affections et semble se confondre avec la bienveillance, quoiqu'il ait essayé de les distinguer (*Morale à Nicomaque*, liv. IV, ch. v).

Cette bienveillance doit être mutuelle et s'affirmer par des actes. Aristote expose, à plusieurs reprises, le devoir de réciprocité, et cherche à établir une sorte de balance. Le désintéressement est un idéal auquel il ne croit pas. L'intérêt bien entendu ou quelque chose d'approchant lui apparaît comme la seule vertu à laquelle l'homme puisse prétendre.

Avant Aristote, Socrate (2) et Platon (3) avaient traité de l'amitié; après lui, Théophraste, Epicure, Cicéron, Plutarque, chez les anciens, et, parmi les modernes, Michel Montaigne, ont repris ce beau sujet.

La théorie d'Aristote sur l'amitié est contenue dans les VIIIᵉ et IXᵉ livres de la *Morale à Nicomaque*.

---

de justesse, « l'histoire de la déchéance d'une âme n'a jamais été tracée d'une main aussi ferme. Seulement Platon entendait tracer du même coup l'histoire de la déchéance d'un Etat : il n'a pas vu que dans une société d'hommes, l'autorité de la raison s'accroît nécessairement, à mesure que la discussion devient plus libre. » L. Fochier, *Introduction*, p. 35).

Ajoutons que les différences qui séparent la *Timocratie* de l'Oligarchie sont assez vaguement indiquées et qu'il est malaisé de les distinguer, si ce n'est par l'accroissement de la corruption ; l'Oligarchie n'est au fond que la Timocratie dégénérée ou mieux exagérée.

(1) L'*Ethique* ou la *Morale à Nicomaque* est le véritable exposé des idées d'Aristote sur la question du bien et du bonheur. La *Grande morale* et la *Morale à Eudème* semblent des rédactions faites par quelques-uns de ses disciples. — Ce traité, divisé en dix livres, est dédié par Aristote à son fils Nicomaque ; d'où son titre. Ce titre semble avoir trompé Cicéron qui regardait la *Morale* comme l'œuvre de Nicomaque.

(2) Voir les *Entretiens mémorables* de Xénophon.

(3) Voir le *Phèdre* et le *Lysis* de Platon.

Le VIII⁰ livre comprend quatorze chapitres.

Chap. I⁰ʳ. — L'amitié est une sorte de vertu, ou du moins elle est toujours accompagnée de vertu. Elle est en outre un des besoins les plus impérieux de la vie; personne n'accepterait de vivre sans amis, eût-il d'ailleurs tous les autres biens. Le besoin d'avoir des amis croît avec la fortune et le pouvoir, et nos amis sont notre unique refuge dans l'adversité.

L'amitié est le lien des Etats; elle engendre la concorde parmi les citoyens. Quand les hommes s'aiment entre eux, il n'est pas besoin de justice; mais, s'ils sont justes, ils ont encore besoin d'amitié.

Il y a plusieurs explications de l'amitié : les uns la font reposer sur les ressemblances, les autres sur les contrastes.

Chap. II. — Quel est l'objet propre de l'amitié? Ce qui rend un objet aimable, c'est qu'il est bon, utile ou agréable. Les choses inanimées nous inspirent du goût, et non de l'amitié, attendu que l'amitié suppose une bienveillance réciproque, et la connaissance de cette bienveillance mutuelle.

Chap. III. — Les motifs qui inspirent l'amitié étant l'*intérêt*, le *plaisir* et la *vertu*, il s'ensuit qu'il y a trois espèces d'amitié. Ceux qui s'aiment pour l'intérêt ou pour le plaisir, ne s'aiment pas précisément pour eux-mêmes, mais pour l'agrément ou le profit qu'il tirent de leurs rapports mutuels. Au fond, ce qu'on recherche dans ces deux espèces d'amitié, c'est son propre bien; ces amitiés ne sont donc qu'*indirectes* et *accidentelles*, et se rompent aisément. L'utile n'a rien de fixe, l'amitié qu'il a formée n'a, comme lui, aucune constance. Les vieillards ne connaissent que l'amitié fondée sur l'intérêt, les jeunes gens que l'amitié fondée sur le plaisir, aussi leurs liaisons sont-elles éphémères.

L'amitié parfaite est celle des gens qui sont vertueux et qui se ressemblent par leur vertu. Le véritable ami est tout à la fois bon, utile et agréable; ces nobles liaisons sont fort rares, elles demandent du temps et de l'habitude. Il faut arriver à savoir qu'on est, de part et d'autre, digne de les former. On ne peut guère se connaître mutuellement avant d'avoir mangé ensemble des boisseaux de sel, comme dit le proverbe.

Chap. IV. — Sans doute l'amitié qui se forme par le plaisir ou l'intérêt a quelque ressemblance avec l'amitié parfaite, mais le plaisir ne résiste pas à l'âge, et l'affection intéressée s'évanouit avec l'intérêt. Des méchants peuvent accidentellement être unis par les liens de l'intérêt ou du plaisir; mais les gens de bien deviennent amis pour eux-mêmes, c'est-à-dire en tant qu'ils sont bons.

Chap. V. — Il en est de l'amitié comme de la vertu; elle comprend deux choses distinctes, la disposition morale et l'acte lui-même. Le temps ou l'éloignement ne détruisent pas la disposition à aimer, mais l'acte, le fait actuel; toutefois, il ne faut pas que l'absence soit de trop longue durée.

Les vieillards et les gens humoristes sont peu portés à l'amitié, parce qu'ils trouvent peu de plaisir dans les relations d'un commerce réciproque. Or, ce qui caractérise l'amitié, c'est la vie commune, qu'ils ne recherchent point. Néanmoins leur affection ne laisse pas d'être sincère.

Chap. VI. — La véritable amitié est une affection qui l'emporte sur toutes les autres, et qui ne s'adresse par sa nature qu'à une seule personne. Quand il s'agit d'intérêt ou de plaisir, on peut avoir de nombreuses liaisons, mais peu durables; l'amitié qui repose sur le plaisir est plus rapprochée de la vraie que l'amitié fondée sur l'intérêt. Cette dernière n'est guère digne que de l'âme des marchands.

Les riches ont beaucoup d'amis, parce qu'ils ne recherchent que des amis agréables, capables de les désennuyer.

Chap. VII. — Il y a des affections qui tiennent à la supériorité de l'une des deux personnes qu'elles unissent : ainsi, l'amitié du père pour le fils, du mari pour la femme, du chef pour celui auquel il commande. Pour que l'amitié soit durable, il faut que la distance qui sépare les personnes ne soit pas trop grande, c'est ce qui fait que les dieux et les rois ne sauraient avoir d'amis.

Chap. VIII. — La plupart des hommes préfèrent être aimés que d'aimer eux-mêmes. De là vient l'inclination qu'on a pour les flatteurs, qui se tiennent dans un état d'infériorité et semblent chercher à montrer leur affection plutôt qu'à mériter la nôtre. Quand on est aimé, on paraît près d'être estimé, et c'est ce que nous souhaitons le plus.

L'amitié consiste bien plus à aimer qu'à être aimé. Ce qui le prouve, c'est le plaisir que ressentent les mères à prodiguer leur amour.

Chap. IX. — L'amitié et la justice concernant les mêmes objets et s'appliquant aux mêmes êtres, on les trouve, à un certain degré, dans toute association et, par conséquent, dans la grande association politique dont les associations particulières ne sont que des parties.

Chap. X. — Il y a trois formes diverses de constitutions ou de gouvernements : la Royauté, l'Aristocratie et la République. Le meilleur des trois, selon Aristote, est la royauté, quoiqu'elle puisse dégénérer en tyrannie. Voici ce qui distingue le roi du tyran : le roi ne pense qu'à l'intérêt de ses sujets, le tyran ne pense qu'à son propre intérêt.

L'Aristocratie se transforme souvent en Oligarchie, et la Timocratie ou République en Démocratie.

Ces divers gouvernements ont leur image dans la famille elle-même.

Chap. XI. — L'amitié, dans chacun de ces États ou gouvernements, règne dans la même mesure que la justice. Le roi aime ses sujets à cause de sa supériorité ; il est le pasteur de son peuple, son pouvoir ressemble au pouvoir paternel.

Le père est le roi de la famille, son affection pour ses enfants est comme l'affection du roi pour ses sujets ; son amour pour sa femme est aristocratique. L'amour réciproque des frères est timocratique, car ils sont à peu près égaux.

C'est dans les tyrannies que les sentiments d'amitié et de justice sont les moins étendus. C'est au contraire dans la démocratie qu'ils sont poussés le plus loin, parce qu'une foule de choses y sont communes entre les citoyens qui sont égaux.

Chap. XII. — Toute amitié, on l'a déjà dit, repose sur une association ; l'amitié qui naît de la parenté est de plusieurs sortes, lesquelles dérivent toutes de l'affection paternelle. Les parents aiment leurs enfants et en sont aimés, mais la première affection est plus vive que la seconde : les parents aiment leurs enfants comme eux-mêmes, et dès leur naissance; les enfants n'arrivent à aimer leurs parents que par degrés.

Les frères s'aiment entre eux, parce qu'ils sont nés des mêmes parents, parce qu'ils ont été élevés ensemble et qu'il n'y a pas de trop grandes différences d'âge; c'est une sorte de camaraderie.

L'affection réciproque du mari et de la femme est naturelle; l'enfant est un nouveau lien entre eux.

La famille est antérieure à l'État et la justice doit être observée dans la famille comme dans l'État.

Chap. XIII. — Quand deux amis sont égaux, leur affection doit être égale. Quand ils sont inégaux, l'affection doit être proportionnée au mérite de chacun d'eux.

L'amitié fondée sur la vertu n'est pas sujette aux plaintes ou aux récriminations qui accompagnent les liaisons que l'intérêt a formées. Dans ces dernières, on doit distinguer le lien moral et le lien légal. Le lien légal est celui qui résulte de stipulations expresses. Quant au lien moral, il est purement apparent. A cet ami recherché pour l'utilité qu'il apporte, on a l'air de faire un don, mais, en réalité, on ne fait qu'un prêt. — Dans ces sortes de liaisons, il faut rendre tout ce qu'on a reçu, quand on le peut.

Chap. XIV. — Il s'élève des dissentiments dans les liaisons où l'un des deux est supérieur à l'autre. Chacun peut croire qu'il mérite plus qu'on ne lui donne, et alors l'amitié se rompt bientôt.

L'inférieur est celui qui retire *profit* de la liaison, le supérieur, celui qui en retire *honneur*.

Il en est de même dans les États: celui qui rend service à l'État, et qui ne peut recevoir d'argent, recueille honneur et respect. Celui qui reçoit de l'argent est payé.

Nous ne pouvons jamais nous acquitter envers les dieux et envers nos parents, et, quoi que nous fassions, nous sommes toujours leurs débiteurs.

Le livre neuvième explique les causes de mésintelligence ou de rupture dans les liaisons où les amis ne sont pas égaux et contient l'exposé des devoirs entre les parents, les frères, les amis, les citoyens, les personnes plus âgées que nous. Aristote essaie de distinguer la bienveillance de l'amitié et de l'inclination; il indique les rapports de l'amitié et de la concorde, du bienfaiteur et de l'obligé (le bienfaiteur aime presque toujours plus que l'obligé). Il condamne l'égoïsme, puis il agite cette question : A-t-on plus besoin d'amis dans le malheur que dans le bonheur ? Enfin, il revient sur le nombre des amis, et montre que, pour les amis par intérêt, il en faut peu; pour les amis par plaisir, un petit nombre suffit; pour les amis par vertu, c'est assez d'en avoir un ou deux.

RÉSUMÉ ANALYTIQUE

INTRODUCTION

La science. — Classification des sciences. — Qu'appelle-t-on philosophie des sciences, de l'histoire, etc. — Objet propre de la philosophie; ses divisions.

La science a pour objet *la connaissance des causes et des lois*.

Deux groupes de sciences : les sciences *déductives* et les sciences *inductives*.

La philosophie est *l'étude de l'homme considéré comme être pensant, et de ses rapports avec la nature et Dieu*.

Il résulte de cette définition que la philosophie est une science essentiellement progressive.

La philosophie a des bornes qu'il importe de marquer. Il y a trois questions essentielles que tout homme se pose ou doit se poser : d'où viens-je ? qui suis-je ? où vais-je ? — La raison est impuissante à résoudre la première question ; mais elle donne presque entièrement la solution de la seconde et en partie seulement celle de la troisième.

La philosophie soutient avec les autres sciences (qu'elle avait primitivement absorbées, en se posant au début comme la science des choses divines et humaines, c'est-à-dire comme la science universelle) un double rapport, un rapport de *principes* et un rapport de *méthode* (philosophie des sciences).

C'est elle, en effet, qui constate la légitimité des principes sur lesquels reposent les autres branches de la connaissance humaine, et qui enseigne à quels signes on peut distinguer les vrais principes des faux principes.

C'est encore elle qui détermine la méthode qui convient à chaque science. Bacon est appelé le père des sciences physiques, non pas tant pour ses travaux personnels que pour l'impulsion qu'il a donnée à ces sciences par l'enseignement ou plutôt par le pressentiment de la vraie méthode.

Le cours élémentaire de philosophie comprend cinq parties :

1º La psychologie ou *l'étude du moi, de ses opérations et de ses facultés*.

2º La logique ou *l'étude de la vérité, de ses caractères et des procédés qu'il faut employer pour la découvrir ou la démontrer*.

Deux parties distinctes : *Théorie de la vérité et de la certitude ; méthode pour arriver à la vérité et à la certitude*.

3º La morale, *science du bien ou du devoir*. Montrer le devoir, c'est montrer ce qui doit être fait pour se conformer à la loi du bien. Ici encore deux parties : *détermination du bien ou distinction du vrai bien et de ce qui n'est pas lui*, et *détermination des divers devoirs imposés à l'homme par la raison*. — A la morale se rattache les notions d'économie politique.

4º Théodicée, ou science de Dieu. Par science de Dieu, nous entendons ici la connaissance que nous pouvons obtenir au moyen de la seule raison.

5º Notions d'histoire de la philosophie. — Lien et ordre de ces parties.

PSYCHOLOGIE

I

Objet de la psychologie. — Caractère propre des faits qu'elle étudie. — Degrés et limites de la conscience. — Distinction des faits psychologique et des faits physiologiques. — Classification des faits psychologiques.

La psychologie est l'étude du *moi, de ses opérations et de ses facultés*.

Les faits psychologiques ou internes sont révélés par la conscience, témoin intérieur qui nous rend compte de ce qui se passe en nous.

La conscience est la ligne de démarcation qui sépare ce qui est *moi* de ce qui est *non-moi*. — La connaissance de l'homme comprend deux sciences :

1º La Psychologie, *science des faits internes* ; 2º la Physiologie, *science des faits externes*.

Les premiers sont du domaine de la conscience ; les derniers, du domaine des sens.

Les sources d'information de la psychologie sont: 1º la conscience ou le sens intime, condition de toutes nos connaissances; 2º l'étude des langues, car elles enseignent les lois de la formation de l'expression de la pensée, et l'influence des signes sur la formation de la pensée elle-même ; 3º l'histoire, qui retrace les progrès de la pensée.

La Psychologie comparée met en lumière les différences qui séparent l'homme des animaux.

L'expérimentation, qui suppose la réflexion, permet de vérifier la loi de certains faits psychologiques.

Nous suivrons dans l'étude de la psychologie, la méthode d'observation qui comprend trois procédés :

1º La synthèse primitive ;
2º L'analyse ;
3º La synthèse ultérieure.

La synthèse primitive ou le premier coup d'œil jeté sur l'âme par l'âme elle-même, au moyen de la conscience, nous révèle trois grands groupes de phénomènes : la *sensation*, la *connaissance*, la *volition*.

Par conséquent, il y a trois grandes facultés, qui sont : la *sensibilité*, *l'intelligence* ou l'entendement, qui comprend un certain nombre de facultés que nous étudierons successivement, et la *volonté*.

Distinction de la faculté et de la propriété.

Chaque faculté a son caractère spécial.

II

De la sensibilité, des sensations et des sentiments.

La sensibilité est la *faculté d'éprouver du plaisir ou de la peine*.
Le fait se nomme *sensation*.
Il y a trois espèces de sensibilité :

1° La sensibilité *physique*, qui est provoquée *par l'action des corps sur les sens et les organes*. (Voir pour les sens, le chapitre de la perception matérielle.)

2° La sensibilité *morale*, qui est provoquée *par la vue du bien ou du mal et des affections de nos semblables.*

3° La sensibilité *intellectuelle*, qui est provoquée *par la connaissance du beau et du vrai ou de leurs contraires.*

Les sensations morales et intellectuelles ont reçu le nom de *sentiments*.

L'âme, dans le fait sensible, est tour à tour passive et active : *passion et réaction*.

La sensibilité se développe sous l'influence des tendances primitives (penchants, inclinations, appétits et désirs instinctifs).

Les éléments de la sensibilité sont l'amour et la haine.

— La passion est *un vif mouvement de l'âme qui, profondément touchée du plaisir ou de la douleur ressentie ou imaginée dans un objet, le poursuit ou s'en éloigne.* Il y a, selon Bossuet, onze passions principales.

Les caractères de la sensibilité et, par suite, de la sensation, sont la fatalité, la contingence, la variabilité.

— Quatre affections ou penchants instinctifs essentiels : 1° amour de soi ; 2° amour des autres hommes ; 3° amour des animaux et des choses ; 4° amour de Dieu.

— Rôle de la sensibilité dans la vie humaine. — Opinions diverses sur les passions.

III

Facultés intellectuelles. — Acquisition de la connaissance.

(PERCEPTION INTIME ; PERCEPTION MATÉRIELLE ; RAISON.)

L'entendement ou l'intelligence est un terme général qui désigne tout le groupe des facultés intellectuelles.

Il comprend d'abord trois facultés principales :

1° La perception *intime* qui s'exerce à l'aide de la conscience et qui *nous fait connaître les phénomènes intérieurs*. La conscience, et par conséquent la connaissance qu'elle nous donne, est spontanée ou réfléchie ; nous *voyons* ou nous *regardons* ce qui se passe en nous.

2° La perception *externe ou matérielle*, ou perception proprement dite, qui s'exerce à l'aide des sens et de leurs organes, et nous *fait connaître les corps*. — Il est à remarquer que les sens sont également indispensables et pour la perception matérielle et pour la sensibilité physique.

Cinq sens : leurs organes, leurs données. Conditions d'une bonne perception. — Systèmes imaginés pour expliquer la perception.

3° La perception *externe immatérielle* ou *raison, qui nous fait connaître ce qui est au-dessus des sens et de la conscience*, c'est-à-dire ce qui échappe à l'expérience.

Raison *a priori*, conception des vérités premières et de leurs applications immédiates ; raison *a posteriori* ou raisonnement. — Personnalité de la raison.

IV

Élaboration, Conservation et combinaison de la connaissance.

(ATTENTION. — COMPARAISON. — ABSTRACTION. — GÉNÉRALISATION. — JUGEMENT. — RAISONNEMENT. — MÉMOIRE. — ASSOCIATION DES IDÉES.)

— L'attention est *le pouvoir de concentrer toutes nos facultés sur un objet, afin de le mieux connaître*. Elle suppose l'exercice de la volonté.

Distinction de l'attention et de la réflexion: l'attention comprend la réflexion, qui n'est qu'une attention intérieure.

— La comparaison est une *attention successive*. Nous examinons plusieurs objets l'un après l'autre pour en saisir les rapports.

— Par la comparaison, on s'élève à la *généralisation*, qui *forme les idées générales*, et à la *classification*, qui n'est que *la division des idées générales*.

— L'abstraction est la faculté *de séparer par la pensée des choses qui ne sont point en elles-mêmes séparées, afin de simplifier l'objet de nos études*.

Valeur des abstractions.

— Le jugement est *la faculté d'affirmer ce qui est ou ce que nous croyons être la vérité*.

Deux espèces de jugements, l'un immédiat ou *a priori*, l'autre médiat ou *a posteriori*. Le premier précède toujours le second.

L'expression du jugement se nomme *proposition*.

— Le raisonnement est *la faculté par laquelle l'intelligence, percevant certains rapports entre plusieurs jugements, s'élève à un jugement ultérieur qu'on appelle conclusion*.

Deux espèces de raisonnements : 1° la déduction, qui repose sur le principe que *tout ce qui est vrai d'une proposition générale, est vrai des propositions particulières qu'elle contient* ; 2° l'induction, qui repose sur ce principe que *l'univers est régi par des lois*.

La mémoire est la faculté de *reproduire, en l'absence des objets, des connaissances primitivement acquises*. Le fait de la mémoire se nomme *souvenir*.

La mémoire est spontanée ou réfléchie, complète ou incomplète. En outre, elle est imaginative.

Le souvenir implique trois conditions :

1° La croyance en l'existence antérieure du fait ou de l'objet et en la fidélité de la perception ;

2° L'idée d'un temps successif ou de la durée;

3° L'idée de notre identité personnelle.

Les qualités d'une bonne mémoire sont: l'aptitude à recevoir, la ténacité à retenir, et la promptitude à rappeler.

Il y a trois moyens pour conserver ou augmenter la mémoire:

1° Il faut l'exercer ;

2° Il faut ramener ses connaissances à des principes généraux ;

3° Il faut confier ses connaissances au papier.

— 4° L'association des idées est la faculté *par laquelle l'intelligence, percevant des rapports entre plusieurs idées, se les rappelle dans un certain ordre*. En d'autres termes, c'est un souvenir multiplié.

Il y a six rapports principaux :

1° Rapport de *ressemblance*;

2° Rapport d'*opposition* ;

3° Rapport de *contiguïté dans le temps ou dans l'espace*,
4° Rapport de *cause et d'effet*;
5° Rapport de *moyen à fin*;
6° Rapport de *principe à conséquence*.

V

Combinaison de la connaissance (suite). — De l'imagination.

Le mot imagination a deux significations : il désigne *la mémoire imaginative* ou *la puissance créatrice de l'homme*. Entendue dans le dernier sens, l'imagination est la faculté *par laquelle l'entendement, recueillant, au sein de notions, d'objets et de faits divers, certaines circonstances et certains éléments, les combine de manière à en former un tout nouveau qui lui appartienne.*
Le produit de cette faculté se nomme *conception*.
L'imagination est une faculté complexe. Elle comprend trois éléments distincts :
1° L'*expérience* ou la mémoire, qui fournit les matériaux ;
2° La *raison* ou le goût, qui choisit et dispose les parties ;
3° Le *sentiment* ou l'enthousiasme, élément indéfinissable, qui donne la vie à l'œuvre.
Il y a deux beautés : la beauté réelle et la beauté idéale.
L'art est la reproduction aussi harmonieuse que possible de ces deux beautés.
— Le caractère fondamental du génie *créateur*, c'est *la puissance de concevoir d'une manière vive et rapide la proportion dans laquelle doivent s'unir le réel et l'idéal, et d'exécuter sa conception.*
— Le caractère fondamental du génie *critique*, c'est *la perception de ce rapport.*

VI

Des idées.

(CLASSIFICATION DES IDÉES; ORIGINE; THÉORIES
SUR LA GÉNÉRATION DES IDÉES.)

L'idée est *la notion plus ou moins claire, plus ou moins complète que nous avons d'un objet.*
L'idée est spirituelle de sa nature, quel que soit l'objet auquel elle se rapporte.
Nos idées sont diverses :
Elles sont *contingentes* ou *nécessaires ; morales, physiques* ou *métaphysiques ; adventices, factices, innées* (division de Descartes); *claires* ou *obscures, vraies* ou *fausses; abstraites* ou *concrètes*.
Considérées sous le point de vue de la quantité, elles sont *générales* ou *particulières*. Ici, il importe de bien distinguer la *compréhension* et l'*extension*.
Déterminer l'*origine* d'une idée, c'est montrer quelle est la faculté qui l'a produite. La méthode à suivre dans cette détermination, c'est la mé-

thode d'observation. Notre point de départ est que : autant il y a de groupes d'idées différentes, autant il doit y avoir d'origines différentes.

Or, il y a deux grands groupes d'idées : les idées *contingentes* et les idées *nécessaires.*

Les idées contingentes se subdivisent en idées *particulières intimes,* qui ont pour origine *la conscience;* en idées *physiques,* qui ont pour origine *les sens;* et en idées *générales,* qui ont pour origine *la raison opérant, par voie d'abstraction et de généralisation, sur les données de l'expérience.*

Les idées nécessaires ont pour origine la *raison,* et pour occasion l'*expérience.* — Réfutation de la doctrine sensualiste sur l'origine des idées.

VII

Principes directeurs de la connaissance. — Notions et vérités premières.

Les notions ou vérités premières sont *les idées fondamentales sur lesquelles repose la connaissance humaine.*

Elles se divisent en deux catégories : les notions contingentes et les notions nécessaires.

Les notions contingentes sont *évidentes a priori;* les notions nécessaires, outre qu'elles sont nécessaires, sont évidentes *a priori, indéfinissables, indémontrables, absolues, universelles.*

Énumération des principales notions ou vérités premières, contingentes ou nécessaires, dont l'ensemble constitue ce qu'on appelle le *sens commun.*

VIII

De la volonté.

(ACTIVITÉ INSTINCTIVE; ACTIVITÉ RÉFLÉCHIE; HABITUDE.)

L'activité, ou *propriété que le moi a d'agir,* se présente sous trois formes :
1º L'activité instinctive ;
2º L'activité réfléchie ;
3º L'habitude.

A l'activité instinctive se rattachent tous les instincts physiques ou moraux.

L'activité réfléchie, ou volonté, est *la faculté de se déterminer.*

L'acte volontaire se décompose en trois circonstances qui sont : *la délibération, la détermination* et *l'exécution.*

Il importe de ne pas confondre le désir, qui est fatal et aveugle, et la volonté, qui est libre et éclairée.

La troisième forme de l'activité est l'habitude ou la manière d'être générale et constante. Elle doit sa naissance à un libre effort. Son influence sur l'esprit est considérable.

IX

De la liberté ou du libre arbitre.

(SENS DIVERS DU MOT *liberté*; DÉMONSTRATION ET OBJECTIONS.)

La liberté *est la possession de soi-même*. Au reste, ce mot de liberté a différents sens; il désigne la liberté morale et la liberté d'action, qui se subdivise elle-même en liberté civile, liberté politique, liberté religieuse, etc.

Il y a quatre preuves de la liberté :
1º *La conscience;*
2º *La raison;*
3º *Les institutions sociales;*
4º *Les conséquences du fatalisme ou la preuve indirecte.*

On a élevé contre la liberté deux grandes objections : l'une est tirée de *la prescience divine;* l'autre, *des motifs déterminants.*

Sans parler du *fatalisme*, qui, ainsi que son nom l'indique, est la négation même de la liberté, il y a deux systèmes qui aboutissent logiquement à cette même négation : 1º le matérialisme : l'âme est le résultat de l'organisation du corps; or cette organisation est fatale, donc les actions de l'âme sont fatales (Démocrite, Épicure, Hobbes, d'Holbach, Condillac).

2º Le Panthéisme : la personne humaine est absorbée dans le grand tout, qui est Dieu; donc elle n'a aucune autonomie (le Stoïcisme, Spinosa, etc.).

X

De la personnalité. — De la spiritualité de l'âme. — Distinction de l'âme et du corps. — Rapports du physique et du moral. — Du principe vital. — Considérations sur divers états de l'âme.

Les facultés de l'âme, si on les étudie dans leurs lois et leurs développements, forment un tout harmonieux; elles sont les pouvoirs divers à l'aide desquels leur principe qui est *un*, aspire à la fin, c'est-à-dire au perfectionnement du principe lui-même ou de l'âme. Dans une âme bien faite, si je puis ainsi parler, la raison domine ou gouverne la sensibilité et éclaire la volonté qu'elle incline vers le bien sans altérer sa liberté.

Il y a un moment où l'âme s'ignore, où la personnalité n'est pas constituée, où nous n'avons qu'une conscience vague de nous-mêmes : moment obscur, indéfini, impossible à déterminer. C'est la première enfance.

Lorsque la lumière se fait dans cette âme, et que, se distinguant de ce qui l'entoure, l'enfant a le sentiment de son existence et des facultés que Dieu lui a données, alors il est élevé à la dignité de *personne*. Il a la conscience de sa liberté et de sa raison, il est et se reconnaît responsable d'une partie de ses actes. La vie morale commence pour lui, et avec la vie morale le droit d'être jugé et traité, dans ce monde et dans l'autre, selon ses mérites, c'est-à-dire selon sa conduite.

On peut donc définir la personnalité : l'état où l'homme n'est plus sous l'empire du pur instinct, où, l'*âme* faisant place au moi, il est un être intelligent, sensible, libre, et ayant conscience de lui-même.

— Pour démontrer la spiritualité de l'âme, il faut examiner les trois points suivants :

1° Quelle est la nature de l'âme ;

2° La nature de l'âme est-elle ou n'est-elle pas différente de la nature du corps ;

3° Quels sont les rapports de l'âme et du corps.

Premier point. — L'âme est *une* et *identique*. Elle est une, la conscience et la raison l'établissent. — Elle est identique, l'expérience, la volonté, la raison, les institutions sociales l'attestent ou le supposent. En outre, elle est *libre*.

Deuxième point. — Le corps n'est ni *un*, ni *identique*, ni *libre*. Donc, sa nature est différente de celle de l'âme.

La considération des faits divers de l'âme et du corps, et des conséquences du fatalisme, complète la démonstration.

Troisième point. — Quoique profondément distincts, l'âme et le corps sont unis. Ils exercent l'un sur l'autre une influence incontestable. Le secret de leur union nous échappe.

— A rigoureusement parler, il n'y a qu'un système qui nie la distinction de l'âme et du corps, c'est le matérialisme. L'âme, pour le matérialiste, est le résultat de l'organisation du corps, et partant ne se distingue que nominalement de cette organisation.

Divers états de l'âme : du *sommeil* ; la pensée n'est pas interrompue pendant le sommeil. — Du *rêve* et du *somnambulisme*. — De l'*hallucination* et de la *folie*.

XI

Tableau des attributs et des facultés de l'âme. — Psychologie comparée.

Résumons les faits et les facultés constatés par l'analyse, nous arrivons à cette synthèse :

L'âme a trois attributs : l'*unité*, l'*identité* et l'*activité*.

Et trois grandes facultés : la *sensibilité*, l'*intelligence* et la *volonté*.

A l'intelligence et la volonté, chacune d'elles intervenant dans des proportions diverses se rattachent une série d'opérations, telles que l'attention, le jugement, la mémoire, l'imagination, etc.

L'étude de ces opérations et de ces facultés est complétée par l'examen des caractères qui séparent l'homme de l'animal. D'un côté l'instinct infaillible et stationnaire ; de l'autre, l'instinct et, en outre, la raison et la liberté.

XII

Des signes et du langage dans leurs rapports avec la pensée.

L'homme est destiné à vivre en société ; or, la condition de l'existence de la société, c'est l'échange des idées et par conséquent le langage.

Le langage se compose de signes. Le signe est ce qui tombe sous quelque sens et signifie quelque chose.

Il y a deux espèces de langages et par suite deux espèces de signes :
1° Les signes *naturels* : gestes spontanés, physionomie ou jeu du visage, sons inarticulés. Le caractère fondamental de ces signes, c'est que *le rapport qui lie le signe à la chose signifiée est constant et universel.*

2° Les signes *artificiels* : sons articulés, gestes volontaires. Ce qui les distingue des premiers, c'est que *le rapport qui lie le signe à la chose signifiée est variable et accidentel.*

Le langage artificiel complète le langage naturel, mais il ne l'exclut pas.

La pensée exerce une profonde influence sur la parole; elle lui communique, du moins en partie, ses qualités et ses défauts.

Réciproquement, le langage modifie la pensée :
1° Il la *fixe*;
2° Il l'*éclaircit*;
3° Il la *provoque*.

Une langue bien faite doit être précise, riche et analogique. Il n'y a pas de langue parfaite.

L'origine du langage a été diversement expliquée. Pour nous, nous repoussons l'hypothèse de la convention, et puis nous tenons pour certain que Dieu, en créant l'homme, l'a non seulement doué de la faculté de penser, mais encore du langage.

Le langage écrit a passé par trois phases distinctes : 1° la figure; 2° le symbole; 3° l'alphabet ou l'écriture.

Notions de grammaire générale.

LOGIQUE

XIII

De la certitude.

(DE LA VÉRITÉ ET DE L'ERREUR. — DE L'ÉVIDENCE.)

La vérité est *ce qui est;* l'erreur est *un jugement contraire à la vérité ou à ce qui est.*

L'évidence est *cette lumière qui environne les objets ou les idées, et qui engendre irrésistiblement la certitude.* — L'évidence est ou *a priori* ou *a posteriori*. Dans les deux cas elle est absolue et n'a pas de degrés.

— La certitude, degré suprême de la croyance, est l'*infaillible assurance de posséder la vérité.*

Comme l'évidence, elle est absolue et n'a pas de degrés.

Mais il y a diverses espèces de certitudes : certitude *immédiate* ou *médiate*, certitude *métaphysique*, *physique* ou *morale*.

XIV

Du scepticisme.

(EXPOSITION ET RÉFUTATION DU SCEPTICISME; PYRRHONISME; PROBABILISME; SCEPTICISME THÉOLOGIQUE.)

Le scepticisme est *la négation de la certitude*. Les arguments sur lesquels il s'appuie se réduisent à deux :

1° L'intelligence humaine n'a pas de critérium pour discerner la vérité, ou si elle en a un, elle ne peut en démontrer la légitimité.

2° La raison de l'homme (comme ses autres facultés), est dans une perpétuelle contradiction avec elle-même.

Ces arguments eux-mêmes impliquent contradiction; il est facile de les réfuter; mais lors même qu'on ne le pourrait pas, ils n'ébranleraient point la foi que nous avons dans la véracité de nos facultés.

Diverses formes du scepticisme : *Pyrrhonisme, probabilisme, scepticisme théologique.*

La probabilité est ce qui se rapproche de la certitude. Elle est à la certitude ce que la vraisemblance est à la vérité. Si, dans une opinion soutenue, il y a plus de raisons ou de plus sérieuses raisons pour que contre, l'opinion est probable. — Mais ce qui distingue la probabilité de la certitude, c'est que, dans la première, il y a encore place pour le doute; on peut se rendre ou ne pas se rendre; tandis que la certitude s'impose à nous absolument, que nous le voulions ou que nous ne le voulions point.

XV

De la méthode générale.

(RÈGLES DE LA MÉTHODE. — ANALYSE ET SYNTHÈSE. — DÉFINITION. — DIVISION. — CLASSIFICATION. — DÉMONSTRATION.)

La méthode est *l'ensemble des procédés employés par l'esprit humain pour découvrir ou démontrer la vérité.*

La méthode est générale ou particulière.

On entend par méthode générale, celle qui comprend les procédés communs aux méthodes particulières.

On entend par méthode particulière, celle qui enseigne les procédés propres à l'étude d'une science déterminée.

Toute méthode, qu'elle soit générale ou particulière, doit être rationnelle.

Les règles de la méthode générale sont au nombre de cinq :

1° *Ne se fier qu'à l'évidence;*
2° *Diviser les difficultés;*
3° *Aller du plus aisé au plus difficile;*
4° *Faire des dénombrements complets;*
5° *Ne pas abandonner les difficultés connues, quelque difficulté qu'il y ait à les concilier avec d'autres vérités.*

Les procédés généraux sont l'analyse et la synthèse, qui peuvent être considérées sous deux points de vue : sous le point de vue expérimental et sous le point de vue logique.

L'analyse et la synthèse ont une règle commune : il faut qu'elles soient entières.

— La définition consiste *dans la détermination du sens d'un mot ou de la nature d'un objet.*

On ne peut ni ne doit tout définir.

Il y a deux espèces de définitions :

1° La définition des mots, qui expliquent leur signification et qui est arbitraire.

2° La définition des choses ou scientifique, qui détermine le genre prochain et la différence spécifique.

Une bonne définition doit être *claire* et *précise*.

Mais souvent la définition est impossible; alors on a recours à la description.

— La division consiste *à partager un tout en ses parties;* elle vient en aide à l'analyse et à l'observation. Trop faible pour bien voir d'un seul coup d'œil un objet complexe, notre esprit le divise d'abord, puis en examine successivement les éléments constitutifs.

La division doit être *complète et irréductible.*

— La classification est *une espèce de division qui consiste à réunir dans une même catégorie les objets ou les êtres qui ont des rapports communs, abstraction faite des différences.*

Pour qu'il y ait classification, il faut que les objets aient des ressemblances et des différences.

La classification est artificielle ou naturelle.

La classification artificielle repose sur un caractère souvent pris au hasard, toujours choisi arbitrairement.

La classification naturelle repose sur la subordination des caractères.

Pour qu'une classification soit bonne, il faut :
1° *Qu'elle repose sur des caractères saillants et constants.*
2° *Qu'elle soit entière;*
3° *Qu'elle soit graduée.*

Le mot *démontrer* a deux sens : 1° *Mettre en lumière une idée déjà connue;* 2° *établir que certaines vérités particulières, non évidentes a priori, dérivent d'une vérité universelle appelée axiome ou premier principe.*

Démonstration *directe;* démonstration *indirecte.* Deux règles de la démonstration.

XVI

Méthode dans les divers ordres de sciences.

(SCIENCES PHYSIQUES ET NATURELLES : OBSERVATION, EXPÉRIMENTATION, ANALOGIE, INDUCTION, HYPOTHÈSE.)

La méthode des sciences qui reposent sur l'observation, comprend plusieurs procédés :

1° L'observation consiste dans *l'étude attentive et successive des faits* ou *des objets qui se présentent à nous.*

Règles de l'observation : attention, patience, exactitude, désintéressement.

2° L'expérimentation consiste *à provoquer* ou *à modifier les phénomènes qu'on se propose d'étudier.*

Règles : 1re Varier les expériences, les cas et les circonstances;
2° Etendre les expériences sur une grande échelle;
3° Renverser l'expérience;
4° L'expérience entreprise, laisser faire la nature.

3° L'analogie. L'analogie est dans les choses ou dans l'esprit.

Dans les choses, *elle est une simple ressemblance.*

Dans l'esprit, *elle est le procédé par lequel l'entendement, à la vue de plusieurs objets ou de plusieurs faits qui ont des qualités ou des circonstances apparentes semblables, prononce que les qualités ou les circonstances non apparentes sont également semblables.*

L'analogie, spontanée ou réfléchie, repose sur cette croyance *qu'il y a unité dans le plan de l'univers*, et que les individus et les phénomènes se distribuent en groupes ou en classes.

Elle est le fondement de la généralisation et de la classification.

— L'induction est *le procédé par lequel l'entendement s'élève de l'observation attentive des phénomènes à la loi qui le régit.*

Distincte de l'analogie, l'induction la suppose et marche avec elle.

Son point de départ est l'*expérience* ou l'*observation*.

Son fondement est la croyance où nous sommes que la *nature est régie par des lois*. — L'idée de loi implique celles de constance et d'universalité.

L'induction donne une certitude *conditionnelle*.

Pour l'induction comme pour l'analogie, il y a deux règles à observer :

1° *Que les observations et les expériences aient été faites méthodiquement et en nombre suffisant.*

2° *Que la loi ou le genre ne comprenne rien qui n'ait été constaté dans les faits ou les individus.*

— L'hypothèse est une *explication imaginée pour suppléer à une cause inconnue.*

A priori, l'hypothèse n'est ni vraie ni fausse.

Elle présente trois avantages :

1° Elle satisfait momentanément l'esprit;

2° Elle rencontre quelquefois juste;

3° A défaut d'autres avantages, elle prouve sa propre impuissance.

L'hypothèse, excellente lorsqu'elle est maniée par un homme de génie, est pleine de périls pour le vulgaire.

Il y a deux règles à observer :

1° Le *choix*;

2° La *vérification*.

XVII

Méthode dans les divers ordres de sciences.

(SCIENCES EXACTES : AXIOMES; DÉDUCTION; THÉORIE DU SYLLOGISME INDUCTION SOCRATIQUE.)

Par sciences *exactes* on entend les sciences qui excluent l'observation et l'induction expérimentale, et particulièrement les mathématiques.

La méthode des sciences est dite *déductive*, parce qu'on *tire les conséquences d'un ou de plusieurs principes posés.*

Ces principes sont les axiomes, lesquels ont un double caractère : Ils sont *évidents a priori* et *absolus*.

Deux règles à suivre : 1° *ne pas confondre une maxime reçue ou une vérité déduite avec un axiome;* 2° *ne pas essayer de démontrer les axiomes.*

— La déduction consiste à tirer les conséquences d'un principe.

Elle repose sur cette idée fondamentale que *tout ce qui est vrai d'une proposition générale est vrai des propositions particulières qu'elle contient.*

— La forme du raisonnement par déduction est le syllogisme.

Le syllogisme est *un argument composé de trois propositions disposées de telle sorte que la première, appelée majeure, contient nécessairement la troisième, appelée conclusion ou question, et que la deuxième, appelée mineure, établit le rapport.*

Dans tout syllogisme, il y a trois termes ou idées : le petit terme, le grand terme et le moyen terme.

L'opération intellectuelle repose sur ce principe que deux idées qui conviennent à une troisième se conviennent entre elles.

Les syllogismes irréguliers sont l'enthymème, l'épichérème, le dilemme, le sorite et le prosyllogisme.

Les syllogismes conjonctifs se divisent en trois genres : les conditionnels, les disjonctifs et les copulatifs.

Les figures du syllogisme dépendent de la place occupée par le terme moyen.

Les modes se déterminent par la quantité ou la qualité des propositions : A. E. I. O. — Il y a quatorze modes concluants.

Les règles du syllogisme sont au nombre de huit; mais elles se peuvent réduire à deux, et même à une seule, qui est que la conclusion ne soit pas plus étendue que les prémisses.

Le syllogisme est la forme unique du raisonnement déductif. Il sert à la réfutation et à la démonstration.

Mais il est impuissant à trouver ou à vérifier les principes. Il n'est à peu près d'aucun usage dans les sciences d'observation.

— L'induction socratique consiste *à s'élever du contingent au nécessaire*. J'ai conscience de mon imperfection, et à ce propos je conçois un être parfait, principe nécessaire de mon existence.

XVIII

Méthode dans les divers ordres de sciences.

(SCIENCES MORALES : LEUR OBJET; LEURS SUBDIVISIONS. — DU TÉMOIGNAGE : SES RÈGLES. DE LA TRADITION.)

— On entend par sciences morales celles qui *traitent particulièrement de l'âme humaine*, de ses actes, de ses croyances et de ses lois.

Les principales sciences sont la *psychologie; la morale proprement dite; le droit naturel ou positif; la pédagogie, ou science de l'éducation; la politique, ou science du gouvernement; l'économie politique, ou science des lois de la production, de la distribution et de la consommation de la richesse; l'histoire, récit et explication des événements.*

Les sciences morales reposent sur la double autorité de la conscience et du témoignage.

La méthode qui convient aux sciences morales est mixte : elle emprunte aux sciences physiques et aux sciences exactes leurs procédés divers.

— Le témoignage nous révèle des faits et des vérités, mais seulement les faits et les vérités qui dépassent notre portée.

La règle de la croyance aux faits est qu'ils soient *possibles*.

Les règles de la croyance aux témoins sont :

1º *Que le témoignage soit clair;*

2º *Que le témoin n'ait pas été trompé*, ce qui suppose qu'il est intelligent, impartial et attentif;

3º *Qu'il ne veuille pas nous tromper.*

On ne saurait déterminer le nombre des témoins requis pour la créance des faits particuliers : c'est une affaire de tact et de discernement.

Pour les faits publics, un grand nombre de témoins donne la certitude.

Nous connaissons le passé de trois manières :

1° *La tradition orale.* Elle sera certaine, si *le fait est important, si la tradition est ininterrompue, si elle est confirmée par la tradition écrite.*

2° *La tradition écrite.* Elle sera certaine, si *l'ouvrage est authentique et s'il n'a pas été altéré.*

3° *La tradition monumentale.* Elle est soumise aux mêmes règles que la précédente.

Les règles que nous avons posées s'appliquent également aux faits naturels et aux faits surnaturels ou miracles.

XIX

Des erreurs et des sophismes.

(ERREURS INVOLONTAIRES : ÉNUMÉRATION DES CAUSES ET REMÈDES. ERREURS VOLONTAIRES OU SOPHISMES : FORMES DIVERSES ET MOYENS DE LES RÉSOUDRE.)

L'erreur est *un jugement contraire à la vérité.*
Il importe de ne pas la confondre avec l'*ignorance* et le *préjugé.*
Les causes des erreurs involontaires sont :
1° *La faiblesse de l'esprit humain;*
2° *L'emploi des mauvaises méthodes ou la précipitation;*
3° *Les passions, et principalement l'orgueil, la paresse et l'intérêt,*
4° *L'éducation;*
5° *L'ambiguïté des termes.*
Indiquer les causes de l'erreur, c'est en indiquer les remèdes.
Les erreurs volontaires ou sophismes se divisent en deux catégories : les sophismes de grammaire et les sophismes de logique.
Pour les résoudre, il faut :
1° *Définir soigneusement les mots dont le sens n'est pas clair;*
2° *Faire abstraction de tout ce qui n'est pas l'objet en question;*
3° *Ramener l'argument à un syllogisme régulier.*

MORALE ET THÉODICÉE

XX

Fondements de la morale.

(OBJET DE LA MORALE ; EXISTENCE DE LA LOI MORALE; NOTIONS FONDAMENTALES.)

La morale est *la science des droits et des devoirs.*
La première question qui se présente à nous est celle-ci : **Y a-t-il une loi morale?**
Pour y répondre, il faut examiner les différentes causes qui nous portent à agir. Ces causes sont au nombre de trois : 1° le plaisir qui est un mobile, et par conséquent instinctif et irréfléchi; 2° l'intérêt, qui est un

motif, et par conséquent raisonnable et réfléchi ; 3° le bien en soi, qui est également un motif.

Il est facile de voir que ni le plaisir, ni l'intérêt n'ont les caractères auxquels on reconnaît une loi morale : ils ne sont ni *constants*, ni *universels*, ni *obligatoires*. Seul, le bien en soi est revêtu de ce triple caractère, seul il est absolu et immuable, seul il oblige.

— La conscience morale est la *faculté de discerner le bien du mal*. Elle est tour à tour un conseiller et un juge. Son commandement oblige ; d'où le sentiment de l'obligation ou du devoir. — Notre devoir est donc de lui obéir.

La conscience et le sentiment du devoir ne s'éveillent que lorsque le bien est cause.

Aux notions précédentes se rattachent :
1° La distinction du bien et du mal ;
2° La distinction du bien et de l'utile ;
3° La distinction du bien en soi et du bien moral ;
4° La distinction de la vertu et du vice.

Le devoir, c'est ce *que commande la loi morale* (devoirs de justice, devoirs de dévouement).

— Le droit est le corrélatif du devoir, en ce qui touche *le devoir de justice*. Je dois respecter la vie, la liberté, la croyance, la propriété de mes semblables ; j'ai le droit d'exiger qu'ils respectent ma vie, ma liberté, etc.

— La justice consiste dans l'*accomplissement du devoir ou le respect du droit d'autrui*.

— La vertu est l'*habitude* de faire le bien ou de conformer ses actes à la loi morale. Le vice est l'*habitude* de faire le mal ou de désobéir à la loi.

XXI

Existence de Dieu. — Preuves.

(LIENS DE LA MORALE ET DE LA THÉODICÉE ; PREUVES DE L'EXISTENCE DE DIEU.)

Dieu est l'auteur et la sanction de la loi morale.

Il n'y a pas d'athée véritable, car il n'y a personne qui admette un phénomène sans cause.

Toutes les religions contiennent, au fond, le monothéisme. Dieu se révèle à tous nos moyens de connaître, à nos sens, à notre conscience, à notre raison.

Par conséquent trois espèces de preuves :
1° Preuves *morales*, tirées du témoignage unanime de la conscience morale et de l'espérance d'une vie future.
2° Preuves *physiques*, tirées de l'existence, du mouvement et de l'harmonie du monde ;
3° Preuves *métaphysiques*, tirées de la nécessité d'une cause première, des vérités premières, de l'idée d'un être parfait.

Preuves de saint Anselme, de Newton et de Clarke.
Appréciation de ces preuves.

XXII

Principaux attributs de Dieu. — De la Providence divine. — Réfutation des objections.

(ATTRIBUTS MÉTAPHYSIQUES; ATTRIBUTS MORAUX. DU PLAN DE L'UNIVERS. DE LA PROVIDENCE, OBJECTIONS ET RÉPONSES.)

Tous les attributs *que nous comprenons en Dieu* dérivent de la conception de *l'être parfait et nécessaire*.
Ils se divisent en deux catégories :
1° Les attributs *métaphysiques*, tirés par la raison, sans le secours de l'expérience, de la notion de l'être parfait et nécessaire : Dieu est *infini, éternel, immense, immuable, un*.
2° Les attributs *moraux*, découverts par la raison à la suite de l'étude de notre propre nature : Dieu est infiniment *intelligent, juste, bon, saint, puissant, libre*.
— Du plan de l'univers : nous savons qu'il y a un plan, mais nous ignorons quel est ce plan.
— De la Providence : c'est l'action de Dieu veillant sur son œuvre. Nous croyons à l'intervention divine pour le maintien et la conservation du monde physique et du monde moral.
Preuves :
1° Preuve métaphysique, *tirée de la bonté, de l'intelligence, de la puissance et de la justice de Dieu;*
2° Preuve physique, *tirée du maintien de l'ordre dans l'univers;*
3° Preuve morale, tirée des enseignements de l'histoire et de la conduite de l'homme.
— Deux manières d'attaquer l'existence de Dieu, le nier *a priori*, ou chercher à le mettre en contradiction avec lui-même.
Nous ne nous occupons pas des athées : ils sont ou de mauvaise foi ou dépourvus de sens. Mais nous répondrons à ces esprits plus subtils que profonds, plus emportés que convaincus, qui combattent contre la providence.
Il y a deux espèces d'objections :
1° Objections tirées du mal moral : *imperfections de la créature, liberté de faire le mal accordée à l'homme, inégalité de la distribution des dons de Dieu, abaissement des bons, glorification des méchants.*
2° Objections tirées du mal physique : *les cataclysmes, les animaux nuisibles, les maladies, la mort.* — Réponse à ces objections.

XXIII

Morale pratique et subdivisions des devoirs.

(DEVOIRS DE JUSTICE; DEVOIRS DE CHARITÉ. SUBDIVISIONS DE LA MORALE PRATIQUE.)

Les prescriptions de la loi se rapportent à la justice ou à la charité. La détermination de ces prescriptions constitue la morale pratique.
L'homme pouvant être considéré sous quatre points de vue : comme

individu, comme membre de la société humaine, comme créature vivant au milieu des autres créatures, comme créature ayant des rapports avec son auteur; on peut également partager la morale pratique en quatre embranchements :

1º Morale *individuelle*; devoirs de l'homme envers lui-même.

2º Morale *sociale*, qui se subdivise en trois sections :

Morale *domestique*, devoirs de l'homme considéré comme membre de la famille ;

Morale *civile et politique*, devoirs de l'homme envers la patrie et l'Etat ;

Morale *sociale* proprement dite, devoirs de l'homme envers les autres membres de la société humaine ;

3º Morale *religieuse*, devoirs de l'homme envers Dieu.

4º Morale *réelle*, devoirs de l'homme envers les autres créatures.

XXIV

Commandements de la loi.

(MORALE RELIGIEUSE : CULTE INTÉRIEUR, CULTE EXTÉRIEUR, CULTE PUBLIC. MORALE INDIVIDUELLE : DEVOIRS DE L'HOMME ENVERS LUI-MÊME.)

Morale religieuse, devoirs de l'homme envers Dieu. Dieu est notre père; nous devons faire tous nos efforts pour le mieux connaître et lui ressembler, pour lui témoigner notre amour, notre obéissance et notre profonde gratitude. — De la prière et de son efficacité; du culte intérieur, du culte extérieur (raison d'être de ce culte); du culte *public*, complément nécessaire des deux premiers.

Morale *individuelle*, devoirs de l'homme envers lui-même : devoirs envers l'âme, exercice, éducation et direction des facultés; devoirs envers le corps, conservation du corps en vue du bien de l'âme. Condamnation du suicide.

XXV

Suite des commandements de la loi.

(PRINCIPES DE LA MORALE SOCIALE. DISTINCTION DU DROIT NATUREL, DU DROIT CIVIL ET DU DROIT POLITIQUE. SUBDIVISIONS DE LA MORALE SOCIALE : MORALE DOMESTIQUE ; MORALE CIVILE ET POLITIQUE ; MORALE SOCIALE PROPREMENT DITE. MORALE RÉELLE.)

La société est l'état naturel de l'homme. Isolé, il ne saurait vivre.

Conditions de l'existence d'une société : un corps de lois, un gouvernement, croyance en Dieu.

Le droit positif est *l'ensemble des lois civiles et politiques*.

La loi humaine doit être faite à l'image de la loi divine, c'est-à-dire fondée sur la justice.

Une loi n'est bonne que si elle est *précise, juste, d'une exécution facile, en harmonie avec les institutions du pays, et capable d'inspirer l'amour de la vertu*.

La morale *sociale* se subdivise en trois sections :

Morale *domestique*, devoirs de l'homme considéré comme membre de la famille : fondement de la famille ; les membres qui la composent, les liens et les devoirs qui les unissent.

Morale *civile et politique*, devoirs de l'homme envers la patrie et l'Etat : Obéissance aux lois, respect de ceux qui nous gouvernent, désintéressement, dévouement.

Morale *sociale proprement dite*, devoirs de l'homme envers les autres hommes, abstraction faite des différences qui les séparent. Unité d'origine, égalité naturelle (dans quelles limites ?).

Toute la loi est contenue dans cette admirable formule : *Fais aux autres ce que tu voudrais qu'il te fût fait par les autres.*

Morale *réelle*, devoirs de l'homme envers les autres créatures. Ils se résument en deux mots : Nous pouvons user des animaux et des choses dans la mesure de nos besoins et pour tout ce qui est nécessaire à notre fin. Mais nous devons respecter les animaux et les choses, lorsque notre conservation ou notre fin ne demande pas le contraire ; en résumé, user et ne pas abuser, voilà notre devoir.

XXVI et XXVII

Sanction de la loi morale. — De la destinée de l'homme. — Preuves de l'immortalité de l'âme.

(MÉRITE ET DÉMÉRITE. PEINES ET RÉCOMPENSES DIVERSES. DESTINÉE DE L'HOMME. IMMORTALITÉ DE L'AME, DURÉE DES PEINES ET DES RÉCOMPENSES.)

Observer la loi, c'est *mériter* ou être digne d'une récompense ; l'enfreindre, c'est *démériter* ou être digne d'une punition.

Pour qu'une loi soit observée, il faut qu'elle ait une sanction, que la vertu soit récompensée et le vice puni.

Il y a ici-bas trois espèces de sanctions, et partant trois espèces de peines et de récompenses :

1° *Peines et récompenses de la conscience.* (Eloge ou blâme, satisfaction intérieure ou remords.)

2° *Conséquences de nos actes.* (Bonheur, malheur, succès, échecs.)

3° *Peines et récompenses des hommes.* (Tribunaux, opinion publique.)

Nous avons deux natures : la nature *sensible*, qui nous porte à rechercher notre bien présent, ou le *plaisir* ; et la nature *rationnelle*, qui nous porte à rechercher le *bien en soi*.

La sensibilité n'oblige pas : mais la raison oblige. D'où il suit que *notre fin est d'obéir à la raison ou de nous perfectionner.*

Or, tout perfectionnement implique un effort. Tout effort suppose un mérite ; tout mérite est un droit au bonheur.

Mais il n'y a pas de bonheur véritable ici-bas. Donc il y a une autre vie où nous recevrons le prix de notre fidélité ou la peine de notre rébellion.

Cette croyance se fonde sur le *témoignage unanime*, sur le *désir*, l'*expérience* et la *crainte de l'immortalité*, et sur *l'immatérialité de l'âme*.

Mais la preuve décisive, contre laquelle on ne peut rien objecter, est tirée *de la bonté et de la justice de Dieu.*

La raison est impuissante à déterminer *la nature et la durée des peines et des récompenses.*

NOTIONS D'ÉCONOMIE POLITIQUE

I

Définition. — Aperçu historique. — Questions à traiter.

L'économie politique est *la science des lois de la production, de la distribution et de la consommation de la richesse.*

Son objet principal est *de mettre d'accord les intérêts divers, en vue de l'équité et de l'intérêt commun.*

Elle est étroitement unie à la morale, puisqu'elle suppose la connaissance de nos droits et de nos devoirs.

Elle est une science récente. Principaux économistes. — Trois questions à traiter : 1° Quels sont les agents producteurs de la richesse ? 2° Comment s'opèrent la circulation et la distribution de la richesse ? 3° Comment la richesse est-elle consommée ?

II

Production de la richesse.

(BESOINS DE L'HOMME; FONCTION DE LA RICHESSE;
AGENTS DE LA PRODUCTION.)

L'homme a deux espèces de besoins : les besoins matériels et les besoins moraux.

Les besoins sont progressifs; ils stimulent l'activité. Recherche du moindre effort pour la satisfaction de nos besoins.

On entend par richesse *toute chose qui satisfait un de nos besoins physiques ou moraux.*

La qualité *qui rend une chose propre à satisfaire un besoin* se nomme *utilité.*

De l'utilité dépend la *valeur,* laquelle est variable.

Trois espèces de richesses : 1° richesses *naturelles;* 2° richesses *acquises;* 3° richesses *naturelles et acquises.*

Produire, c'est créer de la richesse. Les agents de la production sont : la *matière,* le *travail,* l'*épargne,* le *capital* et la *propriété.*

III

Circulation et distribution des richesses.

(ÉCHANGE; MONNAIE; CRÉDIT; SALAIRE; INTÉRÊT.)

L'échange consiste *à donner les choses dont nous n'avons pas ou dont nous avons moins besoin en retour des choses dont nous avons un besoin plus grand.*

Tout produit s'achète par un produit : *le menuisier de village.*

La valeur est le *rapport de deux besoins échangés.* Elle varie avec une foule de circonstances, notamment avec l'*offre* et la *demande.*

La forme primitive de l'échange est le *troc.* Puis est venue la monnaie et ses diverses formes : or, argent, cuivre, papier, etc.

Le crédit est la *confiance accordée à celui qui emprunte.* Utilité du crédit. Institutions de crédit.

La détermination de la part qui revient à chacun dans une production de richesse soulève deux questions : celle de l'intérêt ou du loyer du capital, et celle du salaire du travailleur, qui toutes deux rentrent dans celle-ci : quelle doit être la rémunération équitable d'un service rendu ?

IV

Consommation de la richesse.

(CONSOMMATIONS IMPRODUCTIVES, PRODUCTIVES ; DU LUXE ; DES DÉPENSES DE L'ÉTAT : IMPÔT, BUDGET, EMPRUNT.)

La *production* a pour but la *consommation.*

Cette dernière est dite *improductive,* lorsqu'elle a *pour unique objet de satisfaire un besoin.*

Elle est *productive,* lorsqu'elle fait *usage d'une richesse acquise* pour créer *une richesse plus grande.*

Le luxe est *la satisfaction de besoins factices.*

Le *budget* de l'Etat est, comme celui d'un ménage, *la détermination du revenu, de la dépense nécessaire et de l'épargne à faire, pendant une certaine durée de temps,* qui est ordinairement d'une année.

L'*impôt* est *la contribution prélevée sur les citoyens.* L'impôt est soumis à quatre règles : *Justice, certitude, commodité, économie.*

Impôts *directs* ou indirects.

De l'emprunt. Dans quelles circonstances l'Etat peut ou doit emprunter.

NOTIONS D'HISTOIRE DE LA PHILOSOPHIE

L'Histoire de la Philosophie est *l'histoire de l'esprit humain allant à la recherche de la vérité, c'est-à-dire essayant de se connaître et de connaître les rapports qui l'unissent à la nature et à Dieu.*

Utilité de l'étude de cette histoire. — Méthode à suivre. — Subdivisions principales : histoire ancienne (600 av. J.-C. au VIIIe siècle de notre ère) ; histoire du *moyen âge* (depuis le VIIIe jusqu'au XVIIe) ; histoire moderne (depuis le XVIIe jusqu'à nos jours).

— Principaux systèmes : 1° Sensualisme (*matérialisme*), 2° Spiritualisme (*idéalisme*), 3° Scepticisme.

RÉSUMÉ ANALYTIQUE.

I. — *Philosophie ancienne.*

Trois périodes : 1° Philosophie avant Socrate ; 2° Philosophie de Socrate et de ses disciples ; 3° Décadence de la philosophie ancienne.

Première période. — Méthode des premiers philosophes (hypothétique et ontologique).

Quatre écoles. — Ecole *Ionienne :* Thalès de Milet (600), etc. Sensualisme ; Eléments formateurs. — Ecole *Italique :* Pythagore de Samos (584). Tendance idéaliste ; Tout est ramené aux nombres. — Ecole *Eléate :* Xénophane, Parménide (550), etc. Panthéisme idéaliste. — Ecole *atomistique :* Leucippe et Démocrite (500). Matérialisme systématisé. — Sophistes ; services rendus par eux.

Deuxième période. — Socrate (470-400), sa vie et sa doctrine. — Ecoles sorties de l'enseignement de Socrate. — Ecole *Académique :* Platon (439-347), théorie des idées ; doctrines morales. Analyse du *Gorgias* et du *Phédon.* Ecole *Péripatéticienne :* Aristote (384-322), Tendances ; part faite à l'expérience ; Théorie des causes. — Ecoles de *Mégare ;* d'*Elis ;* d'*Erétrie.* — Ecole *Cynique :* Antisthènes et Diogène ; tendances. — Ecole *Cyrénaïque :* Aristippe ; tendances.

Troisième période. — Ecole *Epicurienne :* Epicure (341) ; Sensualisme. Morale de l'intérêt. — Ecole *Stoïcienne :* Zénon, etc. Morale du devoir. Contradictions. — Ecole *Sceptique :* Pyrrhon (340), etc. Divers motifs de douter. — *Nouvelle Académie :* Arcésilas et Carnéade ; probabilisme.

— Philosophie romaine ; Cicéron (106). — Sénèque. — Ecoles de la décadence : école *Juive* (Philon) ; écoles *Gnostiques ;* école d'Alexandrie : Plotin, Proclus, etc. Mysticisme.

II. — *Philosophie du moyen âge.*

Transition ; Philosophie chrétienne : saint Justin, saint Clément, saint Augustin, Boèce, etc.

Trois périodes dans la philosophie du moyen âge.

Première période (du VIII° au XII° siècle) ; son caractère. Alcuin, Scot Erigène, Roscelin, Abailard, saint Anselme, etc.

Deuxième période (du XII° au XIV° siècle) ; son caractère. Albert le Grand, saint Thomas d'Aquin, Duns Scot, etc.

Troisième période (du XIV° au XVII° siècle) ; son caractère. Roger Bacon, Raymond Lulle, Occam, Gerson, etc. Querelle des Réalistes et des Nominaux.

Renaissance. Marcile Ficin, Ramus, Bruno, etc.

III. — *Philosophie moderne.*

Révolution philosophique : Bacon (1561) et Descartes (1596). — Analyse du *Novum organum.* Bacon enseigne la méthode qu'il faut suivre dans l'étude de l'esprit humain (observation) ; Descartes pose le fondement de la certitude et renferme la philosophie dans la connaissance *des choses qui ne tombent pas sous les sens.* Le premier incline ou semble incliner vers l'empirisme (*sensualisme*) ; le second vers l'idéalisme.

Philosophie sensualiste au XVII° siècle : Hobbes, Gassendi, Locke, etc.

Philosophie spiritualiste au XVIIe siècle : Malebranche, Leibnitz, Arnauld, Bossuet, Fénelon, Pascal, etc.
Philosophie sensualiste au XVIIIe siècle : Condillac, Bonnet, Helvétius, etc. Matérialisme.
Philosophie spiritualiste au XVIIIe siècle : Newton, J.-J. Rousseau, Buffier.
— Ecole écossaise : Reid, D. Stewart, etc. Appel au sens commun, réfutation du sensualisme et du scepticisme.
Ecole allemande : Kant. Nos connaissances n'ont qu'une valeur subjective; exception faite en faveur de l'idée du devoir. — Idéalisme *subjectif* : Fichte, Jacobi, etc. — Idéalisme *objectif* : Schelling ; Hégel. — Nihilisme : Schopenhauer.
Philosophie française au XIXe siècle : Sensualistes : Cabanis, Volney, Gall, etc. Ecole positiviste : Auguste Comte. Spiritualistes : Maine de Biran, Royer-Collard, Cousin, Jouffroy.

AUTEURS PRESCRITS PAR LE PROGRAMME OFFICIEL DE 1880

AUTEURS FRANÇAIS

DESCARTES

Discours de la méthode.

Six parties :
La première renferme *diverses considérations sur les sciences et résume l'histoire de la vie intellectuelle de Descartes.*
La deuxième contient les *règles de la méthode :*
1° Ne se fier qu'à l'évidence et éviter la précipitation et la prévention.
2° Diviser les difficultés pour les mieux résoudre.
3° Conduire ses pensées par ordre, en commençant par les objets les plus simples, etc.
4° Faire des dénombrements si entiers qu'on soit assuré de ne rien omettre.
La troisième partie contient les *règles de morale tirées de la méthode précédemment exposée :*
1° Obéir aux lois et coutumes, etc.
2° Suivre constamment les opinions adoptées après mûre détermination, etc.
3° Tâcher de se vaincre plutôt que la fortune, etc.
4° Consacrer sa vie à cultiver sa raison, etc.
La quatrième partie indique *les raisons qui prouvent l'existence de Dieu et de l'âme :*
Je pense, donc je suis ; toutes les idées conçues fort clairement sont vraies.
Trois preuves de l'existence de Dieu.

La cinquième partie indique *l'ordre des questions de physique ou des vérités qui se peuvent déduire des précédentes.*

La sixième partie fait connaître *les choses requises pour aller plus avant dans la recherche de la vérité et dans l'étude de la nature.*

Méditations.

Six méditations :
Voici le sommaire de la première (1) :
Nécessité de rejeter non seulement les opinions fausses, mais les opinions incertaines, et de se tenir en défiance contre le témoignage des sens. — Difficulté de distinguer l'état de veille d'avec le sommeil. — Nous pouvons être trompés, dans les notions les plus simples, soit par la toute-puissance de Dieu, soit par l'imperfection de notre nature.

LEIBNITZ

Monadologie.

La Monade est une substance simple ; on la pourrait appeler *Entéléchie*, car elle a en elle une certaine perfection.

Le changement dans la Monade s'appelle *perception* ; il est provoqué par l'*Appétition*.

Le degré de perception plus ou moins claire constitue la hiérarchie des Monades.

La Monade, capable de connaître les vérités nécessaires et elle-même, et de s'élever à Dieu, est un *esprit*.

Dieu est absolument parfait. Nous avons deux preuves de son existence : 1° la preuve *a priori*, tirée de sa conception comme être nécessaire ; 2° la preuve *a posteriori*, tirée de l'existence des êtres contingents.

L'homme est composé de deux Monades : l'âme et le corps dont l'action réciproque est réglée par l'*harmonie préétablie*.

L'assemblage de tous les *esprits* compose la cité de Dieu ; dans le gouvernement parfait toute action bonne a sa récompense, toute action mauvaise sa punition.

AUTEURS LATINS

CICÉRON

Traité des Lois : Livre Ier

Deux parties : dans la première, Cicéron montre que l'origine du droit est en Dieu ; dans la seconde, que le droit ou le juste ne s'explique ni par l'intérêt ni par l'opinion.

Il n'y a qu'une loi, *c'est la droite raison* ; il n'y a qu'une règle pour discerner une loi bonne d'une loi mauvaise : *la Nature* ou la *droite raison*.

---

(1) Extrait des analyses de M. Garnier

SÉNÈQUE

De la vie heureuse.

Il faut chercher le bonheur *dans la nature des choses;* la raison doit être consultée, et non la multitude. La nature enseigne que le bonheur est dans la vertu. Sénèque réfute successivement les opinions épicuriennes : 1° liaison du plaisir et de la vertu; 2° recherche de la vertu, parce qu'elle donne du plaisir.

Il montre que le plaisir ne saurait être une règle de conduite; il essaie de réfuter l'objection qu'on lui fait de parler mieux qu'il ne vit.

AUTEURS GRECS

PLATON

Traité de la République : Livre VIII.

Le VIIIe livre de la *République* contient l'exposé des diverses sortes de gouvernement et des transformations qu'elles subissent, ou mieux du passage d'une forme à l'autre.

Cinq espèces de gouvernements : l'Aristocratie, la Timarchie, l'Oligarchie, la Démocratie et la Tyrannie.

Le gouvernement aristocratique qui place le pouvoir dans les mains des citoyens justes et honnêtes, est le meilleur.

La non-observation des lois, la cupidité, la corruption des mœurs, produisent successivement le passage de l'Aristocratie à la Timarchie, de celle-ci à l'Oligarchie, de l'Oligarchie à la Démocratie, et enfin de la Démocratie à la Tyrannie.

L'état des âmes des citoyens est en rapport avec les divers gouvernements.

ARISTOTE

Morale à Nicomaque : Livre VIII.

Ce livre n'est autre chose qu'un traité de l'amitié, qu'Aristote semble souvent confondre avec la bienveillance.

Il se subdivise en 14 chapitres.

Les motifs qui inspirent l'amitié sont l'*intérêt*, le *plaisir* et la *vertu*.

Aristote démontre que les amitiés formées par l'intérêt ou le plaisir, s'évanouissent avec eux, et que l'amitié fondée sur la vertu est seule constante.

Il essaie de prouver que la véritable amitié ne peut exister qu'entre égaux.

TABLE DES MATIÈRES

CONCORDANT AVEC LE PROGRAMME OFFICIEL DU 2 AOUT 1880 (1)

Introduction

La science; classification des sciences (p. 5-6). — Qu'appelle-t-on philosophie des sciences, de l'histoire, etc.? (p. 15-16). — Objet propre de la philosophie; ses divisions (p. 6-17).

Psychologie

Objet de la psychologie : caractère propre des faits qu'elle étudie (p. 19-20). — Les degrés et les limites de la conscience (p. 20-22 et 35-37).
Distinction et relation des faits psychologiques et des faits physiologiques (p. 20-22).
Sources d'information de la psychologie : conscience, langues, histoire, etc. (p. 35-36 ; 135-153 et 385-386).
Utilité de la psychologie comparée (p. 26 et *passim*). — De l'expérimentation en psychologie (p. 126-210). — Classification des faits psychologiques (p. 24-25).
La *sensibilité*. — Émotions (plaisirs et douleurs). — Sensations et sentiments. — Inclinations et plaisirs (p. 27-35).
L'*Intelligence*. — Acquisition, conservation, élaboration de la connaissance (p. 35-87).
Acquisition : données de la conscience et des sens (p. 35-52).
Conservation et combinaison : mémoire, association des idées, imagination (p. 52-71).
Élaboration : formation des idées abstraites et générales ; jugement, raisonnement (p. 48-52 et 71-83).
Les principes directeurs de la connaissance : données de la raison : peut-on les expliquer par l'expérience, l'association des idées ou par l'hérédité ? (p. 83-87).
Notions d'esthétique : le beau, l'art, principes et conditions des beaux-arts, l'expression : l'imitation, la fiction et l'idéal (p. 65-71).
La *volonté*. — Analyse de l'acte volontaire : la liberté.

(1) Le texte officiel est suivi de cette observation : « L'ordre adopté dans ce programme ne doit pas enchaîner la liberté du professeur, pourvu que les questions indiquées soient toutes traitées. »

Des modes divers de l'activité psychologique : instinct, activité volontaire, habitude (p. 87-113).

Des manifestations de la vie psychologique : les signes et le langage (p. 135-153).

Rapports du physique et du moral. — Le sommeil, les rêves, le somnambulisme, l'hallucination, la folie (p. 114-132).

Eléments de psychologie comparée (p. 134 et *passim*).

Logique

Définition et division de la logique (p. 154).

Logique formelle. — Idées et termes. — Jugements et propositions. — Définition. — Déduction et syllogisme (p. 221-237).

Logique appliquée. — Des méthodes : analyse et synthèse (p. 197-199).

Logique inductive. — Méthodes des sciences de la nature : observation, hypothèse, expérimentation, classification, induction, analogie. — Définitions empiriques (p. 208-220 et 199-206).

Application de ces méthodes aux sciences psychologiques ; — aux sciences historiques. — Sources de l'histoire : critique du témoignage (p. 237-257).

Logique déductive. — Méthode des sciences abstraites : définitions rationnelles, axiomes, déduction, démonstration. — Usage de la déduction dans les sciences expérimentales (p. 206-207 et 221-223).

Part de la déduction et de l'expérience dans la morale, le droit et la politique (p. 237-239).

Nature, causes et remèdes de l'erreur (p. 257-269)

Morale

Morale spéculative. — La conscience, le bien, la liberté, le devoir (p. 270-272).

Diverses conceptions du souverain bien : doctrines utilitaires et sentimentales (p. 273-274).

Doctrine de l'obligation (p. 274-279).

Le devoir et le droit. — Valeur absolue de la personne (p. 276-277).

La vertu. — La responsabilité et la sanction (p. 277).

Morale pratique. — La morale personnelle : tempérance, sagesse, courage, dignité humaine et relation avec les êtres inférieurs (p. 315-317 et 328-329).

La morale domestique : la famille (p. 325-328).

La morale sociale : la justice ou respect du droit. — Les droits. — La charité (p. 317-324 et 326-328).

Eléments de la société : notion de l'Etat (p. 326)

Distinction du droit naturel, du droit civil, du droit politique (p. 317-324). — Vote. — Obéissance à la loi. — Service militaire. — Dévouement à la patrie (p. 326-328).

La morale religieuse. — Devoirs envers Dieu (p. 312-315).

Notions d'économie politique.

Production de la richesse. — Les agents de la production : la matière, le travail, l'épargne, le capital, la propriété (p. 353-365).

Circulation et distribution des richesses. — L'échange, la monnaie, le crédit, le salaire et l'intérêt (p. 365-378).

Consommation de la richesse : consommations productives et improductives. — La question du luxe. — Dépenses de l'Etat. — L'impôt, le budget, l'emprunt (p. 378-385).

Métaphysique et Théodicée

Le problème de la certitude. — Le scepticisme. — L'idéalisme (p. 154-195, 387 et 449).

Diverses conceptions sur la matière et la vie (p. 128-129).

L'esprit. — Matérialisme et spiritualisme (p. 111-120 et 387-388).

Dieu : son existence et ses attributs. — Le problème du mal. — Optimisme et pessimisme (p. 279-308).

Immortalité de l'âme (p. 332-349).

Conclusion du cours. — Rôle de la philosophie. — Son importance au point de vue intellectuel, moral et social (p. 466-467).

Histoire de la philosophie

Des systèmes en général. — Définition des principaux systèmes philosophiques (p. 385-388).

Notions sommaires sur la philosophie grecque avant Socrate : Ioniens, Atomistes, Pythagoriciens, Eléates, Sophistes (p. 388-392).

Socrate. — Platon. — Aristote (p. 392-409).

Notions sommaires sur les écoles après Socrate : Pyrrhoniens, Epicuriens, Stoïciens, Académiciens (p. 409-414).

Notions sommaires sur la philosophie à Rome et sur l'école d'Alexandrie (p. 414-421).

Notions sommaires sur la philosophie scolastique (p. 421-426).

Notions sommaires sur la philosophie de la Renaissance (p. 426-428).

La philosophie au XVII° siècle. — Bacon. — Descartes et ses principaux disciples. — Spinoza. — Malebranche. — Leibnitz et Locke (p. 428-450).

Notions sommaires sur la philosophie au XVIII° et au XIX° siècles (p. 450-466).

Auteurs philosophiques

Descartes (*Discours de la méthode ; première Méditation*) (p. 468-484).
Leibnitz (*Monadologie*) (p. 484-488).
Cicéron (*Traité des lois*) (p. 488-491).
Sénèque (*De la Vie heureuse*) (p. 491-495).
Platon (*République*; livre VIIIº) (p. 496-500).
Aristote (*Morale à Nicomaque* ; livre VIIIº) (p. 500-506)

TABLE DES MATIÈRES

	Pages.
Préface...	3

INTRODUCTION

La science. — Classification des sciences. — Diverses définitions de la philosophie. — Son objet propre. — Ses limites. — Ses rapports avec les autres sciences : philosophie des sciences. — Ses subdivisions.............. 5

PREMIÈRE PARTIE

PSYCHOLOGIE

I. — Objet de la psychologie : caractère propre des faits qu'elle étudie. — Les degrés et les limites de la conscience. — Distinction des faits psychologiques et des faits physiologiques. — Classification des faits psychologiques... 19

II. — Analyse des facultés de l'âme : de la sensibilité, des sensations, des sentiments......................... 27

III. — Facultés intellectuelles. — Acquisition de la connaissance. — Perception intime ; perception matérielle ; raison... 35

IV. — Elaboration, conservation et combinaison de la connaissance. — Attention, comparaison, abstraction, généralisation, jugement, raisonnement, mémoire, association des idées....................................... 46

V. — Suite du précédent : de l'imagination. Notions d'esthétique.. 59

VI. — Des idées : classification et origine.............. 71

VII. — Principes directeurs de la connaissance. Notions et vérités premières................................ 83

VIII. — De la volonté. — Diverses formes de l'activité. — Analyse du fait volontaire et de l'habitude............ 87

IX. — De l'activité ou du libre arbitre................. 99

X. — De la personnalité. — De la spiritualité de l'âme. — Distinction de l'âme et du corps ; rapports du physique et du moral. — Du principe vital. — Considérations sur divers états de l'âme.......................... 114

XI. — Tableau des attributs et des facultés de l'âme. — Psychologie comparée............................... 132
XII. — Des signes et du langage dans leurs rapports avec la pensée. — Notions de grammaire générale......... 135

DEUXIÈME PARTIE

LOGIQUE

XIII. — De la certitude............................. 154
XIV. — Du scepticisme.............................. 158
XV. — De la méthode générale : analyse et synthèse. — Définition ; division ; classification ; démonstration...... 195
XVI. — Méthode dans les divers ordres de sciences : sciences physiques et naturelles.......................... 208
XVII. — Méthode dans les divers ordres de sciences : sciences exactes ; déduction, syllogisme, induction socratique.... 221
XVIII. — Méthode dans les divers ordres de sciences : sciences morales. — Subdivisions. — Du témoignage........... 237
XIX. — Des erreurs et des sophismes.................. 257

TROISIÈME PARTIE

MORALE ET THÉODICÉE

XX. — Fondements de la morale...................... 270
XXI. — Existence de Dieu. — Preuves................. 279
XXII. — Principaux attributs de Dieu. — De la Providence. — Réfutation des objections tirées du mal physique et du mal moral............................. 289
XXIII. — Morale pratique et subdivisions des devoirs.... 308
XXIV. — Commandements de la loi : morale religieuse ; morale individuelle................................ 312
XXV. — Suite des commandements de la loi. — Principes de la morale sociale. — Morale domestique. — Morale civile et politique. — Morale sociale proprement dite. — Morale réelle..................................... 317
XXVI. — Sanction de la loi morale.................... 330
XXVII. — De la destinée de l'homme. — Preuves de l'immortalité de l'âme................................ 332

QUATRIÈME PARTIE

NOTIONS D'ÉCONOMIE POLITIQUE

I. — Définition. — Aperçu historique. — Questions à traiter. 350
II. — Production de la richesse...................... 353

III. — Circulation et distribution des richesses.......... 365
IV. — Consommation des richesses................... 378

CINQUIÈME PARTIE

NOTIONS DE L'HISTOIRE DE LA PHILOSOPHIE ET ANALYSE DES AUTEURS

I. — Définition : utilité de l'histoire ; grandes divisions ; systèmes principaux........................... 385
II. — La philosophie avant Socrate.................. 388
III. — Splendeur de la philosophie ancienne. — Socrate. — Platon. — Aristote........................... 392
IV. — Décadence de la philosophie ancienne : Epicuriens, Stoïciens, Sceptiques........................... 410
V. — Philosophie romaine. — Ecole d'Alexandrie...... 414
VI. — Transition de la philosophie ancienne à la philosophie du moyen âge. — Pères de l'Eglise........... 417
VII. — Philosophie du moyen âge ou Scolastique........ 421
VIII. — Philosophie moderne ; Bacon et Descartes...... 428
IX. — Philosophie sensualiste au XVIIe siècle........... 439
X. — Philosophie spiritualiste au XVIIe siècle.......... 443
XI. — Philosophie sensualiste au XVIIIe siècle. — Sceptiques.. 447
XII. — Philosophie spiritualiste au XVIIIe siècle. — Philosophie allemande ; philosophie écossaise........... 450
XIII. — Philosophie française au XIXe siècle. — Ecole spiritualiste...................................... 458
XIV. — Philosophie sensualiste au XIXe siècle.......... 461
Conclusion.. 466

AUTEURS PHILOSOPHIQUES

Descartes : *Discours de la méthode* ; première Méditation.. 468
Leibnitz : *Monadologie*............................... 484
Cicéron : *Livre Ier des Lois*.......................... 488
Sénèque : *De la Vie heureuse*........................ 491
Platon : Livre VIII de *la République*................. 496
Aristote : Livre VIII de la *Morale à Nicomaque*........ 500

Résumé analytique................................... 505
Table des matières concordant avec le programme officiel. 531

www.ingramcontent.com/pod-product-compliance
Lightning Source LLC
Chambersburg PA
CBHW051356230426
43669CB00011B/1656